• 개정판 •

사회복지개론

나남
nanam

나남신서 918

사회복지개론

2002년 9월 10일 초판 발행 2007년 3월 5일 4쇄
2010년 3월 5일 개정판 발행 2010년 3월 5일 1쇄

저자_ 표갑수
발행자_ 趙相浩
발행처_ (주) 나남
주소_ 413-756 경기도 파주시 교하읍
출판도시 518-4
전화_ (031) 955-4600 (代)
FAX_ (031) 955-4555
등록_ 제 1-71호(79.5.12)
홈페이지_ http://www.nanam.net
전자우편_ post@nanam.net

ISBN 978-89-300-3918-5
책값은 뒤표지에 있습니다.

나남신서 · 918

• 개정판 •

사회복지개론

표갑수

나남
nanam

개정판 서문

《사회복지개론》이 출판된 후 8년의 세월이 지나면서 우리나라의 사회복지환경이 급변하고 있습니다.

최근 정부는 능동적 복지를 추구하고자 "빈곤과 질병 등 사회적 위험을 사전에 예방하고, 사회경제적 위험에 처한 사람들을 일을 통해 재기할 수 있도록 지원하며, 경제의 지속적인 성장과 함께 하는 복지시스템"을 실천하고 있습니다.

사회복지지출의 증대와 사회복지관련법의 제정 및 개정을 통한 복지제도의 선진화를 구현하고 있으며 아울러 우리나라가 세계적으로 가장 낮은 출산율과 가장 빠른 고령화 속도로 저출산·고령화사회로 변화하고 있어 이에 대비한 복지제도의 확립이 요청되고 있습니다.

이에 개정판에서는 2002년 이후 제정 및 개정된 사회복지의 법령, 정책 및 사회복지서비스로 말미암아 새로운 자료에 대한 '사회복지개론'의 개정작업이 불가피하였습니다. 그래서 가능한 한 최신자료에 의하여 기존의 자료를 수정·보완하였습니다.

그간 이 책을 애용하여 주신 교수님과 학생들에게 깊은 감사를 드리며 앞으로도 기탄없는 비판을 바라마지 않습니다.

마지막으로 《사회복지개론》 재편집을 위하여 수고하여 준 이진성 군(청주대 박사과정)에게 깊은 감사를 드립니다.

2010년 3월

표 갑 수 씀

• 초판 서문 •

사회복지가 우리나라에 소개된 지는 사실 얼마 되지 않았습니다. 그동안 6 · 25 전란 후 전쟁고아나 빈곤문제를 해결하기 위해 외원단체 및 기관들에 의해 시설보호사업이나 고아원사업을 사회사업의 전부로 잘못 인식하고 있습니다. 요즈음도 사회사업, 구호사업, 자원봉사, 사회복지정책, 사회복지서비스 등의 개념은 많이 사용하고 있지만 사회복지와의 관련성을 제대로 밝힌 적 없이, 오히려 각각의 개념과 사회복지를 동일시하는 경향마저 있습니다.

사회복지는 인간의 기본적 · 사회적 욕구를 충족시켜주고 각종 사회문제를 해결하는 사회적 노력이라 볼 수 있습니다. 그러므로 평등과 경제적 보장을 추구함으로써 기존 사회구조에 적응하는 것은 곧 질서유지와 사회통합을 가져올 수 있을 것입니다. 물론 그 주체는 개인부터 국가, 사회에 이르기까지 사회구성원 모두가 제공해야 하는 것입니다. 즉, 복지다원주의 차원에서 그 주체가 되어야 합니다.

그러나 우리나라는 선 성장, 후 분배의 경제 제일주의 정책으로 사회복지를 등한시하는 경향이 있으며, 경제관련 전문가들은 사회복지가 지나치게 소비적 · 치료적 성격을 지니고 있다고 인식하고 있습니다.

주지하는 바와 같이 사회복지도 생산적 · 예방적 성격을 가지고 있고, 이것은 경제성장과 보완적 관계에 있으며, 경제성장의 궁극적 목적도 사회복지의 추구에 있는 것입니다.

오늘날 사회복지를 그런 관점으로 잘못 인식시키고 있는 것은 학계와 실무계의 책임이라고 생각합니다. 이것은 학문이 사회적 수요에 부응하지 못했고, 실무계가 사회복지의 프로그램을 발전시키지 못한 결과라고 생각합니다. 그렇기 때문에 학계, 실무계 등 사회복지에 종사하는 사람들은 무엇보다도 사회복지에 대한 올바른 이념과 이론으로 무장해야 할 것입니다.

이제 학계와 실무계는 구태의연한 치료적이고 비전문적인 구빈행정을 생산적·예방적 사회복지사업으로 발전시키는 노력이 필요하며 주관적인 사회복지를 과학적으로 모색하여야 할 것입니다. 다시 말해 사회복지에 대한 올바른 이해와 전문성이 요구된다고 할 수 있습니다.

저자가 사회복지에 관심을 가지고 대학강단에서 교육한 지도 벌써 24년이 되었습니다. 사회복지를 학문뿐만 아니라 실천이론으로서의 과학적 지위를 부여받게 하기 위해 그 동안 부단한 노력을 했습니다.

이에 사회복지분야에 종사하고 있는 실무자들과 사회복지를 전공하는 대학의 사회복지학과 또는 사회복지관련학과(아동복지학과, 청소년복지학과, 노인복지학과, 가족복지학과 등)의 학생들은 물론 사회복지에 관심을 가지고 있는 일반인들의 안내서로 활용될 수 있도록 사회복지에 대한 체계적인 이론 구성과 과제를 제시할 필요성을 절실히 느꼈습니다. 그리하여 《사회복지개론》이라는 개론서를 집필하기로 하였습니다.

이 책의 체계는 총 4부로 구성되어 있습니다. 제1부는 사회복지 총론으로 사회복지의 개념, 사회복지의 기본가치와 이념, 사회복지발달사를, 제2부는 사회복지 접근방법으로 사회복지방법 Ⅰ: 사회복지실천(전문적 방법), 사회복지방법 Ⅱ: 사회복지정책을, 제3부에서는 사회복지의 실천분야로 사회보장, 공공부조, 아동복지, 영유아보육, 청소년복지, 노인복지, 장애인복지, 여성복지, 가족복지, 의료사회사업, 정신보건사회복지, 학교사회사업, 자원봉사, 교정복지, 산업복지를, 그리고 마지막 제4부에서는 사회복지의 과제와 전망을 소개하는 순서로 엮었습니다.

이러한 노력을 통하여 비로소 우리 사회에 알맞은 자주적인 사회복지를 모색할 수 있을 것입니다.

저자가 이러한 이유에서 이번에 《사회복지개론》을 집필하였으나 여러 가지 미비한 점이 많으리라 생각합니다. 독자 제현의 기탄없는 비판을 바라마지 않습니다. 그리고 이 책에서 다루지 못한 부분은 앞으로 보완할 예정입니다.

마지막으로 《사회복지개론》을 집필하는 데 학문적인 지도와 조언을 해주신 김영모 교수님의 은혜를 오래도록 간직하며, 이 책의 교정을 도와준 대학원 김현진 양, 그리고 연구원 김수현 양에게 깊은 감사를 드립니다.

2002년 6월

표 갑 수 씀

∘ 개정판 ∘

사회복지개론

차 례

제 2 부 사회복지방법

제 3 부 사회복지의 실천분야

제 1 부

사회복지 총론

제1장

사회복지의 개념

1. 사회복지의 정의

복지라는 용어는 권위 있는 사전에 따라 그 말의 뜻을 살펴보면 '행복', '다행'이란 뜻이 있고 또 종교적 의미에서 '생명의 번영', '위기에서의 생명구출' 등으로 풀이되어 있다. 그런데 오늘날 우리들이 사회복지라 할 때 사용하고 있는 '복지'에 해당하는 영어는 'welfare'인데 옥스퍼드 영어사전에 의하면 "만족한 생활(*satisfactory state*), 건강과 번영(*health and prosperity*), 안녕 또는 행복(*wellbeing*)"으로 되어 있다. 그리고 사회복지라는 말의 뜻은 일반적으로 영국에서는 'social services'로 미국에서는 'social welfare'로 통용되며, 사회사업은 영국에서는 'social service' 그리고 미국에서는 'social work'로 통용되고 있다.

사회복지는 사회현상을 연구하는 순수과학이 아니고 사회문제를 연구하는 응용과학이다. 응용과학은 사실발견과 인과관계를 규명하는 순수과학의 기초 위에서 성립하고 발전한다. 그러므로 사회복지학은 사회학, 심리학, 인류학, 정치학, 교육학, 철학, 의학, 생물학, 정신분석학, 간호학, 교통학, 경제학 등 제 학문의 지식이 필요한 종합과학이다.

사회복지라는 말은 서양에서 주로 사용되었다. 그곳에서 사용된 사회복지의 개념은 일반적으로 인간의 사회적 욕구에 대한 서비스를 말한다. 인간의 사회적 욕구는 의식주와 같은 민생문제, 즉, 소득·보건·교육·주택과 같은 기본적 욕구가 결핍된 사람을 도와주는 것이다. 그리고 인간의 사회적 욕구에 대한 서비스는 인간으로 하여금 기존 사회구조에의 통합을 목적으로 하고 있다.

한편 우리나라에서 사회복지의 개념은 사회문제를 해결하기 위한 방법으로 본다. 사회문제는 범죄, 비행과 같은 좁은 의미의 반사회적 행위도 있지만, 빈곤, 실업, 가족해체, 지역해체와 같은 넓은 의미의 사회구조적 문제도 있다(김영모, 2000: 1). 따라서 사회복지의 개념은 인간의 사회적 욕구와 사회문제를 해결하기 위한 사회적 노력이다.

사람들은 개인 또는 공공복지를 위하여 노력하는 일련의 사회적 활동을 상호부조, 자선사업, 박애사업, 사회사업, 사회복지, 사회정책, 사회운동이라는 여러 가지 개념으로 표현하고 있다. 일반적으로 상호부조, 자선사업, 박애사업은 전통사회에서 주로 볼 수 있었던 사회복지의 전형적 형태라고 말할 수 있겠고, 사회사업, 사회정책, 사회복지, 사회운동은 현대사회의 전형적인 복지활동 형태라고 말할 수 있다.

2. 사회복지와 사회사업

사회복지와 사회사업에 관한 통일된 개념은 없다. 사회복지(*social welfare*)는 인간의 행복을 증진시키기 위해서 정부나 민간이 제반 프로그램이나 서비스 또는 시설을 통해서 사회적 역기능을 예방하고 경감시키기 위한 체계적이고 조직적인 노력이다. 그리하여 사회복지는 제도나 정책의 목적적 개념을 중시한다. 사회사업(*social work*)은 개인, 가정, 집단, 지역사회에 대한 서비스 형태나 기술적 활동을 말하는 것으로서 사회복지 운영의 실질적이고 전문적인 활동을 중시한다. 사회사업이란 실천방법이나 기술활동만 하는 것이 아니고 사회적으로 인정되는 뚜렷한 목적과 가치를 지니고 있다.

학자들에 따라 사회복지와 사회사업의 개념을 비교·정리하면 다음과 같다. 프리드렌더(Friedlander)는 '사회복지란 개인과 집단을 도와 건강상 만족스러운 기준에 도달할 때까지 행하는 계획적인 사회적 서비스와 그리고 시설의 조직적 제도'를 말한다. 한편 사회사업은 '개인으로 하여금 집단의 일원으로서 사회적·인간적인 만족과 독립을 성취하도록 원조하고 인간관계에 관한 사회적 지식과 숙련을 기초로 한 전문적 활동'을 말한다(Friedlander, 1955: 4). 던햄(Dunham)은 사회복지는 '인간노력의 광범위한 분야이고, 사회사업은 그러한 분야의 한 전문직'이라고 한다. 사회복지는 '가족·아동생활·건강·사회적응·여가·생활수준 및 사회적 관계성과 같은 영역에서 인간의 욕구를 해결하는 것을 도와주는 사회적 행복의 추진을 위한 조직적 노력'이라 한다. 한편 사회사업은 '개인·집단·지역사회 및 인구집단에 관심을 두고, 이것의 보호, 치료 및 예방을 포함한다'고 말한다(Dunham, 1967: 5).

《미국 사회사업사전》은 사회복지는 '사회문제를 예방하거나 완화시키며 그러한 문제의 해결에 기여하고자 노력하는 개인, 집단, 또는 지역사회의 복지를 개선하고자 노력하는 민간과 정부기관들의 광범위한 조직적 활동'을 말한다. 한편 미국 사회사업교육협회는 사회사업이란 '인간과 환경간의 상호작용을 이루는 사회적 관계에 초점을 두는 활동을 통해 개인들의 사회적 기능을 단독이나 집단적으로 향상시키고자 함에 있으며, 그 기능으로는 손상된 능력의 회복, 개인적, 사회적 자원의 제공 및 사회적 기능장애의 예방'을 들고 있다. 일본의 오오하시라(孝橋正一)는 사회복지를 사회정책과 사회사업으로 구성된 개념으로 보고, 사회사업은 사회복지정책을 보충하는 사회적 시책이라고 한다. 사회정책은 최저임금제, 건강보험, 실업보험, 연금제도를 보충하는 생활보호, 부여노동보호정책을 보충하는 보육소와 같이 광범위한 사회생활의 각 분야에서 구호·보호·복지를 증진하기 위한 사회적 시책이고, 사회사업은 개별지도, 집단지도와 같이 대인적 보호 및 원조를 행하는 사회정책의 보충적 시책이라고 한다(孝橋正一, 1962: 16~18).

여기에서 우리는 사회복지가 사회문제를 해결하기 위한 제도적 시책을 의미하고, 사회사업은 인간관계의 문제를 조정하는 전문적 기술이라고 인식하고 있다. 또한 사회복지는 사회적 병리현상을 일으킬 수 있는 사회적 시책의 개선에서 복지활동을 수행할 수 있는 것을 의미하고, 사회사업은 사회적 병리현상에 감염된 환자를 정신적으로나 물질적으로 도와줌으로써 보다 나은 생활을 영위할 수 있도록 갱생시켜 주는 것을 의미한다고 할 수 있다.

이와 같이 일반적으로 사회문제를 해결하는 여러 방법을 사회복지라 할 수 있다. 사회문제는 사회제도상의 모순(구조적 결함)과 인간행동의 부적응(일탈행동)에서 초래된다. 일반적으로 전자에서 비롯된 사회문제를 해결하는 방법론이 사회정책이고, 후자에서 비롯된 사회문제를 해결하는 방법론이 전문사회사업이라 할 수 있다. 따라서 사회복지는 사회사업과 사회정책에 의해 그 학문적 성격이 규정될 수 있을 것이다. 이러한 사회사업은 개인 또는 집단에 의해 수행되는 것이고, 사회정책은 국가에 의해 시행된다(김영모, 1973: 13~14). 여기서 사회제도의 모순과 결함에서 야기된 사회문제는 자본주의 사회에서 필연적으로 파생되는 노동문제로 노동자의 실업, 빈곤 등이다. 그리고 인간행동의 부적응에서 초래된 사회문제는 퍼스낼리티의 문제로 이혼, 비행, 범죄, 약물중독, 정신질환, 자살, 도박 등이다.

결국 사회복지는 ① 인간의 요구와 사회문제에 대한 서비스이고, ② 평등과 보장을 의미하며, 이것은 ③ 기존 사회구조 적응을 목적으로 하고 있다. 여기서 사회복지와 사회사업의 개념을 목적이나, 대상, 범위, 기능, 방법으로 구분하여 비교해 보면 〈표 1-1〉과 같다.

〈표 1-1〉 사회복지와 사회사업의 구분

구 분	사회복지	사회사업
개 념	거시적(*macro*)	미시적(*micro*)
목 적	사회통합	개인(인간)지향적: 개인변화
대 상	전국민	특수계층
범 위	보편성	선택성
기 능	예방적, 사전적	치료적, 사후적
방 법	사회복지정책과 제도	전문지식과 기술

3. 사회복지의 개념 변화

사회복지의 개념은 불변하는 것이 아니다. 사회적 상황의 변화에 따라 그리고 이념 및 방법과 기술의 개발에 따라 그 강조점이 변화되고 있다. 특히 고도의 소비수준·열망수준의 상승, 요구에 대한 사회개입의 확대는 종래의 사회복지제도와 서비스로는 도저히 해결할 수 없는 것이다. 그리하여 사회복지의 개념은 다음과 같은 방향으로 점차 변화되어 가고 있다(Romanyshin, 1971: 34~37).

① 보완적인 것에서 제도적인 것으로, ② 자선에서 시민권으로, ③ 특수한 서비스 활동에서 보편적 서비스 활동으로, ④ 최저기준의 달성에서 최적기준의 달성으로, ⑤ 개인적 개혁에서 사회적 개혁으로, ⑥ 자발적인 것에서 공적인 것으로, ⑦ 빈민구제에서 복지사회 건설로 변화되어 가고 있다.

4. 사회복지의 목적

사회복지의 목적은 사회복지를 통해 혜택을 받는 개인이나 국민에 대한 목적과 사회복지가 하나의 사회제도로서 사회적으로 가지는 목적으로 구분할 수 있다. 전자의 목적을 일반적 목적이라 하고 후자의 목적을 사회기능적 목적이라 한다.

1) 일반적 목적

사회복지의 일반적 목적으로는 ① 인간의 존엄성 유지, ② 자립성 유지, ③ 개인적 성장과 개발을 들고 있다(김만두, 1993: 179~189).

(1) 인간의 존엄성 유지

인간의 존엄성이란 한 개인이 인종, 종교, 연령, 성, 교육수준, 경제·사회적 신분 등의 차이와 관계없이 한 인간으로서 존엄성 가치를 지닌 존재라는 것을 의미한다. 인간의 존엄성 사상은 오랜 역사적 기원을 가지고 있지만 현대사회에 와서 특히 중시되는 사상이며 가치이다.

오늘날 복지국가를 지향한 세계의 모든 국가에서는 국민의 복지를 위해 '요람에서 무덤까지' 인간의 존엄성을 위한 각종 사회복지적 노력을 강구하고 있다. 한 개인의 존엄성을 확보해 주기 위해 그의 충족되지 못한 다양한 욕구에 대응하여 제반 서비스를 제공하고 있다. 특히 사회복지 서비스를 제공하는 과정에서도 개인의 존엄성 확보를 위해 세심하게 배려하고 있다.

우리나라의 경우 헌법 제34조에 "모든 국민은 인간다운 생활을 할 권리를 갖는다"고 되어 있다. 즉, 인간다운 생활이란 인간의 존엄성이 유지 확보되는 것으로서 사회복지의 최고 목표로 자리잡고 있다.

(2) 개인의 자립성 유지

개인의 자립성은 사회복지의 목표로서 타인에 의한 의존으로부터 벗어나 자기 스스로 삶을 영위하도록 하는 데 있다. 사회복지서비스가 아무리 전문적이고 질적·양적 수준이 높다고 하더라도 자신이 스스로 생활을 하는 사람과는 비교할 수 없는 것이다.

자립(*self-reliance*)의 목표는 한 개인이 스스로 자신의 생활을 결정하고 영위할 수 있는 데까지 이르도록 하는 사회복지실천의 목표를 말한다. 즉 사회복지의 개입목표는 문제를 가진 클라이언트가 자신의 문제원인과 그 의미를 스스로 인식하여 해결할 수 있도록 개입하는데 있다. 그리고 전문사회복지사가 주관적이고 권위적으로 해결을 하지 않아야 한다는 사회복지실천상의 개입원리는 자립성의 유지라는 목표를 분명하게 보여주는 예가 된다.

(3) 개인적 성장과 개발

사회복지는 인간의 문제를 해결하고 예방하는 것부터 한 걸음 더 나아가 한 개인이나 가정 혹은 집단이나 지역사회, 국가 등이 성장하고 발전할 수 있는 잠재력을 가진 것으로 수용한다. 그러므로 개인적으로 사회복지 목표는 모든 사람들이 제각기 능력에 따라 성장하고 발달할 수 있는 잠재력을 발휘할 수 있도록 원조하는 데 목표를 두기도 한다.

2) 사회기능적 목적

슈나이더만은 사회서비스를 제공하는 목적으로서 세 가지를 거론하고 있는데, 이는 사회복지의 기능적 목표로 봐도 무방할 것이다. 인도적 사회정의의 목표, 사회통제의 목표, 그리고 경제적 발전목표 등이 그것이다(Schneiderman, 1967: 54; 장인협, 1990: 9). 여기서는 사회적 통합과 안정, 경제성장과 안정, 정치적 안정 등의 사회기능적 목적을 간략하게 살펴본다.

(1) 사회통합과 안정

사회복지는 사회생활상 어려움을 가지고 있는 개인이 사회복지적 원조를 통해 사회생활을 유지하게 함으로써, 개인적으로 사회에 적응할 수 있을 뿐만 아니라 사회 전체적으로도 사회혼란을 방지하게 되어 사회통합과 안정에 기여하게 된다는 의미이다. 사회복지는 사회제도의 하나로서 다른 사회제도가 제 기능을 상실하게 되었을 때, 그 제도를 일시적으로 보충하고 보완하게 함으로써 사회 전체의 질서와 안정, 통합에 기여한다는 입장으로 이해되고 있다.

이것은 사회복지 이론의 기능주의적 관점에서 찾아볼 수 있는 것으로서 사회복지는 통합과 연대, 그리고 안정에 기여한다는 것이다. 하지만 사회복지를 사회 전체적 수준에서 어떤 기능과 목적을 가진 것으로 보느냐라는 물음에 대한 논의는 사회질서의 유지와 사회안정, 혹은 사회통합이냐 그렇지 않으면 기득권의 유지와 현상유지를 위한 사회통제냐 하는 상반되는 주장으로 대립되기도 한다.

(2) 경제성장과 안정

사회복지가 경제에 미치는 영향이 부정적인가 긍정적인가 하는 것은 고전적 논쟁거리가 되었다. 일반적으로 사회복지는 단기적으로 볼 때 경제에 '마이너스 효과'를 가져오지만, 장기적으로는 '플러스 효과'를 가져오는 것으로 인정되고 있다. 일반적으로 사회복지의 영역과 성격에 따라 경제성장에 서로 다른 효과를 가져온다는 연구결과가 수용되고 있다. 사회복지가 경제성장과 플러스 효과를 가져오는 요인은 사회복지활동을 통해 인적 자본의 질적 수준을 높임으로써 가능하다는 것이다. 여기에는 건강과 보건, 교육, 주택, 기타 사회복지서비스 등이 노동자의 복지증진은 물론, 노동력의 질적 수준을 향상시킨다는 것으로 이해된다. 조지와 윌딩은 이러한 문제를 기존의 실질적 연구와 결과를 바탕으로 심층적으로 분석하고 있다(George & Wilding, 1984: ch. 4~5).

후진국의 경우 경제성장을 위한 자본축적으로서 사회복지제도를 활용하는 경우가 흔히 있다. 예컨대 소비억제를 도모하는 동시에 저축증대와 같은 효과를 지닌 장기보험, 그리고 사회보험제도를 활용해 투자재원을 확보하는 장치로서 사회복지제도를 활용하는 경우가 많이 있다.

사회복지가 경제성장 이외에 경기 흐름을 안정화시킴으로써 경제성장에 간접적 기여를 하는 측면도 있다. 사회복지 재원으로 사용되는 세금이나 기여금 등은 경기변동에 영향을 미치는 폭이 크다. 즉, 세금의 경우 간접세보다는 직접세가 누진적 성향을 띠고 있으므로 경기변동의 안정화에 기여하게 된다. 대부분의 국가에서는 사회복지 재원으로서 누진적 직접세를 채택하기 때문에 경기변동에 기여하는 측면이 크다.

(3) 정치적 안정

사회복지는 오랫동안 정치적으로 중요한 기능을 하는 것으로 인정되어 왔다. 이와 더불어 사회복지 발달 역시 정치적 소산이기도 하고, 어떤 경우에는 사회복지 대상자와 시민들의 정치적 권리의 신장과 조직적 활동 및 참여의 결과로 사회복지 수준과 내용이 끊임없이 성장 발달해 온 것도 사실이다. 그러므로 각종 사회복지제도는 불평등의 해소와 사회적 갈등을 해소하는데 초점을 맞추어 나아가야 한다.

5. 사회복지의 구성

호시노〔星野〕 등은 사회복지의 구성을 사회복지의 가치, 사회복지의 주체, 사회복지의 대상, 사회복지의 방법으로 나누어 서술하고 있다(星野貞一郎, 渡變武男 編著, 1986: 22~40). 야마구치〔山口〕 등은 사회복지의 구성을 주체, 대상, 목적, 시간 및 장소, 그리고 방법 등으로 구분하여 설명하고 있다(山口建藏 外編, 1986: 17~21).

김영모는 사회복지의 구성을 주체, 객체, 방법, 재원 등으로 나누고 있다. 이러한 구성요인은 서로 밀접한 관계를 맺고 있다. 주체와 객체 간에는 원조관계이기 때문에 자연히 원조의 기능도 그것에 따라 결정되는 것이다(김영모·남세진·신섭중, 1982: 15~16, 〈그림 1-1〉 참조).

사회복지의 원초적 형태는 인간의 공동생활에서 필요한 상호부조에서 나왔고 사회가 점차 불평등해짐으로 말미암아 부자(가진 자)가 빈자(없는 자)에게, 또는 자본가가 노동자에게 도움을 주는 전통적 박애사업·자선사업·인보사업 또는 노사협의제와 같은 복지제도가 나타났던 것이다. 이러한 복지기능이 산업사회에서 사회의 통합과 연대를 조성하는데 미흡했기 때문에 국가개입과 민간조직에 의해 근대적 복지제도가 발달하게 된 것이다.

필자는 김영모가 구분한 사회복지의 구성요소가 가장 타당하다고 생각되어 주체(기관), 객체(대상), 방법, 재정을 구체적으로 살펴보고자 한다.

〈그림 1-1〉 사회복지의 구성

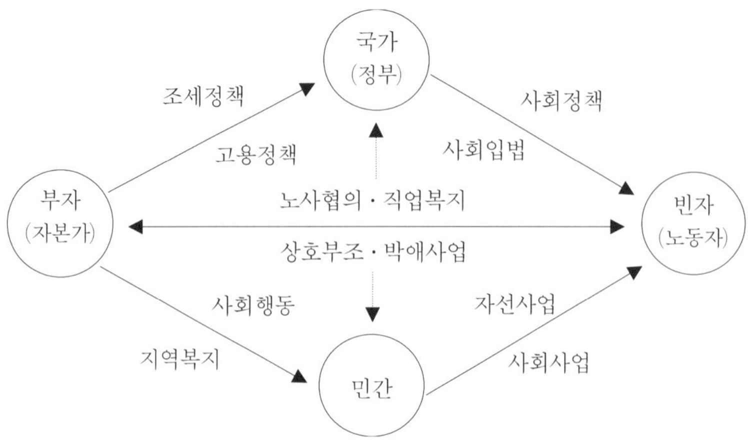

자료: 김영모, 《사회복지학》, 고헌출판부, 2000: 4.

1) 주체(기관)

사회복지의 운영주체는 가족부터 국가에 이르기까지 여러 가지의 형태가 있을 수 있다. 다시 말하면 민간의 자발적 활동부터 국가의 강제적 활동, 그리고 이 두 활동의 중간형으로 다양한 사회기관이 있다. 이러한 주체의 성질에 따라 사회복지의 형태도 달라진다.

사회복지 운영주체는 가족에서 국가로 점차 발전되어 왔다. 전통적 사회일수록 사회복지의 책임이 개인, 가족, 부락, 교회에 있었기 때문에 상호부조와 자조사업을 사회복지의 기본 형태로 간주했다. 그러나 현대사회에 올수록 시민권의 발달과 더불어 사회권=복지권이 발달되어 복지의 책임이 사회와 국가에 있다는 인식이 높아지게 되었다. 그런 결과 민간의 자발적 복지활동으로서 사회사업이 나타나게 되었고, 국가의 강제적 복지활동으로서 사회정책이 나타나게 되었던 것이다. 그리하여 오늘날 사적 복지활동에서 공적 복지활동으로 전환되는 경향이 있다.

일반적으로 사회복지의 주체는 공공부분과 민간부분으로 구분할 수 있다. 그리고 공적 부분은 국가와 지방자치단체가 되고, 민간부분은 법인의 형태로 운영되는 것과 종교단체 혹은 기업 또는 자원봉사단체 등으로 구성된다. 그러나 사실 이러한 구분은 오늘날 현실적으로 의미를 상실하고 있는데, 그것은 각국에서 사회복지가 공공부분과 민간부분이 함께 혼합된 형태로 이루어지는 것이 대부분이기 때문이다. 그럼에도 불구하고 사회복지의 주체에 관한 분석적 구분이 필요하다. 그것은 사회복지를 합리적이고 효율적으로 운영하기 위해, 그리고 사회복지 서비스의 효과성을 높이기 위해 분석과 검토가 요구되기 때문이다(현외성 외, 1999: 87).

공공부분은 사회복지를 제공하는 기관이나 시설의 소유자가 정부이고, 재원은 전부 정부예산에서 나오며, 운영을 공무원들이 하는 반면,

〈그림 1-2〉 재정 및 급여에 따른 사회복지 구분

		공 공		민 간	
재원	공 적	공공급여 완전공공 재원	공공급여 부분민간 부분공공 재원	민간급여 부분민간 부분공공 재원	민간급여 완전공공재원
	사 적	공공급여 완전민간재원			민간급여 완전민간재원

자료: Glennerster, 1985: 5.

순수한 민간부분은 사회복지를 제공하는 기관의 소유자가 민간인이고, 그것의 재원도 민간인에게서 나온다.

글렌스터는 재원의 출처와 사회복지 급여를 상호연관시켜 도식적으로 아래와 같이 구분하고 있는데, 이를 통해 사회복지의 주체별 구분을 파악할 수 있다. 즉 같은 공공부문이라 하더라도 재원의 출처에 따라 완전, 혹은 부분 공적 주체로 세분될 수 있다(Glennerster, 1985: 5).

(1) 공적 부문

① 중앙정부기관

중앙정부 부처 중에 사회복지와 관련되지 않는 부처는 거의 없다해도 과언이 아니다. 중앙정부의 사회복지기관은 보건복지부, 노동부, 보훈처 등을 생각하기 쉬우나 그 이외에도 관련된 정부기관이 많이 있다. 관련된 정부기관은 국민의 기본욕구인 소득, 보건, 교육, 주택 등을 위해 서비스를 제공하거나 또 2차적 욕구라 할 수 있는 교통, 환경, 문화, 스포츠 등을 위한 서비스, 그리고 주요한 사회문제인 범죄, 비행 등을 해결하기 위한 노력을 하는 기관이 있다. 〈표 1-2〉에서 볼 수 있는 관련부처 이외에도 이러한 사업을 수행하는 데 필요한 재원(조세)을 마련하는 국세청, 그리고 사회개발계획을 수립하는 기획경제

부도 있다.

사회복지와 관련된 정부부처 중에서 직접 국민을 상대로 정책 및 서비스를 제공할 수 있는 부처가 있고(예: 노동부의 지방사무소, 교육과학기술부의 시·군·구교육청, 환경부의 지방사무소 등) 그렇지 못한 경우(보건복지가족부, 국토해양부, 문화체육관광부 등)도 있다. 그렇지 못한 경우는 행정안전부의 지방조직, 즉 지방자치단체(시·군·구 및 시·도 등)를 통해 정책 및 서비스를 공급하고 있다. 다시 말하면 사회복지의 전달체계가 확립되지 못한 경우 책임행정과 전문적 서비스가 제대로 이루어지지 못하는 문제가 있다.

사회복지의 주무부처라 할 수 있는 보건복지가족부의 사회복지 행정조직은 장·차관 아래 사회복지정책실, 아동청소년가족정책실, 저출산고령사회정책국, 장애인정책국이 있다. 사회복지정책실에는 복지정책관, 연금정책관, 사회서비스정책관이 있으며, 아동청소년가족정책실에는 아동청소년육성정책관, 아동청소년복지정책관, 가족정책관, 보육정책관이 있고, 저출산고령사회정책국에는 노인정책관이 있다. 아동청소년가족정책실, 저출산고령사회정책국, 장애인정책국의 업무는 우리나라의 전통적 사회복지사업이고, 사회복지정책실의 연금정책관 업무는 1970년대 후반 시작된 사회보험 업무이다. 1970년대 전반기까지 우리나라 사회복지사업은 주로 사회국과 가정복지국(1960년대까지는 부녀아동국)이 관장했는데, 지금은 사회복지정책실의 소관이 되었다.

그러면, 보건복지부의 각 과별 주요 기능을 보기로 한다. 정부의 각 부서별 기능은 대개 그와 관련된 법령에 기초해 있다.

〈표 1-2〉 사회복지관련 중앙부처와 공공단체

<table>
<tr><th colspan="2">욕구 및 문제</th><th>정부기관</th><th>행정부서</th><th>공법인</th></tr>
<tr><td rowspan="11">1차적 욕구</td><td rowspan="5">소득</td><td>노동부</td><td>근로기준국</td><td></td></tr>
<tr><td>보건복지가족부</td><td>연금보험국
기초생활보장심의관</td><td>국민연금공단
사회복지법인</td></tr>
<tr><td>행정안전부</td><td>인사복무국장</td><td>공무원연금공단</td></tr>
<tr><td>교육과학기술부</td><td>학교정책실장</td><td>한국교직원공제회/
사립학교 교직원연금공단</td></tr>
<tr><td>국방부</td><td>보건복지관</td><td>군인공제회/
국방부군인연금</td></tr>
<tr><td rowspan="2">보건</td><td>보건복지가족부</td><td>연금보험국
장애인보건복지심의관</td><td>국민건강보험공단/
한국장애인고용공단/
사회복지법인</td></tr>
<tr><td>노동부</td><td>근로기준국</td><td>근로복지공단</td></tr>
<tr><td rowspan="2">교육</td><td>교육과학기술부</td><td>학교정책실장</td><td>학교법인</td></tr>
<tr><td>보건복지가족부</td><td>복지정책관</td><td></td></tr>
<tr><td rowspan="2">주택</td><td>국토해양부</td><td>주택도시국</td><td>한국토지주택공사</td></tr>
<tr><td>보건복지가족부</td><td>복지정책관</td><td>사회복지법인</td></tr>
<tr><td rowspan="13">2차적 욕구</td><td>환경</td><td>환경부</td><td>환경정책실</td><td></td></tr>
<tr><td>문화</td><td>문화체육관광부</td><td>문화예술국</td><td>문화예술진흥재단</td></tr>
<tr><td>스포츠</td><td>문화체육관광부</td><td>체육국</td><td>한국체육진흥관리공단</td></tr>
<tr><td>아동</td><td>보건복지가족부</td><td>보육정책관</td><td>사회복지법인/보육시설</td></tr>
<tr><td>청소년</td><td>보건복지가족부</td><td>아동청소년육성정책관</td><td>한국청소년단체협의회/
법정 4단체</td></tr>
<tr><td>노인</td><td>보건복지가족부</td><td>노인정책관</td><td></td></tr>
<tr><td rowspan="2">여성</td><td>노동부</td><td>근로기준국</td><td></td></tr>
<tr><td>여성부</td><td>여성정책국</td><td></td></tr>
<tr><td rowspan="2">범죄</td><td>법무부</td><td>교정본부</td><td>갱생보호회/
대한법률구조공단</td></tr>
<tr><td>경찰청</td><td>생활안전국/수사국</td><td></td></tr>
<tr><td>고용</td><td>노동부</td><td>직업능력정책관</td><td>한국산업인력공단</td></tr>
<tr><td>상이군경·
유족</td><td>국가보훈처</td><td>복지증진국</td><td>한국보훈복지의료공단</td></tr>
</table>

가. 복지정책관

사회정책과
- 사회복지정책에 관한 종합계획의 수립 및 조정
- 사회안전망 관련 정책의 수립·조정 및 평가
- 사회복지사 자격제도 운영

사회통합전략과
- 양극화·민생 관련 종합대책 수립에 관한 사항
- 사회투자 인프라 구축 지원
- 노숙인 및 부랑인 보호사업 관련 계획의 수립

기초생활보장과
- 국민기초생활보장사업 종합계획 수립·조정
- 국민기초생활보장 수급자 선정·관리 및 소득·재산에 관한 업무
- 국민기초생활보장 수급자의 최저생계비 결정
- 국민기초생활보장 수급자의 급여 체계에 관한 사항
- 긴급복지지원제도 운영에 관한 사항
- 난민구호 및 지원에 관한 사항

기초의료보장과
- 의료급여제도에 관한 종합계획수립
- 의료급여수가 및 급여기준 수립·조정
- 의료급여 수급권자 자격관리
- 의료급여기금 운용 및 관리

지역복지과
- 사회복지전달체계 개편 및 운영을 위한 계획수립
- 지방자치단체 사회복지정책의 평가 및 지원

민간복지과

- 인적 · 물적 민간복지자원의 개발 및 육성
- 기부활성화 및 사회복지공동모금회의 지원 · 육성
- 사회복지분야 자원봉사활동의 지원 및 육성
- 식품나눔 관련 사업계획의 수립

나. 연금정책관

국민연금정책과

- 국민연금제도의 개선 및 종합계획 수립 · 조정
- 국민연금관리공단에 대한 지도 감독

국민연금재정과

- 국민연금기금운용계획의 수립 및 조정
- 국민연금 재정추계계획의 수립

국민연금급여과

- 국민연금 급여지급계획의 수립
- 사회보장협정에 관한 사항
- 국민연금 급여제도에 관한 연구 · 조사 및 통계에 관한 사항

기초노령연금과

- 기초노령연금에 관한 종합계획의 수립 · 조정
- 기초노령연금수급자의 선정 및 적정관리에 관한 사항

다. 사회서비스정책관

사회서비스정책과

- 사회서비스 관련 종합계획의 수립 · 조정
- 사회서비스 일자리 창출방안 수립 및 총괄 · 조정
- 노인돌보미 바우처 사업계획 수립 · 시행 및 평가
- 사회서비스 수요 및 공급 조사

사회서비스사업과

- 보편형 아동바우처 사업계획 수립·시행 및 평가
- 지역 맞춤형 바우처 사업계획 수립·추진 및 평가
- 사회서비스 집행 표준 매뉴얼 및 서비스 질 관리기준 설정에 관한 사항

사회서비스기반과

- 사회서비스 이용권 제도 운영기반 조성
- 사회서비스 이용권의 유통 및 사용내역 모니터링

자립지원투자과

- 종합자활지원계획의 수립 및 조정
- 자활사업대상자의 선정 및 관리

라. 노인정책관

고령사회정책과

- 저출산·고령사회 기본계획 및 시행계획의 수립 및 총괄
- 저출산 및 고령화 관련 정책 총괄 및 조정

저출산인구정책과

- 저출산 관련 기본계획 및 시행계획의 수립 및 조정
- 다자녀가정의 사회적 지원에 관한 정책의 조정 및 개발

고령친화산업과

- 고령친화산업과 관련된 종합계획의 수립·조정
- 고령친화산업과 관련된 규제의 완화를 위한 관련 법령의 정비 총괄·조정

노령정책과

- 노인보건복지에 관한 종합계획의 수립 및 조정
- 경로효친사상 앙양 및 경로우대제에 관한 사항

노인지원과

- 노인일자리 및 사회활동의 지원
- 노인 여가문화 활성화 및 교육에 관한 사항
- 노인자원봉사 활성화에 관한 사항

노인요양제도과

- 노인요양보장에 관한 종합계획의 수립 및 조정
- 노인요양보장 관련 법령에 관한 사항

노인요양운영과

- 노인요양보장 관련 인프라 확충 종합계획의 수립에 관한 사항
- 노인요양보장 관련 시설 인프라 확충에 관한 사항
- 노인요양시설·양로시설 및 재가노인복지시설의 지원 및 육성에 관한 사항

마. 가족정책관

가족정책과

- 건강가정기본계획의 수립·조정 및 연도별 시행계획의 총괄
- 가족 관련 법령의 관리·운영

가족지원과

- 가족부양의 사회적 분담을 위한 정책의 총괄 조정
- 미혼모 및 미혼모시설에 대한 지원
- 한부모가족 지원 종합계획의 수립

다문화가족과

- 다문화가족 사회통합 지원 대책 추진
- 다문화가족의 사회적응을 위한 생활·정책 정보 제공

바. 장애인정책국

장애인정책과
- 장애인복지 관련 종합계획의 수립 및 조정
- 장애인등록 및 판정에 관한 사항
- 장애인 복지업무 평가에 관한 사항

장애인권익증진과
- 장애인차별 관련 관리·운영 및 종합대책 수립
- 장애인차별금지 관련 법령 및 제도개선에 관한 사항
- 장애인의 권익증진 및 사회적 인식개선에 관한 사항

재활지원과
- 장애인생활시설의 지원 및 육성
- 장애인복지관 등 지역사회재활시설의 지원 및 육성
- 장애인 활동보조지원제도에 관한 사항

장애인소득보장과
- 장애인의 직업재활 및 소득보장에 관한 계획의 수립 및 조정
- 장애인의 일자리 창출 관련 사항
- 직업재활 및 직업재활시설의 제도개선 및 운영지도에 관한 사항

사. 아동청소년육성정책관

아동청소년정책과
- 아동청소년정책에 관한 중장기 기본계획의 수립·조정에 관한 사항
- 아동청소년 관련 업무의 부처간 협의·조정 총괄

아동청소년권리과
- 아동청소년 권리증진, 인권보호에 관한 기본계획의 수립·시행

아동청소년역량개발과

- 아동청소년 역량개발 및 향상에 관한 사항
- 지역아동센터 · 청소년 방과후 아카데미 · 청소년공부방 · 아동복지교사 등 아동 방과후 활동프로그램 개발 · 지원 및 학력 비인정 비정규학교 등의 운영 · 지원

아동청소년교류과

- 아동청소년의 국제협력에 대한 기본계획의 수립 · 시행
- 아동청소년의 국제교류를 위한 프로그램 개발 및 운영

아. 아동청소년복지정책관

아동청소년상담자활과

- 청소년 상담 · 자활 등에 대한 기본계획 수립 · 시행
- 한국청소년상담원 및 청소년상담(지원)센터의 지도 · 감독

아동청소년보호과

- 아동청소년 보호 및 안전에 관한 종합계획의 수립 · 시행
- 실종아동 등의 보호 및 지원에 관한 사항
- 청소년 유해환경 실태조사 및 연구

아동청소년매체환경과

- 아동청소년 유해매체물 환경개선에 관한 기본계획의 수립 · 시행
- 청소년 유해매체물에 대한 조사 연구 및 제도개선
- 청소년 유해매체물 심의기준 및 결정 · 고시

아동청소년성보호과

- 아동청소년의 성보호를 위한 시책의 수립 · 시행
- 아동청소년 대상 성범죄자 신상정보의 등록 및 등록정보의 열람제도

자. 보육정책관

보육정책과
- 보육에 관한 종합계획의 수립 및 연도별 시행계획의 총괄
- 보육전자바우처 도입 및 운영

보육재정과
- 보육재정의 중장기 투자계획 수립
- 표준보육비용에 관한 사항
- 아동보육료 지원, 양육수당에 관한 사항

보육지원과
- 국·공립 등 보육시설의 확충 및 지원계획 수립
- '영유아보육법'에 따른 보육시설의 설치·인가 기준의 수립 및 해당 시설의 관리
- 보육시설 설치 및 운영 지원
- 표준보육과정 및 보육프로그램의 개발·보급
- 보육정보센터의 확충 및 지도·감독

차. 참여기관과 부속기관

사회복지행정의 참여기관으로서 보건복지부에서 사회복지사업법상의 사회복지위원회, 재해구호법에 의한 재해구호대책위원회, 아동복지법상의 중앙아동복지위원회, 노인복지법상의 노인복지대책위원회(국무총리소속 하에 있음), 장애인복지법상의 장애인복지위원회, 모자복지법상의 모자복지위원회, 영유아보육법상의 보육위원회 등을 설치, 운영토록 하고 있다.

보건복지부에는 위에서 논의한 자문기관 외의 부속기관도 설치하고 있다. 부속기관으로서는 한국보건사회연구원, 국립재활원 등이 있다. 한국보건사회연구원은 주로 보건, 의료, 사회복지, 인구에 관련된 제

반 사회적 욕구, 이에 대응한 정책, 제도, 시책 개발연구를 행하는 기관이고, 그리고 사회복지 현장에 종사하는 행정공무원과 앞으로 사회복지분야에 종사하려는 사회복지사(2급, 3급), 교육, 기타 민간 사회복지종사자들의 현임훈련도 행하고 있다. 국립재활원은 종전의 국립각심학원을 폐지하고 1986년부터 국립재활원으로 출발한 장애인복지시설이다.

② 지방정부기관

최근 우리나라에는 지방자치제가 시행됨으로써 지방정부의 사회복지행정이 세 가지 수준에서 전개되고 있다. 즉, 특별시・광역시・도를 중심으로 하는 광역자치단체, 시・군・구를 중심으로 하는 기초자치단체, 그리고 읍・면・동 수준이다.

가. 광역자치단체의 사회복지행정

광역자치단체의 사회복지행정은 보건사회국 밑의 사회과와 가정복지국 밑의 가정복지과, 여성복지(정책)과, 청소년복지과에서 수행하고 있다. 그러나 특별시・광역시・도의 사회복지 행정기능은 조례와 규칙에 의해 업무가 분담되기 때문에 약간씩 차이가 있다. 또한 특별시・광역시・도에서는 사회복지서비스에 대한 구체적 실천기관으로 아동상담소, 부녀상담소, 가정상담소, 여성회관, 사회복지관, 각종 사회복지시설 등을 설치하여 운영하기도 한다.

나. 기초자치단체의 사회복지행정

기초자치단체의 사회복지행정은 시・군・구 또는 인구 규모에 따라 약간씩 차이가 있다. 시의 사회복지행정은 사회과와 가정복지과를 중심으로 도의 사회과와 가정복지과의 기능을 수행하고 있다. 군의 사회복지행정은 사회과와 가정복지과를 중심으로 전개되고 있다. 구의 사회복지행정은 주로 시민국 산하의 사회복지과와 가정복지과를 중심으로 업무를 수행하고 있다. 기초자치단체에서도 사회복지서비스 전문기관인 근로청소년회관, 부녀·아동상담소, 여성복지회관, 종합사회복지관 등 각종 사회복지시설을 설치, 운영하고 있다.

다. 읍·면·동의 사회복지행정

읍에서는 주로 사회과, 사회계를 두어 사회복지 관련업무를 수행하고 있다. 면의 경우에는 사회계(복지계)를 두어 복지관련업무를 담당하고 있다. 동에서는 사회담당을 두어 업무를 수행하고 있고, 최근에는 생활보장업무를 전담케 하기 위해 사회복지공무원을 배치하고 있다. 즉, 1987년부터 서울과 지방에 저소득층이 밀집되어 있는 동사무소에 사회복지 전문요원을 배치하고 있는 것이다. 이들은 생활보장사업을 포함한 저소득층의 자립, 자활을 위한 각 가정의 동태를 파악하고 상담지소를 제공하는 것을 임무로 하고 있다.

라. 참여기관과 보조기관

현행 우리나라의 국민기초생활보장법과 사회복지서비스 제법, 즉, 사회복지사업법, 국민기초생활보장법, 아동복지법, 장애인복지법, 모자복지법, 영유아보육법 등에서는 서울특별시, 광역시·도·시·군에 사회복지위원회를 설치토록 규정하고 있다. 이러한 각종 위원회는 보건복지부나 국무총리실(노인복지위원회)에 설치하는 중앙사회복지위원회의 역할과 마찬가지로, 지방자치단체에서의 사회복지에 관한 계획, 조사, 심의, 조정, 자문 등의 기능을 수행하는 것을 취지로 하고 있다.

또한 사회복지서비스 관계법에서는 지방자치단체의 장에게 위임한 각 법상의 복지조치에 따른 업무를 담당하게 하기 위해 보조기관으로 아동복지지도원, 장애인복지지도원, 노인복지상담원, 모자복지상담원 등을 시·군·구에 배치토록 규정하고 있으나, 이 중에서 아동복지지도원만 배치되고 있는 실정이다. 그리고 읍·면·동 단위에는 행정협력기관으로 복지위원제도를 두고 있으나 유명무실하다.

(2) 민간부문

일반적으로 민간부문의 사회복지서비스 활동은 규모면에서 공공차원의 활동에 비해 작고 서비스의 내용도 한정적인 면을 갖고 있으나, 정부기관이 할 수 없는 독자적 특성을 갖고 있다. ① 정부의 사회복지서비스프로그램에 대한 보완적 역할을 한다. ② 시범적이며 융통성이 있고, 전문적이면서 봉사적이라는 특징을 갖고 있다. ③ 민간복지부문에 대한 관심과 참여욕구를 수렴하는데 용이하다. ④ 주민의 사회복지서비스에 대한 관심과 참여욕구를 수렴하는데 용이하다. ⑤ 정부의 사회복지서비스 전달활동에 대한 압력단체의 역할을 수행할 수 있다. ⑥ 국가의 사회복지비용을 절약할 수 있게 한다.

따라서 정부의 역할이 큰 몫을 차지하는 오늘날의 복지국가에서도 민간부문의 복지활동은 결코 위축되지 않고 있으며, 오히려 자선과 박애, 자조를 바탕으로 하는 민간의 복지활동은 그 중요성이 강조되고 있다. 민간 사회복지 행정조직은 영리를 목적으로 하지 않는 주민조직과 그리고 사회복지법인, 재단법인 및 사단법인, 종교단체, 법정단체 및 기타 특수법인, 등록단체나 그 법인 또는 단체가 사회복지사업을 목적으로 운영하는 시설과 기관을 총칭하는 것으로 본다(남세진 · 조홍식, 1998: 132~134).

여기서 민간부문의 전형적인 사회복지시설과 사회복지관의 현황을 보면 다음과 같다.

사회복지시설은 국가의 국민복지 증진에 대한 공적 책임을 위탁받아 사회복지서비스를 제공하는 조직체이므로, 그 순수성과 공공성을 높이고, 사회적 신뢰를 확보하기 위해 법인격을 갖추는 것이 필요하다. 사회복지시설은 사회복지 대상자의 생존권을 보장하는 중요한 활동이므로 시설의 설치규모, 구조, 처우방법 등에 대해 엄격한 기준을 설정하고 그 기준에 따른 운영을 지향하고 있다.

수용시설인 사회복지시설은 2008년 12월 말 현재 전국적으로 2,921

〈표 1-3〉 사회복지시설 수용현황

	시설수	수용인원	종사자
아동복지	285	17,992	10,229
노인복지	2,081	67,676	15,858
장애인복지	347	22,250	13,447
여성복지	107	3,663	949
정신질환자요양	59	11,988	6,949
부랑인	37	9,492	6,187
결핵・나장애	5	515	230
합　　계	2,921	133,576	53,849

자료: 보건복지가족부, 《2008년 보건복지가족통계연보》, 2009: 196.

개소로서 아동, 노인, 장애인, 여성, 부랑인, 정신요양, 결핵・나(癩) 장애인 시설 등으로 구분되며 수용인원은 13만 3,576명이며 근무하는 직원은 5만 3,849명에 달하고 있다. 수용시설에서 보호받는 생활보호 대상자에 대한 보호비용과 시설종사자의 인건비 등 시설운용에 필요한 비용은 전액 정부(국고 및 지방비)가 지원하고, 시설 설치비는 법인이 자체적으로 부담하는 부분을 제외하고는 정부가 지원하고 있다.

이용시설인 사회복지관은 지역특성, 지역주민의 욕구 등에 따라 다양한 사업을 수행하는데 종합사회복지관(사회복지관), 노인복지회관, 장애인복지관, 여성회관(부녀복지관)을 모두 포함하여 2000년 말 현재 전국적으로 769개가 운영되며, 이 외에도 노인주간보호시설, 사회복지관 등에 부설된 재가복지봉사센터, 가정봉사원 파견사업소, 재가장애인 순회재활서비스센터 등이 있다. 이용시설의 운영에 필요한 비용은 원칙적으로 정부(국고 및 지방비)가 부담하나(실제 사업비의 4할 정도 지원), 일부 시설의 경우 운영비의 10% 수준을 법인이 부담한다. 시설 설치비는 법인이 자체적으로 부담하는 부분을 제외하고는 정부가

지원하고 있다.

(3) 사회복지사(인력)

사회복지사는 사회복지행정 조직 내에서 사회복지서비스를 효과적이고 효율적으로 제공하기 위해 활동하는 사회복지관련 전문인을 말하는데, 사회복지서비스의 전문화와 직결되므로 사회복지 분야에서 매우 중요시되고 있다.

① 사회복지사의 자격

2003년 1월 1일부터 사회복지사 1급은 사회복지사업법 시행규칙에 의해 소정의 학과목을 이수하고 국가시험에 합격한 자라야 하는데 등급별 자격 기준은 〈표 1-4〉와 같다.

가. 국가시험과목

시험은 필기시험 방법으로 매년 1회 이상 실시하며 그 시험과목은 다음과 같다(2003년 1월 1일부터 시행).

- 인간행동과 사회환경 ▪사회복지정책론 ▪사회복지행정론
- 사회복지실천론 ▪사회복지실천기술론 ▪사회복지조사론
- 아동복지론·청소년복지론·노인복지론·장애인복지론·여성복지론·가족복지론 또는 정신보건사회복지론 중 1과목
- 지역사회복지론·산업복지론·의료사회사업론·학교사회사업론·정신건강론·교정복지론·사회문제론·자원봉사론 또는 사회복지법제 중 1과목

〈표 1-4〉 우리나라 사회복지사의 자격기준

<table>
<tr><th>등급</th><th>자 격 기 준</th></tr>
<tr><td>사회
복지사
1급</td><td>법 제11조 제3항의 규정에 의한 국가시험에 합격한 자</td></tr>
<tr><td>사회
복지사
2급</td><td>가. 고등교육법에 의한 대학원에서 사회복지학 또는 사회사업학을 전공하고 석사학위 또는 박사학위를 취득한 자. 다만, 대학에서 사회복지학 또는 사회사업학을 전공하지 아니하고 동 석사학위를 취득한 자는 보건복지부령이 정하는 사회복지학 전공교과목과 사회복지 관련 교과목 중 필수과목 6과목 이상(대학에서 이수한 교과목을 포함하되, 대학원에서 4과목 이상을 이수하여야 한다), 선택과목 2과목 이상을 각각 이수한 경우에 한하여 사회복지사 자격을 인정한다.

나. 고등교육법에 의한 대학에서 보건복지부령이 정하는 사회복지학 전공교과목과 사회복지관련 교과목을 이수하고 학사학위를 취득한 자.

다. 고등교육법에 의한 대학과 동등 이상의 학력이 있다고 교육부장관이 인정하는 학교에서 보건복지부령이 정하는 사회복지학 전공교과목과 사회복지 관련 교과목을 이수하고 졸업한 자.

라. 고등교육법에 의한 전문대학에서 보건복지부령이 정하는 사회복지학 전공교과목과 사회복지관련 교과목을 이수하고 졸업한 자.

마. 고등교육법에 의한 대학을 졸업하거나 이와 동등 이상의 학력이 있는 자로서 보건복지부장관이 지정하는 교육훈련기관에서 12주 이상 사회복지사업에 관한 교육훈련을 이수한 자.

바. 사회복지사 3급 자격증 소지자로서 3년 이상 사회복지사업의 실무경험이 있는 자.</td></tr>
</table>

〈표 1-4〉 계속

등급	자 격 기 준
사회복지사 3급	가. 고등교육법에 의한 전문대학을 졸업한 자로서 보건복지부장관이 지정하는 교육훈련기관에서 12주 이상 사회복지사업에 관한 교육훈련을 이수한 자.
	나. 고등학교를 졸업하거나 이와 동등이상의 학력이 있는 자로서 보건복지부장관이 지정하는 교육훈련기관에서 24주 이상 사회복지사업에 관한 교육훈련을 이수한 자.
	다. 7년 이상 사회복지사업의 실무경험이 있는 자로서 보건복지부장관이 지정하는 교육훈련기관에서 24주 이상 사회복지사업에 관한 교육훈련을 이수한 자.
	라. 법 제2조 제1항의 규정에 의한 업무에 8급 또는 8급 상당 이상으로 3년 이상 종사한 공무원으로서 보건복지부장관이 지정하는 교육훈련 기관에서 4주 이상 사회복지사업에 관한 교육훈련을 이수한 자.

출처: 사회복지사업법 시행령.

나. 사회복지사 1급 국가시험 응시자격

고등교육법에 의한 대학원에서 사회복지학 또는 사회사업학을 전공하고 석사학위 또는 박사학위를 취득한 자를 대상으로 한다. 다만, 대학에서 사회복지학 또는 사회사업학을 전공하지 아니하고 동 석사학위를 취득한 자는 보건복지부령이 정하는 사회복지학 전공교과목과 사회복지관련 교과목 중 필수과목 6과목 이상(대학에서 이수한 교과목을 포함하되, 대학원에서 4과목 이상을 이수하여야 한다), 선택과목 2과목 이상을 각각 이수한 때에 한하여 사회복지사 자격을 인정한다(기타 응시자격은 사회복지사업법령 참고바람).

다. 사회복지학 전공 교과목과 사회복지관련 교과목

- 학력 인정

  교육법에 대학 및 이와 동등한 학력이 있다고 인정되는 학교 졸업자의 경우는 필수 10과목과 선택 4과목을 포함한 14과목에 42 학점 이상, 전문대학 졸업자의 경우는 14과목에 32학점 이상을 취득하여야 한다.

- 사회복지학 전공교과목

〈표 1-5〉 사회복지학 전공교과목

필수과목 (10)	사회복지개론, 인간행동과 사회환경, 사회복지정책론, 사회복지법제, 사회복지실천론, 사회복지실천기술론, 사회복지조사론, 사회복지행정론, 지역사회복지론, 사회복지현장실습.
선택과목 (4)	아동복지론, 청소년복지론, 노인복지론, 장애인복지론, 여성복지론, 가족복지론, 산업복지론, 의료사회복지론, 학교사회사업론, 정신건강론, 교정복지론, 사회보장론, 사회문제론, 자원봉사론, 정신보건사회복지론, 사회복지 지도감독론, 사회복지 자료분석론, 프로그램 개발과 평가, 사회복지 발달사, 사회복지윤리와 철학 중 4과목 이상.

한편, 일본의 경우는 사회복지사와 개호복지사로 나눈다. 사회복지사는 사회복지과목을 이수하였거나 1년 이상 양성교육을 수료한 4년제 대학졸업자, 또는 2년제 대학졸업자로서 실무경력이 2년 이상인 자에게 국가고시의 기회를 주고 이것에 합격한 자라야 한다. 개호복지사는 고졸자로서 2년 이상 양성교육이나 사회복지계 대학의 지정과목 이수자로서 1년의 양성교육, 그리고 3년 이상 개호 등의 실무경력을 가진 자가 개호복지사 시험합격 후 등록에 의하여 자격이 취득된다. 일본의 사회복지사는 복지상담 조언, 기타 원조를 제공하고 개호복지사는 입욕, 배설, 식사지도 등을 할 수 있다.

그리고 미국의 경우는 대졸 이상 전문가를 4종으로 나누고 전문대졸 이하 준전문가를 2종으로 구분한다. 전문가 중에 사회사업 석사학위 이상 소지자는 사회조사 및 계획, 사회심리치료, 개인사무실 등을 운영하고 사회사업학사 소지자는 석사 사회사업가의 지도·감독 하에 정보 제공 및 사실 조사, 지역사회 자원 활용, 생활보조, 신청서 접수 등을 행한다.

이와 같이 사회복지 전문가는 적어도 대학의 사회복지학과를 졸업한 학사 이상이어야 하고 그렇지 못한 경우 준전문가(*technician aide*)라고 부른다.

② 사회복지사의 활동영역

사회복지사업법 시행령 제6조 제1항에는 ㉠ 사회복지 프로그램의 개발 및 운영, ㉡ 시설거주자의 생활지도 업무, ㉢ 사회복지를 필요로 하는 자에 대한 상담 업무 등을 수행하는 자를 사회복지사로 채용하도록 규정하고 있다.

우리나라 사회복지사가 활동할 수 있는 영역은 사회복지사업법 시행령(제113조)에 의하여 사회복지법인 종사자 총수의 1/3 이상을 채용하고 이 중에서 1/2 이상은 1급 또는 2급이어야 한다고 규정하고 있다. 그리고 최근 대량으로 채용된 사회복지전담요원(일반직 공무원)은 사회복지사 3급 이상이면 응시할 수 있고, 병원 등 의료기관, 종합사회복지관 등 사회복지기관에 사회복지사가 채용되고 있다.

우리나라 사회복지사는 2008년 12월 말 현재 269,074명으로 이 중 남자는 26.5%이고 여자는 73.5%이다(보건복지가족부, 2009 a: 194). 이들 사회복지사는 공무원(사회복지공무원), 사회복지시설, 사회복지관, 의료부문 등에서 활동하고 있다.

사회복지사가 활동하는 영역은 다양하나, 여기에서는 크게 공적 사회복지영역과 민간 사회복지영역으로 나누어 간단히 살펴보기로 한다.

먼저 공적 사회복지영역으로는 사회복지공무원으로 사회복지공무원, 아동복지지도원, 노인복지지도원, 장애인복지상담원, 보육지도원, 여성복지상담원 등이 있다. 이 중에서 가장 많은 인력이 배치된 공공부조 분야의 사회복지공무원은 2008년 12월 말 현재 약 9,945명이 배치되어 있다(보건복지가족부, 2009 a: 193). 그리고 4대 사회보험인 국민연금, 건강보험, 고용보험, 산업재해보상보험 등에도 사회복지사들이 활동하고 있다.

민간 사회복지영역은 사회복지기관 및 시설 영역과 보건의료 영역으로 나눌 수 있다. 현재 대부분의 사회복지사들이 지역복지사업, 아동복지, 노인복지, 장애인복지, 모자복지 등의 민간사회복지기관에서 활동하고 있다. 또 상당수의 사회복지사들이 보건의료 영역(의료법, 정신보건법에서 규정)에서 의료사회복지사와 정신보건복지사로 일하고 있다.

의료사회복지사(*medical social worker*)는 병원이나 진료소에서 임상치료팀의 일원으로 질병의 직·간접적 원인이 되고 치료에 장애가 되는 환자의 심리·사회적인 문제를 해결하도록 도와주며, 환자가 퇴원한 후에도 정상적 사회기능을 발휘할 수 있도록 환자와 그의 가족에게 전문적인 사회복지서비스를 제공한다.

정신보건사회복지사(*psychiatric social worker*)는 사회복지사 1급 자격증 소지자 중에서 정신보건분야의 전문적 지식과 기술을 가지고 정신질환자의 개인력 및 사회조사, 정신질환자에 대한 사회사업지도 및 방문지도, 사회복귀 촉진을 위한 생활훈련 및 직업훈련, 정신질환자와 그 가족에 대한 교육·지도 및 상담 업무, 정신질환 예방활동 및 정신보건에 관한 조사연구를 하고 있다.

이외에도 학교사회복지사, 산업사회복지사, 자원봉사활동 전문가, 교정사회복지사, 군사회복지사 등 사회복지사의 활동영역이 확대되는 추세에 있다.

2009년 12월 현재 한국사회복지사협회에 등록된 회원의 수는 347,123명이며, 이 중 약 80%가 상술한 사회복지 활동영역을 위시해 대학, 연구기관, 사회복지관련 행정기관, 비정부기관에서 활동하는 것으로 추정되고 있다.

2) 객체(대상)

사회복지의 대상이란 사회복지가 일차적으로 관심을 가지고 있는 것 즉, 문제에 봉착한 사람들(불행한 자나 낙오자 등)이나 문제를 야기시키는 조건 등을 말한다. 사회복지의 대상은 단순히 빈곤이나 질병 등에 국한된 사회문제가 아니라, 복합체로서 보다 현실적이고 구체적인 반사회복지적 상황을 말한다. 그래서 사회사업, 사회복지라고 하면 고아, 미망인, 장애인, 빈민 등을 사회복지의 주요 대상으로 생각하였다. 그러나 현대사회에서 사회복지는 그러한 대상에게 일차적 관심을 보여주지만 그보다는 국민의 사회적 욕구와 사회적 문제에 관심이 많다(김영모, 2000: 6). 바꾸어 말하면 사회복지 초기단계에서는 소수의 사회적 약자들을 주요 대상으로 하여 선별적 사회복지서비스가 제공되었으나, 현대사회로 접어들면서 모든 사람에게 복지를 향유할 권리가 있다는 관점에서 보편적 즉, 국민 전체로 사회복지가 확대되는 현상을 볼 수 있다.

사회복지의 주요한 대상인 욕구와 사회문제를 살펴보면 다음과 같다.

(1) 욕구

욕구는 대부분 어떠한 목적을 위해 좋은 것, 필요한 것, 필수적인 것을 의미한다. 즉 목적을 위해 필요한 것 또는 필수적인 것이 결여되어 결핍된 상태를 말한다. 욕구는 유기체가 존재하기 위해 무엇인가 필요한 것을 구하는 본질적 현상을 의미한다고 볼 수 있다.

욕구의 분류는 매슬로우(Maslow)의 욕구단계이론에 의한 분류 등 여러 다양한 분류들이 있지만, 여기서는 욕구를 특히 사회구성원들의 문제해결과 관련해 사회복지적 입장에서 중요하게 고려되는 인간욕구(*human needs*), 기본욕구(*basic needs*), 사회적 욕구(*social needs*)로 나누어 살펴보고자 한다. 아울러 욕구측정과 관련하여 브래드쇼(Bradshaw)의 욕구인식의 기준에 따른 욕구분류의 내용을 살펴보고자 한다.

① 인간욕구

사회복지는 주된 관심부분을 인간이 지닌 욕구에 두고 있다. 인간욕구(*human needs*)는 인간이 그 존립을 위해 필수불가결하게 충족해야 하는 본질적 현상을 말한다.

매슬로우(A. Maslow)는 인간의 욕구를 다섯 가지로 분류하고 있다. 즉 ㉠ 생리적 욕구(*physiological need*), ㉡ 안전의 욕구(*safety need*), ㉢ 사랑의 욕구(*love need*), ㉣ 자아존경의 욕구(*self-esteem need*), ㉤ 자아실현의 욕구(*self-actualization need*) 등이다. 밀러(Miller)는 인간욕구를 도구적 욕구, 기능적 욕구, 본질적 욕구로 구분하고 있다. 도구적 욕구란 특정 목적을 달성하는데 발생되는 수단적 욕구이며, 기능적 욕구는 특정 기능을 수행하는데 요구되는 욕구이고, 본질적 욕구는 인간이 정상적 생활을 유지하기 위해 필요한 의·식·주·의료 등의 욕구라고 설명한다(남세진·조흥식, 1998: 34 재인용).

인간욕구는 단순히 생존에 있는 것이 아니라 개인의 성격(*personality*)을 개발하고 형성하는데 중요하다. 특히 개인의 성장은 전반적인 사회적 활동을 통해 이루어진다. 예컨대, 우정, 동료관계, 결혼, 취업활동, 이웃관계, 자원봉사활동, 교회활동 등의 상호관계적 경험을 통해 자신의 성격이 바람직하게 형성되고 사회의 일원으로서 성장하는 것이다. 이러한 맥락에서 인간욕구는 세 가지 특징을 지니고 있다. ㉠ 그 욕구충족이 실패한다면 상대적으로 '역기능적'이거나 '혼란 상태'가 유발된다. 예컨대, 비타민의 부족은 영양실조를 가져오고, 사랑의 결핍은 우울증을 야기시킨다. ㉡ 실패한 욕구는 다시 충족시켜 '회복'됨으로써 역기능을 '치유'할 수 있다. ㉢ 자유로운 상태에서 하나의 기본적 욕구충족은 다른 욕구에의 충족으로 '이동해 간다'(Weiner, 1980: 112).

이렇게 인간욕구는 다양하지만 사회복지의 대상을 논할 때의 욕구는 인간이 원하는 어떤 것, 혹은 모든 것을 뜻하는 것이 아니기 때문에 기본욕구라는 개념이 등장하게 된다.

② 기본욕구

기본욕구는 인간의 욕구 중에서도 누구에게나 공통적이면서 필수적인 것들의 최저수준에만 적용되는 욕구를 의미한다. 특히 기본욕구라는 개념을 사용해 욕구의 개념을 사회복지적으로 한정시킬 때, 기본욕구는 첫째, 모든 개인에게 공통적이라는 점(예: 의식주, 직업, 화목한 가정, 건강), 둘째, 모든 개인에게 필수 불가결이라는 점(예: 헌법상 생존권 규정 등), 셋째, 모든 개인에게 최소한의 수준이라는 점(예: 국민최저수준(*national minimum*), 혹은 사회적 최저수준(*social minimum*))이다.

기본적 욕구의 구체적 내용은 시대나 장소, 그리고 특정사회의 사회적 특성에 따라 유동적으로 변하게 된다는 것이다.

③ 사회적 욕구

사회적 욕구란 사회적 위험 때문에 개인의 욕구를 충족시키지 못하는 사회구성원들이 발생했을 때, 그들이 당면하는 사회적 위험을 사회가 공동의 노력을 통해 해결하려는, 그리고 해결할 수 있는 욕구를 의미한다. 따라서 사회적 욕구는 기본적 욕구들 중에서 사회적 위험과의 관련성이 높은 욕구를 지칭하는 것이다. 산업사회의 특성이 두드러지게 나타날수록 사회복지의 문제가 더 심각해지는 이유는 사회적 욕구가 증가하기 때문이다. 따라서 사회적 욕구가 함축하는 중요한 의미는 첫째, 욕구 미충족의 원인이 사회구조적이기 때문에 욕구 해결의 책임을 욕구를 가진 개인에게 물을 수 없다는 것과 둘째, 사회적 위험을 야기시킨 가해자를 쉽게 찾아낼 수 없기 때문에 사회가 공동으로 해결할 수밖에 없다는 점이다(김상균, 1991: 16).

하비(Harvey)는 가능한 사회적 욕구의 영역으로 음식, 주택, 의료보호, 교육, 사회·환경적 서비스, 소비자 보호, 오락적 기회, 유쾌한 이웃관계, 교통시설 등을 들고 있다(Harvey, 1998: 102).

스미스(Smith)는 세범(Seebohm)을 비판하면서[1] 사회적 욕구는 때때로 사회문제와 동일시된다고 지적한다. 그는 사회적 욕구는 가족지향과 지역사회에 기초한 것이고 이것을 해결하기 위한 서비스가 나타나야 한다고 주장했다. 즉, 가족해체와 지역사회 일체감, 상호부조의 결여가 사회적 욕구의 주요한 영역이라고 하였다(Smith: 17~19).

김영모는 사회적 욕구를 소득, 보건, 교육, 주택과 같은 기본적 욕구와 스포츠, 예술, 문화, 레크리에이션 등의 이차적 욕구로 구분한다. 결핍된 기본적 욕구를 민생문제라고 하는데 오늘날 이것은 점차 확대되고 있다. 예컨대, 교통, 환경문제도 일차적 욕구가 되고 있다.

일반적으로 개인의 욕구를 해결하기 위한 노력을 사회사업의 핵심이라고 한다면 사회적 욕구를 해결하기 위한 노력이 사회적 서비스나 사회정책의 핵심이라고 할 수 있다. 이미 지적한 바와 같이 구호사업이나 자조사업은 물질적 원조가 핵심이나 전문사회사업은 심리·사회적 원조가 중심이 되고 사회적 서비스나 사회정책은 물질·금전적 지원이

---

1) 1965년 세범 보고서는 영국 사회적 서비스의 개혁에 기여한 전문가의 입장에서 그러한 서비스를 행하기 위하여 사회적 욕구의 완전한 재개념화를 시도했다.

그 핵심이라 할 수 있다.

이러한 욕구의 개념이 전문사회사업 뿐만 아니라, 현대 사회정책이나 복지국가를 이해하는데 절대적 기초가 되며 이것이 사회적 서비스를 현대국가의 다른 제도로부터 분화시켰다고 한다(Plant, Lesser & Gooby, 1980: 2~3). 이러한 것을 보면, 인간의 개인·사회적 욕구가 사회복지제도를 발전시킨 핵심적 요인이 되었다.

결국 사회적 욕구는 인간이 가진 기본욕구가 개인적 차원에서가 아니라 사회적 차원에서 발생가능하다는 인식이 이루어졌을 때 존재하게 된다. 즉, 사회적 욕구는 기본적 욕구들 중에서 사회적 맥락을 지닌 욕구를 지칭하는 욕구이다. 그러므로 사회복지학에서 관심을 가지게 되는 사회적 욕구는 기본적 욕구의 사회적 특징을 반영하고 있다.

브래드쇼는 사회적 욕구를 규범적 욕구, 느낀 욕구, 표현된 욕구 및 비교 욕구로 분류하였다. 이는 사회복지 분야에서 사회적 욕구의 중요성을 파악하는 데 중요한 의미를 지니고 있어, 그 내용을 소개하면 아래와 같다(Bradshaw, 1977: 18~20).

① 규범적 욕구(*normative need*): 전문가가 주어진 상황에서 욕구라고 정의한 것, 즉 바람직한 수준이 정해지고 실질적으로 존재하는 수준과 비교하여, 개인이나 집단이 바람직한 수준에 미치지 못하면 그들은 욕구상태에 있다고 본다.

② 느낀 욕구(*felt need*): 욕망(*want*)과 동일시되는 것으로서, 그것은 통상 관련된 사람들에게 특정 서비스가 필요하다고 느끼고 있는지 여부를 물음으로써 사정(査定)된다. 느낀 욕구는 욕구의 주관적 지각에 초점을 맞춘다.

③ 표현된 욕구(*expressed need*): 사람들이 어떤 서비스가 필요하다고 느끼면서, 욕구가 충족되길 요청하거나 요구하는 행동을 취하는 경우의 욕구를 말한다.

④ 비교 욕구(*comparative need*): 서비스대상자들을 연구함으로써 얻어지는 욕구로서, 비슷한 상황에서 어떤 사람들은 요구호자이고 다른 사람은 아닐 경우, 후자는 욕구상태에 있는데, 이 때의 욕구를 의미한다.

(2) 사회문제

① 개념

사회문제는 사회의 다수인이나 사회의 강력한 집단에 의하여 바람직하지 못하다거나 주의가 필요하다고 생각되는 사회조건이라고 인식하고 집단적 행동(*collective action*)에 의하여 치유될 수 있을 때 사회문제가 존재한다(Sullivan, Thompson et al., 1980: 10).

호튼과 레슬리는 사회문제는 ㉠ 많은 사람에게 영향을 주는 조건이고, ㉡ 사회현상에 영향을 미치는 조건은 바람직하지 못하며, ㉢ 이러한 조건에 대해 무엇이 행해지기를 요구하며, ㉣ 그것은 집단적 사회행동에 의한 사회개입이 존재하는 것을 말하고 있다(Horton & Lesilie, 1955: 4; 김영모 편, 1981: 4 재인용). 머튼(Merton)은 사회문제는 사회변동과정(제도의 갈등, 사회이동, 개별화, 아노미 현상)에서 기인되며 그것은 사회현상으로서 현재화(顯在化) 되었을 경우에만 사회문제라고 할 수 있으며, 따라서 어떤 상황이 아직 현재화되지 않는 경우 즉, 잠재된 조건(*latent condition*)에서는 사회문제라 말할 수 없다고 한다. 그러나 이러한 이론은 많은 비판을 받고 있다.

일반적으로 알려진 사회문제의 개념으로 현대사회학적 관점은 사회부적응 현상인 탈선행위(*deviant behavior*) 또는 반사회적 행위이며 이것을 기능주의자의 견해라 한다. 그러나 20세기 전반에 강조되었던 사회문제는 탈선행위보다는 사회불평등과 사회해체였다. 사회불평등을 사회문제로 보는 경우는 갈등주의자의 견해이며, 사회해체를 사회문제로 보는 경우는 기능주의와 갈등주의의 통합적 견해이다. 이것은 특히 진화이론에서 주장되는 사회문제이다. 기능주의적 사회문제는 주로 개인의 성격결함에서 초래되는 것으로 생각하고 있지만 갈등주의적 사회문제는 주로 사회의 제도적 결함에 의해 초래되는 것으로 간주하고, 통합주의적 사회문제는 개인 또는 사회의 생태학적 결함에서 초래되는 것으로 생각하고 있다. 따라서 이런 세 가지 이론적 관점에서 본 사회문제를 모두 사회문제로 인식하고, 이것을 해결하기 위한 노력을 사회복지로 보려고 한다(김영모·남세진·신섭중 공편, 1982: 19~20).

② 발생원인

이러한 근대적 사회문제는 산업혁명을 계기로 계층분화가 이루어지면서부터 야기되었다. 즉, 유럽사회에서는 산업혁명의 진전, 금융자본의 확대, 식민지 경영의 확대 등으로 사회의 모순과 결함이 노정되어 사회는 부패와 타락, 실업과 빈곤이 만연되어 각종 사회문제가 발생하였다.

맑스주의자는 사회문제가 자본주의체제의 모순(구조적 모순)과 인간행동의 부적응(일탈행동)에서 초래된다고 보았다. 일반적으로 전자에서 비롯한 사회문제의 종류는 노사문제, 실업문제, 빈곤문제, 주택문제, 교육문제, 환경오염문제 등으로 이의 해결 방법론이 사회정책이다. 여기서 자본주의 체제의 모순과 결함의 주된 내용은 ㉠ 자본주의 경제가 내포하는 모순으로, 자본주의 경제는 한편에서는 자유경쟁에 의한 기업의 성장·발전이라고 하지만 다른 한편으로는 자유경쟁, 곧 우승열패의 원칙이 있고 도산, 실업이 필연적이다. ㉡ 기업의 자유는 상업주의 내지, 이익본위주의를 특징으로 하고 퇴폐와 부패의 원천이 된다. ㉢ 사유재산제와 자본제는 부의 편재, 빈곤, 불로소득, 생활격차 등을 조장한다. ㉣ 자본주의 사회는 본래 계급사회이고, 계급투쟁에 의한 항상적 사회불안이 불가피하다는 것이다. 한편 후자에서 비롯한 사회문제의 종류는 이혼문제, 비행·범죄문제, 약물남용·중독문제, 가족해체문제, 정신질환문제, 자살문제 등으로 이의 해결 방법론이 전문사회복지사업이라고 할 수 있다. 따라서 사회복지는 전문사회사업과 사회정책에 의해서 그 학문적 성격이 규정될 수 있을 것이다.

미국 사회학에서는 사회문제를 인간관계의 결함이나 탈선된 행위로 강조하는 경향이 지배적이고, 가치입장에서 사회문제의 주요한 측면을 강조하고 있지 않다. 즉, 사회문제를 사회적 또는 구조적 측면에서 접근하려고 하지 않고 그것을 본질적으로 개인적으로 보려는 이론가가 많다. 그러나 사회문제는 개인의 사회적 부적응뿐만 아니라 사회제도의 역기능적 측면에서도 발견해야 한다(김영모, 1981: 11).

③ 대표적 사회문제 유형

가. 빈곤문제

㉠ 빈곤개념

빈곤은 사회복지의 핵심적 대상이자 과제가 되어 왔는데, 빈곤의 개념은 경제적 관점과 문화적 관점으로 크게 나누어진다.

㉮ 경제적 관점의 개념

빈곤의 전통적 개념은 개인 또는 가족의 일차적 욕구인 의식주를 제대로 해결하지 못한 상태 즉, 생계비의 결핍으로 보았다. 오늘날 빈곤의 개념은 절대적 빈곤과 상대적 빈곤으로 나누는데, 절대적 빈곤은 한 개인이나 가구의 소득 또는 지출이 최저생활을 유지하는데 필요한 생계비(영국) 또는 영양(미국)을 충족하지 못하는 빈곤을 말하고, 상대적 빈곤은 불평등의 개념에서 파악하는데 자기가 다른 사람에 비해 주관적으로나 객관적으로 소득, 교육, 권력, 기회, 권위 등이 박탈된 빈곤을 말한다.

㈏ 문화적 관점의 개념

소득과 지출의 절대적 또는 불평등의 상대적 수준으로 빈곤의 개념을 정리하는 것은 빈민들을 위한 대책을 수립하기에 불충분하다는 것이 문화인류학자 또는 사회과학자들에 의해 지적되고 있다. 즉, 빈곤은 경제적 조건보다는 문화적 조건에 입각해 개념을 내려야 한다는 것이다. 예컨대 헤이즈는 '빈곤은 사람들이 얼마나 많이 가지고 있느냐를 기준으로 정의하기보다는 왜 그러한 특수한 경제적 수준에 처하게 되었는가를 기준으로 정의해야 한다'고 주장하고 있다(Hayes, 1970: 41~54). 따라서 빈곤이란 실직, 자력으로 감당할 수 없는 막중한 부채 혹은 소득을 효과적으로 관리할 수 있는 능력의 부재 등에 의해서 파생될 수 있다는 것이다.

루이스는 문화인류학자로 '빈곤문화란 반드시 경제적 박탈이나 해체, 예컨대 어떤 사물의 결핍만을 의미하는 것이 아니라 그 이상의 어떤 적극적 의미까지 있어서 빈민들이 살아가는데 없어서는 안 되는 문화구조이며, 근거이고, 방어기제(*defence mechanism*)가 된다'고 언급했다. 바꿔 말하면 빈곤문화를 갖게 됨으로써 외부의 거친 세파로부터 스스로를 보호할 수 있고 또 적응해 나갈 수 있다는 것을 의미한다. 왜냐하면 성공에 대한 기회가 차단된 조건에서 높은 열망을 갖는다는 것은 보다 더 큰 좌절만을 경험하게 될 것이기 때문이다(Lewis, 1963; 표갑수, 1983: 155 재인용). 이 점에서는 빈곤문화론이 다분히 구조기능론과 유사한데, 구조기능론에 의하면 빈곤의 정기능으로서 아무도 하지 않으려는 힘들고, 천하며, 보수가 낮은 일을 하게 한다는 것이다(Sullivan et al., 1980: 377을 표갑수, 1983: 155 재인용).

빈곤문화의 특징으로서 첫째, 빈곤문화는 사회의 주된 제도들, 예를 들면, 학교, 교회, 정당, 노동조합 등에 참여 혹은 동화하는 것을 막아서 사회에 지배적 가치의 수용을 거부한다는 것이다. 둘째, 빈곤문화에서의 가족관계는 특이해 모(母) 중심적 가족이 선호되거나 아동으

〈그림 1-3〉 빈곤의 악순환

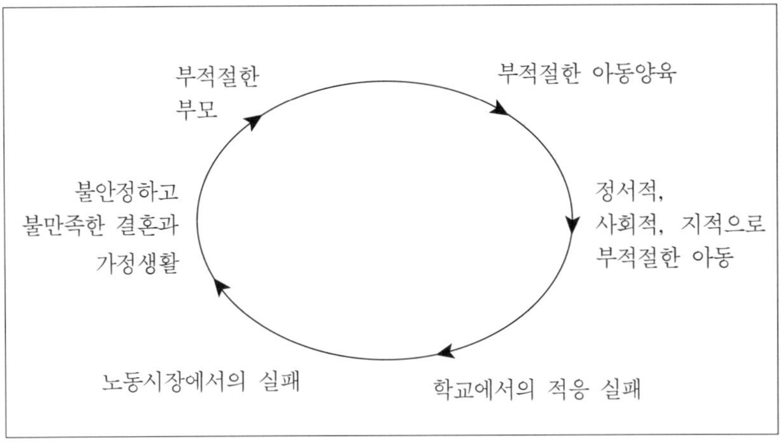

자료: 최일섭·최성재, 1995: 91.

로서의 기간이 짧아 어린 나이에 성관계를 경험하거나 합법적 결혼없이 동거형태의 혼인생활이 흔하고 또한 쉽게 헤어진다는 것이다. 셋째, 빈곤문화는 또한 절망감, 의존심, 열등감 등을 배양하고 쉽게 체념하고 운명주의자가 되며 '출세'에 대한 동기가 매우 약하고, 충동을 억제하지 못하는 현재중심적 생활을 영위하게 한다는 것이다. 빈곤문화론에서 빈곤의 원인으로 가장 근원적인 것은 빈곤가정의 아동양육형태이다. 여기서 〈그림 1-3〉과 같은 빈곤의 악순환이 시작되는 것이다(최일섭·최성재, 1995: 90).

㉡ 빈곤의 원인

㉮ 기능이론

기능론자인 데이비스와 무어에 의하면 사회계층이 기능적 필연성(*functional necessity*)에 의해 형성된다고 본다. 즉, 한 사회의 계급구조에서 한 개인의 위치는 그가 전체 사회의 기능에 얼마나 중요한 공헌을 하느냐에 달려 있다는 것이다(Davis & Moore, 1945: 242~249).

이것을 계층이라 한다. 그리고 자기가 수행하는 특정 과업에 주어지는 보상의 양은 ㉮ 일의 중요성, ㉯ 상대적 희소성, ㉰ 난이성의 정도와 수련기간 등에 의해 결정된다. 예컨대 의사(난이성, 희소성, 오랜 수련기간)와 청소부(훈련 필요없음)를 들 수 있다.

그런데 기술론자들은 후기산업사회에서 과학과 기술과 같은 새로운 이론적 지식이 새로운 계급을 형성한다고 한다(김영모 편, 2000 a: 135).

한편 갠스는 빈곤은 빈민과 빈민집단에게는 불쾌한 것이지만 사회사업가와 형사학자와 같은 집단에게는 유익하다고 한다(Gans, 1972: 275~288).

이러한 빈곤의 기능은 양자택일적인 성격이 있다. 이러한 성격을 모두 만족시킬 수 있는 사회구조는 존재하기 어렵기 때문에 빈곤이 부자에게 기능적인 한 지속될 수 있는 것이다.

㉯ 갈등이론

갈등이론가들은 빈곤을 불가피하다거나 기능적인 것이라고 생각하기보다는 맑스와 같이 빈민들이 가난한 것은 빈곤이 존재함으로써 이익을 보는 보다 강력한 집단들에 의해 그들이 착취를 당하기 때문이라고 주장한다. 즉, 생산관계에서 노동자계급은 잉여노동가치가 착취되고 기계화, 자동화에 의해 노동소외현상이 나타나서 더욱 가난하게 된다는 것이다.

㉰ 상호작용주의적 관점

상호작용주의적 관점은 현실의 주관적 성질을 강조하는 낙인이론에 근거하고 있다. 사람들이 빈곤이라고 말하는 객관적 박탈의 양(기준)이 없다는 것이다. 이러한 의미에서 빈곤은 다른 것과 비교할 때 결정되는 상대적 개념이다. 우리는 흔히 빈민들을 부정적인 눈으로 보게 되고 그들에게 바람직스럽지 못한 많은 부분이 있다고 생각한다. 빈민은 게으르고, 둔하고, 부도덕하며, 주도권과 공격성이 결여되어 있는 것이 그 특징이라고 한다. 만약 다른 사람으로부터 나온 이러한 특징이 일치되고 지속된다면(특히 가족, 친구 또는 교사와 같은 중요한 사람들로부터) 개인은 이러한 규정을 받아들일 가능성이 높다는 것이다. 빈민이 부적절하다고 낙인을 찍거나, 빈민이 그 낙인을 받아들이면 빈곤자가 되는 것이다(Sullivan, 김영모 편, 2000: 140).

우리나라의 빈곤원인은 일반적으로 ⓐ 개인의 동기부족이나 낮은 열망수준, 무절제, 나태, 의타심, 과다한 출산 등에서 찾거나, ⓑ 가구주 또는 가구원의 사망, 질병, 불구, 노령, 저교육 등에서 찾는 경우가 있으며, ⓒ 재산, 권력, 지식, 기술, 자원 등의 소유관계나 종속(착취) 관계, 그리고 노동소외(실업) 에서 찾는 견해가 있다. 다시 말하면 ⓐ의 경우는 대개 개인의 성격결함에서 찾는 상징적 상호작용주의 즉, 낙인이론에 근거하고, ⓑ의 경우는 대개 개인 및 가족원의 기능적 부적응을 중요시하는 행태이론 또는 기능주의에 근거하며, ⓒ의 경우는 대개 사회적 조건의 구조적 결함에서 찾는 갈등이론 및 맑스주의에 근거하고 있다.

이와 같이 낙인이론은 빈곤의 원인을 주로 개인의 동기 결여에서 찾고 기능이론의 경우는 개인 및 가족의 기능 장애(부적응) 에서 찾으며, 갈등이론의 경우 사회자원의 소유관계, 그리고 맑스주의의 경우 노사간 착취 및 노동소외에서 찾고 있다.

그리고 우리나라는 법정 영세민을 대상으로 빈곤문화적 태도(숙명론, 절망, 무기력, 단념, 조소, 무관심, 소외, 무책임, 나태) 를 측정한 결과 전체적으로 54.4%가 긍정적으로 응답했다. 또한 대 사회적 태도 즉, 공적 태도(근면성, 정직성, 실력주의, 요령, 빈곤의 국가 책임, 수동성) 가 부정적인 빈곤층의 비율이 약 57%로 나타나 빈곤문화적 태도를 가지고 있음을 강하게 시사하고 있다(표갑수, 1983: 10).

이런 이론적 관점에서 우리 정부의 빈곤정책은 그 원인이 개인의 동기 결여와 가족성원의 기능상 장애에 있고, 따라서 개인의 동기부여와 가족의 기능복원을 빈곤정책의 핵심으로 간주하고 있다. 그리하여 우리나라 빈곤정책은 주로 국민기초생활보장사업, 특히 생계비지원과 의료급여, 그리고 생업자금과 교육 훈련으로 나타난다.

㉢ 빈곤 대책

첫째, 가난한 가정의 아동들에게 초점을 맞춰 빈곤의 악순환을 끊어야 한다. 이러한 빈곤대책의 대표적인 것으로는 가족계획프로그램과 아동양육프로그램을 들 수 있다. 가족계획사업은 빈곤한 가정의 출산을 제한함으로써 빈곤의 발생과 존속을 줄이려는 것으로서, 그 효과는 ⓐ 가난한 사람들의 아이들 숫자를 줄임으로써 아동양육에 필요한 경비를 줄여서 빈곤으로부터 벗어날 가능성을 높이는 것이다. ⓑ 자녀의 수가 적음으로 해서 보호자들(특히 여성단독세대주)의 근로소득을 높이는 것이다. ⓒ 적은 수의 자녀에게 교육, 건강, 애정 등의 기회를 줌으로써 아동 장래의 빈곤가능성을 줄이는 것이다. ⓓ 모자보건을 통해 가족의 건강을 높일 수 있다. 아동양육프로그램의 근거는 일단 빈곤한 가정에서 태어난 아동은 그렇지 않은 아동에 비해 여러 가지 면에서 불리하여 그들이 다시 빈곤할 가능성이 높다는 것이다(빈곤문화론적 시각). 따라서 빈곤가정의 아동들에게 열악한 주거환경, 교육환경, 건강환경을 개선하기 위한 다양한 프로그램이 제공되는 것이다. 예를 들면, 보육서비스, 취학 전 아동을 위한 프로그램(미국의 *head start*), 정규교육에 대한 재정적 지원, 산모와 아동을 위한 건강 프로그램, 학교급식, 의료보호, 공공주택의 제공, 주택비 보조, 주택자금융자 등이 아동양육과 관련된 프로그램이다(최일섭 · 최성재, 1995: 102~103).

둘째, 소득보장 프로그램을 강화해야 한다. 그 방법으로 훈련과 재훈련 프로그램, 고용 프로그램, 피용자에 대한 임금보조 프로그램, 최저임금제의 상향조정이 있어야 한다.

셋째, 빈곤문화를 제거하여 빈곤의 악순환을 방어해야 한다. 이를 위해 부적절한 부모에 대한 심리치료, 교육, 상담 등을 통해 부적절한 양육방법을 고쳐주고, head start 프로그램 같은 것을 통해 부모의 '나쁜' 양육에서 분리시켜야 한다.

넷째, 공적 부조 대상자인 국민기초생활보장대상자들의 지원액을 현실화 시켜야 한다.

나. 일탈문제

㉠ 일탈의 개념

일탈행위(*deviant behavior*)는 규범에서 벗어난 행위 또는 상황을 의미한다. 즉, 범죄 · 비행 · 자살 · 알콜 및 마약 중독 등과 같이 반사회적 행위를 말한다. 반사회적 행위는 일반적으로 법률과 원시적 규범 및 관습 같이 규범에 저촉되는 것을 말하지만 이러한 규범의 저촉은 인간의 기본적 욕구가 결핍되거나 과잉욕구에서 비롯되는 경우가 많다. 그렇기 때문에 사회복지는 인간의 기본적 욕구뿐만 아니라 이러한 욕구결핍에서 초래된 행위, 즉, 일탈행위를 그 주요한 대상으로 삼고 있다.

이러한 일탈행위는 이론적 관점에 따라 상이하게 규정되고 있다.

첫째, 기능주의적 관점에서 모든 사회는 특유한 유형의 일탈을 낳고 이에 대응하는 독특한 방법을 갖는다. 즉, 사회질서에 위협이 되는 행위이기 때문에 사회문제라고 한다.

둘째, 갈등주의적 관점에서는 맑스주의자들에 따르면 일탈은 계급 또는 집단간의 힘의 차이에서 비롯되는 것이다. 일탈은 특정집단의 가치와 양립될 수 없는 특정행동으로 규정된다.

셋째, 상호작용주의적 관점에서는 사회적 반응에 초점을 두는 것으로 일탈행위는 인간과 사회간의 관계에서 비롯되는데 집단들이 특정행위를 일탈되었다고 낙인하는 경우라고 한다.

㉡ 일탈 원인론

일탈 원인론은 크게 행위자 측면과 행위자가 처한 상황이라는 두 가지 측면에서 접근할 수 있다. 전자는 개인의 생물학적, 유전적 특질인 생물학적 원인론과 퍼스낼리티의 구조로 가치관이나 의견, 목표, 욕구, 관심, 흥미 및 충동 등 심인성(心因性) 요인을 강조하는 심리학적 원인론을 말한다. 따라서 이 이론은 "어떤 종류의 인간인가"라는 퍼스낼리티의 구조에 관심의 초점을 맞춘다. 후자는 사회구조적 요인을 중시하는 사회학적 시각 즉, 가정환경, 부모 형제들이나 교우관계, 그리고 그가 처한 사회 경제적 및 문화적 환경 등으로 이 이론은 일탈을 저지르는 인간은 누구든지 같은 조건의 환경이 주어지면 동일한 행동을 할 것으로 보기 때문에 일탈을 비정상적 상황에 정상적 방법으로 반응하는, 본질적으로는 정상적 보통 인간에 의해서 저질러진다고 한다. 말하자면 우발적, 수반적 및 정상적인 일탈인을 상정한다. 따라서 이 이론은 "어떤 종류의 사회인가"라는 사회구조의 특성에 관심을 기울인다(이상희, 1978: 24~28; 표갑수, 2000: 286 재인용).

그런데 이들 이론은 서로 상충하거나 대립되는 것이 아니다. 즉, 같은 질문에 대한 모순된 해답이 아니라, 같은 행위에 관한 다른 질문에 대한 해답이다. 그러면 생물학적, 심리학적 그리고 사회학적 원인론을 살펴보기로 한다.

㉮ 생물학적 원인론

생물학적 일탈이론의 요점은 정상적 준법시민과 구분되는 특수한 일탈형 체질을 가지고 있다는 것이다. 생물학적 접근법은 일탈원인의 규명에서 사회계층이나 실업과 같은 사회적 요건을 과소평가함으로써 사회구조적 결함이 아닌 개인적 차이에 중점을 두고 있다(Tayot et al., 1973: 40; 윤덕중, 1991: 195 재인용).

ⓐ 롬브로소론 : 이탈리아의 외과의사인 롬브로소(Lombroso)는 생

리학적 신체구조에 있어 현대인으로의 진화과정에서 퇴화한 원시인이나 하등동물에 가까운 인간이 일탈을 야기한다는 것이다. 다시 말해 유전적 요소에 중점을 두는 이론이다. 따라서 일탈인은 정상인에 비해 원시인으로부터 진화하지 않았기 때문에 체질적으로 뒤떨어졌다고 했다.

ⓑ 유전론: 일탈의 발생원인이 되는 체질상의 특징이 선조로부터 후세로 전승됨으로써 결과적으로 일탈을 유발하는 범죄가족의 존재가 그 가족 구성원들로 하여금 일탈에 관여함을 불가피하게 하고 있다는 이론이다.

㈏ 심리학적 원인론

ⓐ 좌절-공격이론: 이 이론은 개인의 욕구가 충족되지 않을 때는 거의 본능적으로 그것을 방해하는 것에 공격적 행동으로 반응한다는 이론이다. 어떤 장애물 때문에 욕구가 저지되는 경우에 그 욕구가 강렬하지 않다면 우회행동을 취하겠지만 장애물의 저항력이 강하고 욕구도 강하면 욕구불만의 상황에 빠져 결국 공격행동을 취하게 된다.

ⓑ 정신분석학적 이론: 롬브로소(Lombroso)는 유전적 요소에 의해 인간은 출생하면서부터 일탈자와 정상인으로 구분된다고 주장하는데 반해, 정신분석학적 이론은 신생아는 놓여진 환경에 적응하는 사회화 과정을 밟아 준법시민으로 성장하는데, 범법자들은 적절한 사회화 과정을 밟지 못한 결과의 산물이라고 본다.

㈐ 사회적 원인론

ⓐ 사회해체론(*social disorganization theory*): 이 이론은 '일탈지대론' 또는 '동심원지대론'이라고도 하는데, 제 1차 세계대전과 경제대공황 이후의 현저한 사회변동이 도시화, 산업화 및 대량이민과 더불어 문화적으로 다양한 새로운 사람들을 도시지역으로 유입하게 만들어서 일탈

을 낳는 조건들을 조성했다. 이러한 사회해체는 1920년대 초 쇼우(Shaw)와 맥케이(Mckay)가 제안했는데, 버제스(Burgess)의 도시생태학적 유형[2]에 따라 시카고 시를 하나의 임상실험장소로 삼고 도시의 각 지역간에 일탈발생률의 차이가 있다는 것을 발견했다. 즉, 일탈발생률은 도시의 중심부인 중앙상업지역에서 멀어질수록 감소된다는 사실과 중앙상업지역을 둘러싼 있는 제2지역인 추이지역[3](*zone in transition*)에서 일탈발생률이 높았다(Shaw & Mckay, 1969: 171).

ⓑ 아노미론(*Anomie theory*): 이 이론은 머튼(Merton)에 의해 제안된 것으로 그는 아노미의 발생원인을 문화적 목표(부의 획득, 금전적 성공)와 제도화된 수단(사회규범)과의 괴리현상에서 찾고 있다. 즉, 문화목표는 수용하였으나(즉, 돈을 벌고 싶으나), 제도화된 수단이 결여되면(합법적 방법으로 원하는 돈을 벌 수가 없으면) 아노미를 느끼며 그 결과 비합법적 방법으로라도 원하는 문화목표를 달성하려고 한다면 이는 곧 일탈행위를 저지르는 결과를 초래한다는 것이다(김준호, 1992: 161~162). 그런데 이러한 문화목표 실현을 가능케 하는 제도적 수단은 높은 교육수준과 직업훈련 또는 사회적 배경 등인데 이러한 것을 소유하지 못한 개인 또는 계층에서 일탈이 많이 발생된다.

머튼은 개인이 문화목표와 제도화된 수단에 어떻게 적응하는가에 따라 다음의 다섯 가지 유형의 적응양식을 제시하였다(Merton, 1977: 157~161; 김영모, 1981: 32~34; 표갑수, 1981: 4~6; Merton, 1982: 153~154; Shoemaker, 1984: 89~90).

동조형(*conformity*)은 문화 목표와 제도화된 수단(근면, 검약, 교육

---

2) 생태학적 유형: 버제스는 도시를 5지대로 나누었는데 도시의 가운데를 축으로 중앙상업지역, 추이지역(推移地域), 노동자거주지역, 중산층거주지역, 통근자거주지역으로 나누었다.

3) 추이지역: 높은 인구이동률, 빈민가와 우범가, 저소득층, 이민, 부랑자 및 비행자들로 구성되어 있는 뚜렷한 사회해체지역을 말한다.

등) 양자를 모두 수용한 형태로서 정상적 행위유형을 말하며 이 동조형을 제외한 나머지 네 가지 유형은 모두 일탈행위로 규정짓는다.

혁신형(*innovation*)은 일탈자의 전형적 형태로 문화적 목표는 수용하지만 제도화된 수단은 거부하는 것으로 이러한 의미에서 혁신형은 문화적으로 유인된 원망과 사회구조의 객관적 불평등의 산물이다. 예컨대, 화이트칼라 일탈자들은 돈을 벌고 싶으나 제도적으로 정당화되지 않은 탈세, 횡령, 수뢰 및 문서위조 등을 통해 달성하려고 한다.

의례형(*ritualism*)은 문화적 목표를 거부하거나 제도화된 수단을 수용하는 일탈형으로 이의 전형적 예를 보면, 절차적 규범 또는 규칙의 준수에 몰두한 나머지 자기 일의 목표를 망각하고 무사안일로 행동하는 관료와 학문의 목적이 무엇인지 모르면서 기계적으로 학교숙제에만 충실한 학생 등을 들 수 있다.

도피형(*retreatism*)은 문화적 목표와 제도화된 수단을 모두 거부하고 사회로부터 후퇴 내지 도피하는 사람들로서 이들은 어떤 지역에 모여 상호접촉과정을 통해 일탈집단의 하위문화를 공유하는 경우도 있지만 이들이 표출하는 적응활동은 사회 이방인(*the socially disinterested*)의 집단화된 적응양식이기보다는 오히려 개별화되고 고립된 적응양식으로 지적된다. 이 형은 합법적 수단을 통한 목표성취 노력의 계속적 실패와 도덕적 규범의 내면화에 따른 양심의 가책 때문에 위법수단을 사용할 능력이 없어서 나타나는 반응이라고 한다.

반역형(*rebellion*)은 기존의 문화적 목표와 제도화된 수단을 모두 거부하는 동시에 새로운 목표와 수단으로 대치하려는 사람들이다. 이들은 대체로 보수파의 이데올로기에 반항해 현존 사회구조의 욕구불만 원인을 규명하고 욕구불만이 없는 새로운 사회구조를 건설하려고 한다. 이러한 반역형이 사회를 크게 휩쓸면 혁명의 가능성이 있고 새로운 가치, 규범 및 사회구조가 형성되는 것이다. 예컨대 사회운동가, 혁명집단, 히피족 등이 여기에 속한다.

ⓒ 하층계급문화론(*theory of lower class culture*): 이론은 밀러(Miller)가 제안한 것으로 그는 일탈 발생에 가정의 역할이 중요함을 강조하고 있다. 즉, 이들의 가족구성 형태는 여성이 가장인 가구로서, 이러한 가정은 아버지가 없어 여성이 부모의 역할을 모두 수행해야 할 의무를 진다. 따라서 여기서 성장하는 청소년은 성적 모델의 동일화 과정에서 남성역할의 모델을 제공받을 수 없기 때문에 이 가구의 청소년들은 성인적 지위를 획득하는데 요구되는 남성역할의 동일화 모델을 가족외적 집단인 가두의 일탈집단에서 찾는다. 그런데 그러한 모델의 준거집단인 일탈집단은 하층계급의 가족이 제공하지 못하는 교육·심리적 기능의 수행뿐만 아니라 남성역할에 관한 사회화 기회를 제공한다(Shoemaker, 1984: 121). 결국 가두의 일탈집단에 소속돼야 하고 그 집단 내에서 지위를 유지해야만 한다는 필요성은 일탈행동을 하게 한다.

ⓓ 접촉 차이론(*differential association theory*): 이 이론은 서더랜드(Sutherland)가 제안한 것으로 특정한 지역사회주민의 인종적 구성의 변화에도 불구하고 일탈의 전통이 전승되므로 유전이 아닌 학습에 의해 일탈이 발생된다고 한다. 그는 탈선을 일으키는 사회구조적 조건보다도 오히려 인간이 탈선할 수 있는 사회화 과정을 중시했다. 그래서 그는 인간은 탈선된 행위와 접촉함으로써 탈선을 배운다는 것을 주장하고 있다. 이러한 접촉의 네 가지 차원, 즉, 우선성, 강도, 기간 및 빈도는 일탈에서 결정적 요인이 된다. 여기서의 우선성은 어렸을 때 생성·발전된 합법적 행태가 전 생애를 통해 지속되듯 불법적 행태도 전 생애를 통해 지속될 수 있다는 점에서 중요하다. 강도는 어느 행위에 대한 법의 정의학습에 있어 법의 정의를 내리는 자의 권위의 정도와 이에 대한 학습자의 감정적인 반응을 의미한다. 즉, 장시간에 걸쳐 일탈자들이 빈번하게 부모로부터 일탈에 대하여 호의적 해석을 들어왔다면, 일탈행위에 대해 긍정적 태도를 갖게 될 것이며, 지나가는 친지

로부터 들은 일탈행위에 대한 호의적 해석은 전자와 비교할 때 상대적으로 미약한 영향력을 발휘할 것이다.

ⓔ 사회통제론(*social control theory*) : 히르쉬(Hirschi)에 의해 제안된 것으로 그는 어느 특정한 사람이 일탈을 범하는 것은 개인에게 일탈을 강요하는 신념보다는 사회와의 유대결여로 인하여 개인의 일탈을 금지시키지 못한다고 보고 있다. 즉, 히르쉬는 일탈은 젊은 시절에 그를 사회에다 묶어두는 결속이 약했기 때문이라는 것이다. 또한 그는 모든 사람은 잠재적인 법률 위반자라고 본다. 그러나 비합법적 행동이 친구, 부모, 이웃 그리고 학교, 직장 등과 같은 사회제도들과의 관계에 회복할 수 없는 해를 가져다 줄 수 있다는 두려움으로 통제받는다고 확신한다. 사회와의 결속이 없고 다른 사람에 대한 감수성이나 관심이 없을 때 개인의 일탈행위가 자유롭게 이루어지며, 따라서 하층계급뿐만 아니라 중산 및 상층계급까지도 사회에 대한 결속이 약한 사람은 일탈을 하게 된다는 것이 이 이론의 핵심 내용이다.

히르쉬는 일탈원인으로서 사회제도의 애착 약화 내지는 결여, 인습적 규범의 준수와 전념(*commitment*) 여부, 인습적 행위의 참여 여부, 그리고 자신의 장래에 대한 설계와 성공할 수 있다는 확고한 신념의 유무라고 보고 다음과 같이 설명하고 있다(Hirschi, 1969: 16~26; Wiatrowski, Griswold & Roberts, 1981: 525~527; Giallombardo, 1982: 179~183; Siegel, 1983: 212~213).

애착 : 전통적 타자에 대한 애정적 유대관계로 구체적으로는 부모·학교·친구에 대한 애착 등으로 세분되는데 이들과 사람들이 얼마나 강한 애정적 유대관계를 유지하는가를 뜻한다. 부모와 애정적 유대관계가 잘 유지되는 청소년들은 이러한 유대관계 때문에 비행을 쉽사리 저지르지 못하게 된다고 본다(김준호, 1992: 176).

전념 : 대학에 가고 싶은 열망과 높은 지위의 직업을 얻는 것과 관련

된 것으로, 관습적 규범(시간, 돈, 노력, 지위 등)에 대한 확실한 투자를 말한다. 다시 말해 만약 사람들이 생활, 번영 및 평판에 대해서 강력히 전념할 경우 그들은 자신의 지위를 위태롭게 할 행동에는 별로 신경을 쓰지 않게 된다. 즉, 인습적인 규범에 대한 전념 부족이 일탈과 같은 위기를 끌어들이는 행동대안이 된다.

참여 : 사회적으로 성공과 지위를 확보하는데 필요한 인습적 활동에 참여하는 것을 말한다. 이러한 인습적 활동에 깊이 참여하면 비합법적 행동을 할 여유를 갖지 않게 된다. 예컨대 학교생활과 각종 레크리에이션 및 가정생활에 적극 참여하거나, 장래의 목표에 대한 그들의 부단한 활동이 일탈을 예방하게 된다. 즉, 이러한 적극적 참여는 일탈행위의 잠재적 유혹으로부터 벗어나게 되지만 참여하지 않을 경우는 일탈에 대한 유혹이 강화된다.

신념 : 인습적 가치를 어느 정도 수용하는가를 말하는 개념이다. 범죄나 일탈을 금지하는 규범을 신봉하면 할수록 나쁜 짓을 할 가능성이 줄어든다는 것이다.

ⓕ 낙인론(*labeling theory*) : 사회반응론이라고도 하는데 이 이론의 특징은 일탈과정에 일차적 관심을 가졌다는 점뿐만 아니라 지금까지의 일탈원인론과는 달리 일탈에 대해 상대적 입장을 취한 점이다. 일탈(逸脫)행위란 어떤 행위 자체가 근본적으로 정상행위와 달라서가 아니라 주위사람들이 어떤 특정 행위를 탈선행위라 규정하거나 또는 낙인찍음으로서 정상행위도 탈선행위로 탈바꿈을 하는 것이다. 따라서 탈선행위와 정상행위는 근본적으로 구별되는 것이 아니고, 단순히 사람들이 특정 행위를 일탈행위라고 '오명씌우는 것'에서 비롯된다(표갑수, 1981 a: 12). 다시 말해서 낙인이론의 대표적 제창자인 베커(Becker)에 의하면 사회집단은 그것의 위반을 일탈로 간주하는 법을 제정함으로써 일탈자를 창조하고, 이 규정을 특정인에게 적용함으로써 국외자

로 낙인찍는다는 것이다(Becker, 1963: 7).

㉢ 일탈의 대책

첫째, 학교사회사업을 학교에 도입해야 한다. 그리하여 청소년들의 건전한 사회화와 발달을 도와야 한다.

둘째, 절대빈곤을 제거해야 한다. 이를 위해 소득재분배 프로그램 확충, 사회보장제도의 확충 등이 선행되어야 한다.

셋째, 보호관찰제도, 가석방제도, 갱생보호 등에 사회복지사(교정사회사업가)들을 적극 활용해야 한다.

넷째, 재범 등 직업적 일탈행위를 근절하기 위한 적극적 프로그램의 도입이 요구된다. 예컨대 직업훈련 프로그램의 실질적 운영, 직업알선 등이 요구되며 이들 일탈자들에 대한 사회적 포용이 더욱더 절실하다.

다. 가족해체 문제

㉠ 가족해체의 개념

가족해체는 가족성원의 목적이 통일되지 못하거나 그들의 태도가 부적응이거나 가족기능의 장애가 발생할 때 일어난다. 가장 큰 가족해체는 이혼이고, 그밖에 가출, 별거, 기아, 폭행 등이 있다. 다시 말해 가족과 관련된 다양한 현상으로서 사회에서 중요한 일단의 사람들이 가지고 있는 가치와 양립할 수 없는 상황이라고 단정하고 그 상황을 변경시키기 위해 어떤 조치가 취해져야 한다고 동의하는 사회적 상황이라고 규정할 수 있다.

㉡ 가족해체의 과정

첫째, 혼인관계는 가족을 형성하고 가족을 통합하는 가장 중심적 결속동인이다(Elliott & Merrill, 1961: 345). 그러나 부부간의 갈등은 이러한 가족결속의 주된 담당자인 부부 상호관계의 망(網)에 이상이 생길 때 발생하게 된다. 이것은 부부간의 가치와 규범의식이 불일치함으로써 고립화, 개별화됨을 의미하며 그것은 조화 결여, 심각한 충돌, 만성적 불화를 포함한다(김영모 편, 1981: 131).

둘째, 부모와 자녀간의 갈등은 자녀가 자신의 부모를 타인의 부모와 비교할 때 생기는 부자간의 적대감이 문제가 된다. 그리고 부모의 자녀에 대한 지나친 열망이나 기대감은 자녀에게 심각한 정서적 압박과 심리적 스트레스를 주고, 이러한 성취기대에 대한 실패와 이해의 결여는 또한 부모에 대한 자녀의 적대감을 높인다. 결국 부모의 권위에 대항하게 된다. 특히 부모의 사망, 이혼, 재혼 등은 가족역할에 불안정이 생기고 적응문제가 심화된다.

셋째, 형제간의 갈등은 부모가 자녀에 대해 각기 다른 역할기대를 갖고 차별대우할 때, 애정의 정도차가 심할 때, 성취도에 차이가 날 때 또는 형제간에 질투심을 느끼는 경우에 일어난다. 특히 부모가 재혼하여 새로 맞아들인 배우자에게 자녀가 있는 경우는 새로운 가족이 생김으로서 그들간에 갈등이 심해질 수 있다.

이와 같이 가족성원간의 긴장과 갈등 또는 불화는 가족의 규범을 위협하고 가족 연대감을 약화시키게 되며, 결국은 이혼, 별거, 가출, 가족유기 등의 가족의 구조적 붕괴현상 가능성이 높아지게 된다.

㉢ 가족해체의 형태

가족해체는 넓게는 통합, 충성심, 합의, 가족단위의 정상적 기능 붕괴 등 가족 결속의 파괴를 의미하며(Elliott & Merrill, 1985: 345), 좁게는 별거, 이혼, 유기, 사망 등으로 혼인관계가 파괴되거나 또는 부부 가운데 한 사람의 장기간 부재에 의하여 결손가족이 되어 가족이 구조적으로 불안전한 상태에 놓여있음을 의미한다(Neumeyer, 1955: 159).

구드(Goode)는 가족해체를 광의와 협의의 개념을 합쳐 다음과 같은 여섯 가지의 형태로 분류하고 있다(Goode, 1976: 515).

㉮ 비합법적 동거와 같은 불완전한 가족단위, ㉯ 이혼, 별거와 같은 배우자의 자발적 이탈, ㉰ 문화변동의 여러 상이한 충격에서 생기는 역할의 변화(예컨대 세대간의 갈등과 여성운동에 의한 부부갈등), ㉱ 가족간의 커뮤니케이션이 거의 없고 정서적 상호협력의 의무감을 상실한 '빈 껍질'만의 가족, ㉲ 배우자의 일시 또는 장기간의 비자발적 부재(예컨대 사망, 수감, 재난, 전쟁 등으로 인한)와 같은 외재적 사건에 의한 가족위기, ㉳ 정신적·정서적·신체적인 병리에 의한 비자발적 역할수행의 불능과 같은 내적인 파멸 등이 그것이다.

㉣ 가족해체의 원인

㉮ 기능주의

가족의 전통적 기능은 양육의 기능, 사회화의 교육기능, 경제활동, 보호, 애정을 포함한다. 그러나 오늘의 전통적 기능은 교육기관에서 교육기능을 대행하고 가족의 생산기능보다는 소비단위로서의 기능이 강화되며, 가족성원간의 공통점은 적어지는 반면 개인간의 차이가 존중되는 등 가족의 전통적 기능이 약화 내지 소멸되고 있다. 기능주의자들은 가족의 전통적 기능이 약화됨에 따라 가족성원들의 결속이 약화되고 가족의 원활한 기능이 위협되었기 때문에 가족성원들은 대안적으로 일탈 행동 혹은 비행을 보이거나 가족해체로 나타난다고 한다(Rubington & Weinberg, 이장현·김영미 역, 1985: 89~92). 다시 말해 가족의 기능이 통합되지 않을 때 문제가 야기된다.

㉯ 갈등주의

기존의 결혼과 가족제도는 남성이 여성을 지배하는 불평등한 관계를 반영하였다. 이제는 성 역할의 변화로 불평등한 관계가 도전을 받고 있다. 갈등주의적 관점에서 가족해체 또는 갈등은 가족관계에서 나타나는 자연스러운 부산물이다. 그리하여 이혼은 부부간의 갈등을 해결하는 수단이며, 가족해체는 권력의 차이로 인한 충분한 보상과 만족을 획득하지 못했을 때 나타난다(최선화, 1999: 260~261).

㉰ 상호작용주의

상호작용주의자들은 변화하는 가족에 대한 해석 혹은 가치판단에 가족해체의 원인이 있다고 한다. 즉, 정상가족에 대한 개념 규정에서 벗어나는 형태나 역할수행을 하는 가족은 모두 비정상 가족으로 낙인찍는다. 또한 가정 내에서도 부모 혹은 자녀에 대한 역할수행이 가족의 기대에서 벗어날 때 이러한 행동을 일탈행동으로 간주한다.

㉤ 가족해체의 대책

첫째, 가족과 가족성원을 통합적으로 보는 시각에서 현재의 각종 가족관련법을 보완·정리하거나 혹은 가족관계의 기본법으로 가족복지법을 제정하여야 한다.

둘째, 가족기능의 변화에 따른 가족의 욕구에 따라 가족정책을 바꾸어야 한다. 특히 아동과 성인, 남성과 여성간의 이해가 균등히 이루어지는 정책이 요구된다.

셋째, 체계적이고 종합적으로 가족해체에 대응하는 가족정책이 없으며 가족과 관련된 정책과 프로그램, 서비스가 산재하는 상황이다. 따라서 전체 사회구조적 차원에서 문제의식을 통합적이고 다각적으로 지원하여야 한다.

라. 청소년 약물남용 문제

㉠ 약물남용의 개념

약물(藥物, *drug*)이란 넓은 의미로 보면 생체(生體)에 영향을 미치는 물질을 뜻하므로 약물학(藥物學)의 분야는 상당히 광범위하다. 약물남용에 관한 여러 정의를 살펴보면 1966년 미국의사협회에서는 "약물남용이란 의학적 감독 없이 약물을 스스로 복용하는 것"이라 했으며, 캐나다의 약물전문가 모임은 "약물의 비의학적 사용"을 약물남용이라 했다. 또한 세계보건기구는 "약물남용이란 의료행위의 규정에 맞지 않게 약물을 지속적으로 혹은 산발적으로 과용하는 것"이라고 규정하고 있다(WHO, 1974: 155). 일반적으로 약물남용이란 "향정신성 약물[4]의 비의학적 사용을 말한다. 즉, 행동, 지각, 그리고 감정을 인위적으로 변화시키고자 자의에 의한 향정신성 물질의 불법적, 비의학적 사용을 약물남용"이라고 한다(주왕기, 1989: 278).

ⓛ 약물남용의 원인론

㉮ 생물학적 관점

이 관점은 유전적 요인이 자녀들의 약물사용이나 알코올 음용에 기여한다는 것이다. 즉, 개인의 약물대사 및 약물에 대한 중추신경계 반응에 영향을 주는 선천적 효소결함이나 다양성에 기인된다는 관점이다(Schuckit et al., 1982: 39; 고홍경, 1990: 14~15).

㉯ 심리·정신역동적 관점

이 관점은 급성과 만성적 약물남용의 형태로 구분한다. 급성적 약물남용의 경우는 급성적 스트레스 상황, 즉 중요한 인물의 상실, 가족원간의 갈등문제, 학업성적의 부진 등과 같은 스트레스에 처해 그것을 일시적으로 해결하려고 약물을 남용하게 되는 것이다(Jaffe, 1980: 535~ 584; 고홍경, 1990: 14 재인용). 한편, 만성적으로 약물을 남용하는 경우는 인격구조와 약물사용간에 복잡한 상관관계가 있다는 견해이다. 즉, 성격장애에 따라 약물의 선호도가 다르고 특히 반사회적 인격장애자들이 약물남용을 흔히 한다고 한다(Hall et al., 1982: 33~36; 고홍경, 1990: 16 재인용). 정신분석학 이론에서 볼 때 약물남용의 원인은 조기 부모-자녀관계 특히, 모친과의 관계에서 의존적 성향이 강한 사람이 성장하여 환경에서 오는

---

4) 향정신성 약물은 정신을 향해서 작용하는 약물을 말하며, 정신은 뇌에서 나오고, 뇌는 중추신경계로 구성되어 있기 때문에 향정신성 약물은 중추신경계에 작용하는 약물을 말한다.

좌절이나 스트레스를 받을 때 마음의 평화를 얻을 수 있는 약물에 의존한다는 점을 강조하고 있다(민병근 · 김헌수, 1987: 608).

㈐ 가정 및 사회환경적 관점

이 관점은 '양친이나 손위 형제들이 약물남용을 해 온 가족에서 양육된 청소년들이 그들 스스로가 약물남용자가 되는 경향이 있으며, 양친의 태도가 청소년의 약물남용 결정에 영향을 미치며 가정불화, 양친의 거부, 이혼 등이 약물남용과 관련된다고 한다'(Maloff & Becker, 1982). 또한 '청소년들은 동료의 압력이나 영향이 약물남용 양상의 시작과 지속성에 중요한 역할을 한다'(이길홍 외, 1983: 214~226)고 한다.

㉢ 약물남용의 실태

약물남용실태는 저자가 1993년도(학교청소년 797명, 비행청소년 296명 대상)에 조사한 결과를 중심으로 살펴본다.

㉮ 약물남용률: 약물남용은 음주가 전체 청소년의 71.3%로 가장 많고, 그 다음은 흡연(60.4%), 진통제(39.2%), 본드(29.2%), 수면제(16.0%), 각성제(12.6%), 환각제(10.4%), 대마초(마리화나, 10.1%), 신경안정제(8.8%), 진해제(5.4%), 항히스타민제(2.0%), 코카인(1.8%), 히로뽕(1.5%), 마약(1.4%) 등의 순으로 나타났다. 비행청소년이 학교청소년보다 모든 약물에 걸쳐 남용률이 매우 높았다. 대마초, 마약, 히로뽕, 환각제 등 불법 약물은 비행청소년이 학교청소년보다 약 10배에서 20배나 많이 남용하고 있다. 그리고 고등학생이 중학생보다 약 2배 정도 약물남용 경험이 많으며, 중 · 고등학생 모두에 있어서 남학생의 약물경험이 여학생보다 많다. 그러나 진통제의 경우는 여학생이 많다.

㉯ 약물남용 동기: 약물남용 동기는 호기심이 전체의 23.4%로 가장 많고, 그 다음은 잠을 안 자기 위해서가 20.8%이며 그 외 나머지는 괴로움을 잊기 위해서(16.4%), 황홀감 · 신비감을 추구하기 위해서(12.1%), 친구나 선배의 권유(9.8%), 부모나 선생에 대한 반발

(3.7%) 순으로 나타났다. 그런데 호기심 때문에 약물을 남용하는 것은 결국 약물의 심각성과 신체적 또는 정신적으로 나쁜 영향을 준다는 것을 상세히 모르기 때문인 것으로 생각되므로, 청소년들에게 약물의 유해성을 인식시켜야 한다. 그리고 학교청소년은 자신의 문제를 해결하기 위한 방법으로 잠을 안 자거나, 괴로움을 잊기 위해 약물남용을 하는데 반해, 비행청소년은 모험과 쾌락을 위한 수단인 호기심·황홀감·신비감을 추구하기 위해 남용하고 있다.

㉰ 약물구입처: 청소년의 약물구입처는 병원이나 약국이 전체의 41.8%로 가장 많고, 그 다음으로 친구나 선배가 14.3%이며, 그 외 나머지는 문방구나 구멍가게(13.6%), 오락실이나 만화가게(11.4%), 술집이나 디스코장(9.0%), 기타(5.6%), 집(4.3%)의 순으로 나타났다. 그런데 비행청소년은 학교청소년에 비해 술집, 디스코장, 친구나 선배를 통해서 약물을 많이 구입하는 것으로 나타났다. 이러한 결과는 김성이가 조사한 내용과도 거의 일치하고 있다(김성이, 1989: 47).

㉱ 약물남용 후 느낌: 약물남용 후의 느낌은 신체적 느낌이 가장 많은 50.6%이며, 긍정적 느낌 40.2%, 부정적 느낌 5.4%, 그리고 공격적 느낌 3.8%로 응답했다. 이것을 좀더 상술하면, 무감각이 전체의 39.8%로 가장 많고, 그 다음은 황홀감 느낌이 15.0%이며, 그 외 괴로움과 고통해방(12.8%), 잠이 오고 의식 흐림(10.8%), 즐겁고 말이 많음(7.1%) 등의 순으로 나타났다.

㉲ 약물남용자의 상담여부: 약물남용자는 상담을 안 했다(45.1%)와 상담의 필요성을 느끼지 못했다(21.9%)를 포함해 전체의 67.0%가 상담 경험이 없었으며, 상담 청소년 중 상담대상자는 친구나 선배, 부모, 형제, 의사, 약사, 교사, 종교인, 상담전문가의 순으로 나타났다. 특히 교사와 상담전문가의 상담률은 매우 저조했다(표갑수, 1993: 487).

㉣ 약물남용의 대책

첫째, 청소년이 약물에 접근할 가능성이 큰 지역인 학교주변, 유흥업소, 오락실, 만화가게, 야산, 공원, 영화관 등에 대한 출입통제와 청소년을 출입시키는 업소에 대한 행정적 규제를 강화해야 한다. 남용위험이 있는 물질의 원료 및 제품생산·제조과정의 엄격한 행정통제와 유통시의 관리강화 및 내용물에 대한 표시 의무화를 실시해야 한다.

둘째, 가정복지사업이 강화되어야 한다. 부모사망, 이혼, 별거 등의 가족의 구조적 결손가정과 가정불화, 방임, 학대 등의 기능적 결손가정에서 약물남용자가 발생되므로 가정결손을 예방하고 가정의 일시적 대리기능을 해주는 상담과 가정복지 서비스가 필요하다. 또한 부모-자녀관계가 원만하도록 노력해야 한다.

셋째, 일단 약물을 남용했던 청소년들이 더 이상 약물을 남용하지 않도록 하기 위해서는 체계적이고 전문적인 치료 및 재활대책이 요구된다. 이를 위해서는 치료, 상담, 진로지도 등이 복합적으로 고려되어야 할 것이다. 이에 몇 가지 프로그램을 제시하면 다음과 같다.

㉮ 단기치료기관: 약물남용으로 비상사태가 일어날 경우 1차적으로 문제를 사정하고 해독시키는 응급치료기관이 필요하다. 이런 기관에서는 정신과의사, 간호사, 사회복지사, 작업치료사, 놀이치료사, 임상심리학자, 교사, 사회체육지도자, 치료보조원이 있어야 한다.

㉯ 입원 및 외래치료기관: 정신치료 및 사회복지서비스를 제공하는 기관이 필요하다.

㉰ 위탁보호기관: 하루 4시간 이상씩 통원하여 치료, 교육, 오락 및 집단활동의 광범위한 통합치료 기관이 필요하다.

㉱ 거주치료기관: 청소년이 약물을 사용하는 환경 밖에서 치료받게

하는 격리, 수용, 통제하는 기관이 필요하다.

㉤ 재활기관: 집에서 떨어져 있을 필요가 있는 청소년이 낮 동안은 병원, 학교, 직장에서 생활하게 하고, 저녁에는 이곳에서 식사하고 잠을 자게 하는 재활기관이 필요하다.

㉥ '중간의 집'(*halfway house*) 설치 운영: 이 시설은 치료적 환경(병원)으로부터 퇴원했으나 사회에 복귀하기에는 아직 무리가 따르는 사람들을 위한 중간적 시설이다. 오랜 기간 동안 약물중독 치료를 위해서 입원했던 환자들에게 이용되는 시설로 일반적으로 계속적인 집단모임이나 약물이나 정서적 문제 또는 위기를 처리하기 위한 도움이 주어진다. 약 10명~20명 가량의 구성원이 생활하면서 책임을 분담하고 점차 외부의 직업에 고용되도록 하여 자신이 갖는 고립감을 해소하고 사회적응이 가능하도록 도와주는 시설이다.

㉦ 사회사업적 접근방법의 모색: 사회사업적 차원에서의 치료는 개별상담치료, 집단활동을 통한 치료 및 지역사회의 자원활용을 들 수 있다.

넷째, 청소년 약물남용을 예방하기 위해서는 교육 및 계몽을 학교교육과 사회교육으로 나누어 시켜야 한다. 그 내용은 〈표 1-6〉과 같다.

〈표 1-6〉 대상별 교육내용 및 교육실시방법

교육대상	교육내용	교육실시방법
청소년	㉮ 약물의 성분과 약리 작용 ㉯ 약물이 잘못 사용되는 사례 ㉰ 약물남용의 위험성 ㉱ 약물남용과 관련된 법규처벌 및 치료시설 소개 ㉲ 약물남용의 부도덕성	㉮ 약물관련 교과목을 새로 만들거나 관련 교과목(생물, 보건위생, 체육)에 약물에 관한 교육내용을 포함. ㉯ 근로청소년을 대상으로 직장단 위의 특별교육 ㉰ 사회복지시설 청소년을 대상으로 시설단위의 특별교육 ㉱ 소년원, 감별소 및 보호관찰소에서 약물남용 예방교육 실시 ㉲ 약물남용 경험자와 약물남용 무경험자를 구분하여 교육 실시 ㉳ 방송매체, 책자, 팜플렛을 이용한 홍보활동
학부모	㉮ 약물의 성질 ㉯ 청소년 약물남용의 사례 ㉰ 약물남용의 위험성 ㉱ 자녀의 약물남용 사실을 알았을 때 대처하는 방법 ㉲ 약물과 관련된 법규소개 ㉳ 약물이나 약물사용의 징후에 대 한 지식교육	㉮ 방송매체를 이용한 부모교육 ㉯ 반상회를 통한 부모교육 ㉰ 학교에서의 학부모 교육 ㉱ 청소년 약물남용문제에 관한 홍보물 발행
교사 (양호, 진로상담 교사 포함)	㉮ 약물남용 예방교육 프로그램의지도 방법 ㉯ 학교에서 실시할 수 있는 예방활동 소개	㉮ 교사연구 교육프로그램 ㉯ 교사의 재교육(약물에 관한) ㉰ 교사용 홍보책자 발행
상담자원 봉사자	학부모 교육내용과 거의 동일함	전국 교육청별로 구성하여 교육

참고: 김상희, "청소년의 약물남용과정에 관한 연구", 〈형사정책연구〉, 제7호, 형사정책연구원, p. 68의 내용을 저자의 견해를 포함하여 재구성하였음.

3) 방 법

사회복지는 사회문제를 해결하는 응용과학으로서 사회정책과 사회사업을 포괄하는 실천학문이라 할 수 있다.

사회복지의 대상을 인간의 사회적 욕구로 보는 경우 이것이 자본주의 사회제도의 결함에서 비롯되었는지 아니면 인간의 기능적 장애로 인한 사회 부적응이냐에 따라 그 접근방법이 매우 다를 수 있다. 전자의 경우 갈등론적 관점에서 그것을 주로 해결하려고 노력하여야 될 것이고 후자의 경우 기능론적 관점에서 주로 접근하여야 될 것이다. 한편 사회복지의 대상을 사회문제로 보는 경우 사회불평등에 대한 갈등주의적 접근방법과 사회부적응에 대한 기능주의적 접근방법 그리고 사회해체에 대한 통합주의적 접근방법으로 나누어 볼 수 있다(김영모, 2000: 7~8).

사회문제에 대한 개입은 정책적 접근방법과 전문적 접근방법 그리고 통합적 접근방법으로 구분하며 그 내용은 다음과 같다(김영모, 2000: 8~10).

(1) 정책적 접근

사회복지의 정책적 접근은 사회문제와 사회복지를 역사적·사회적 존재형태로서, 사회제도의 결함으로 생긴 사회문제를 해결하는 사회정책으로 보는 견해이다. 여기서는 사회문제가 개인의 책임이라기보다는 사회·국가의 책임으로 간주한다. 따라서 국가정책에 의하여 사회복지가 이루어져야 한다고 생각하고 있다. 이것은 사회복지의 법령적 대책을 의미한다. 이러한 관점의 사회복지는 빈민 및 노동자계급의 복지에 관심을 두고, 자본주의제도의 결함으로 생긴 빈민, 노동자, 불우한 자, 국민을 위한 사회보장, 사회봉사, 단체교섭제도가 이에 해당된다.

(2) 전문적 접근

사회복지의 전문적 접근은 사회복지를 인간관계의 조정기술로 보는 견해이다. 인간의 욕구를 위기 또는 문제상황으로 규정하고 문제의 소재를 부적응이나 욕구불만에서 일어난다고 말한다. 이 관점은 문제해결에서 환경조건의 개선과 퍼스낼리티의 개발에 주로 관심을 두고 개인의 탈선행위(정신병, 자살, 이혼, 매춘, 중독, 비행 등)의 원인을 찾는다. 따라서 심리요법이나 사회요법(환경조정)에 의하여 개인의 퍼스낼리티를 치료하려고 하는 것이다. 이러한 것을 전문사회사업이라 하고 그 원조의 내용은 사회심리적 서비스를 특징으로 한다. 그리하여 오늘날 사회복지사업은 고도의 전문적 지식과 기술을 지닌 사회복지사의 원조 하에 이루어지고 전문적 기술과 지식은 특히 근대적 사회사업의 주요한 방법인 개별지도사업, 집단지도사업, 지역사회사업, 사회행동 등을 말한다.

(3) 통합적 접근

사회복지의 통합적 접근은 중간적 의미의 사회복지를 말하는 것으로 주로 사회해체(가족해체, 지역사회해체 등)의 결과로 생긴 사회문제(가출, 이혼, 홍등가, 빈민지역 등)를 예방·치료하기 위한 것이다. 사회해체로 인하여 생긴 사회문제는 정책적 접근방법이나 전문적 접근방법 중 한가지에 의해서 해결될 수 있는 것이 아니고, 이 두 가지의 방법이 동시에 적용되어야 해결이 가능한 것이다. 사회복지의 정책적 접근방법은 국민을 대상으로 하고, 전문적 접근방법은 개인을 강조하며, 통합적 접근방법의 경우는 사회(개인과 집단)를 중요시하고 있다. 그러므로 사회의 기본단위인 가족을 비롯하여 지역사회, 직장 등의 복지를 위한 방법(제도)에 관심이 많은 것이다.

4) 재 원

사회복지 재원은 사회복지 활동을 결정하는 중요한 요인으로서 사회복지 활동에 사용되는 비용과 관련된다. 여기에는 비용의 조달뿐만 아니라 배분이 포함되는데, 일반적으로 한 국가의 사회복지 재정규모는 그 국가의 사회복지 수준을 간접적으로 시사해 주는 중요한 수단이 된다. 각 국가의 사회복지 재원규모와 부담비용 등은 일률적으로 말할 수 없으나 국가발전 정도와 경제성장에 따라 거의 비례하는 경향이다. 그러나 사회복지 주체별 사회복지 재정부담 비율은 국가에 따라 서로 다른 양상을 보이고 있다.

오늘날 사회복지 재정의 일반적 경향을 살펴보면, 중앙정부의 부담이 줄어드는 대신, 지방자치단체의 부담과 민간주체의 부담이 상대적으로 증대되는 현상을 보이고 있다. 사회복지의 재원은 사회복지사업의 성격에 따라 다양하다. 사회정책의 재원은 주로 국고(조세)에서 나오겠지만 사회사업의 경우 주로 헌금에서 나온다.

사회복지에서 공공비용의 재원은 조세인데 그 조세의 원천은 ① 소득세, ② 소비세, ③ 사회보험 기여금, ④ 지방세, ⑤ 벌과금 등이다.

(1) 국가재정

2008년도 보건복지가족부 일반회계 세출예산은 16조 287억 원으로 이는 2007년도 대비 39.0%가 증가한 것으로 정부 일반회계 세출예산 179조 5,537억 원의 8.9%를 차지하고 있다.

2008년도 보건복지가족부예산의 분야별 세출예산 내역을 보면 사회복지분야〔기초생활보장, 취약계층지원, 공적연금(농·어민연금), 보육, 가족 및 여성, 노인, 청소년, 사회복지 일반〕 예산은 12조 1,535억 원으로 전체예산의 73.8%, 보건분야(보건의료, 건강보험) 예산은 4조 1,498억원으로 25.2%를 차지하고 있으며, 인건비 2,775억원(1.7%),

기본사업비가 474억원(0.3%), 내부거래가 1,739억원(1.1%)으로 책정되어 있다.

국가의 총 세입 중에서 소득역진적 성격을 갖고 있는 간접세의 비중이 월등하게 높을 경우 국가재정 중에서 아무리 사회복지비용이 많이 지출된다 하더라도 그것은 사회복지제도를 통한 불평등의 완화라는 측면에 큰 영향을 주지 않을 것이다. 그러나, 소득재분배적 성격을 갖고 있는 직접세 위주인 세입구조에서 사회복지비에 많은 지출을 한다면 사회복지제도를 통한 소득재분배 효과가 높아질 것이다.

사회복지와 조세부담률을 관련시켜 볼 때 조세부담률의 평면적 비교는 의미가 없다. 따라서 조세부담률과 사회복지수혜 비율을 비교해야 한다. 우리나라 사회보장세를 제외한 조세 부담률은 〈표 1-7〉에서 보듯이 2000년 19.6%로서 우리보다 경제수준이 높은 일본, 미국, 독일 등 선진국과 비교할 때 낮은 편이였지만, 6년 후인 2006년에는 비슷한 수준으로 성장하였다(보건복지가족부, 2009: 20). 그러나 우리나라는 선진국에 비해 세금은 많이 내고 복지수혜는 상대적으로 적었다.

우리나라 사회복지가 어느 정도 발달하였는가를 알 수 있는 것은 정부의 복지예산이다. 우리나라의 사회보장은 2004년 GDP의 1.9%에서 2007년에는 2.1%로 증가했으나 매우 부족한 수준이고, 국가예산 중 사회보장비가 2007년에 12.0% 수준이다.

사회보장비가 정부예산의 12.0%에 불과한 것은 우리나라의 복지수준이 낮다는 것을 알 수 있다. 오늘날 서구 복지국가의 경우 사회보장비 지출이 정부예산의 30~50%에 이르고 있고 미국·일본의 경우는 20% 수준에 있다.

사회복지비 지출을 외국과 비교하여 보면 〈표 1-9〉에서 보듯이 한국은 GDP의 7.5%인데 비해 스웨덴 29.8%, 덴마크 27.3%, 프랑스 29.5% 등으로 나타났다. 미국과 일본은 각각 16.3%와 19.1%로 GDP에 비하여 낮은 수준이다.

〈표 1-7〉 주요 국가의 조세부담률

(단위: %)

국가	한국		일본		미국		독일	
연도	2000	2006	2000	2006	2000	2006	2000	2006
국세와 지방세	19.6	21.1	17.5	17.7	23.0	21.3	22.7	21.9
사회보장세 포함	23.6	26.8	27.0	27.9	29.9	28.0	37.2	35.6

자료: OECD. Stat, Social Expenditure ― Aggregated date 2008. 12월; 보건복지가족부, 2009: 20.

〈표 1-8〉 사회보장예산

(단위: 억 원, %)

연도	정부예산	정부예산대비(%)			GDP대비(%)		
		사회보장	공공부조	사회복지서비스	사회보장	공공부조	사회복지서비스
2004	1,201,394	10.7	3.3	3.9	1.9	0.6	0.7
2005	1,352,156	10.1	3.4	2.8	1.6	0.5	0.4
2006	1,489,626	10.3	3.6	2.7	1.8	0.6	0.5
2007	1,565,177	12.0	4.2	3.4	2.1	0.7	0.6

자료: 한국보건사회연구원, 2009: 242∼243.

〈표 1-9〉 사회복지 지출 현황

(단위: 자국의 GDP에 대한 %)

국가	1990	2000	2001	2002	2003	2004	2005
오스트리아	25.0	27.3	27.6	28.0	28.4	28.2	28.1
덴마크	25.6	26.1	26.3	27.0	28.1	27.9	27.3
프랑스	25.3	28.1	28.2	28.9	29.3	29.5	29.5
일본	11.8	17.2	18.2	18.7	18.8	18.8	19.1
스웨덴	30.2	29.1	29.5	30.1	30.9	30.4	29.8
영국	17.3	19.9	20.8	20.8	21.3	21.9	22.1
미국	13.9	14.9	15.5	16.3	16.6	16.4	16.3
한국	3.2	5.7	6.1	5.9	6.2	7.0	7.5

자료: 보건복지가족부, 2009a: 428.

한편, 민간사회복지활동의 재원은 ① 유지의 헌금(현물), ② 기관의 회비, ③ 교회의 십일조, ④ 사찰의 보시, ⑤ 기관의 수익금, ⑥ 자원봉사, 기업복지 등이 있다(김영모, 2000: 10).

우리나라 공동모금사업은 연말연시 집중모금과 연중모금으로 구분된다. 2008년 12월 1일부터 2009년 1월 31일까지 2개월간 "희망 2009 이웃사랑캠페인"을 실시해 중앙 1,193억 원, 지회 903억 원으로 모금액은 총 2,096억 원으로 전년도 같은 기간 모금액보다 5.6%가 늘어났다. 그 외 자원봉사활동, 푸드뱅크(*food bank*, 281개소), 푸드마켓(*food market*, 21개소) 사업 등이 있다.

6. 사회복지의 모형

많은 학자들은 각국의 경제발전이나 사회사상적 배경에서 다양한 복지관을 토대로 복지모형을 개발해 왔다. 여기서 가장 많이 사용되는 몇 가지 모형을 제시하면 다음과 같다.

1) 웰렌스키와 르보(Wilensky & Lebeaux)의 모형

복지모형들 중 가장 오래된 것으로 1958년의 웰렌스키와 르보의 2분법으로서 보충적 모델(*residel model*)과 제도적 모델(*institutional model*)로 구분하고 있다. 보충적 모델은 가족과 시장이 정상적 기능을 수행하지 못할 때 이의 보완적 기능을 담당하는 경우이고 제도적 모델은 사회복지서비스가 일차적 기능으로서 제도적으로 수행되는 경우를 말한다. 다시 말하면 인간의 복지가 가족과 시장 및 자유로운 경제활동으로 이루어지지 못하는 경우 일시적으로 개입하는 경우가 보충적 모델이고, 반면 국가가 적극적으로 개입함으로써 복지가 구현될 수 있는 경우는 제도적 모델이다. 일반적으로 보충적 모델은 초기산업사회 및 자유주의 국가에서 많이 볼 수 있지만 후기산업사회의 복지국가에서는 오히려 제도적 모델이 많다. 예컨대 가족해체의 결과로 고아가 생겼다면 이를 수용하기 위한 시설보호는 보충적 모델이고 사회보험제도와 같이 퇴직 및 생활의 위험을 예방하기 위한 연금제도는 제도적 모델에 속한다(Wilensky & Lebeaux, 1958: 138).

2) 티트머스(Titmuss)의 복지모형

티트머스는 1974년 보충적, 산업적 성취수행 그리고 제도적 재분배 모형의 3가지 유형을 제시하고 있다.

첫째, 보충적 복지모형으로서, 이것은 개인의 복지욕구가 적절히 충족될 수 있는 가족과 사적 시장의 메커니즘에 그 전제를 두고 있다. 이러한 메커니즘이 붕괴되었을 경우에 사회복지제도가 활동하게 되지만 어디까지나 일시적이고 잠정적인 것이다. 윌렌스키와 르보의 보충적 개념과 동일하다.

둘째, 산업적 성취수행모형으로서 이것은 사회적 욕구가 업적, 업무수행 및 생산성 등에 기반을 두고 충족되어야 한다는 전제이다. 즉, 사회복지제도의 중요한 역할은 경제의 종속물로서 통합하고 구체화한다는 것이다. 이 모형은 동기, 노력, 보수, 집단의 충성, 그리고 계급의 형성 등에 관심을 두는 경제적, 심리적 이론 등에서 도출되었으며, 이것을 시녀적 모형(侍女的 模型)이라고 한다. 시장경제 메커니즘에서 생산성 중심의 복지서비스이다.

셋째, 제도적 재분배모형으로서 이것은 사회 내의 주요한 총체적 제도로 간주하여 욕구의 원리에 입각한 시장경제 메커니즘 외부에서 보편적 서비스의 제공을 전제로 한다. 이 모형은 사회변동과 경제체제의 상승효과에 관한 이론에 기반을 두고, 한편으로는 사회평등의 원리에 기반을 두고 있다. 이것은 기본적으로 '시간을 통한 자원의 통제'(*command - over - resources - through - time*)에서 재분배의 체계들을 총합하는 모형이다. 이것은 웰렌스키와 르보의 제도적 개념과 동일하며 복지정책의 진취적 입장이다(Titmuss, 1974: 20~21).

3) 마샬(Marshall)의 복지모형

마샬은 현대복지국가체제가 민주주의, 복지, 자본주의라는 3가지 구성요소로 이루어지고 있다고 하였다. 정치는 민주주의, 사회부문은 복지국가 내지 복지사회, 경제부문은 혼합경제의 자본주의(수정자본주의)라고 하는 3자의 복합으로 이룩된 모델로 파악할 수 있다는 것이다. 이러한 모델의 이론적 근거로서 마샬은 시민권의 개념을 들고 있다. 그에 의하면 시민권은 사회의 완전한 구성원에게 주어지는 하나의 지위이며, 그것을 소유한 자에게는 평등한 권리와 의무가 부여된다고 하면서, 시민권은 시민의 시민적, 정치적, 사회적 권리라는 3개의 요소로 이루어진다는 것이다. 즉, 시민적이란 자유권을 의미하며, 정치적이란 참정권을, 사회적이란 그 사회, 문화수준에 알맞은 생활을 할 수 있도록 최소한의 경제적 복지와 보장을 통한 복지권을 의미한다. 따라서 그는 이러한 시민권의 개념을 토대로, 복지모형을 정치, 경제, 사회부문과 연결, 복합적인 것으로 제시하였는데, 이는 사회복지발달의 정도는 사회적 정의가 얼마나 보장되는가에 달렸음을 말해 준다고 하겠다(남세진 · 조흥식, 1998: 68).

4) 조지와 윌딩(George & Wilding)의 복지모형

조지와 윌딩은 복지모형을 반집합주의, 소극적 집합주의, 페비안 사회주의 그리고 맑스주의로 나누고 있는데 이를 요약하면 다음과 같다

〈표 1-10〉 조지와 윌딩의 사회복지 모형

구분	반집합주의	소극적 집합주의	페비안 사회주의	맑스주의
사회가치	소극적 자유	소극적 자유	적극적 자유	적극적 자유
사회조직	시장경제의 옹호	시장경제의 보완	시장경제의 대폭 수용	시장경제의 부정
복지국가	보충적	국가최저수준의 보장	보편주의 원칙 추구 (복지국가주의)	복지국가로는 빈곤 제거 불가능 (복지국가주의 반대)

(George & Wilding, 1976; 남세진 · 조흥식, 1998: 68 재인용; 원석조 · 강남기, 1981: 42~194 재인용).

첫째, 반집합주의(*anti-collectivism*) 모형은 자유방임주의 이념을 바탕으로 국가의 개입은 최소한 국한되어야 하고, 복지혜택은 주로 최저생계비 이하의 빈곤계층에게 국가온정주의적 차원에서 정치적 안정유지를 위하여 최소한으로 주어져야 한다는 것이다. 여기서는 복지를 위한 국가개입은 제도적 측면보다는 개인적 측면에 치중하게 되므로 이는 앞의 보충적 모형과 유사하다고 볼 수 있으며, 영국의 1834년 개정의 구빈법은 자유방임주의 복지시책의 대표적 예로 알려져 있다.

둘째, 소극적 집합주의(*reluctant-collectivist*) 모형은 수정자유주의 이념을 바탕으로 하여 자본주의적 기본요소는 그대로 보존한 채 적절한 국가개입에 의하여 사회문제, 예컨대 베버리지(Beveridge) 교수가 말하는 5대 사회악인 결핍, 질병, 무지, 태만, 불결을 해결, 개선해 나가자는 것으로서 소극적 평등원리를 주장하고 있다.

셋째, 페이비언 사회주의(*Fabian Socialist*) 모형은 사회민주주의 이념을 바탕으로 자유, 평등, 박애의 3가지 가치와 이 밖에 부수적 가치로서 민주주의와 인도주의에 기초를 두고 있다. 그리고, 빈곤퇴치와 불평등 해소는 복지국가의 실현을 통하여 달성될 수 있다고 본다. 이러한 입장은 앞에서 살펴본 제도적 모형과 맥을 같이하고 있음을 알 수 있다.

넷째, 맑스(*Marxist*) 모형은 사회주의 이념을 바탕으로 하여 페이비언과는 달리 빈곤퇴치와 불평등 해소가 결코 복지국가의 실현을 통해서 이루어질 수 없다고 판단하면서 복지국가의 대안으로서 혁명 등의 급진적 정치변동을 제시하고 있다(남세진 · 조홍식, 1998: 69).

상기의 모형을 도식화하면 〈표 1-10〉과 같다.

7. 사회복지의 이론적 관점

사회과학에서 이론적 관점은 다양하다. 특히 사회복지는 이론적 관점에 따라서 다양한 접근방법이 존재하게 된다. 즉, 이론적 관점의 차이에 따라 사회현상 및 사회문제에 대한 인식이 달라지며 그 해결방법도 달라지게 된다. 사회복지이론은 기본적으로 ① 기능주의(*functionalism*)와 ② 갈등주의(*conflictism*)가 양립하여 있다. 이러한 관점과 그것의 통합인 ③ 통합주의 일명 신갈등주의(*neo-conflictism*)에 의하여 사회문제의 원인과 대책, 즉 사회복지에 접근할 수 있을 것 같다. 이에 이를 살펴보기로 한다.

1) 기능이론

이 이론은 균형이론이라고도 하는데 베버(Weber), 스펜서(Spencer), 파슨스(Parsons), 뒤르껭(Durkheim)이 대표적 학자로 기능주의의 기원은 생물학적 유기체의 유추에서 나온 것이다.

뒤르껭은 전체로서의 사회는 부분들의 합성에서 이루어지는 새로운 형질의 실체이며, 부분은 전체의 필요나 요구에 종속되는 피동체(被動體)로 파악했다. 이를 인체에 비유해서 말하면, 전체 사회는 몸이고,

사회 내의 개인이나 학교, 병원 등과 같은 부분은 세포·폐·위장·팔·다리 등의 기관에 해당된다. 인체의 기관(器官)들이 몸 전체의 형평(건강상태)을 위해 상호보완적 기능을 수행하듯이, 사회 내부의 각 단위 및 부분들은 전체 사회체제를 유지하는 데에 필요한 기능을 수행하거나 유지시키기 위한 기능을 수행한다. 따라서 부분들끼리의 관계는 조화와 협동과 합의의 관계로 특징된다.

사회가 하나의 전체적 체계라고 할 때, 그것은 여러 모양의 부분요소들을 내포하고 있으며, 그 부분요소들은 그들 나름대로 부분적 체계를 이루며, 그들 속에는 또 더 작은 단위의 부분요소들이 있다. 이들 부분요소들은 서로 연결되어 있고 상호의존적 관계에 있다(김경동, 1986; 최순남, 2002: 439~440 재인용).

기능주의의 3대 개념은 사회적 욕구(*social needs*) 또는 기능적 전제조건(*functional prerequisites*), 부분(*parts*) 그리고 평형상태(*equilibrium*)라고 말할 수 있다. 사회적 욕구란 개인차원의 동기와는 구별되는 것으로 이 개념에 의하면, 모든 사회(또는 사회체계)가 유지 혹은 존속하려면 특정의 욕구, 예컨대 사회구성원들을 외부의 위협으로부터 보호하거나, 내부갈등을 해소시켜야 하며 생존에 필요한 재화를 생산해야 한다는 것이다. 렌스키(Lenski)는 사회의 기본 욕구를 방어, 소통, 생산, 분배, 성원 대치(*member replacement*), 사회통제와 같이 6가지로 제시한 바 있다(Gerhard E. Lenski, 1970; 김원철, 1986: 62에서 재인용).

부분이란 개념은 사회적 욕구를 충족시키기 위한 효과적이고 효율적인 방법과 관련된 것이다. 즉, 사회는 다수의 상호연관적이고 상호의존적 부분들 — 예를 들면 견제, 종교, 가족 — 로 구성되면서 동시에 각 부분들은 전체가 성공적 기능을 발휘할 수 있도록 기여한다.

전체와 부분 사이에 관계성을 규정하는 개념이 평형상태이다. 전체인 사회를 체계라고 부른다면 부분은 하위체계가 되는데 기능주의 학자들은 사회를 하위체계들의 통합으로 간주한다. 이 때 통합상태하의 체계들은 반복되는 특정 유형의 과정들에 의해 평형상태를 유지하게 된다는 것이다(김성이 · 김상균, 1999: 102~103).

기능론자는 사회체계가 그러한 기능을 지속하지 않으면 사회는 해체되고 변화된다는 것이다. 그렇기 때문에 그들은 사회의 기능적 필요조건(적응 · 의사소통 · 사회화 · 통제 등)이 있고 이러한 기능적 필요조건의 요구를 해결하기 위하여 기관인 제도가 창조되어야 한다는 것이다. 예컨대 가족제도는 사회성원의 성적 재생산을 보증하는 기능을 하고 경찰과 법률제도는 사회질서의 안정을 위협하는 분열적 행위를 통제하는 기구라는 것이다(김영모, 2000: 17). 이러한 기능도 현재적 기능과 잠재적 기능이 있다.

기능론자는 사회를 성원들간의 가치 및 재화가 협동에 의하여 합의되고 조직되는 안정된 통합체계로 본다. 이러한 사회조건이 체계의 기능을 파괴하거나 위협할 때 사회문제가 생긴다는 것이다. 따라서 사회를 통합시키고 안정시키기 위하여 분열적 요소(예: 갈등 · 불만)를 제거하고 그러한 성원으로 하여금 사회에 적응시키도록 하는 것이 가장 중요한 사회복지의 기능론적 접근방법이다. 예컨대 사회복지의 전통적 방법이나 심리요법은 여기에 속한다. 다른 한편, 사회(체계)의 기능을 제한적으로 확대시키려는 노력이 사회복지의 기능론적 접근방법이다. 예컨대 사회정책에서 고용정책(완전고용 · 실업보험)은 여기에 해당한다.

이와 같이 기능론적 사회복지는 ① 체계의 기능을 확대시키거나 ② 안정을 위한 구조적 적응을 그 핵심으로 한다(김영모, 2000: 17~18).

2) 갈등이론

이 이론은 맑스(Marx), 짐멜(Simmel), 코저(Coser)가 대표적 학자로 기능이론에 대한 대안적 이론으로 발전하였다. 기능론자는 사회가 이해관계에 의하여 형성되어 있고 이러한 이익 또는 자원의 차이가 갈등을 일으킨다는 것이다. 이러한 갈등이 사회발전 · 사회복지를 증진시킨다는 것이다.

모든 사회현상은 대립적 모순을 내포하고 모순은 새로운 사회체계를 발생시킨다는 맑스의 개념은 현대의 변증법적(*dialectical*) 갈등이론의 바탕이 되었고, 사회현상에는 갈등이 불가피하게 편재되어 있지만 갈등은 기능적으로 작용한다는 짐멜의 개념은 현대 기능적 갈등이론의 바탕이 되었다. 변증법적 갈등이론은 사회현실은 희소자원(지위, 권력, 재산, 욕구, 기회, 이익)을 소유하고 지배하려는 경쟁과 투쟁의 갈등이 이루어지는 상태를 보고 있다. 사회는 본질적으로 대립자를 내포하기 때문에 사회의 안정상태는 곧 내포된 대립자의 표출로 다시 갈등상태로 되는 끊임없는 이해집단들간에 변증법적 갈등이 순환으로 이루어지고 있다. 따라서 사회는 갈등으로 인하여 끊임없이 변동하게 된다.

한편 기능적 갈등주의에서는 사회현실은 상호관련된 이해관계의 집단들이 희소자원을 소유 또는 지배하려고 갈등을 계속하면서도 통합과 적응을 이루고 유지하고 발전하는 상태로 보고 있다. 변증법적 갈등주의에서 갈등은 사회체계의 와해 또는 변동을 가져오는 부정적 작용을 하는 것으로 보는데 반하여 기능적 갈등주의에서 갈등은 오히려 사회체계를 유지시키고 발전시키는 결과를 가져오는 긍정적 작용을 하는 것으로 보고 있다(최일섭 · 최성재, 1995: 58).

사회집단은 노동자이든 자본가이든 자기의 지위를 개선하고 유지하며 자신의 이익을 추구하기 위하여 사회의 법률제도를 이용한다. 예컨대 노동자의 파업의 경우 항상 노동자가 마음대로 행동할 수 있도록 자본가들은 방치하지 않는다. 그들의 기업행위를 방해하는 이러한 폭력을 막을 수 있는 합법적 권리를 자본주의사회는 마련하고 있다. 이러한 갈등을 통하여 사회변화가 일어나고 동시에 집단간 희소자원의 분배가 재조정된다는 것이다.

갈등이론도 여러 가지의 종류가 있다. 맑스주의자와 같이 폭력갈등을 통한 혁명이 복지사회를 성취할 수 있다고 주장하는 견해도 있고 다렌돌프와 같이 산업사회의 갈등은 잠재성이 강하기 때문에 오히려 사회갈등의 제도화, 즉 입법과 정책에 의하여 폭력을 예방하고 평화적으로 복지를 추구할 수 있다는 견해가 있다. 이러한 갈등이론을 신갈등이론이라고 한다.

갈등론적 관점은 이익집단의 대립·갈등이 심하면 집단행동에 의하여 자원배분을 재조정한다는 것이다. 예컨대 사회정책에서 갈등론적 접근방법은 다수(노동자)의 이익을 보장하는 방향으로 소득정책(최저임금제, 법정 노동시간제 등)이 이루어진다는 것이다(김영모, 2000: 19).

3) 통합이론

이 이론은 다렌도르프(Dahrendorf), 코저(Coser)가 대표적 학자로 기능적 갈등이론과 변증법적 갈등이론의 입장을 취하는 견해로 신갈등이론이라고도 한다. 통합론자는 갈등을 사회악으로 보는 기능론자의 태도와는 달리 갈등은 사회화의 한 형태이고 사회를 분열시키는 것이 아니라 재통합시켜 준다고 주장한다. 또한 사회는 고전적 갈등론자의 견해처럼 일면성을 지니는 것이 아니라 다원성을 지니며 따라서 갈등의 원천도 다양하다는 것이다. 통합론자는 이익의 대립성만을 주장하는 것이 아니라 이익의 조화성을, 이해관계도 생산관계에서만 나오는 것이 아니라 분배관계 또는 다양한 자원(재산·권력·욕구·기회 등)의 불평등한 배분에서 찾고 있는 것이 특징이다(김영모, 1982: 2장).

이러한 신갈등론적 관점은 사회갈등의 제도화, 즉 입법과 정책수립을 통하여 갈등을 수용하려는 것을 주장한다. 예컨대 사회정책에서 사회보장제도와 노사협의제도와 같은 것은 여기에 해당되고, 사회사업에서 개혁적 모델이나 지역사회조직사업은 여기에 해당될 것이다.

제2장

사회복지의 기본가치와 이념

1. 사회복지의 기본가치

인간 행동에는 반드시 일정한 목표가 있다. 그 목표는 가끔 자신이 속한 집단이나 조직의 목표와 일치할 수도 있고 그렇지 않을 수도 있다. 인간은 누구나 장구한 시간과 특정한 공간을 거쳐 성장해 온 사고방식과 생활양식을 기준으로 자신의 행동이 나타나게 된다. 이와 같은 사고방식과 생활방식은 자신이 속한 기존의 가치체계와 유관하다.

서구사회에서 인간과 사회를 보는 가치관의 근원을 살펴보면, ① 인간의 기본적 가치로서 이웃에 대한 책임성을 원칙으로 하는 기독교의 교리이고, ② 모든 인간은 평등하며 자유와 행복추구의 권리를 강조하는 민주주의 이념이고, ③ 환경을 무시하고 인격만을 주장하며 근면한 사람을 도덕적 인간으로 보고 쾌락을 죄악시하는 청교도의 논리이며, ④ 자연의 진화과정에서 강자는 생존하고 약자는 도태할 수밖에 없기 때문에 강자의 사회가 출현한다는 '사회진화론' 등에 입각하고 있다(장인협·문인숙, 1986: 28).

이러한 가치체계에서 인간의 존엄성, 자유와 평등을 긍정적 가치로 인정하는 대신에, 청교도의 논리나 사회진화론 등의 가치는 부정적인 것으로 생각하기 쉽다. 오늘날 이러한 가치는 서방국가의 발달적 원동력이 되고 있다. 즉, 적극적이든 소극적이든 간에 어떠한 가치체계가 강하게 뒷받침함으로써 국가발전은 물론, 인간과 그들의 사회관계 유지가 지속되며 사회질서와 사회정의가 구현되는 것이다.

프리드렌더(Friedlander)는 사회복지사업의 기본적 가치로서 ① 인간의 존엄성, ② 자기 결정권, ③ 평등 및 기회균등, ④ 사회적 연대성(책임성) 등 4가지를 제시하였는데 이는 유럽과 미국의 사회복지 철학으로 인식되어 왔다(Friedlander, 1977: 57). 이를 살펴보면 다음과 같다.

1) 인간의 존엄성

모든 인간은 인간으로서 존엄과 가치를 갖는다는 것은 사회복지의 가장 기본적 가치이다. 이것은 인간이 가지고 태어난 가치이다. 인간은 실제로 무엇을 하고 있고, 무엇을 할 수 있는가 혹은 어떤 상태나 상황에 놓여 있는가와는 관계없이 존중해야 한다. 즉, 인종, 성, 경제적·정치적·사회적 지위, 종교, 국적, 지능, 육체적 조건이라는 속성으로 무시되거나 차별 받아서는 안 된다. 이러한 인간 존중의 가치는 세계인권선언문과 우리나라의 경우 헌법 제10조 “모든 국민은 인간으로서 존엄과 가치를 가지며 행복을 추구할 권리를 가진다”를 통해 선언하고 있으며, 또한 인간으로서 존엄과 가치를 가지기 위해서는 인간다운 생활을 보장할 때 가능하기 때문에, 헌법 제34조의 “모든 국민은 인간다운 생활을 할 권리를 가진다”고 규정하고 있다.

2) 자기결정권

인간이 자기 스스로 결정을 내리는 권리는 자기결정에 관한 사회복지가치의 원천이다. 자기결정의 권리란 사람은 스스로 선택하고 결정을 내릴 수 있는 자유로운 권리와 욕구를 갖고 있다는 것을 말한다. 그래서 사회복지사의 역할은 클라이언트로 하여금 필요한 제반 자원을 발견·활용할 수 있도록 도와 주고 클라이언트의 결정을 존중하며, 그 잠재력을 자극해서 활동할 수 있도록 도와 주는 것을 말한다. 자기결정의 권리는 사회의 모든 부문에 적용된다. 그러나 최선의 결정을 위해서는 사람은 자기가 선택할 수 있는 자원이 어느 정도 있는지를 알 수 있어야 한다. 사회복지사는 클라이언트가 사용할 수 있는 자원의 위치와 크기 등에 대해 알고 있어야 한다. 즉, 자기결정의 권리는 적극적·건설적 결정을 내릴 수 있는 클라이언트의 능력 및 법률이나 도덕의 테두리 또는 사회기관의 기능의 테두리에 따라 제한 받게 된다.

3) 평등 및 기회균등권

인간은 누구나 평등하고 기회균등권을 갖는다는 원리는 사회복지 실제의 과정에서 꼭 수반되어야 할 기본원리가 된다. 인간사회는 물자, 교육, 지위, 신앙, 인종, 거주지 및 기타 기준에서 많은 사람들이 여러 계층으로 분류되기도 하는데 사회복지 측면에서는 이들에게 아무 차별 없이 꼭 같은 기회가 주어져야 할 도덕적, 직업적 원칙이 있는 것이다.

4) 사회적 연대성(책임성)

연대(*solidarity*)는 '두 사람 이상이 함께 무슨 일을 하거나 함께 책임을 지는 일'이라는 사전적 의미를 가지는 용어이다. 따라서 연대는 인간의 사회성에 대한 신념을 내포하며, 서로에 대한 책임감을 강조한다.

사람들은 공통의 위험에 빠지게 되면 이를 제거하기 위해 협력하는 것이 필요하고, 협력하게 된다. 오늘날 대표적인 사회적 위험이라고 할 수 있는 빈곤, 질병, 노령, 산업재해 등에 대해 국가적 차원에서 마련되는 사회보험제도들은 바로 이러한 사회적 위험에 대한 공동의 협력과 책임을 전제로 한 사회적 연대의 가치실현이다. 사회보험을 위해 지불하는 비용은 각 개인이 경험하게 되는 위험과 반드시 일치하는 것은 아니다. 만일 위험을 덜 느끼는 개인들이 사회보험에 참여하지 않는다면 위험을 느끼는 사람들이 지불해야 하는 비용은 늘어나게 되고, 전체 사회가 구성원들을 보호할 수 있는 힘은 약화될 수밖에 없을 것이다.

또한 빈곤하다는 이유로, 혹은 장애를 가지고 있다는 이유로 그들에게 부여하는 오명(*stigma*)은 기본적으로 사회연대성을 약화시키는 것이다. 왜냐하면 오명을 부과한다는 것은 이들과 함께 하기보다는 격리시키고 차별시키는 것이기 때문이다(박경일 외, 2001: 40~41). 즉, 연대성(책임성)이란 사회구성원간의 협의와 상호의존성을 의미하며, 위험성을 공동 부담하는 것을 의미한다.

2. 사회복지의 동기

인간의 욕구충족을 지원하려는 동기에서 비롯되었으며, 인간의 욕구와 욕구에 대한 사회인식이 변화함에 따라 사회복지의 동기 역시 다양하게 발전하였다. 동기는 '사람으로 하여금 행동을 일으키게 하는 내적인 요인'을 뜻한다. 마카로브(Macarov)는 사회복지의 동기를 상부상조적 동기, 종교적 동기, 정치적 동기, 경제적 동기, 이데올로기적 동기로 구분하고 있다(Macarov, 1978: 43~150, 박경일 외, 2001: 44~45). 이를 살펴보면 다음과 같다.

1) 상부상조적 동기

사회복지의 동기 중 가장 오래되고, 보편적인 것은 바로 상부상조에 대한 필요성이다. 과거는 물론이며 오늘날까지도 상부상조와 사회복지는 대단히 밀접한 관계를 가지고 있다. 특히 민간의 비공식 부문에서 행해지는 다양한 사회복지실천은 상부상조의 동기에 기초하여 이루어지고 있다. 상부상조의 동기는 인간이 야생동물과 자연의 위협으로부터 자신의 생명을 지키기 위해 서로 협력한 때부터 시작하여, 오늘날 우리가 일상생활 속에서 접하게 되는 가족, 이웃, 노동조합, 계, 품앗이, 두레, 지역사회, 다양한 사회복지제도 등도 여전히 상호부조의 동기로서 작용하고 있다. 인간은 예나 지금이나 상호부조를 통해 경제적 지원뿐만 아니라 정서적 지지, 사회관계, 정보, 활동 등의 자원을 가족 혹은 이웃들과 공유하고 있다.

상부상조 또한 인간의 욕구충족에 기여하지만 동시에 인간이 소속된 집단적 관계를 보다 긴밀하게 유지하는 역할을 수행한다. 즉, 상부상조의 핵심적 목표는 경제적 이득이 아니라 사회적 연대의 확산이라는 것이다. 사회적 연대의 확산을 목표로 하는 상부상조는 선물교환(*gift exchange*)이나 일반화된 교환(*generalized exchange*)이라는 개념으로 풀이되어 왔다(Mauss, 1990; Ekeh, 1974; 백종만 외, 2001: 136 재인용).

2) 종교적 동기

종교적 동기는 자선적 동기의 의미를 가진다. 대부분의 종교에서 언급하는 형제애나 이웃사랑은 서로 돕고 불우한 타인까지도 구제하는 자선행위를 강조하고 있다. 그러나 종교적 동기에서 비롯되는 자선사업은 보통의 경우 주는 자의 심적 태도에 의해서 실시되며, 받는 자의 입장은 비교적 중요시하지 않는 특성을 가진다. 권리로서 사회복지의 개념이 부각되면서 종교적 동기에 의한 사회복지는 많이 약화되었지만, 우리의 자원봉사활동이나 종교단체의 복지활동에서는 여전히 중요한 동기인 것은 틀림없다.

3) 정치적 동기

사회복지에서 국가 혹은 정부는 정치적 동기에서 사회복지제도를 발전시키기 때문에 사회복지의 역사에서 보면 구빈법의 시대까지 거슬러 가게 된다. 하지만 단지 정치적 이유로만 사회복지를 제공하는 것은 아니며 인도주의적 목적이나 경제적 이유 혹은 종교적 신념 등 복합적 요인들이 작용한다. 정치적 이유로 국가가 사회복지제도를 발전시키는 경우는 ① 정치적 권력의 획득, ② 사회적 불안의 회피, ③ 정치적 부산물로서 사회복지제도에 영향을 미친다.

① 정치적 권력의 획득과 유지를 위한 사회복지 동기는 미국의 사회보장제도로 1930년대 대공황으로 대규모 실업과 사회경제적 문제가 발생하자 정치적 권력을 유지하기 위해 사회보장제도를 도입하였다. 독일의 비스마르크(Bismarck)는 아동과 여성근로자의 공장노동 시간을 제한하는 것을 반대했고 농업과 공업분야에 대한 정부 지원도 반대했다. 하지만 노동계급운동과 독일 사민당의 사회주의적 도전이 강해짐에 따라 그것을 억제하고 포섭하기 위해 사회보험을 도입하게 된 것이다.

② 사회불안의 회피를 위한 사회복지 동기는 영국 구빈법(Elizabethan Poor Law)으로 그 주요 동기는 간혹 강도들로 변하는 부랑자들의 위협을 줄이기 위한 것이며, 미국의 1960년대의 '빈곤과의 전쟁' 프로그램 또한 대공황 혹은 대규모의 폭동 등의 사회불안을 해소하기 위해 법과 제도를 도입하게 되었다.

③ 정치적 부산물로서의 사회복지의 동기는 때로 사회복지 프로그램과 서비스는 의도적 의사결정보다는 다른 정책의 부산물로서 개발되기도 한다. 예를 들어 미국의 1988년 가족지원법(Family Support Act)은 복지수급자들이 공공복지에의 의존에서 벗어날 수 있도록 직업훈련을 받거나 취업하도록 규정하였다. 이런 규정은 공공부조가 국민 대다수에게 손해만 주고 소수의 사람들만 이득을 본다는 사회인식을 정치적으로 반영한 것으로 볼 수 있다. 하지만, 이런 규정에 따른 부산물로서

보육 프로그램이 확대되었으며, 직업훈련을 지원하는 보조금이나 장학금을 지급하는 프로그램이 확립되기도 하였다(김상균 외, 2001: 93).

4) 경제적 동기

사회복지의 경제적 동기는 사회복지를 정부가 주도해서 제공하는 것이 다른 방법보다 더 효율적이기 때문에 나타나게 된다. 일반적으로 자본주의 사회에서 재화를 분배하는 가장 효율적 방법은 시장을 활용하는 것이다. 하지만 시장이 재화를 효율적으로 분배하지 못하는 경우도 있다. 시장실패(*market failure*)의 경우에는 시장을 대신하여 정부가 재화를 분배하는 것이 더 효율적이다. 사회복지의 경제적 동기는 바로 시장실패의 상황에서 등장한다. 또한 국가부채와 국민의 세금부담이 증가하는 상황에서 정부는 사회복지지출을 삭감하기 위한 정치적 프로그램을 고안함으로서 사회복지비용을 줄임과 동시에 정권을 유지하는 방법으로 대처할 수 있다. 경제적 동기에서 사회복지 제도를 발전시키는 경우는 ① 사회문제 비용을 감소하기 위해, ② 사회문제가 경제에 미치는 부정적 결과를 감소하기 위해, ③ 경제적 부산물로서 사회제도에 영향을 미친다.

5) 이데올로기적 동기

사회복지의 동기로서 가장 강력한 것 중 하나는 타인을 도와야 한다는 신념, 느낌, 태도 혹은 이데올로기이다. 사회복지제도나 사회복지실천은 이데올로기로부터 직접적 영향을 받을 뿐만 아니라 이데올로기에 의해 그 가치와 원리, 방법, 방향 등이 결정된다. 사회복지의 동기와 관련된 주요 이데올로기는 이타주의, 인간중심주의, 복지주의를 들 수 있다.

① 이타주의(*altruism*)란 이기주의의 반대개념으로 외부로부터 어떠한 보상도 기대하지 않고 타인을 이롭게 하는 행동을 수행하는 이타주

의는 기본적으로 개인에 초점을 둔 것이다.

② 인간중심주의(*humanitarianism*)는 사회적 차원에서 인류의 복지와 행복에 관심을 두고 증진하도록 돕는 것이다.

③ 복지주의(*welfarism*)는 사회복지를 보충적 개념 혹은 제도적 개념으로 이해한다든지, 심화된 소득분배의 불평등은 바람직하지 않다고 본다든지, 급진적 시각에서처럼 사회복지정책과 프로그램은 자본주의 체제를 유지시키므로 저지해야 한다고 보는 등 사회복지 자체의 이데올로기는 사회복지제도에 영향을 미친다.

한편 사회복지의 동기를 종교적 동기, 인도주의적 동기, 반사회적 동기, 공리주의적 동기, 전문직업적 동기로 구분하기도 한다.

3. 사회복지의 이념

일반적으로 사회복지의 이념은 자유주의, 사회민주주의, 맑스주의 등을 말하고 있으나, 이것 이외에 인도주의와 민주주의, 개인주의와 집합주의, 자선사상과 박애사상, 자발주의와 협동주의, 선택주의와 보편주의, 심지어 탈시설화, 민영화, 노멀라이제이션(정상화) 등이 지적되고 있다(김영모, 2000: 64).

사회복지이념은 개인과 자유를 강조하는 자유주의형과 집단과 평등을 강조하는 사회주의형으로 크게 나눌 수 있다. 자유주의형의 대표적으로는 자유방임주의가, 그리고 사회주의형의 대표격으로는 맑스주의(신맑스주의 포함)가 존재하고 그 중간형태로서 자유주의, 사회민주주의가 지적되고 있다. 그리고 1970년대 후반 이후 등장하게 된 신자유주의와 1980년대 이후 사회복지에 대한 새로운 시각으로서 페미니즘과 그린이즘이 나타났다. 우선 사회복지 이념의 4대 큰 주류인 자유방임주의, 자유주의, 신자유주의, 사회민주주의, 맑스주의 복지모형의 차

이점을 살펴보도록 한다(김영모, 2000: 65).

1) 자유방임주의형

자유방임주의형은 개인주의에 기초하고 경제성장과 부의 극대화에 큰 가치를 부여하며 모든 종류의 계약과 합의에서 개별적 선택을 강조한다. 소득과 부, 교육, 의료서비스 및 그 밖의 보호형태는 생산제도에 의하여 좌우되고 그것이 약자를 보호하든 강자를 보호하든 최소의 국가개입하에서 개인적 교환력에 의존한다. 이러한 모델에서는 빈곤이 다수를 차지하고 생활수준이 생계비 이하로 떨어지거나 다른 사람들을 위협할 때에만 정부의 개입을 요청한다. 이러한 모델은 빈곤의 상대적 개념보다도 절대적 개념과 관련되어 있다. 이것은 빈곤에 대한 개인주의적 접근인데 빈곤의 원인을 퍼스낼리티나 인간의 통제를 넘어선 상황에서 찾는다. 이 유형은 후진국가에서 찾아볼 수 있다.

2) 자유주의형

자유주의형은 기회와 개인적 자유 및 사회적 분배방식으로 시장의 중요성을 인정한다. 그러나 그것은 최저수준의 보증에 정부의 책임을 인정할 뿐만 아니라 사람들의 생활수준과 관련되어 있다. 자유방임주의와 자유주의적 태도에서 공통된 핵심적 요소는 자기가 벌어들인 임금이나 자기가 소유하는 부(富)에 의하여 결정되는 인간의 사회경제적 지위를 허용하는 것이다. 이것은 맑스주의와 다른 태도이다. 자유방임주의와 자유주의는 보편적 국가대책이 부도덕하고 비효과적이며 선택의 자유를 파괴한다고 보고 있다.

3) 신자유주의형

신자유주의형은 1960년대부터 1970년대 중반까지 대부분의 산업사회의 복지국가는 꾸준하고, 때로는 급격한 확대시기를 경험하게 되었다. 그러나 1970년대 후반부터 다수 국가들은 경기침체로 복지국가의 확대에 제동이 걸렸다. 신자유주의는 1970년대 후반 이후 세계자본주의가 불황에 빠지고 자본축적의 위기가 도래하자, 이 위기의 주 요인으로 복지국가를 비판하면서 대두된 이념이다. 이 이념을 실현한 대표적 예로, 1980년대 초 영국의 대처정권과 미국의 레이건 정권이 신자유주의적 이념에 입각한 사회정책을 수행했고, 1990년대에는 자본주의 경제의 세계화(*globalization*)를 통하여 세계적인, 하나의 흐름으로 확대되었다.

신자유주의자들은 경제위기를 극복하기 위한 방안으로 경제에의 국가개입을 축소시키고, 자유주의적 시장경제의 원리를 복원시켜야 한다고 보고 있다. 신자유주의자들은 국가개입의 팽창과 공공지출을 부정적으로 보는데, 그 이유는 복지국가 프로그램의 지나친 확대는 노동동기를 약화시키고 저축과 투자를 감소시켜 경제성장을 둔화시킨다는 것이다. 그리고 국가개입은 문제를 해결하기 위한 전통적 방법을 붕괴시킴으로써 가족, 동료집단, 이웃 등의 구조를 약화시켰으며, 국민의 기대수준을 끊임없이 증가시키고, 또한 사회정책 그 자체가 해결할 수 없는 새로운 문제를 양성시킨다는 것이다. 그리고 민주적 자본주의 사회에서 이익집단과 관료제의 이기적 요구가 복지국가의 팽창을 야기시켰다는 것이다. 이러한 국가개입의 활동은 정부의 과중한 부담을 낳는 결과를 초래하였는데, 정부의 과중한 부담을 해결하기 위해서는 경제적·사회적 자유주의와 자원주의(*voluntarism*) 그리고 최소한의 국가로 복귀하는 길뿐이라는 것이다. 그러나 시장에 대한 최소한의 간섭만을 허용하도록 고안된 한정적이고 온건한 형태의 사회복지는 반대하지 않는다(김영모, 2000: 69~70).

4) 사회민주주의형

사회민주주의형은 복지를 시민권으로 파악하며 자산조사(*means test*)

와 같은 선택주의는 낙인을 찍기 때문에 보편주의적 복지정책을 주장하고 시민의 이타주의적 의무감을 조성한다. 즉 계급, 소득, 인종의 구별 없이 무차별적 서비스(보편주의)를 베푼다는 것이다. 따라서 사회정책은 개인적 이익보다는 집합적 이익에 기초한 도덕적 질서의 수단인 것으로 국가개입이 적절히 이루어지며 국민의 최적의 욕구충족을 목표로 삼는다.

5) 맑스주의형

맑스주의형은 기본적으로 자원분배를 능력보다도 욕구에 기초해야 한다고 주장하는 점에서 자유주의와 반대되는 것이다. 맑스에 의하면 복지는 '각자의 욕구에 따른 각자에게' 최대의 서비스를 제공하는 것을 말한다. 맑스주의자들은 자본주의 사회의 속성상 소수가 생산수단을 독점하고 다수는 자기의 노동을 팔아야만 하는 생산관계가 기본적으로 착취적이기 때문에 자본주의 사회에서는 다수의 복지가 보장될 수 없다고 본다. 맑스주의자들에게 복지국가가 사회경제적 구조상 근본적 변화를 억제하고 지배계급의 권한을 유지하려는 사회통제에 불과하다. 따라서 복지국가는 빈곤 및 소득이나 주택 또는 정치권력상의 불평등을 해결하지 못하기 때문에 자본주의 사회에서 발생하는 여러 사회문제들을 해결하기 위해서는 사회혁명을 통한 자본주의의 붕괴가 그 해결책이라고 한다. 맑스주의형은 국가가 전적으로 개입하며, 국민의 최대의 욕구충족에 목표를 두고 있다.

6) 신맑스주의형

신맑스주의형은 사회정책의 역사적 발전과 현대적 기능에 대하여 맑스가 지적한 ① 대립적 계급이익, ② 자본축적의 중요성, ③ 프롤레타리아의 혁명적 역할에 기본적 변화가 없다고 하면서, 사회정책의 생성이 계급이익에 대한 맑스의 분석을 감소시키지 못하고 재산, 이윤 및 시장이 불평등의 주요한 결정요인으로 되어 있다고 한다. 그리고 자본축적과 사회변화에 대한 맑스의 분석이 현대 서구사회와 관련시켜 주요한 수정이 필요하다는 것을 신맑스주의자는 부정한다(김영모, 1981: 43).

7) 페미니즘

복지국가가 모든 시민의 평등에 큰 영향을 미치는 노동시장에서 여성들이 평등한 지위를 보장받을 수 있도록 하는데 필요한 서비스를 제공할 수 있다는 측면에서는 강한 지지를 보이지만, 한편 페미니스트들은 복지국가가 남성들이 정책입안자이고 여성들은 단지 정책 수혜자로 머무는 남성지배적 국가라고 주장하고 있다.

8) 녹색주의형

녹색주의형은 환경문제를 야기한 것은 산업사회와 자본주의적 경제체제라는 것이다. 이들은 경제성장이 개인적 풍요나 공공서비스의 자원을 증가시킴으로써 복지를 강화하는 수단으로 파악하고 경제성장이야말로 엄청난 비복지라고 생각한다.

제3장

사회복지 발달사

1. 영국의 사회복지 발달사

1) 구빈정책 시대

(1) 엘리자베스 구빈법(Elizabethan Poor Law of 1601)

유럽에서 가장 발달한 구빈정책은 영국의 1601년 엘리자베스 구빈법에서 찾아볼 수 있는데 이 법은 국가적 재난에 기인하여 제도화되었다. 이 법령의 특징은 빈민구제에 대한 가족의 일차적 책임을 강조하고 그렇지 못한 경우 교구와 같이 지방당국의 지원책임을 강조하였다.

1601년 구빈법이 영국에서 나오기까지는 우연한 일이 아니었다. 이러한 법령이 제정되기까지에는 사회적·역사적 배경을 지니고 있다(Queen, 1922: part 5). 사회적 배경은 ① 가내공업의 발달, ② 종획운동(*enclosure movement*), ③ 봉건제도의 몰락으로 인한 경제적 무질서—사회적 혼란, ④ 종래의 자선사업의 실패로 인한 16세기 초 빈민증가, ⑤ 종교개혁이 수반한 영국 수도원의 해산, ⑥ 내셔널리즘의 대두에서 찾아볼 수 있다. 여기에서 영국의 국가권력은 빈민구제를 국가의 주요 기능으로 생각하게 되었다고 한다. 영국에서는 위에서 지적한

제 조건이 동시적으로 일어남으로써 빈민구제의 문제가 대단히 시급하게 제기되었다(김영모, 2000: 87).

중세 영국의 경제적 바탕이었던 봉건제도는 이미 14세기 중반부터 무너지기 시작하였다. 1348년부터 1349년 사이의 흑사병으로 영국 인구의 1/3이 사망하고, 백년전쟁(1337~1453)과 장미전쟁(1455~1485)에 동원되었던 많은 농노들이 전쟁이 끝난 후 도시에 머물게 되자 장원의 노동력 부족을 심화시켰다(장인협 외, 2001: 47). 이 시기는 자본주의 성립을 위해 봉건제의 계급구조가 자본가와 노동자로 분화되는 시기로 자영농민이 자본가가 되거나 또는 임금노동자가 되어 사회적으로 양극화되는 시기였다. 이와 함께 급속한 인구증가는 양모수요의 증가를 가져왔는데 이로 말미암아 종획운동이 일어났다. 이 운동으로 경작지로 사용하던 토지가 양을 키우기 위한 목초지로 변화되었고 많은 자작농들은 토지로부터 추방되어 대규모의 부랑인이 되었다. 대규모의 인구증가, 종획운동과 더불어 계속된 흉작으로 빈곤문제, 부랑인의 문제가 심각하게 되었는데 영국의 경우 부랑인의 급증은 바로 도시집중으로 이어져 사회에 대한 중대한 위협으로 대두되었다. 더욱이 교회에서 구제를 받을 수 있었던 부랑인이 종교개혁으로 수도원이 해체되면서 교회가 소유했던 토지와 수도원이 국왕의 것이 되는 바람에 쫓겨나 많은 부랑인, 빈민들이 더 이상 기숙할 곳이 없어졌다.

이러한 상황에서 1349년에는 노동자 조례를 제정하여 농업노동자의 안정적 공급을 위하여 근로 가능한 빈민에 대한 자선을 금지하였다. 1531년에는 노동능력이 있는 빈민과 노동능력이 없는 빈민을 구별하여, 노동능력이 없는 빈민에게 구걸허가증을 발급하였다. 1536년에는 근로능력 없는 빈민에게 직접 구제금품을 지급토록 하고, 빈민자녀 중 5~14세 아동은 도제살이를 시키도록 규정하였다. 이어서 1572년 빈민법은 구빈재정을 위한 구빈세를 부과할 수 있도록 하였고, 1576년 빈민법으로 교정원(*house of correction*)을 설립하여 근로 가능한 빈민들을 수용하여 강제노동을 시켰다. 여기에 구빈원(*alms house*) 설립과 가족책임에 관한 규정을 1597년 빈민법이 규정하였다. 이러한 일련의 구빈관련 법들을 1601년 엘리자베스 여왕 43년에 집대성한 것이 엘리자베스 구빈법이다(장인협 외, 2001: 47).

이 구빈법은 이후 300년 이상 계속하여 영국과 다른 국가에까지 영향을 미쳤다(송정부, 1992: 34). 이 법령의 중요한 특징은 구제대상을 ① 노동능력이 있는 빈민, ② 노동불가능자, ③ 요보호아동으로 구분하고, 노동력이 있는 자에게는 직업을 알선해 주고 그 직업을 버릴 때는 가혹한 형벌을 가했다. 이들 노동능력이 있는 자는 노역장(*workhouse*)에 강제노역을 시키기도 했다. 노동능력이 없는 자는 구빈원에 수용하여 보호받게 하고, 보호자가 없는 24세까지의 남자와 21세까지의 여자는 도제(徒弟)제도인 조합(*guild*)에서 일을 시키며 보호해 왔다(Friedlander & Apte, 1980: 15).

1601년 구빈법의 역사적 의의는 ① 구빈의 책임이 국가에 있다는 것이고, ② 비로소 통일된 구빈 행정기구가 설립되고, ③ 운영재원이 과료 및 세금 등 국가재원이라는 것, ④ 무차별적 자선과 징벌을 가하는 것이 아니라 빈민을 구분하여 대책을 강구하였다는 것이다. 그러나 구빈법은 구제를 국가책임으로 제도화하였으나 빈민구제보다는 오히려 빈민을 사회불안의 요인으로 파악하고 그들을 억압하여 사회질서를 유지한다는 사회통제적 성격이 많이 있었다. 빈곤의 책임을 개인에게 돌리는, 더 나아가 빈곤 그 자체를 죄악시하는 풍조가 있었다고 할 수 있다. 또한 빈민구호가 활발한 교구로 빈민들이 이주하는 폐단도 있었다.

구빈법은 그 후 계속적으로 늘어나는 구빈비용 지출을 억제하기 위하여 여러 차례 법개정이 이루어졌는데 그 대표적인 것은 다음과 같다.

(2) 정주법(Settlement Act of 1662)

주소법 또는 거주지법이라고도 하며 빈민의 자유로운 이동을 금지한

법령이다. 각 교구는 자기 교구 내에서 출생한 법적 거주권의 소지자에 한해서 책임을 지려고 했다. 그러나 빈민들은 일자리를 찾아서 부유한 교구로 이동해 다녔기 때문에 많은 부랑자 집단이 생겨났고, 구빈비용은 계속 증가하게 되어 빈민의 자유로운 이동을 금지하는 것을 법령으로 제정하기까지에 이른 것이다(김상균 외, 2001: 187). 그러나 이 법은 빈민의 거주조건에 관한 교구간의 빈번한 소송과 논쟁과 노동자를 토지에 정착시켜 북부지방은 노동력의 부족으로 산업발전이 저해되기도 하였다(김동국, 1994: 72).

(3) 작업장법(Workhouse Test Act of 1722)

이 법은 노동이 가능한 빈민을 고용하여 국부의 증진을 기하기 위해 제정되었다. 1696년 영국 브리스틀(Bristol) 시에서는 여러 교구들이 모여 하나의 연합체(*union*)를 구성하여 공동작업장을 설치하여 빈민들에게 수입을 줄 수 있는 일자리를 마련해 준 것이다. 이로 인하여 거리에는 상습적 걸인이나 난폭한 부랑자가 자취를 감추게 되었다. 그러나 작업장에서의 생산물은 사기업체와의 경쟁에서 뒤떨어지고, 경영면에서도 승산이 없었으며 오히려 재료의 낭비, 조세품의 생산 등으로 교구민의 세부담만 늘리게 할 뿐이었다. 이 밖에도 빈민의 혹사, 노동력 착취 등으로 많은 문제를 안게 되었다. 이 법은 오늘날 직업보도 프로그램의 원조가 되었다는 견해가 있다(김상균 외, 2001: 187~188).

(4) 길버트법(Gilbert's Act of 1782)

이 법은 1782년 하원의원인 길버트(Gilbert)가 제안하여 통과된 법안으로 작업장에서 빈민의 비참한 생활과 착취를 개선할 것을 목적으로 제정된 법이다. 이 법은 노동은 가능하나 자활능력이 없는 빈민을 작업장에 보내는 대신에 자기 가정 내에서 또는 인근의 적당한 직장에서 취업하도록 알선해 주는 원외구조를 인정하고 있다. 또한 이 법은 노동자의 저임금을 보충해 주는 임금보조제도의 법적 기초가 되었다.

(5) 스핀햄랜드법(Speenhamland Act of 1795)

이 법은 가족규모에 따라 그것이 그들이 가정의 부양이든 혹은 저임금 보충이든 간에 빈곤자 가정에 대한 구호수당을 인정한 것이라고 볼 수 있다. 이 법은 노인, 허약자, 그리고 장애인들을 위한 원외구호로 광범위하게 활용되었고 합리적 구호제도로 오늘날의 가족수당이나 최저생활보장의 기반을 이루는 법으로 볼 수 있다. 그러나 이 법은 시민의 구민세를 증가시켰을 뿐만 아니라 노동임금 수준의 저하를 가져왔고 부조금액의 증가로 노동의욕과 능률을 저하시켰다는 비판의 대상이 되었다. 그리하여 1834년의 개정 구빈법의 제정으로 나타났다.

(6) 개정 구빈법(Poor Law Reform of 1834)

신구빈법이라고도 하는 이 법은 산업혁명의 결과로 중산층인 부르주아지가 형성되어 수적으로 증가하고, 종래 지주부농에 의하여 좌우되던 의회가 부르주아지에 의해서 대체하게 되었다. 이런 신흥 자본가계급들은 최저임금제를 반대하고 구빈비용 지출의 증가에 반대하여 좀더 억압적인 정책을 요구하게 되었는데, 이것이 바로 1834년 신구빈법의 도입이라고 할 수 있다.

1832년에 경제학자인 시니어(Nassau Senior)를 위원장으로 하는 왕립위원회가 생겨 2년간 조사한 결과 ① 공업발달을 저해하며, ② 무분별한 결혼에 보상금을 주어 인구증가를 자극하고, ③ 이러한 인구증가는 노임에 영향을 미치며, ④ 근면한 자와 정직한 자를 퇴락시키고, ⑤ 품행이 좋지 못하고 분별이 없는 자를 보호하는 국가제도라고 지적하였다. 또한 빈민구호가 빈민을 자조적 시민보다도 영원한 빈민으로 만들고 빈민세는 농민, 지주, 상점주인, 수공업자 등의 보조금으로 사용되었다고 한다.

1834년 제정된 개정 구빈법의 중요한 3가지 원칙은 ① 열등처우의 원칙, ② 작업장제도의 원칙, ③ 전국 통일의 원칙이다(Friedlander & Apte, 1980: 21).

첫째, 열등처우의 원칙(*the principle of less eligibility*)은 구빈법으로부터 구제받는 빈민의 구제수준은 구제받지 않는 최하층 노동자보다 낮은 수준이어야 한다는 것이다. 그 근거는 구제받는 빈민의 생활수준이 상대적으로 더 높을 경우 임금노동자가 구제를 받는 쪽을 선택하게 되어 태만과 악덕을 초래하게 한다는 것이다.

둘째, 작업장 제도의 원칙(*the principle of work house system*)은 노동능력이 있는 자의 부조를 작업장 이외에서는 행하지 않는다는 것이다.

셋째, 전국통일의 원칙(*the principle of national uniformity*)은 각 교구에 따라 상이하게 시행되는 구빈행정을 지도, 조정하고 각종 규칙의 시행을 전국적으로 통일시키는 것이다.

신구빈법의 원칙은 영국뿐만 아니라 세계 각국의 사회보장제도의 발달에 큰 영향을 미쳤다. 열등처우의 원칙은 생활보호의 보호수준을 설정하는 하나의 원칙이 되었다. 작업장제도의 원칙은 사회복지서비스가 재가보호 위주가 아니라 수용시설보호 위주의 서비스로 실시되는데 기여했다. 전국적 통일의 원칙은 오늘날에 이르기까지 중앙정부 중심의 사회복지행정의 근간을 이루고 있는 원칙이다(박경일 외, 2001: 80).

(7) 공장법(Factory Act of 1833)

19세기 초 영국의 사회정책은 지주와 수공업자 및 상인의 이익을 위하여 노동자계급을 억압하는 데 사용되었다. 19세기 방직업의 발전은 빈민의 자녀들을 이용할 수 있는 전례 없는 기회를 제공하였다. 이들은 방직공장의 저렴한 노동력이 되었고 아동들의 운명은 비참하였다. 심지어 4세 아동이 노동하는 경우가 있고, 노동시간의 법적 제한이 없어서 때때로 16시간에서 18시간의 노동을 하였다. 이들은 식사시간,

화장실 가는 것, 물 마시러 가는 것 이외는 작업장을 떠나지 못하도록 되어 있었다. 이와 같이 잠자기, 신선한 공기와 햇살 및 휴식·휴가의 결핍은 이들 아동들이 영양실조 및 질병의 상태에 놓이게 하였다. 많은 아동이 10대에 사망하였다.

이들을 보호하기 위한, 1802년의 건강 및 도덕법이 로버트 필(Robert Peel) 경에 의하여 통과되었다. 이 법은 아동들의 노동시간을 1일 12시간으로 제한하고 야간노동을 금지시켰다. 그러나 이 법은 빈곤가정의 아동에게만 적용되었고 일반가정의 아동을 고용한 면방직업자는 그들을 계속 착취하였다. 그리하여 필과 동료는 1833년 공장법을 만들어 대우와 과잉노동의 아동을 보호하도록 하였다. 즉, 방직산업에서 9세 이하의 아동을 고용하지 못하게 하고 아동의 1인 노동시간을 제한하였다. 에드윈 채드윅(Edwin Chadwick)의 제안에 따라 전국 중앙사무국에 의하여 공장감독관이 임명되었다. 마침내 1847년에 공장법을 수정하였는데 이것은 부녀자와 18세 이하의 아동에게 최대한 하루 10시간 이상의 노동을 못하게 하였다(김영모, 2000: 92~93).

2) 사회개량과 자선조직협회

민간복지활동시대 19세기 영국에서 빈민구제에 대한 사회적 철학과 실천에 가장 큰 영향을 준 활동들은 사회개량운동, 자선조직협회운동, 인보사업운동 그리고 사회조사활동을 들 수 있다. 이들을 간략하게 소개하면 다음과 같다(김영모, 2000; 김상균 외, 2001; 김기태 외, 2001).

(1) 사회개량운동

산업혁명과 때를 같이하여 일어난 사회개량운동 중에서 가장 주요한 것은 차티스트(*the chartists*)운동과 노동조합운동이었다. 1930년대 노동자의 정치적 관심을 대변하는 차티스트운동이 시작되어 모든 시민에게 공민권과 비밀투표권을 갖도록 하는 노력을 시작하였으나 실패하였다. 그 후 실망한 노동자들은 그들의 관심을 정치적 목적으로 경제적 조건의 개선방법으로 돌렸다. 1844년 차티스트들은 로치댈(Rochdale)에서 노동자 자신이 소유하는 협동조합 상점을 개설하였으며 가난한 소년으로 생애를 시작한, 자선사업가인 오웬(Owen)이 New Lanark가에 있는 자기의 방직공장에서 소비자 협동조합을 개설하였다. 이 조합은 노동자와 그들 가족에게 저렴한 정원주택, 위생시설, 운동장, 협동조합상점, 도서관 및 오락실을 마련하여 성공적으로 진행되었다. 이는 하나의 산업공동체의 모델을 설립하게 되었으며 이는 다른 수공업자에게 확대되었다.

(2) 자선조직협회 운동

산업혁명의 성공은 영국의 번영을 가져왔지만, 도시 노동자들의 비참한 생활은 여전히 심각한 사회문제였다. 개정 구빈법이 시행된 이후 3년 만에 빈민구제비용이 1/3 이상이나 감소하였다. 개정 빈민법은 당시의 빈곤문제 해결에 도움이 되지 못하였다. 이와 같이 구빈에 대한 국가의 책임이 퇴조한 반면, 19세기 후반 영국에서는 민간부문의 자선활동이 활발하게 전개되었다. 특히 1860년대 이후, 박애정신에 기초한 민간의 빈민구제가 활발해지고, 많은 자선단체가 만들어져 활동하기 시작하였다. 그러나 각각의 개별적 활동은 효과도 적고, 오히려 빈민을 타락시킨다고 보는 견해도 있었다. 이러한 문제를 해결하기 위하여, 1869년 "구걸방지 및 자선조직을 위한 협회"가 설립되고, 곧 그 이름을 "자선조직협회"(*charity organization society*)로 바꾸게 된다.

당시 다수 민간자선기관들의 서비스 중복과 재정낭비를 막기 위하여, 민간자선기관과 단체들 간의 연락, 조정, 협력의 조직화와 구제의 적정화를 시도하였다. 자선조직협회의 활동원칙은 빈곤의 책임은 개인에게 있고, 공적 구제는 수혜자의 자존심을 파괴하며 수혜자로 하여금 구제에 의존하게 만든다는 토머스 칼머스(Thomas Chalmers)의 이론에 근거하였다. 자선조직협회는 빈곤가정을 등록케 하고 빈민의 상황을 조사하기 위하여 개별 가정방문과 면접을 실시하였는데, 활동의 주안점은 자원봉사자인 우애방문가들을 활용하여 빈민들의 생활방식을 변화시킬 수 있도록 인격적 감화를 주는 데 있었다. 이러한 자선조직협회의 활동은 이후 미국으로 건너가 전문사회사업의 개별사회사업 실천방법으로 발전하게 된다(장인협 외, 2001: 51~52).

(3) 인보사업 운동

1880년대에는 자선조직협회와 이념을 달리하는 인보관운동(*settlement house movement*)이 발달했다. 인보관운동은 민간기관에 의한 적극적인 환경개선사업으로 도움을 필요로 하는 사람과 함께 산다는 사상인 인도주의적 관점에서 적극적으로 슬럼가에 파고 들어갔다. 인보관운동의 창시자는 런던의 바네트(Barnett) 목사였으며, 그의 지도 아래 옥스퍼드 대학, 케임브리지 대학 등의 학생들이 대학에서 배운 지식, 교양을 가난한 사람들을 위해 아낌없이 제공함으로써 그들에게 진정한 자립을 촉구하고자 하였다. 1884년 인보관운동에 앞장서다 폐렴으로 요절한 아놀드 토인비(Arnold Toynbee)를 기념하여 1885년 1월 10일 세계 최초의 인보관인 토인비 홀이 런던 동부의 빈민지구에 문을 열고 그룹활동과 조직화를 위한 활동을 전개하였다. 인보관은 산업화로 생성된 빈부간의 거리를 연결하고, 상호간의 불신을 해소하고, 한 계층이 다른 계층을 무시하는 것을 줄이며, 자선을 행하는 것 이상의 무엇을 하고자 하는 목적으로 설립되었다. 인보관운동은 토인비 홀이 세워진 이후 19세기 말에는 30여 개가 세워졌으며 1911년에는 46개에 이르렀다. 당시의 엘리트 남성들이 주축이었던 영국의 인보관운동은 박애보다는 법규를 더 중요시 여겨 1900년대 초반의 사회개혁에 지대한 영향을 미쳤다. 바네트 목사는 비갹출연금제도의 옹호자였으며 1902년의 교육법의 입법과정에 관여하기도 하였다. 한편 토인비 홀에 참여했던 학생들이 후일 1907년이 사회입법을 초안하기도 하였고 1911년의 건강보험법의 입법과정에도 적극적으로 참여하였다. 이밖에도 많은 인보관 참여자들이 사회보장을 위한 사회개혁에 참여하였다(Reinders, 1982: 49를 김기태 외, 2001: 86~87 재인용).

(4) 사회조사활동 : 빈곤의 재발견

1880년대의 부스(Booth)의 런던 빈민굴 조사와 라운트리(Rowntree)에 의한 영국 요크(York) 시 조사를 대표적으로 들 수 있다. 이들 사회조사에 의해서 빈곤은 개인적 속성에 의해서 결정되는 것이 아니고 사회적 · 구조적 결함에 의해서 발생하는 것이라는 점이 입증되었으며, 한편 이와 같은 조사결과는 사회개혁을 위한 효과적 대책의 필요성과 보다 나은 사회복지정책이나 계획을 실시하기 위해서는 과학적이고 합리적인 사회조사가 선행되어야 함을 명시해 주었다(김상균 외, 2001: 192).

3) 베버리지 보고서 : 사회보장 시대

영국의 사회정책은 '요람에서 무덤까지'라는 복지국가의 성립을 가져왔고, 웹(Webb) 등의 권고와 노력은 실질적으로 전국민을 궁핍으로부터 해방하였다. 1942년의 베버리지(Beveridge) 계획과 1945년에서 1948년까지의 사회보장제도의 전면적 실시에 따라 최저생활의 보장이 더욱 현실화되어 갔다(중앙사회복지연구회, 1991: 236).

세계사적으로 1차 대전에서 2차 대전까지의 전쟁기간 동안 정치적 · 사회적, 경제적인 변화가 있었다. 영국에서는 1911년 '국민보험법'이 입법화된 이래 사회보험의 입법과 원리에 다양한 변화가 있게 되었으며, 동시에 사회보장의 수준과 관련된 국민최저수준(*national minimum*)의 개념에 대한 요구가 증대하게 되었다. 이 과정에서 1941년 영국은 역사적인 사회복지의 개혁에 착수하게 되었으며, 베버리지를 중심으로 조직된 '사회보험 및 관련 서비스에 관한 각종 위원회'에서 유명한 "베버리지 보고서"(Beveridge Report)의 탄생을 보게 되었다.

베버리지는 기존의 복잡하고 산만한 사회보험을 하나의 통일된 체계로 통합할 것을 권고하였으며, 자영자를 포함한 포괄적 사회보험을 제안하였다. 특히 보편주의 원칙하에 정액기여제(*flat-rate contribution*)와 최저수준의 정액급여제(*flat-rate subsistence benefit*)의 도입을 주장하였다. 이 보고서에서는 사회문제를 5대 사회악, 즉 ① 결핍, ② 질병, ③ 나태, ④ 무지, ⑤ 불결 등으로 규정하고, 사회보험의 성공을 위한 전제로서 완전고용, 포괄적 보건서비스 및 가족수당의 필요성을 강조하였다.

베버리지 보고서 이후에, 1945년의 '가족수당법'(the Family Allowances Act), 1946년 '산업재해국민보험법'(the National Insurance Industrial Injuries Act)과 '국민보험법'(the National Insurance Act) 및 '국민보건서비스법'(the National Health Service Act), 1948년의 '국민부조법'(the National Assistance Act) 등 보고서의 권고사항들이 입법화되었다. 따라서 영국 국민은 '요람에서 무덤까지'라는 복지국가의 체계를 갖추게 되었으며 각종 사회적 위협으로부터 최소한의 보장을 받을 수 있게 되었다.

4) 1980년대 신우파와 대처리즘

전쟁 직후 집권에 성공한 노동당 정부는 '요람에서 무덤까지'라는 슬로건하에 베버리지 보고서의 내용을 구체화하였다. 그 결과 다양한 사회보장제도가 도입 실시되었다. 영국에서는 전후 복지국가체제가 수립된 이후, 세계적 경제호황 속에서 안정적 경제성장이 이루어져 복지국가에 대한 국민적 합의가 유지되었으며, 정치적으로는 보수당과 노동당의 양당 정치하에서 경쟁적으로 사회복지를 확대시켜 사회민주주의의 중도이념에 기초한 복지국가는 지속적으로 발전하였다. 그러나 1970년대 이후 세계 석유파동과 경제침체로 영국 복지국가는 시련을 맞이하였다. 1970년대 후반 이후 경제위기 속에서 복지국가 위기론이 등장하였고, 우파는 효율성의 실패를, 좌파는 평등의 실패를 근거로 복지국가체제를 신랄하게 공격하였다(장인협, 2001: 56).

이러한 상황에서 1979년 집권한 대처(Thatcher) 정권은 영국의 사회복지 역사에서 하나의 전환점을 이루고 있다. 즉, 대처 정부의 출현은 영국의 정치를 신보수주의(*neo-conservatism*) 방향으로 전환시키는 계기가 되었다. 대처 보수당 정부는 복지 서비스에 대한 국가의 공급책임을 제한하는 것을 정책 목표로 삼았다. 다시 말하면, 복지의 민간공급을 장려하고, 국가의 복지개입 범위를 최소화하며, 자원은 선별적으로 활용하되 복지급여는 자산조사를 통해 실시한다고 하였다. 그리고 사회보험의 범위는 가능한 좁힌다는 원칙을 주장하였다. 이와 더불어 정부의 재정 규모를 축소한다는 방침을 세웠다. 이러한 점에서 신보수주의 정책은 ① 전 국민의 복지에 대한 국가의 책임이라는 원칙을 자조와 개인책임의 원칙에서 진행시켰으며, ② 베버리지의 보편주의 원칙을 부정하는 선별주의적 원칙으로 선회하였고, ③ 전 국민의 최소한의 생활유지라는 원칙이 열등처우라는 원칙으로 대체되었다. 특히 복지재정 지출을 감소하기 위한 민영화정책이 실시되었다(김영모, 2000: 108~109).

보수당의 18년간에 걸친 복지국가 개혁은 1997년에는 블레어(Blair)의 노동당이 집권함으로써 새로운 국면을 맞이하였다. 그러나 노동당은 전통적 사회민주주의 노선을 대폭 수정하여 이른바 '제3의 길'이라는 새로운 정책노선을 추구하고 있다. '제3의 길'에서는 적극적 복지사회(*positive welfare society*) 건설을 주장하면서 복지지출은 지속되어야 하되, 의존적 인구계층에 대한 경제적 부양비를 직접 제공하기보다는 가능한 한 인적 자본에 대한 투자로 전환되어야 함을 강조하고, 복지국가 대신에 사회투자국가의 건설, 직업의 창출, 도덕적 해이가 야기되는 급여제도의 개혁 등 생산적 복지(*workfare*)를 강조하고 있다(Giddens, 1998; 한상진·박찬욱 역, 1999: 171~189 재인용). 이러한 정책이 신자유주의와 사회민주주의의 이념적 한계를 극복하고 새로운 복지이념으로 정립될 수 있을지는 미래의 평가과제로 남아 있다.

2. 미국의 사회복지 발달사

1) 식민지 시대의 구빈원

미국의 초기 식민지시대에는 영국의 관습, 법령 및 제도를 모방하였다. 미국으로 이민 온 최초의 사람은 대부분 영국의 청교도들이고 또 미국의 빈민들은 대부분 영국 구빈원 출신들이었다. 청교도들은 나태를 죄악으로 생각하고 불행과 범죄의 원천으로 간주하였다. 그래서 빈곤, 걸인 및 부랑인은 범죄인으로 생각하는 영국의 전통을 지니고 있었으며 교구의 지원을 바라는 자를 멸시하였다.

미국은 식민지시대에는 엘리자베스 구빈법이 빈민구제를 위한 기본이 되었다. 읍마다 빈민을 위한 의식주의 문제를 해결하기 위한 대책을 마련하였다. 빈민구제는 주로 현물을 제공하거나 최저 경매자에게 맡기는 형식이었다(김영모, 1991: 65). 18세기에 접어들면서 특히 영국의 식민지인 북부와 중부의 도시에 빈궁자가 증가함에 따라 공공구빈원에 의한 원내구호(*in-door relief*)가 시행되었다. 보스턴, 뉴욕, 필라델피아 등에 구빈원이 설치되었고, 1735년에 설립된 뉴욕 시립구빈원은 나태한 방랑자에 대한 징계측면과 근로시설로서의 작업장적 측면을 함께 지니는 혼합형 작업장으로 주목받았다.

2) 남북전쟁 이후: 민간복지활동

남북전쟁 이후 미국 자본주의는 전면적으로 개화하여, 이른바 산업혁명의 도약기를 맞게 되지만, 동시에 간헐적으로 찾아오는 경기침체와 공황도 경험하지 않으면 안 되었다. 미국 역시 노동조합의 결성, 최저임금의 요구, 도시빈곤문제 등 자본주의의 근원적 문제에 대처하여야 했다. 그러나 19세기 후반 미국은 사회진화론의 영향을 받아 사회적 성공과 실패는 개인의 능력과 특성에 의존한다는 것이었다. 따라서 누군가 빈곤하다면 그 빈곤의 책임은 개인에게 있고, 구빈은 종교기관이나 민간기관의 자선활동에 의존하여야 했다. 고전경제학과 청교도윤리 그리고 미국의 개인주의 사상에 사회진화론이 결합되어 구빈을 위한 국가의 개입에 저항하였다. 이는 자유방임주의를 바탕으로 도시의 슬럼지역을 중심으로 인보사업이 발전하기 시작했고, 민간자선단체들이 자선활동을 적극적으로 하게 되었는데 이런 움직임은 민간 자선단체들간의 상호교류와 조정의 필요성으로 자선조직협회가 생겨나고 발전하게 되었다. 자선조직협회는 개별지도사업, 지역사회조직 등 사회사업방법론으로 지속적 영향을 미치게 되었다.

미국 최초의 자선조직협회는 1873년에 버펄로에 설립되었고 이어서 다른 도시들도 자선조직협회가 설립되었다. 미국의 자선조직협회들은 자선단체들 간의 연락, 조정, 빈민 및 빈곤가정의 등록, 모금활동 뿐만 아니라, 자원봉사자들의 우애방문을 통하여 빈민의 생활에 대한 태도를 변화시키려 하였다. 미국의 자선조직협회는 '시여가 아니라 친구를', '고기를 주는 것이 아니라 고기 잡는 방법을 가르치는 데' 치중하였다(장인협 · 이혜경 · 오정수, 2001: 59).

한편 19세기 말엽 민간사회복지분야에서는 자선조직협회운동과 더불어 사회개혁을 주도한 인보관 운동이 시작되었다. 런던의 토인비 홀을 방문하고 귀국한 잔 아담스(Jane Adams)는 시카고에 헐 하우스(Hull House)를 설립하였다. 헐 하우스 활동내용은 탁아소 운영, 지역사회 조직의 개발, 부인 클럽활동 및 아동 클럽활동 등으로, 다양한 문화배경을 가진 빈곤지역 주민들이 이러한 활동에 참여함으로써 문화적인 다원성을 인식하고 정체감을 가질 수 있도록 도왔다. 인보관은 미국 전역에 설치되었으나, 헐 하우스가 후에 사회입법 운동에 관여한 것과는 달리, 대개의 인보관들이 지역주민 스스로 문제를 해결할 수 있도록 돕는 전문사회복지사업의 집단지도사업과 지역사회조직으로 발전하였다.

20세기 사회복지 분야에서 매우 중요한 계기는 1909년 시작된 이른바 백악관회의(The White House Conferences) 이다. 이 회의는 사회봉사 및 사회정책의 지방적 노력 대신 전국적 정책의 필요성을 인정하고 단편적 주입법이 아동복지 분야에서 나타나게 한 것이다. 1909년 백악관회의는 전국아동노동위원회, 전국소비자연맹 그리고 켈로그(Kellogg), 데빈(Devine)과 같은 사회사업가들의 제안에 따라 루즈벨트(Roosevelt) 대통령이 전국적 수준에서 아동복지의 지도적 인사들을 피부양 아동보호에 관한 백악관회의에 초대하였다. 이 회의는 아동은 가난의 이유로 가족과 떨어져서는 안 되고, 떨어져야 하는 정상아동은 아동시설보다도 오히려 양연 가정에 입양되어야 한다는 선언을 채택하였다. 만약 특수한 이유로 아동이 고아원이나 다른 아동시설에 들어간다면 이것은 큰 기숙사 대신 소규모의 가옥제도(*cottage plan*)의 보호를 받아야하며 아동기관은 그 사업을 할 수 있는 자격이 있어야 하고 주정부에 의하여 감독을 받아야 한다는 것이다. 이 회의의 중요성은 ① 주가 미망인과 버림받은 부녀자로 하여금 아동보호를 할 수 있게 모성연금법을 제정하고, ② 연방정부가 연방아동기관을 설립해야 한다는 것이다(김영모, 2000: 115~116).

1912년에 아동국이 설립되고 1969년 이래 이 아동국은 보건, 교육 및 복지성의 아동개발국으로 바뀌게 되었다. 전국적 민간조직의 설립으로는 1920년에 미국아동복지연맹이 조직되고, 1930년 제3차 백악관 회의에서 '아동헌장'이 발표되었다. 1940년 백악관회의는 유럽의 전쟁기에, 1950년 백악관회의는 한국전쟁기에 개최되었다. 1960년 제6차 백악관회의는 세계 속의 아동 및 청소년의 연구가 주제가 되었고, 1970년 백악관회의는 청소년회의가 분리되었다. 이와 같이 매 10년마다 개최되는 이 회의는 사회복지 분야에 많은 영향을 주고 있다.

또한 이 시기의 미국에서는 전문사회복지사업이 발달되기 시작하였다. 1898년 미국 최초의 사회사업 전문훈련 하계강습회가 뉴욕의 자선조직협회에 의해서 개최되었다. 1903년에는 시카고 시민박애학교(현재의 시카고대학), 1904년에는 뉴욕박애학교(현재의 콜롬비아대학)가 설립되었다. 미국의 전문사회복지사업의 방법, 기술확립에 결정적 역할을 한 사람은 당시 러셀 세이지(Russel Sage) 재단의 자선부장이던 메리 리치몬드(Mary Richmond)였다. 리치몬드는 자신의 자선조직운동에서 체험한 사실들을 정리하여 《사회진단》(*Social Diagnosis*), 《케이스워크는 무엇인가?》(*What is a Social Casework?*)라는 책을 출판함으로써 자선활동을 전문사회복지사업 기술로 승화시키는 데 결정적 기여를 했다. 그 후 1918년에는 의료사회사업가협회, 사회사업가협회, 1926년에는 정신의학사회사업가협회 등이 전문직단체로서 창립됨으로써 미국의 전문사회복지사업이 정착되었다.

그러나 무엇보다도 미국 사회복지의 역사를 근원적으로 바꾸어 놓은 역사적 사건은 1929년 10월 24일 증권시장의 붕괴로부터 시작된 대공황이었다.

3) 대공황과 사회보장법 제정

무엇보다도 미국 사회복지의 역사를 근원적으로 바꾸어 놓은 역사적인 사건은 1929년 증권시장의 붕괴로 시작된 대공황이다. 대공황은 산업사회에서 국가가 시민의 경제생활과 복지에 개입하지 않으면 안 되는 필요성을 인식하는 전환점이 되었다. 다시 말해 경제공황은 미국이 국가책임에 의한 사회복지제도를 출발시키는 계기가 되었다. 1929년부터 1933년 사이에 국민총생산은 절반으로 감소하였으며, 실업률은 25%로 증가하였다. 1929년 대공황 이전 1,031억 달러에 달했던 GNP가 격감하여 1933년에 556억 달러로 줄었다.

이러한 경제적 절망기에 1933년 당시 출범한 루즈벨트 대통령은 부흥, 구제 및 개혁을 골자로 하는 뉴딜(New Deal)정책을 경제위기 극복의 수단으로 시행하였다. 부흥정책은 은행, 산업, 농업의 부흥을 위한 일련의 정책이며, 구제정책은 실업구제를 위한 것이며, 개혁정책은 실업과 빈곤의 책임이 개인의 책임이라는 자유방임사상의 개혁과 통제경제, 사회보장, 노동문제 개혁 등에 관한 정책이다(김상균 외, 2001: 193).

1935년 3월 정부는 다시 사업촉진국을 설치하여 홉킨스(Hopkins)의 지도로 공공취로사업을 전개하여 실업자들에게 적당한 일자리를 제공하였다. 그 대표적 사업인 무직청소년을 위한 취업사업과, 경제보장위원회(Committee on Economy Security)를 통해서 세계 최초로 법으로 제정된 '사회보장법'(Social Security Act)이 제정되기까지의 과정은 다음과 같다.

(1) 무직청소년을 위한 취업사업

뉴딜정책에서 청소년을 위해 두 가지 사업이 마련되었는데, 하나는 시민자원보존단(Civilian Conservation Corps: CCC) 사업이고, 다른 하나는 전국청년국(National Youth Administration)이다. 시민자원보존단 사업은 1933년 3월 루즈벨트 대통령 재임 중 제정된 최초의 사회입법에 의해 18~25세까지의 전국의 미혼청년을 동원하여 캠프에 수용한 후 식수, 삼림개발, 도로보수, 하천공사의 일을 시키고 급료를 지불한 것이다. 그리고 전국청년국은 1935년 6월 사업촉진국으로부터 독립된 부서로서 16~24세까지의 빈곤한 고교생, 대학생들이 학업을 계속할 수 있도록 임시직을 부여하여 경제적 원조를 했으며, 또한 18~25세까지의 미혼의 실업청년들로 하여금 이 사업을 통하여 경험과 훈련을 쌓게 하였다(장인협, 1981: 45~46).

(2) 경제보장위원회

경제보장위원회는 루즈벨트 대통령이 1934년 6월 국민생활보장제도에 관한 연구와 보고를 주임무로 설립하였으며, 노동·농무·재무의 각 장관과 검찰총장 및 긴급구호청 장관을 위원으로 하였다. 그는 다시금 이 보고서의 입법안을 의회에 넘겼고 의회에서의 수정과 변경을 가한 후 1935년 8월 사회보장법을 제정 공포하였다. 이로써 미국은 항구적 공공부조제도와 사회보험제도의 기틀을 마련하였다.

사회보장법은 3가지의 주요한 프로그램으로 구성되어 있는데 하나는 연방노령보험제도와 실업보상의 주 제도이고 다른 것은 노령부조, 맹인원조, 피부양아동원조, 폐질원조에 대한 연방정부의 기본원조를 받는 공적 부조이며 나머지는 모성 및 아동보건서비스, 장애아동서비스, 아동복지서비스, 직업재활 및 공중보건서비스를 위한 보건 및 복지서비스이다. 이것은 1943년 직업재활법과 1944년 공중보건서비스법의 기반이 되었다. 이와 같이 뉴딜정책은 공황기 미국경제를 부흥시키게 되었고 사회개혁 프로그램을 실시하는 계기가 되었다.

한편, 1964년 존슨 대통령은 '경제활동기회법'을 마련하여 이른바 빈곤과의 전쟁(*War on Poverty*)이라는 것을 실시하였다. 이 빈곤전쟁은 국민총생산의 1%를 투자하여 직장조성(60%), 지역사회행동(33%), 자원봉사활동, 새로운 기회의 제공 등 5가지 기회를 마련하기 위한 대책이었다(김영모, 2000: 120~121). 그 구체적 사업으로는 소수민족자녀의 조기교육프로그램인 Head Start, VISTA, Neighborhood Youth Corps, Job Corps, 직업훈련, 성인교육, 농촌주민에 대한 부조, 그리고 법률적 원조(*legal aid*), 보건, 주택, 소비자교육 등에서 지역사회의 자치적 활동을 권장하는 지역사회개혁사업(*Community Action Program*) 등이 있었다.

미국의 사회보장제도는 ① 연방정부가 직접 관리 운영하는 노령유족폐질보험(OASDI), ② 각주가 운영하는 실업보상제도에 대한 연방보조금제도, 그리고 ③ 각주가 운영하는 각종의 공적 부조 및 복지사업에 대한 연방보조금제도를 그 특징으로 하고 있다.

노령유족보험(*Old-Age & Survivors Insurance*)은 연방정부가 직접 운영 관리하는 강제기여보험이다. 이 제도의 목적은 노동자의 생활에 필요한 노동수입이 노동자의 퇴직이나 사망으로 중단된 경우, 노동자의 가족을 이로 인한 경제적 불안으로부터 건져주려는데 있다. 최초의 노령보험은 1939년 유족보험에서 취급하였고, 오늘날 직업인의 93%가 연금제도에 가입하고 있는데 여기에는 노령연금, 배우자연금, 자녀연금, 유아연금, 과부연금, 양친연금, 폐질연금 등이 있다. 그 외 실업보상제도, 공적 부조제도 등이 있다.

미국의 사회보장제도 중에서 가장 발달된 것은 노령유족폐질건강보험(OASDH)이고 그 다음은 피부양모자부조(AFDC) 이다. 또한 전체 봉급생활자의 60%가 가입되어 있는 사적 의료보험이 발달되어 있고 65세 이상의 노인을 위한 무료의료보호(*medicare*)와 빈민을 위한 무료의료보조(*medicaid*)가 발달되어 있다.

4) 신연방주의와 사회복지

제 2차 세계대전이 끝난 후 미국의 국가생산력은 다시 비약적으로 증대하였다. 1950년대와 1960년대는 세계경제의 호황 속에서 지속적 경제성장이 이루어져 '풍요한 사회'를 이룩하였다. 그러나 미국은 250만 명에게는 빈곤이 여전히 존재하였다. 그리하여 케네디(Kennedy) 대통령의 뜻에 따라 존슨(Johnson) 대통령은 '위대한 사회'를 건설하기 위하여 이른바 '빈곤정책'을 강구하였고 1970년 닉슨(Nixon) 대통령이 이를 폐지하였다. 그 대신 빈민을 위한 보충보장소득(*Supplemental Security Income*) 프로그램의 도입과 노인사회 서비스 프로그램을 개발하는 법령이 제정되었다.

이 당시의 사회복지정책의 특징은 첫째, 베트남전쟁이나 세계 석유파동으로 인한 경제침체로 실업과 빈곤대책을 강구하기 위한 많은 정책들이 나왔다. 둘째, 흑인의 민권운동, 반전운동, 학생운동, 복지권 시위 등 시민의 권익옹호 운동이 대두되어 사회복지도 사회개혁과 권익옹호 프로그램에 관심을 갖고 이를 발전시켜나간 점, 셋째, 연방정부는 사회복지에 관한 많은 법령을 새로 제정하거나 개정하였고 관대한 복지정책을 펴나간 점이다.

1980년대는 1960년대의 자유주의적 사상이 보수적 정치사상에 의하여 더욱 변화되었다. 이러한 사상은 ① 정부의 복지비용을 최소화한다. ② 연방정부는 복지정책과 프로그램에서 그 역할을 최소화한다. ③ 절실한 욕구결핍자만이 복지 부조를 받아야 한다. ④ 복지 부조는 가능한 한 장기간보다는 단기간 제공되어야 한다는 것이다.

그리하여 레이건 대통령은 최소정부를 지향하면서(즉, *Reaganomics*) 사회보장의 주요한 재원인 소득세와 법인세 등을 감소시켰다. 이러한 세금의 감소로 연방정부가 운영하는 OASDI와 재정지원을 받는 AFDC 등의 축소가 불가피하였다. 그러한 결과 그것의 급여혜택을 받은 중산층 이하, 특히 빈민들의 복지를 저하시켰다. 실제로 레이건 시절의 복지비는 카터 대통령 시절에 비하여 그 절대액은 감소하지 않았지만 전임 대통령의 요구액에 비하여 적었던 것이다. 이와 같이 연방정부의 복지기능을 축소화시키면서 기업인의 이익을 증대시킨 정책을 신연방주의(*new federalism*)라고 한다.

한편, 미국에서 가장 주요한 공적 부조인 AFDC가 폐지되고 1988년에 1935년의 사회보장입법 이래 최대 개혁이라는 가족지원법(Family Support Act)이 제정되었으며, 또 이것이 부적절하다 하여 1997년 7월 1일부터 AFDC(1997년 예산이 252억 달러임)는 없어지고, 요보호가족에 대한 일시부조(*Temporary Assistance for Needy Families*)로 대치되었다. 미국 가족지원 프로그램의 기본원리는 의존성(*dependency*)에서 자기충족성(*self-sufficiency*)을 강화하려는 복지(*welfare*)보다 노동연계복지(*workfare*)를 추구하는 것이다. 이 프로그램은 각 주마다 약간 상이하지만, ① 모자가정은 5년 이내 취업을 해야 하고, ② 그 아버지는 찾아서 그간 모자가정에 대한 정부지원액을 갚도록 한다는 것이다. 이것은 철저한 신자유주의 복지정책이라 할 수 있다(김영모, 2000: 124~125).

3. 한국의 사회복지 발달사

1) 전통사회의 구빈제도 : 사회복지 전사(前史)

우리나라에서의 사회복지적 사상의 근원은 고대, 삼국시대, 고려시대, 조선시대에 이르는 약 2,000년간의 왕가의 인정(仁政)에 의한 민생구휼에서 찾아볼 수 있으며, 민간차원에서 행해진 두레, 품앗이, 향약, 계 등의 상부상조활동도 사회복지의 전사(前史)로서 의의를 지니는 활동이라 할 수 있다.

우리나라에서 가장 오래된 사회복지제도는 구황제도이다. 구빈제도는 국가정책(구황・혜휼제도, 창제)으로서 실시하였지만 부락단위의 자치제도(향약, 계 등)도 매우 발달하였다. 이 중에서 수재민을 구호하기 위한 구빈제도와 자조적 계조직은 최근까지지도 매우 발달하였다. 그뿐만 아니라 자조사업으로서 혈연, 지연의 조직적 노력은 매우 발달하였다.

우리나라의 구빈정책은 삼국시대에서부터 성행하였다. 그 대상은 농민이기 때문에 농민 기근에 대한 구제, 즉 구황(救荒)제도가 당시 사회정책의 중심이었다. 우리나라의 구빈제도는 통일신라시대 이전의 씨족 또는 부족공동체의 상부상조제도가 강력히 존재하고 있었으며, 일찍이 통일국가의 형성에 의하여 국가적 구빈사업으로 발달하였다. 이러한 구빈사업이 핵심은 해마다 발생되는 많은 수재와 한재 등으로 생긴 재민구호사업이다. 그밖에도 중요한 구빈제도는 이창(里倉)・의창(義倉)・상평창(常平倉)・교제창(交濟倉)・제민창(濟民倉)・사창(社倉)과 같은 창제도이다. 이것은 이미 부족사회의 지역공동체마다 창을 두어, 구제뿐만 아니라 군량을 확보하는 전통에서 비롯한다. 이것이 고려와 조선시대의 구빈정책의 기본이 되었고, 또, 이것의 변형 형태가 존재하였다.

이창・의창은 촌락에 설치된 것으로 이민들이 양곡을 공동저축하여 춘궁기에 빈민에게 공동책임 하에 빌려주어 가을이나 풍년에 갚게 하는 구제제도이고, 상평창은 직접적 구제제도가 아니라 곡가의 조절을 위하여 절량기에 창곡을 싸게 팔고 가을이나 풍년에 고가로 곡물을 구입한 제도이다. 교제창과 제민창은 교통의 요지에 설치하여 지역간의 흉풍을 조절하기 위한 제도이다.

이 시대의 궁민(窮民), 재민(災民)을 구제하는 기관으로 제위보(濟危寶), 구제도감(救濟都監), 동서대비원(東西大悲院), 혜민국(惠民局) 등이 있다. 제위보는 최초로 설치된 구제기관으로서 빈민구제사업과 이재민 구제사업의 최일선 기관이다. 이 기관은 일정한 재화를 원금으로 설정하여 그것을 대부 활용하여 거기에서 생기는 이익으로 기관을 운용하고 구제사업도 실시한 것이다. 구제도감은 중앙에 설치된 규휼행정을 총괄·관장하는 기관으로서 뒤에 진제도감(賑濟都監)으로 명칭이 바뀌었고 곡물을 비롯한 각종 생활필수품을 구비하여 굶주리는 궁민들을 구제하고 병약자를 보호하고자 노력하였다. 동서대비원과 혜민국은 의료구제기관으로서 이들 기관들은 궁민에게 약품과 의복을 제공하고 병약자를 치료해 주었으며 특히 이들 기관에는 대부분 훈련을 받는 승려를 두어 자선사업을 수행토록 하였다.

고려시대 구제활동의 특기할 만한 점은 불교도의 구제활동으로 유아, 기아, 빈민아를 사원에서 수용, 양육하여 승려, 사역승으로 양성하는 일이 성행하였고 이 외에도 행려자시식소(行旅者施食所)를 설치 운영하였는데 이것은 우리나라 민간봉사활동의 최초 형태로 나타났다.

조선시대의 구제사업은 제도 및 내용면에서 고려시대보다 진일보하였다고 볼 수 있다. 고려시대의 구빈사업은 주로 불교의 자비사상의 배경이었으나 조선시대는 유교의 자혜사상에 배경을 두고 있다.

조선시대의 구제제도로서는 창제와 환곡(還穀)이 있으며 비황(備荒)을 위한 제도로서 의창, 상평창이 있다. 환곡은 관가에서 곡물을 비축하여 춘궁기에 백성들에게 대부하였다가 다음 해에 환납하게 하는 제도로서 이 환곡은 원칙적으로 나누어주는 곡물과 남겨 두는 곡물을 구분하였는데 비축하는 부분은 수해, 재난 등에 대비하기 위한 것이고 나누어주는 곡물은 주로 궁민의 생활을 구휼하기 위한 것이다. 이 외의 제도로서 자휼전칙(字恤典則)이라고 부르는 유기 및 부랑걸식 아동보호법령이 공포되어 유기아동, 걸식아동, 부랑아 등을 관가에서 보호하거나 유양(留養), 민가에 입양토록 하였는데 이 법령에 근거하여 진휼청의 수용보호사업이 시작된 것이다. 환과고독(鰥寡孤獨)에 대한 진휼(賑恤)사업은 지방 수령에게 책임이 주어졌는데 목민심서(牧民心書)에 의하면 사궁(四窮)의 선정에 있어 연령, 친척의 유무, 재산상황 등을 참작하는 것이 관례였다. 즉, 자기 재산이 있거나 부양할 친척이 있거나 연령이 60세 미만 10세 이상이면 대체로 보호의 의무가 없었던 것이다. 한편 신체장애인으로서 생활능력이 없는 사람은 직업보도와 구휼을 해 오기도 했다.

이상과 같은 국가기관의 구휼사업 외에 조선시대에는 민간조직의 활동들을 찾아 볼 수 있다. ① 계(契)의 조직과 활동인데 계는 성원간의 경제적 이익을 도모하기 위해 조직된 군포계(軍布契), 공장계(貢匠契), 공인계(貢人契) 등이 있고, 경제적 이해관계 외에 특정한 비경제적 협력을 달성하기 위해 조직된 혼상계(婚喪契), 화수계(花樹契) 등이 있다. 계는 성원간의 상호부조 활동으로서 서구의 길드(*guild*) 공동체가 성원의 전 생활을 서로 보호하는 종적 상호보조의 기능인데 반해 조선시대의 계는 생활의 특정분야에 한정된 상호부조적 조직이라고 할 수 있다. ② 두레는 농민공동체의 조직으로서 농촌사회의 상호협력, 상호친목의 협동체로서 발달하였다. ③ 향약(鄕約)이 있는데 향약은 원래 중국의 주자향약(朱子鄕約)을 도입한 것으로서 이는 주민이 교화의 목적을 달성하기 위하여 자치적으로 정한 규약인데, 향약의 4대 실천덕목 즉, 덕업상권(德業相勸), 과실상규(過失常規), 예속상교(禮俗相交), 환란상휼(患難相恤)이 있는데 이는 본질적으로 인보사업과 공통점이 있다. 이 덕목 중에서 환란상휼은 사회사업적 의미를 내포하고 있다(전재일 외, 2002: 73~74).

근대적 사회복지사업이 시작된 것은 조선말엽인 1888년(고종 25년)에 프랑스 주교가 설립한 천주교회에 의한 고아원이 개설된 것이 최초이며, 갑오경장 후 인천에서도 교회부속 고아원이 설립되었고, 1907년에는 평양 맹아학교가 개교되었다. 일제시의 사회정책은 온정주의적 구빈행정의 특징이 강하다. 구빈행정이라 하더라도 소득·보건·교육·주택과 같은 기본적 욕구, 즉 민생문제를 해결하기 위한 근대적인 것이 되지 못하고, 이재민·행려병인·궁민들을 보호하기 위한 전통적 진휼

구호사업이었다. 이러한 사업을 은사금과 하사금의 기금으로 운영케 하는, 군주의 인심혜정(仁心惠政) 즉, 온정주의적 성격이 매우 강하다.

우리나라에서 사회복지와 관련하여 사회사업(*social work*)이라는 새로운 용어가 공식적으로 처음 등장된 것은 1921년 당시 조선총독부 내무국 사회과를 독립시켜 사회사업의 지도, 통제를 담당하게 한 때부터인데, 이 때부터 관계자간에 '사회사업연구회'가 조직되었다. 이 연구회는 1929년에 '재단법인 조선사회사업협회'로 개칭되었다. 이렇게 등장한 근대적 사회사업은 1944년 3월 1일 '조선구호령'이 공포, 실시됨으로써 보다 본격화하기에 이르렀다. 이 조선구호령은 일반적 구호에 관한 것으로 일본의 구호법을 기본으로 한 것이며, 그 주된 내용은 65세 이상의 노약자, 13세 이하의 유아, 임산부, 불구・폐질・질병 기타 정신 또는 신체의 장애에 의하여 노동할 수 없는 경우 생활부조, 의료부조를 하는 것이었다.

2) 광복 후 미군정과 외원사업 : 사회복지제도의 도입기

1945년 광복이 되자 약 3년 간에 걸쳐 미군정이 실시되었다. 미군정이 실시되면서 사회사업정책 및 구호에 관한 여러 각서가 발표되어(후생국보) 조선구호령과 함께 사용되었다. 1946년에 제정된 재조선 미국육군사령군정청(미군정이라 함)의 법령 제 18조에 의해 현재의 보건복지부의 전신이 탄생되었다.

1945년 이후 1950년 말까지의 우리나라의 가장 중요한 사회문제라고 볼 수 있는 전쟁고아 등을 위한 재민 구호사업을 실시하였다. 1957년 보호시설이 622개, 이 중에서 육아원이 423개로 가장 많고 그 다음으로는 모자원 64개와 영아원이 32개이며 나머지는 신체장애인시설 28개와 탁아소 7개 시설이 있었다. 이러한 시설에 약 5만 명이 수용・보호되어 있었다. 당시에는 국가 예산이 없어서 요보호자에 대한 대책이

거의 없었다(김영모, 2000: 152~153).

1963년 말에는 외국 민간원조단체에 관한 법률이 제정되어 외원에 의한 보건, 교육, 생활보호, 재해보호, 그리고 지역사회 개발 등의 사회복지사업이 행하여졌다. 이러한 외원단체의 원조에 의한 복지사업은 1970년을 고비로 주도적 역할을 해오던 것을 점차 감소·철수하기 시작하였다. 1981년 외원단체는 모두 81개이고(미국이 46개, 나머지는 독일, 이탈리아, 영국, 스위스가 4~7개, 나머지 1~2개이다), 이들이 행하는 주요한 사업은 구호사업(20개), 보건 및 구호사업(20개), 보건사업(11개), 교육사업(8개), 보건 및 교육사업(6개), 구호 및 지역 개발(5개), 교육 및 문화사업(3개), 지역 개발(2개)이다. 이러한 사업 중 구호 및 보건사업은 주로 시설아동과 미망인 자녀를 도와준 것이다.

외원단체는 우리나라 사회사업에 대단히 영향을 미친 것으로 이들 외원단체가 대개 기독교(41개)와 천주교(26개)의 배경을 지니고 지원하였기 때문에 자선적 성격이 매우 강하였고 기독교 문화를 전파시키는데 기여를 하였다. 현재 사회복지시설장의 9할 이상이 기독교인이라는 것에서도 알 수 있다. 외원기관 중 비교적 사업 규모가 큰 것으로는 기독교아동복리회(CCF), 양친회(FPP, 기독교 세계봉사회(KSCW) 등으로 시설보호와 거택보호사업을 실시하면서 고아와 미망인 및 그 자녀를 간접적으로 지원한 단체들이다. 또한 컴페숀(Compassion), 선명회(World Vision), 스웨덴아동구호재단, 가톨릭구제회, 캐나다 유니태리안봉사회 등의 단체를 들 수 있다. 이러한 외원단체는 본국에서 후원자를 모집하여 한국에 있는 대상아동(클라이언트)과 결연관계를 맺어 지원사업을 하였다(이영철 외, 2000: 66~67).

이 시기에는 사회사업교육이 도입되었다. 1947년에 우리나라 최초로 이화여대에 기독교사회사업학과가 설치되었고 그 후 중앙신학교(현 강남대학교), 서울대, 중앙대 등에 사회사업학과가 설치되었다. 그리고 1949년에는 대한적십자사가 창설되었고, 1952년에는 한국사회사업연합회가 창립되었고, 그 후 1961년에 사단법인 한국사회복지사업연합회로 개칭되어 이 때부터 사회복지라는 용어가 공식적으로 우리 사회에 등장하게 되었다. 그리고 1956년에는 국립중앙사회사업종사자훈련소(국립사회복지연수원 전신)가 창설되었다.

3) 제 3공화국 이후와 사회복지 : 사회복지제도의 확립기

이 시기는 정치적으로는 5·16 군사혁명에 의해 등장한 제 3공화국으로부터 1987년의 제 5공화국까지의 기간이다. 경제적으로는 수출주도형 공업화정책이 추진되면서 경제개발계획이 국가정책의 핵심으로 대두된 시기이다.

1960년대에 공무원연금법(1960), 생활보호법(1961), 아동복리법(1961), 고아입양특례법(1961), 윤락행위 등 방지법(1961), 군사원호보호법(1961), 재해구호법(1961), 사회보장에 관한 법률(1963), 산업재해보상보험법(1963) 등의 제정으로 사회보험과 공공부조, 사회복지서비스의 제도적 기반을 구축하기 시작했다. 그러나 각종 입법의 취지대로 건강하고 문화적인 수준의 보호에는 이르지 못했으며, 사회복지정책은 자활지도 위주로 이루어졌고, 시설 보호사업은 외국의 민간원조기관의 후원 아래 유지되고 있었다.

1970년대 들어와 사회복지사업법(1970), 의료보험법(1977) 등이 제정되고, 1960년대에 입법화된 각종 제도들이 본격적으로 시행되고 있었으나 경제개발 우선정책에 밀려 사회복지 정책은 괄목할만한 발전을 보지 못했다. 1980년대에 들어서서 아동복리법이 아동복지법으로 확대 개정되고(1981, 1984), 노인복지법(1981), 장애인복지법(1981) 등이 제정되었다.

4) 제6공화국 이후와 사회복지 : 사회복지제도의 확대기

1988년 제6공화국 출범부터 환율위기로부터 기인된 경제위기가 도래하고 IMF체제로 들어가기 전인 1997년까지의 시기로 사회복지 관련법의 제정과 개정이 이루어진 시기이다.

노인복지법(1989), 장애인복지법(1989) 등이 개정되었으며, 국민연금의 실시(1988), 최저임금제의 도입(1988), 의료보험의 실시(1989), 모자복지법의 제정(1989), 탁아제도 확립을 위한 아동복지법 시행령 개정(1989) 등 일련의 입법 조치와 복지행정의 확대가 이루어지기 시작했다. 1990년대에는 장애인고용촉진 등에 관한 법률(1990), 영유아보육법 제정(1991), 사회복지사업법의 개정(1992) 등이 이루어졌다.

그리고 김영삼 대통령의 문민정부에서는 고용보험제 제정(1993) 및 실시(1995), 군단위 이하 지역의 주민을 대상으로 한 국민연금 실시(1996), 윤락행위 등 방지법 개정(1994), 국민연금법 개정(1994), 입양특례법 개정(1994), 국민건강증진법 제정(1994), 성폭력범죄의 처벌 및 피해자 등에 관한 법률제정(1994), 사회보장기본법 제정(1995), 정신보건법 제정(1995), 여성발전기본법 제정(1995), 국민복지기획단 구성(1995), 삶의 질 세계화를 위한 국민복지의 기본구상 발표(1996), 노사관계개혁위원회 구성(1996), 국민의료보험법 제정(공·교 및 지역의보 통합, 1997), 사회복지공동모금법 제정(1997) 등 일련의 입법 조치를 통해 복지행정의 확대가 이루어졌다.

한편, 국가의 경제위기하에서 출범한 김대중 대통령의 국민의 정부는 노사정위원회 출범(1998), 고용보험 1인 사업장까지 확대(1998), 실직자복지대책 수립 및 시행(1998), 공무원-교원의보 및 지역의보 통합(1998), 총리실 산하 4대 사회보험 통합기획단 구성(1998), 사회복지공동모금회법 제정(1998), 국민건강보험법 제정(의료보험 전체 통합, 1999), 전국민 연금실시(1999), 국민기초생활보장법 제정(1999), 소비자생활협동조합법 제정(1999), 교원노조 합법화, 민주노총 합법화(1999), 노사정위원회 법제화(1999), 산재보험 1인 사업장까지 확대(2000), 국민기초생활보장제도 시행(2000), 의료보험의 통합운영(2000), 의료보험 급여의 365일 연중실시(2000) 등 획기적으로 사회안전망 구축에 힘을 쏟았다.

국민의 정부에 이어 제3의 길을 표방한 노무현 대통령의 참여 정부는 사회복지사업법 개정(2003), 모부자복지법 개정(2003), 건강가정기본법 제정(2004), 성매매방지 및 피해자보호 등에 관한 법률 제정(2004), 성매매알선 등 행위의 처벌에 관한 법률 제정(2004), 영유아보육법 전면개정(2004), 자원봉사활동기본법 제정(2005), 저출산고령사회기본법 제정(2005), 고령친화산업진흥법 제정(2006), 식품기부활성화에 관한 법률 제정(2006), 기초노령연금 제정(2007), 노인장기요양보험 제정(2007), 장애인복지법 전면개정(2007), 재해구호법 전면개정(2007), 한부모가족지원법 제정(2007), 장사 등에 관한 법률 전면개정(2007), 다문화가족지원법 제정(2008) 등 지속적인 사회안전망 및 복지 확충에 노력하였다.

김대중 정부는 생산적 복지를 제안했는데, 과거 김영삼 정부는 일을 통한 복지(*workfare*)를 생산적 복지로 정의하여 사용한 반면, 김대중 정부가 논의하는 생산적 복지(*productive welfare*)의 의미는 '기초생활보장이라는 사회복지의 기본 내용과 자립 · 자조 · 자활 지원에 의해 개인 및 국가의 생산성을 높인다는 의미가 결합된 것'으로 간주하고 있다.

이러한 생산적 복지를 구성하는 3가지 축으로 ① 공정한 시장질서 확립을 통한 분배, ② 국가에 의한 재분배적 복지, ③ 자활을 위한 사회적 투자 등을 들고 있는데(대통령비서실 삶의 질 향상기획단, 1999), 이는 특히 사회복지를 통해 사회적 약자를 포함한 모든 국민의 사회적 시민권 추구, 사회적 투자전략으로서 복지인프라 확충 등은 기존 복지국가의 주요한 사회정책 내용을 담고 있다(김상균 외, 2001: 205~207).

노무현 정부는 정치쇄신에 의한 경제성장과 사회안정을 복지전략으로 하여 사회투자형 사회정책인 ① 아동에 대한 맞춤형통합지원서비스인 희망스타트 제도, ② 인구고령화에 대비하기 위해서 국민연금을 개혁하고, 특히 2008년 7월 1일 노인장기요양보험제도를 시행할 수 있게 제반 법제와 프로그램 마련, ③ 빈곤사각지대의 해소를 위해 기초생활수급자의 선정기준을 완화하고, 최저생계비를 인상, ④ 2007년 근로장려세제인 근로장려금(EITC)의 도입 및 실시, ⑤ 사회투자담론의 적극 수용으로 사회투자형 사회정책을 실행하기 시작한 것과 같이 지식경제화, 저출산, 고령화 등 사회문제에 대처하기 위해 '적극적 복지정책', '동반성장'을 내걸고 사회투자국가 패러다임으로의 변환을 모색하였다(강길봉, 2009: 305~329).

우리나라의 산업화 시기별로 본 사회복지입법의 제도화 현황은 〈표 3-1〉과 같다.

〈표 3-1〉 우리나라의 산업화 시기별 사회복지 입법 현황

시기	분야	주요입법	제정연도
산업화 이전 (1945~1950년대)	사회보장의 제도적 기반 없음.		
산업화 시기 (1960~1970년대)	사회보장일반	사회보장에 관한 법률	1963
	공공부조	생활보호법 재해구호법 의료보호법	1961 1962 1977
	사회보험	공무원연금법 군인연금법 산업재해보상보험법 의료보험법	1960 1963 1963 1976
	사회복지서비스	아동복리법 사회복지사업법	1961 1970
산업화 이후 (1980~1990년대)	사회보장 일반	사회보장기본법	1995
	공공부조	생활보호법(전면 개정) 국민기초생활보장법	1982 1999
	사회보험	국민연금법 전국민의료보험 실시 고용보험법 국민의료보험법(통합의료보험) 국민건강보험법	1986 1988 1993 1997 2000
	사회복지서비스	아동복지법(전면 개정) 노인복지법 장애인복지법(전면 개정) 모자복지법 장애인고용촉진법 영유아보육법 성폭력범죄의 처벌 및 피해자 보호 등에 관한 법률 정신보건법 청소년기본법 여성발전기본법 청소년보호법 사회복지공동모금회법 가정폭력방지 및 피해자보호 등에 관한 법률 건전가정의례의 정착 및 지원에 관한 법률	1981 1981 1989 1989 1991 1991 1994 1995 1995 1995 1997 1997 1997 1999

〈표 3-1〉 계속

시기	분야	주요입법	제정연도
IMF 이후 2000년대	공공부조	의료급여법(의료보호법) 긴급복지지원법 (2010. 12. 22까지 유효)	2001 2005
	사회보험	국민건강보험재정건전화특별법 기초노령연금 노인장기요양보험	2002 2007 2007
	사회복지서비스	장애인고용촉진 및 직업재활법 (장애인고용촉진 등 관한 법률) 아동복지법(전면개정) 사회복지사업법(개정) 모부자복지법(모자복지법) 건강가정기본법 성매매 방지 및 피해자 보호 등에 관한 법률 성매매 알선 등 행위의 처벌에 관한 법률 영유아보육법(전면개정) 자원봉사활동기본법 저출산고령사회기본법 고령친화산업진흥법 식품기부 활성화에 관한 법률 장애인복지법(전면개정) 재해구호법(전면개정) 한부모가족지원법(모부자복지법) 장사 등에 관한 법률(전면개정) 다문화가족지원법	2000 2000 2003 2003 2004 2004 2004 2004 2005 2005 2006 2006 2007 2007 2007 2007 2008

자료: 장인협·이혜경·오정수, 2001: 70을 저자 재구성.

5) IMF 경제위기와 신자유주의 복지정책

1990년대 문민정부가 들어서면서 사회복지예산이 오히려 감소되고 선진국가가 주장하는 신자유주의 세계화 정책이 사회복지분야에서도 민영화, 위탁경영 등으로 나타났으며, 생산적 복지(사실 *workfare*임) 가 강조되었다. 1997년 말 IMF 사태로 외환위기가 구조조정으로 말미암아 대량의 실업자가 나타나게 되고 빈민이 증가되었으며 이들을 위한 실업구호사업이 강구되고 생산적 복지가 국민정부의 국정이념이 되었다. 이번 IMF 지배체제로 그간 경제성장이 복지를 약속하지 못하고 오히려 막대한 국가재정의 적자(약 250조원)를 초래하였다. 그간 선성장 후분배의 경제개발정책은 부실한 재벌과 금융기관을 만들었으며 이에 필요한 구조조정비는 국민이 부담하게 되었다.

한편, 국민의 정부는 최근 그간 논란이 되어온 조합방식의 의료보험을 통합일원화하기 위한 '국민건강보험법'을 제정하였고 과거 생활보호사업의 요보호조건(연령과 부양가족 등)을 없애고 국민최저수준을 보장하는 '국민기초생활보장법'을 제정하였다(김영모, 2000: 163). 2005년 우리나라 사회복지 지출규모가 GDP의 7.5%가 되었다. 그러나 스웨덴 29.8%, 덴마크 27.3%, 핀란드 26.1%, 미국 16.3%, 일본 19.1%(보건복지자가족부, 2009 a: 428)에 비해서는 매우 적은 편이다.

한편 민간복지부문에서는 사회복지사업법이 개정되어 1998년 시·도 사회복지협의회가 독립법인화가 이루어지고, 사회복지공동모금회, 자원봉사활동이 이루어지고 있다.

제 2 부

사회복지방법

제4장

사회복지방법 I: 사회복지실천

1. 사회복지실천의 의미와 정의

사회복지실천은 사회복지를 구체적으로 실천하는 원조활동이나 실천기술을 의미하는 원조기술 방법이다. 전통적으로 사회복지의 실천방법으로 개별지도, 집단지도, 지역사회조직과 같은 3대 방법이 사용되었다. 즉 개별지도는 개인 또는 가족을 대상으로, 집단지도는 소집단을 대상으로, 지역사회조직은 지역사회를 대상으로 삼았다.

이와 같이 3대 방법론으로서 개별지도, 집단지도, 지역사회조직이라는 전통적 사회복지방법들은 서로 다른 역사와 독특한 발전과정을 갖고 있지만, 일반적(*general*) 또는 통합적(*integrated*) 접근을 뒷받침할 수 있는 이론들(일반체계론, 생태학 이론 등)이 개발됨에 따라 전통적 방법에 관한 용어들이 점차 사라져 가고, 새로운 원조 기술방법으로 사회사업실천론(*social work practice*) 또는 사회복지실천론이란 용어가 사용되고 있다(장인협 · 이혜경 · 오정수, 2001: 91).

이렇듯 전통적 사회복지의 3대 방법론을 통합하는 이유는 모든 사회복지사들이 개인, 집단, 지역사회에서 제기되는 사회문제에 대처하고자 하는 것이다(Spect & Vickery, 1980: 1~2). 종전의 3분법에 의한 원조방법은 클라이언트의 생활전체를 평가하는 것이 어렵고, 클라이언트의 요구와 사회복지사가 사용하는 방법간에 간격을 초래하기 때문이다.

NASW에서는 1973년 개인, 집단, 지역사회의 사회기능 향상 및 회복을 돕는 역할을 강조하면서도 최초로 사회복지실천이 전문직이라는 것을 강조하는 더욱 발전된 정의를 내렸다. 즉, 사회복지실천은 "개인, 집단, 또는 지역사회가 사회기능(*social functioning*)을 향상시킬 수 있는 자신들의 능력을 회복하거나 증진시키고, 자신들의 목표달성을 위한 사회조건을 창조하도록 돕는 전문적 활동"(NASW, 1973: 4~5)이라고 정의했다. 핀커스와 미나한(Pincus & Minahan)은 사회복지실천은 사람과 자원체계간의 연결과 상호관계라고 정의했다(Pincus & Minahan, 1973: 9). 또한 종합적 모델(*generic model*)만이 사람과 자원간의 상호의존적 관계의 기능에 개입할 수 있는 방법론이라고 주장하였다.

요약하면 사회복지실천을 위해 사회복지사는 사람들의 욕구 및 문제를 사회적 맥락에서 확인하고 이해하며, 그러한 문제들을 다루기 위하여 자원을 찾고 동원하며, 개인 또는 사회단위(가족, 집단, 조직, 제도, 지역사회)가 욕구와 문제를 대처하기 위해 자원을 사용하게 할 뿐만 아니라 새롭고 보다 더 적합한 자원을 창출할 수 있도록 클라이언트와 상호노력 하면서 개입한다. 개인과 사회단위가 그들과 외부의 자원을 발견하고, 동원하여 그들의 욕구에 부합하고, 그들이 필요한 것을 채우고 목표를 성취할 수 있도록 그들 내부 및 사회조건을 변화시키기 위한 원조과정을 사회복지실천이라고 정의할 수 있다(신성자·홍금자·라동석·김진이, 2000: 1).

결론적으로 사회복지실천의 정의를 내린다면 사회복지실천은 인간이 지닌 사회적 문제와 사회적 기능수행상의 어려움을 개별적, 집단적, 조직적, 지역사회적으로 도움을 제공하여 해결하기 위한 사회사업의 통합방법 중 하나라고 할 수 있다. 따라서 사회복지실천 노력의 핵심은 사회적 기능수행상의 문제를 중심으로 사회복지사와 클라이언트가 함께 활동하는 것이라 하겠다(김융일 외, 2000: 58~59).

2. 사회복지실천의 목적과 기능

사회복지실천의 목적은 "삶의 질(*quality of life*) 향상"이다(Alezander, 1977: 412; 양옥경 외, 2000: 24 재인용). 미국의 사회복지교육협의회는 1992년과 1994년 2회에 걸쳐 사회복지실천의 목적을 정리하고 있다. 주로 일반 사회복지실천(*generalist*) 모델에 맞추어 사회복지대학 학부 학생들을 교육시키기 위한 목적으로 사용되며, 1994년 권한부여(*empowerment*)의 개념을 첨가하면서 공식화하였다(CSWE, 1994: 97; 양옥경 외, 2000: 26~27 재인용). 이는 다음의 4개 항목으로 정의된다.

① 개인, 가족, 집단, 조직, 그리고 지역사회가 목적을 달성하고 고통을 완화시키며 자원을 활용할 수 있도록 도움으로써 이들의 사회기능을 촉진, 회복, 유지, 향상시키는 것이다.
② 인간의 기본욕구를 충족시키고 인간이 갖고 있는 잠재력 및 가능성 개발을 돕기 위해 필요한 사회정책, 서비스, 자원, 그리고 프로그램을 계획, 공식화, 시행하는 것이다.
③ 곤궁에 처한 집단에게 힘을 실어주고, 사회적, 경제적 정의를 실현하기 위해 조직, 행정적 옹호와 사회정치적 운동을 통해 정책, 서비스, 자원, 그리고 프로그램을 추구하는 것이다.
④ 이러한 목적과 관련된 모든 전문적 지식과 기술을 개발하고 시험하는 것이다.

그리고 사회복지실천의 기능은 1981년 미국사회복지사협회가 사회복지실천의 목적 및 기능에 관한 정리작업을 하면서 사회기능 증진과 사회정의 향상의 기본적 두 가지 기능을 다음의 여섯 가지 기능으로 세분화하였다(Minahan, 1981: 6; 양옥경 외, 2000: 28 재인용).

① 사람들의 자신감을 넓혀주고 문제해결과 대처능력을 향상시키도록 돕는다.
② 자원을 취득하도록 돕는다.
③ 조직이 사람에게 반응하도록 한다.
④ 개인과 환경내의 다른 사람 및 조직과의 상호관계를 촉진시킨다.
⑤ 조직과 제도간의 상호관계에 영향력을 행사한다.
⑥ 사회정책과 환경정책에 영향을 미친다.

이 작업은 지금까지의 양극화되는 이중적 기능에서 탈피하여 좀더 다양하고 포괄적인 상호보완적 기능을 창출해낸 것으로 여겨진다.

3. 사회복지실천의 접근유형

사회복지실천의 핵심영역은 환경과 인간의 상호작용하는 집합부분을 말한다. 이는 인간과 환경은 분리될 수 없는 존재라는 인식에서 환경 또는 상황 속의 인간을 하나의 개념으로 인식하는 데서 비롯한다.

인간을 둘러싼 환경은 매우 포괄적 개념인데 환경은 인간에게 자원(*resource*)과 동시에 요구(*demand*)로 작용한다. 인간은 욕구와 문제를 가지고 있으면서 동시에 대처능력을 가진 존재이다. 이러한 인간이 환경과 원활한 상호작용을 할 수 있는 능력을 사회적 기능이라고 한다. 이러한 사회적 기능 수행 향상을 돕는 것을 목적으로 하는 사회복지실천 개입은 클라이언트의 접촉유무에 따라 직접서비스와 간접서비스로 구분하고, 개입의 단위 또는 수준에 따라 미시적 실천과 거시적 실천으로 나눈다.

미시적 실천은 사회복지사가 개인, 집단, 그리고 가족을 대상으로 클라이언트를 직접 대면하여 개입하는 실천방법이다. 개별지도사업, 집단지도사업, 가족중심적 사회사업 등이 대표적인 미시적 실천방법론이다. 거시적 실천은 조직과 지역사회 및 사회에 계획된 변화를 가져올 수 있도록 설계된 개입이다. 직접 서비스는 주로 미시적 실천을 말하는데 지역사회의 집단이나 단체들에 제공하는 거시적 방법들의 측면을 포함하기도 한다(Anderson, 1982: 37~45). 반면, 간접서비스는 욕구상태에 있는 클라이언트를 직접 접촉하지 않고 제도와 구조에 초점을 둔 서비스이다. 미시적 실천에서 사회복지사는 클라이언트의 사회기능 향상과 사회적 문제를 경감시키고 대처하기 위한 변화전략으로 직접상담, 위기개입, 옹호활동 등을 한다. 거시적 수준에서의 사회복지사의 활동은 조직, 지역사회, 그리고 정책영역에 걸쳐서 이루어진다(신성자 외, 2000: 2~3).

4. 사회복지실천의 통합적 모델

사회복지의 3대 방법론인 개별지도, 집단지도, 지역사회조직이라는 전통적 방법의 통합화 시도는 많은 연구자들에 의해 추진되는데, 사회복지실천에서 통합화란 사회복지사가 개인, 집단, 지역사회에서 제기되는 사회문제에 활용할 수 있는 공통된 하나의 원리나 개념을 제공하고자 하는 방법의 통합을 의미한다(김융일 외, 1995: 122). 즉, 통합화의 새로운 관점은 개인과 환경을 동시에 고려하여 전통적 방법의 전부 또는 일부(적어도 2종류 이상)를 조합해서 교육함으로써 한 명의 사회복지사가 복수의 방법을 통합적으로 사용하여 통합적 사회복지실천 과정을 제시해 주는 것을 말한다(김융일 외, 1995: 122).

브라이어(Briar)는 전통적 사회복지방법의 한계를 다음과 같이 설명하고 있다(양옥경 외, 2000: 209~210 재인용).

첫째, 전통적 방법은 주로 제한된 특정 문제중심의 개입을 하고 있어, 최근의 복잡한 문제상황에 대해 적절히 개입하기 어려운 상황이 발생한다. 따라서 전통적 방법은 이러한 외부적 환경에 의한 자체적 한계점에 도달해 있다.

둘째, 전통적 방법은 지나친 분화와 전문화로 서비스의 파편화 현상을 초래함으로써, 다양한 문제와 욕구를 가지고 있는 클라이언트가 여러 기관이나 사회복지사를 찾아다녀야 하는 부담감을 야기한다.

셋째, 전문화 중심의 교육훈련은 사회복지사의 분야별 직장 이동에 도움을 주지 못한다.

넷째, 공통기반을 전제하지 않는 분화 및 전문화는 각각 별개의 사고와 언어 및 과정을 보여줌으로써 사회복지 전문직의 정체성 확립에 장애가 되었다는 점 등이다.

이러한 통합적 방법을 토대로 하는 사회복지실천 모델로는 '4체계 모형', '권한부여 모델', '문제해결과정 모델', 그리고 '생활 모델'이 있는데 이를 설명하면 다음과 같다(조휘일 · 이윤로, 1999: 69~85; 김융일 외, 2000: 71~75; 양옥경 외, 2000: 216~234; 신성자 외, 2000: 108~110).

1) 4체계 모델(*four system model*)

이 모델은 1970년대 초 핀커스(Pincus)와 미나한(Minahan)이 개발한 것으로 포괄적이고 전체적인 관점에서 클라이언트 체계를 사정할 수 있는 기초를 제공하고 사회복지사로 하여금 인간과 그의 공식적, 비공식적 자원체계간의 연결에 초점을 두고 있다. 이 모델은 복잡한 여러 수준의 체계들과 연결되어 있는 상태로서의 사람들과 일한다는 점을 강조하며, 미시 대 거시, 또는 치료 대 사회행동과 같은 전통적인 이분법적 사고를 피할 수 있도록 해준다(김융일 외, 2000: 72).

이 모델에서 사회복지의 초점은 사람의 문제 혹은 자원체계에 있는 것이 아니라 사람과 자원체계 그리고 자원체계간의 상호작용에 있다. 따라서 사회복지의 목적은 ① 사람들의 문제해결 및 처리능력을 향상시키고, ② 사람들의 자원, 서비스, 그리고 기회를 제공하는 체계들과 연결시키며, ③ 그런 체계들의 효과적이고 인도적인 운영을 증진시키고, ④ 사회정책의 개발과 개선에 공헌하는 것이다(Pincus & Minahan, 1973: 9~10; 문인숙 외, 1994: 9).

사회복지사는 사회복지실천과정에서 변화매개 체계, 클라이언트 체계, 표적 체계, 행동체계라는 4체계들과 상호관련되어 활동하게 되는데 이를 간략히 살펴보면 다음과 같다.

① 변화매개 체계(*change agent system*)란 사회복지사와 사회복지사를 고용하는 기관과 조직을 말하며, ② 클라이언트 체계(*client system*)란 서비스나 도움을 필요로 하는 사람을 말하며, ③ 표적체계(*target system*)란 변화매개자들이 그들의 목표를 달성하기 위해 영향을 주거나 변화시키는 것이 필요한 사람들로서 때로는 클라이언트와 중복되기도 한다. 그리고 ④ 행동체계(*action system*)란 변화매개자들이 변화노력을 달성하기 위해 서로 상호작용하는 사람을 말하는데 이웃, 가족, 전문가들이 해당된다.

사회복지실천과정에서 사회복지사의 활동을 4체계로 구분하는 것은 몇 가지 점에서 매우 유용하다. 첫째, 사회복지사로 하여금 변화노력에 관련된 사람들과 여러 다른 상황에 적용될 수 있는 기본구조를 알게 해준다. 둘째, 변화노력과정에서 사회복지사가 완수하여야 할 과업을 찾아내는 데 도움을 준다. 셋째, 사회복지사가 4체계 모두와 상호역동적 관계를 맺어야 함을 제시함으로써, 사회복지실천에서 관계의 중요성을 재강조한다.

2) 권한부여 모델(*empowerment model*)

이 모델은 1970년대 중반 체스탕(Chestang), 솔로몬(Solomon), 핀더허기스(Pinderhughes) 등의 학자에 의해서 개발되었는데, 이것은 클라이언트를 문제중심으로 보는 것이 아니라 강점 중심으로 봄으로써 클라이언트의 잠재역량(*potential competence*) 및 자원을 인정하고 클라이언트 내외에 회복력이 있음을 전제하여 클라이언트가 삶을 결정할 수 있도록 권한 혹은 힘을 부여하고자 하는 것이다(Solomon, 1976; Sheafor, Horejsi & Horejsi, 1991). 따라서 이 모델에서 클라이언트와 사회복지사는 협력적 파트너십을 가진 파트너로서 문제해결과정에 함께 참여하게 된다.

권한부여의 차원은 개인적, 대인관계적, 구조적 차원 등 사회체계의 모든 수준에 적용 가능하다. 이러한 3개 차원은 서로 복합적으로 연결되어 있어 한 영역에서 자원이 찾아지면, 다른 영역의 자원개발도 기여를 하게 되는 장점이 있는데(Miley etc., 1995; 양옥경 외, 2000: 228~229 재인용) 이를 설명하면 다음과 같다.

① 개인적 차원의 권한부여란 개인 스스로에 대한 역량감, 지배감, 강점, 변화능력 등을 의미한다. 라포포르트(Rappoport)는 개인적 차원의 권한부여를 인성, 인지, 동기에서의 자신의 삶에 대한 통제감으로 보고 있다.

② 대인관계적 차원의 권한부여란 대인관계에서 어느 일방에 의해 주거나 혹은 받기만 하는 것이 아니라 상호주고 받는 평형관계를 형성하는 것을 의미한다.

③ 구조적 차원의 권한부여는 사회구조와의 관계를 의미하는데 사람들은 자기자신을 변화시킴으로써 힘을 얻기도 하지만 정치적, 사회적 상황과 같은 사회구조를 바꿈으로써 좀더 큰 힘을 얻고 새로운 기회를 창출할 수 있다.

3) 문제해결과정 모델 (*problem-solving model*)

이 모델은 1975년 콤튼(Compton)과 갤러웨이(Galaway)에 의해 체계화된 것으로 1970년대부터 미국을 중심으로 개발되어 온 생태체계론적 관점에 큰 영향을 받았다. 이러한 발전과정을 통해 문제해결 자체보다 그 과정이나 단계에서의 활동에 중심을 두었다. 따라서 이 모델은 사회복지사가 질병을 치료하듯 클라이언트의 문제를 해결해 주는데 비중을 두는 것이 아니라, 클라이언트의 성장과정에 참여하여 클라이언트를 도우면서 삶에 보다 효과적으로 대처해 갈 수 있도록 클라이언트의 능력을 강화시키는 것이 강조되었다(Compton & Galaway, 1984: 165~166).

4) 생활 모델 (*life model*)

이 모델은 1970년대 초에 저매인(Germain)과 기트맨(Gittermann)이 생태체계적 관점을 이론적 준거틀로 도입하여 개발한 것으로 인간과 환경의 상호작용에 초점을 두고 개인, 집단, 지역사회 등 제반체계에 개입할 수 있도록 하는 실천원칙과 기술을 통합한 것으로서, 생활과정 안에서 사람들이 문제를 해결해 나가도록 하는 실천 모델이다. 이 모델은 문제를 단순히 퍼스낼리티의 장애로서만 파악하지 않고 생활의 맥락 안에서 파악하고 있다. 즉, 긴장이 세 가지 상호관련된 생활영역에서 일어나는데 즉, ① 생활상의 변화, ② 환경의 압박, ③ 대인관계 과정이 그것이다. 따라서 생활 모델은 생활 그 자체를 모델로 삼고 그것이 지니고 있는 성장과 발달 및 문제해결의 힘을 동원, 촉진시키기 위해 접근하게 된다.

이상의 4가지 대표적인 통합적 방법론의 모델들을 비교하여 간략하게 정리하면 〈표 4-1〉과 같다.

〈표 4-1〉 통합적 방법론의 모델

	4체계 모델	생활모델	문제해결모델	권한부여모델
대표적 학자	Pincus & Minahan	Germain & Gittermann	Perlman, Compton & Galaway	Chestang, Solomon, & Pinderhughes
초점	· 인간과 사회 환경 간의 상호작용	· 인간과 환경 간의 상호교류 속의 적응훈련	· 개인과 상황의 상호작용 전체	· 인간과 환경간의 상호작용 · 클라이언트의 강점중심의 개입
목적	· 사람들의 문제해결과 대처능력의 강화 · 사람들과 자원체계 간의 결합 · 체계의 효과적, 인도적 활용의 촉진 · 사회정책의 발전과 개선의 공헌	· 인간생활상의 문제해결 · 인간의 적응능력의 지지 및 강화 · 스트레스의 경감 · 대처를 위한 사회자원의 동원	· 문제해결 · 클라이언트, 워커의 공동관계 형성 · 합리적 과정의 수행	· 클라이언트의 잠재역량 및 자원을 발굴하여 클라이언트 스스로 권한을 부여함으로써 자기 결정권 강화 · 자원의 효과적인 활용을 위한 재조직화 및 활성화
사회복지 실천과정	· 문제의 인식 · 자료의 수집 · 진단 · 개입 · 평가와 종결	· 초기단계: 준비, 참가 · 진행단계: 생활변천과 외상적 사건, 환경문제, 부적응적 대인관계에 개입 · 종료단계: 평가, 종결	· 접촉단계: 문제 및 목표의 명확화, 예비계약, 탐색과 조사 · 계약단계: 평가, 활동 계획의 공식화, 예후 예상 · 활동단계: 계획의 실시, 종결, 평가	· 대화단계: 함께 작업하는 준비, 파트너십 형성, 도전탐색, 강점 구체화, 방향정립 · 발전단계 자원체계 탐색, 자원능력분석, 해결점 형성 · 발달단계: 자원활성화, 기회확대, 성공인정, 목표달성 통합

자료: 양옥경 외, 2000: 233.

5. 사회복지실천의 전통적 접근방법

사회복지실천의 통합적 접근을 이해하기 위해서는 전통적 접근방법에 관한 학습이 전제되어야 한다. 따라서 개별지도사업, 1집 단 지 도 사업, 지역사회조직사업이 통합적 사회복지실천과 다른 것으로 생각해서는 안 된다. 사회복지실천은 문제를 보는 관점을 부분적이며 단편적인 것에서 보다 총체적이며 통합적인 것에 관심이나 초점을 두어 문제해결의 효과성과 효율성을 높이고자 하는 것이다. 즉, 전통적 사회복지방법에서 활용되었던 제반 지식이나 기술에 관한 기본적 이해가 없이는 현실적 방법의 사회복지실천은 접근이 불가능하다.

사회복지의 전통적 방법은 오늘날 미국에서 고도로 발달한 사회사업, 즉 사회심리적 서비스를 말한다. 이러한 서비스는 인간의 욕구가 좌절되거나 사회적 환경에 적응하지 못할 때 이것을 해결하기 위하여 제공한다. 마키버는 사회사업의 대상을 개인과 사회상황간 필연적 부적응(*maladjustment*) (현대사회연구소, 1985: 8)이라고 하였다. 따라서 사회사업은 인간으로 하여금 사회환경에의 적응을 위한 서비스라고 할 수 있다. 이러한 환경에의 부적응은 대개 퍼스낼리티의 결함에서 비롯된다. 따라서 퍼스낼리티를 통합시키고 행동을 수정함으로써 사회환경에 적응시키려는 것이다. 그리하여 전문사회사업은 인간의 퍼스낼리티를 수정하고 사회심리적 욕구를 해결하기 위하여 사회의 자원을 동원하는 과정이라 할 수가 있다.

이러한 사회심리적 원조방법은 전통적으로 ① 개별지도사업(*social case work*), ② 집단지도사업(*social group work*), ③ 지역사회조직(*community organization*), ④ 사회행동(*social action*)의 4가지 방법으로 구분한다. 그러나, 최근 사회사업실천방법으로서 개별적 접근보다 통합적 방법을 많이 주장한다.

1) 개별지도사업 : 개인 · 가족을 통한 실천

개별지도사업(*social case work*)은 전문사회복지의 가장 기본이 되는 것으로 클라이언트를 위하여 개별지도사업의 방법을 활용하는 것이다.

(1) 개별지도사업의 정의

개별지도사업에 대한 정의는 리치몬드(Richmond)의 정의가 가장 보편적인데 그녀는 개별지도사업을 "개별적으로 인간과 환경간의 의식적이고 효과적인 재조정을 통하여 퍼스낼리티를 개발시키는 과정"(Richmond, 1922: 98~99)이라고 정의하였다.

펄만(Perlman)은 "개별지도사업이란 사람들이 사회적 기능을 함께 하는 데에 자신의 문제를 보다 효과적으로 대처해 나가도록 개인을 돕기 위하여 사회복지기관에서 활용하는 과정이다"(Perlman, 1960: 4)라고 하였다. 특히 그녀는 이 정의를 통하여 개별지도사업을 구성하는 기본적 요소로서 사람(*person*), 문제(*problem*), 장소(*place*), 과정(*process*) 등 4P[1)]의 개념을 지적했으며, 문제를 소유한 개인이 사회복지기관에 찾아와 문제해결 과정을 통하여 도움받는다는 것을 설명함으로써 사회복지기관의 기능과 주체적 클라이언트(*client*)를 강조하였다고 볼 수 있다(김영모 · 남세진 · 신섭중, 1982: 250).

《미국 사회사업연감》(*Social Work Year Book*)에서 지적된 개별지도의

---

1) 4 P: ① 사람(*Person*): 생활상 정서적 · 사회적인 어떤 면에 도움을 받을 필요가 있다고 스스로 인정하거나, 받을 필요가 있다고 전문가에 의해 판단된 어떤 사람을 말한다. ② 문제(*Problem*): 어떤 욕구, 장애, 욕구불만이나 부적응 상태 또는 이 모든 것들이 복합적으로 얽힌 상태를 말한다. ③ 장소(*Place*): 장소는 사회시설, 또는 기타 여러 종류의 복지기관 및 부서를 말한다. ④ 과정(*Process*): 과정이란 원조를 전문적으로 하는 사람과 클라이언트 간에 진전되는 업무로, 의미 있는 인간관계 및 상호작용을 통해 진행되는 일련의 문제해결 작업이다.

정의를 찾아보면, 개별지도는 '개인이 자기의 노력과 수단방법으로서 원만히 기능할 수 없는 경우 사회적 적응의 제문제에 대하여 사회사업가들이 그들 각자에게 어떠한 해결책을 발견할 수 있도록 도와주는데 이용되는 한 방법이다'라고 한다(*Social Work Year Book*, 1954: 474).

이상에서 소개된 대표적 정의를 통하여 개별지도사업의 공통성은 일반적으로 ① 사회사업가와 클라이언트간 문제가 개인에 의한 개인(*individual by individual*)의 조정이고, ② 그 목적은 클라이언트의 퍼스낼리티를 발전시키는데 있으며, ③ 이러한 기능을 수행하는데는 전문적 · 과학적 지식이 필요하다는 것이다. 그리하여 사회사업가는 클라이언트의 퍼스낼리티를 개발시키기 위하여 클라이언트가 처하여 있는 지역사회의 인적, 물적 자원을 최대한으로 활용하려고 하며, 이러한 기능행위에 필요한 전문적 지식은 오늘날에 사회학 · 심리학 · 문화인류학 · 정신분석학 · 성격심리학 그리고 정신의학의 종합에서 가능할 것이다.

(2) 개별지도사업의 과정

클라이언트의 문제를 해결하기 위한 개별지도사업은 인테이크(*Intake*), 조사(*case study*), 진단(*diagnosis*), 치료(*treatment*)의 과정으로 이루어지는데, 이를 살펴보면 다음과 같다.

① 인테이크(*Intake*)

인테이크란 말은 영어의 'taking in'(받아들인다, 삼킨다)을 의미하며 접수를 뜻한다. 즉, 도움을 얻기 위해 찾아온 사람에게 그 기관에 속한 사회복지사가 처음으로 접촉하여 그의 욕구가 무엇이며, 그 욕구를 그 기관에서 충족할 수 있는가를 결정하는 과정을 말한다. 이 단계에서는 다음의 사항이 이루어진다.

㉠ 클라이언트의 문제의 성격을 명확히 하며, 문제의 중요성과 원인을 확인한다.

㉡ 클라이언트가 자신의 문제에 대해서 지금까지 시도해 온 노력과 방법이 어떠했는지를 살펴보며, 그가 기대하는 바가 무엇인지 살펴본다.

㉢ 사회복지기관에서의 도움의 내용, 절차 등을 설명해 주며, 그의 욕구에 부응하는 기관을 알선해 준다.

② 사례조사

이 과정은 정확한 진단이 전제조건이며 치료를 위한 첫 단계로서 개별적으로 클라이언트와 그의 가족에 필요한 도움이나 조정을 평가하기 위하여 그 자신 및 가족·학교와 지역사회 등의 전반적 배경을 이해하는데 도움이 될 수 있는 충분한 지식을 획득하는데 있다. 이 과정에서 가장 중요한 자료원(資料源)은 클라이언트이며 따라서 조사시에 클라이언트 자신은 물론 외부의 자료를 수집하는 과정에서 클라이언트의 의사를 최대한 존중해야 한다. 특히 클라이언트의 충분한 참여와 동의를 얻어 면접을 진행해야 한다(표갑수, 2000: 112 재인용).

③ 진단

조사를 통해 수집한 자료 중 의미 있는 항목에 대한 전문적 해석이 이루어지는 과정으로, 클라이언트가 제기하는 욕구나 문제의 성질에 관한 전문적 의견이기도 하다(Hamilton, 1940: 239). 펄만은 진단을 '문제의 성격과 내용을 알기 위해, 또한 문제간의 상호관계와 문제와 문제를 해결하는 수단과의 관계를 생각하기 위해 문제의 제부분을 검토하는 정신적 활동'이라고 정의하면서 진단과정에서 필수적이며 일반적으로 파악해야 할 사항에 대해 다음과 같이 제시하였다. ㉠ 문제는 무엇인가, ㉡ 문제는 얼마나 심각한가, ㉢ 문제의 역동성은 무엇인가, ㉣ 치료에 대한 클라이언트의 기대는 무엇인가, ㉤ 무엇이 변화될 수 있는가, ㉥ 무엇이 변화되어질 것인가. 이러한 수속과정에서 이루어진

문제의 원인, 클라이언트의 능력조건, 태도에 대한 진단, 치료계획 등의 진단요약서를 기록해두는 것이 좋다. 특히 진단이 정확할수록 그만큼 성과도 또한 클 수 있다.

④ 치료

이 과정은 문제해결, 자조능력, 자기실현 그리고 행동변화 등을 가져오도록 클라이언트를 원조하고자 하는 사회복지사의 전문적 활동과정이다. 해밀톤(Hamilton)은 치료의 목적을 ㉠ 클라이언트의 사회적 좌절상태 예방, ㉡ 클라이언트의 능력유지, ㉢ 사회적 기능회복, ㉣ 생활경험을 보다 만족하고 풍부하게 하며, ㉤ 성장 발달을 위한 기회창조, ㉥ 자기지향과 사회적 여건을 위한 능력배양에 있다고 한다(Hamilton, 1940: 213~214).

일반적으로 개별지도사업의 치료방법은 첫째, 심리요법(*psychological therapy*)과 둘째, 환경조정법(*environment modification*)을 들 수 있다. 심리요법은 지원요법(*supportive*)과 자기이해법(*self-understanding*)이 있다. 전자는 클라이언트의 불안감이나 의타심을 없애기 위하여 사회복지사가 관심을 가지면서 충고와 격려, 지도와 기대를 행하는 방법이고, 후자는 클라이언트의 사상과 감정을 정화시키고, 자기를 객관화하여 현실적 자기평가를 하여 자기통제를 하도록 하는 치료법이다. 이것은 개별사회복지사의 고도의 임상심리치료에 필요한 것으로, 과거의 경험이나 자기통찰을 수단으로 구사하는 치료방법으로서, 오늘날 자유연상법·마취제·약품사용, 전기자극요법·최면술 등을 사용한다. 환경조정법은 알선방법과 구체적 봉사의 두 가지가 있는데 전자는 개별사회복지사의 중개적 역할을 하는 치료방법으로서 입양, 입원, 위탁, 이주알선 등을 들 수 있고, 후자는 금전급여나 시설보호 등을 들 수 있다.

(3) 개별지도사업 관계의 원칙

개별지도사업에서의 관계란 사회복지사와 클라이언트간의 감정이나 태도의 역동적 상호작용을 말하며, 궁극적 목적은 클라이언트가 자신과 사회환경간에 보다 효율적 적응을 하도록 도와주는데 있다. 이것을 바탕으로 사회복지사가 지켜야 할 7대 원칙을 비스텍(Biestek)은 다음과 같이 제시하고 있다(Biestek, 1961: 12).

① 개별화(*individualization*)

이 원칙은 클라이언트 개개인의 독특한 자질을 알고 이해하는 일이며, 보다 나은 적응을 할 수 있도록 개개인을 도와줌에 있어서 각 클라이언트가 처한 상황에 따라 상이한 원리나 방법을 활용하는 것이다. 개별화는, 인간은 개별적 존재이며 한 사람의 불특정한 인간으로서가 아니라 다른 사람들과 똑같지 않은 그 나름대로의 차이를 지닌 특정한 인간으로서 처우되어야 한다는 것을 중요한 원칙으로 하고 있다. 개별화를 위해서 사회복지사는 편견이나 선입관에서 벗어나야 하며, 인간행동에 관한 지식에 정통해야 한다.

② 의도적 감정표현(*purposeful expression of feelings*)

이 원칙은 자기감정 특히 부정적 감정을 자유로이 표현하려는 클라이언트 욕구에 대한 인식에서 출발한다. 사회복지사는 의도적으로 경청하여야 하며, 그의 감정표현을 낙담시키거나 비난하지 말아야 하고, 치료상 필요할 경우에는 자극을 주고 격려도 해 주어야 한다. 그러므로 치료상 필요하다고 판단할 때에는 클라이언트가 자기의 감정을 적절히 표현할 수 있도록 적극적으로 격려하고 자극할 필요가 있다.

③ 통제된 정서적 개입(*controlled emotional involvement*)

이 원칙은 클라이언트와의 면접은 주로 정서적인 면에 관계되고 있기 때문에 사회복지사는 클라이언트에게 자기감정을 말로써 표명하도록 권고하고 있다. 사회복지사는 이들 감정에 호응하기 위해 정서적으로 관여하게 되는데, 이 관여는 통제되어지는 것으로서 케이스의 총체적 목적에 따라, 클라이언트 욕구의 변화에 따라, 또는 사회복지사의 전진적·진단적 사고에 따라서 그 방향이 설정되어야 한다는 것이다. 그러기 위해서는 사회복지사는 자기훈련을 통해 자신의 욕구와 감정을 자각하고 이를 관리함으로써 클라이언트의 감정을 왜곡되게 이해하지 않도록 주의해야 한다.

④ 수용 (*acceptance*)

이 원칙은 사회복지사가 클라이언트의 강점과 약점, 바람직한 성격과 그렇지 못한 성격, 긍정적 감정과 부정적 감정, 건설적이거나 파괴적인 태도 및 행동 등을 그대로 인정하고 존중해주는 것을 말한다. 클라이언트는 사회복지사가 호감을 가질 수 있는 사람일 수도 있지만 단점 투성이의 미성숙한 사람일 수도 있다. 강간범이나 아동학대범, 상습적 마약중독자, 파렴치한 채무자 등 사회복지사가 관계하는 클라이언트는 항상 완성된 인격체와 애정어린 성향을 지닌 사람들이 아닐 수도 있다.

그러나 '수용'한다는 것이 클라이언트의 일탈적 태도나 행동을 '시인'한다는 것을 의미하지는 않는다. 그들의 부도덕하고 반사회적 행동을 받아들인다는 의미는 더더욱 아니다. 사회복지사는 윤리와 법, 전문적 가치 등에 의거하여 바람직한 것과 수용할 수 있는 것에 대한 기준을 가지고 있는 것이 당연하며, 사회복지사의 역할은 클라이언트를 바람직하고 수용할 수 있는 상황으로 발전할 수 있도록 돕는 것이다. 따라서 클라이언트에 대한 관심과 따뜻한 마음, 정중한 태도, 경청하는 자세 등을 갖고 중립성을 유지하려는 의지가 요구된다.

⑤ 비심판적 태도 (*non-judgement attitude*)

이 원칙은 클라이언트의 문제나 욕구발생의 원인에 대해서 클라이언트 자신이 책임이 있는가 없는가, 있다면 어느 정도인가 등을 지나치게 단정적으로 표현해서는 안 된다는 것이다. 왜냐하면 도움을 구하러 오는 클라이언트들은 대부분 심판을 받지나 않을까 하는 두려움을 가지고 오는 경우가 많기 때문에 비판에 대해 극도로 민감하기 때문이다. 이처럼 민감한 상태에 있을 경우 대부분의 클라이언트들은 자기방어적인 태도를 취하는 수가 많다. 비판을 받을 위협을 느끼지 않을 때 클라이언트는 사회복지사에게 신뢰감과 자존심을 갖고 자기자신을 있는 그대도 표현할 수 있으며, 진정한 자신의 욕구와 문제를 자유로이 토의할 수 있다. 그러나 클라이언트의 태도, 행동, 가치기준 등에 대해 평가적 판단을 내리는 것은 필요하다. 이것은 클라이언트를 비판하기 위해서가 아니라 클라이언트를 이해하기 때문이다. 사회복지사가 클라이언트에 대해 비심판적 태도를 지니고 있음을 전달하는 것은 매우 중요한데, 이를 위해서 사회복지사는 선입관이나 성급한 결론 유도, 문제의 유형화 등을 배제해야 한다.

⑥ 자기결정 (*self-determination*)

이 원칙은 개별지도과정에서 클라이언트는 스스로 선택하고 결정을 내릴 수 있는 자유로운 권리와 욕구를 갖고 있다는 점을 인식하는 것을 말한다. 이 원칙에 따르는 사회복지사의 임무는 클라이언트로 하여금 필요한 제반 자원을 발견·활용할 수 있도록 도와주는 것이다. 그러나 클라이언트의 자기결정권은 클라이언트의 능력, 법률 및 도덕의 한계 또는 사회복지기관의 활동범위 등에 따라 제한을 받게 된다.

⑦ 비밀보장 (*confidentiality*)

이 원칙은 클라이언트의 기본적 요구이므로 사회복지사는 이에 응할 책임이 있다. 이것이 지켜지지 않는다면 개별지도의 인간관계는 성립될 수 없다. 그러나 이러한 클라이언트의 권리는 절대적인 것만은 아니다. 때로 클라이언트의 비밀은 그 기관 내에서나 다른 기관 전문직원에게 밝혀야 할 경우가 있는데, 이때에는 모든 직원에게 비밀보장의 의무가 확대 적용된다.

(4) 개별지도사업의 면접

① 면접의 정의

면접은 사회복지사와 클라이언트 사이의 일련의 의사소통으로 사회복지 개입의 주요한 도구이다. 개별지도사업 과정에서 면접은 전문적 관계에 바탕을 두고 정보수집, 과업수행, 클라이언트의 문제나 욕구해결 등과 같은 목적을 수행하는 시간제한적 대화이다(Johnson, 1989: 187; 양옥경 외, 2000: 117 재인용).

커스트 애쉬맨과 헐(Kirst-Ashman & Hull)은 면접을 사회적 상호작용인 의사소통과정이며 인지, 정서, 행동상의 변화를 목적으로 한 언어적 행동으로서 문제해결을 위한 개입이라고 정의하였다(Kirst-Ashman & Hull, Jr., 1993, 엄명용 외, 2000: 194 재인용). 따라서 사회복지사의 과제는 클라이언트와의 커뮤니케이션을 개발하고 유지시키는 것이다. 사회복지사는 언어적 · 비언어적 커뮤니케이션의 경로를 통해 자기 자신, 자기의 감정 또는 생각 등을 표현하게 된다. 커뮤니케이션은 면접의 성패를 좌우하기 때문에 사회복지사는 커뮤니케이션을 효과적으로 할 수 있는 기술을 개발해야 하며, 커뮤니케이션의 장애요인에 대해 민감해야 한다. 사회복지실천에서 면접은 클라이언트에 대한 정보를 얻기 위한 목적에서 행해지거나 클라이언트가 문제를 해결하는데 도움을 주기 위한 목적에서 행해진다.

② 면접의 목적

카두신(Kadushin)과 재스트로(Zastrow)는 개별사회사업 면접의 목적을 정보수집 혹은 사회조사 면접, 진단적 결정적 면접, 치료적 면접의 세 가지로 설명하고 있다(Kadushin, 1990: 11~15; Zastrow, 1995: 106~107을 양옥경 외, 2000: 119~121 재인용).

브라운(Brown)은 면접의 목적을 자료수집, 치료관계의 확립과 유지, 클라이언트에게 정보제공, 원조과정에서 장애를 파악하고 제거하는 것, 목표달성을 향한 활동을 파악하고 이행하는 것, 원조과정을 촉진하는 것 등의 여섯 가지로 제시하고 있다(Brown, 1992: 102를 김기태 외, 2001: 135 재인용). 여기서는 카두신과 재스트로가 지적한 면접의 목적 세 가지를 설명하면 다음과 같다(Kadushin, 1990: 11~15; 신성자 외, 2000: 212; 김기태 외, 2001: 139~140).

가. 정보수집 또는 사회조사 면접

정보수집을 위한 면접은 개인 혹은 집단, 또는 지역사회의 사회적 기능에 대한 중요한 정보를 획득하는 것에 초점을 둔다. 그 초점은 기관의 도움이 요청되었거나, 될 가능성이 있는 사회적으로 스트레스를 유발하는 상황이며, 기관이 제공할 수 있는 원조의 종류를 정하는데 필요한 정보가 포함된다. 정보적 사회조사 면접은 사회기능에 관련된 생육력의 자료에 관한 선택적 수집으로 이러한 정보를 수집하는 것이 사회복지사가 사회문제 상황에 관련된 클라이언트를 이해하는데 도움이 된다. 그리고 사회복지사가 추구하는 정보는 객관적 사실과 주관적인 감정 및 태도를 포함한다.

일반적으로 사회조사시 포함되는 요소는 ㉠ 인구사회학적 요인: 나이, 성별, 학력, 결혼상태, 주소 등, ㉡ 현재의 문제: 현재 문제상황, 과거력(과거 유사한 문제의 존재유무, 받은 치료형태, 치료기관 등) 포함, ㉢ 가족력: 클라이언트의 원가족을 중심으로 부모와의 관계, 형제자매 관계, 가족문화, 부부관계, 자녀와의 관계 등, ㉣ 개인력: 자라

온 환경, 발달단계상의 문제, 학교생활, 교우관계, 직장생활, 결혼생활 등, ㉤ 사회적, 직업적 기능정도 등이다.

나. 진단적 결정적 면접

서비스를 위한 평가와 적격요건을 결정하기 위해 진행된다. 예를 들어, 공적 부조 워커는 신청자가 부조를 받을 자격이 있는가를 결정하기 위해 클라이언트와 면접한다. 보호서비스 워커는 아동을 방임한 부모에 대한 탄원이 고소로 제기되어야 할 것인지의 여부를 판가름하기 위해 가족과 면접하기도 한다. 비록 이러한 면접은 고도로 개별화되었지만 이 면접은 사회복지사가 클라이언트의 어떤 특성을 평가하기 위하여 행하여진다. 평가면접의 목적은 어떤 결정을 내리는 데 필요한 정보를 선택적으로 수집하는데 있다.

다. 치료적 면접

치료적 면접의 목적은 클라이언트나 클라이언트가 처한 사회적 상황의 변화를 가져오거나, 또는 클라이언트와 상황 모두의 변화를 함께 가져오기 위하여 이루어진다. 그 목표는 치료적 변화의 결과로서 클라이언트가 좀 더 효과적인 사회적 기능을 수행하게 하는 것이다. 이러한 형태의 면접에서는 사회적 상황에 대한 클라이언트의 감정, 태도, 행동들을 효과적으로 변화시키기 위해 특수한 치료방법들을 사용한다. 그리고 클라이언트와 충돌하는 사회적 압력을 감소시키기 위해서 사회적 상황을 변화시키는 노력도 병행할 수 있다. 이 면접은 정신치료적 면접이다. 즉, 면접인은 클라이언트의 감정, 태도, 행동의 효과적 변화를 위한 목적으로 심리학적 원리와 절차를 적용한다. 예컨대 학교사회복지사는 아동으로 하여금 학교생활에 잘 적응하도록 돕는 면접을 한다.

③ 면접의 기술(방법)

면접 방법은 면접자와 클라이언트간의 부드럽고 자연스러운 상호간 교류를 의미한다. 특히 면접 방법은 많은 실제적 경험을 통해서 습득된다. 따라서 면접자는 면접의 여러 가지 민감한 문제들에 접근하기 위해서 이론적 지식과 경험적 기술을 충분히 활용해야 한다. 이와 관련하여 면접 방법을 몇 가지 제시하면 다음과 같다(장인협, 1981: 47~54).

가. 관찰 기술

관찰은 선입관을 버리고 실제 상황을 있는 그대로 보는 것이다. 면접자는 클라이언트가 언급하지 않은 부분에 대해 주목해야 한다. 예컨대, 신체적 긴장, 얼굴의 홍조, 흥분 또는 낙담하는 태도 등에 대해 세심히 관찰해야 한다.

나. 경청 기술

경청은 면접의 기본적 활동 중의 하나이다. 면접자는 클라이언트의 이야기를 충분히 경청하여 적절한 의견이나 질문을 함으로써 상대방의 본질적 요점을 파악했다는 것을 나타내야 한다.

다. 질문 기술

질문은 면접의 중심이 되는 기술이다. 면접자는 몇 마디의 질문으로 클라이언트에게 많은 이야기를 하도록 해야 한다. 특히 클라이언트의 보조에 맞춰서 질문해야 하고, 우회적이며 도움을 주기 위한 질문이어야 한다.

라. 대화 기술

대화는 상대방이 이해할 수 있는 언어로서 이루어져야 한다. 면접자는 클라이언트와 이야기할 때에 그들이 사용하는 용어를 적절히 넣어서 대화내용이 이해가 되도록 전개하는 것이 매우 중요하다.

마. 응답 기술

응답은 상대방의 공적, 사적 질문에 대한 대답이다. 면접자가 클라이언트로부터 난처한 사적 질문을 받을 때가 많은데, 이러한 사적 질문에 대해 당황하지 말고 간단히 정직한 응답을 하는 것이 바람직하다.

바. 통솔 기술

통솔은 면접자가 클라이언트로 하여금 의식적으로 자기감정을 표현토록 하는데 사용한다. 면접자는 클라이언트의 이야기를 시종 경청하면서 표면에 나타나지 않게 면접을 지도하며 통솔해 나가야 한다.

사. 해석 기술

해석은 면접자가 클라이언트의 현존사태에 대해 이해하도록 인식시키는데 있다. 면접자는 클라이언트가 직면한 문제상황에 대해 해석을 내리는 것이 중요하다. 이러한 해석은 클라이언트 자신에게 통찰력을 갖도록 해야 한다.

(5) 개별지도사업의 실천이론

이 실천이론은 인간(욕구)과 환경간의 조정의 필요성에서 발달하였고 이러한 조정은 사회복지사의 기능이다. 여기서는 가장 보편적으로 활용되는 이론이면서도 효과적이고 접근이 용이한 6개의 이론인 심리사회이론, 행동주의이론, 과제중심이론, 체계이론, 인지·행동적이론, 위기개입이론을 간략히 설명하면 다음과 같다(Roberts & Nee, 1970; Reid, 1992: 249; 엄명용 외, 2000: 271~359; 장인협 외, 2000: 96~97; 김기태 외, 2000: 165~177; 김혜란 외, 2001: 71~139; 김상균 외, 2001: 266~269).

① 심리사회 실천이론

이 이론은 홀리스(Hollis)의 이론을 중심으로 하고 있다. 초기의 우애방문단 및 자선조직협회의 활동내용과 이를 근거로 한 리치몬드의 실천 모델 및 이후 사회복지실천에 영향을 미친 정신역동 이론, 자아심리학, 인류학, 가족단위의 실천개입 이론, 체계이론, 기타 클라이언트 문제와 관련한 사회구조의 역할을 강조한 사회과학 등의 영향을 수용하면서 발전하였다.

심리사회모델에서는 인간의 문제를 심리적(혹은 정서적)이고 사회적인 문제로 이해하면서 '상황 속의 인간'(*person-in-situation*)을 강조한다. 또한 클라이언트와 사회복지사의 관계를 중요하게 여기고, 관계를 형성하기 위해 클라이언트를 수용하고 개별화하며 '클라이언트가 있는 곳에서 출발'하는 등의 실천원칙을 강조한다. 하지만 심리사회모델의 주요 이론적 배경은 정신역동이론이며, '상황 속의 인간'의 시각을 강조하지만 개입의 초점은 역시 클라이언트의 심리 내적 과정에 치중되어 있다(Woodrow, 1983; 김혜란 · 홍선미 · 공계순, 2001: 72 재인용). 즉, 심리사회모델에서는 클라이언트가 자신의 행동과 감정에 대해 이해하고 통찰함으로써 자신의 문제를 해결하기 위한 능력을 고취하도록 원조하는 것을 강조한다.

심리사회모델에서는 클라이언트의 과거 경험이 현재의 심리 내적 혹은 사회적 기능에 미치는 영향을 강조하고, 클라이언트가 과거 혹은 현재의 경험과 관련한 내적 갈등을 이해하고 통찰함으로써 성장하도록 원조한다. 이를 위해 사회복지사는 다음과 같은 활동을 주로 수행한다(Woods & Hollis, 1990).

㉠ 지지

클라이언트를 수용하고 클라이언트를 원조하려는 의사를 분명히 하며 클라이언트의 문제해결 능력에 대해 확신하고 있음을 표현함으로써 클라이언트의 자기존중감을 증진한다.

㉡ 직접적 영향

조언이나 제안을 통해 사회복지사의 의사를 관철한다.

㉢ 탐색 / 기술 / 환기

탐색과 기술을 통해 클라이언트, 클라이언트가 처한 환경 혹은 클라이언트와 환경간의 상호작용에 관한 사실을 진술하고 설명하도록 원조하며, 환기를 통해 사실과 관련된 감정을 이끌어냄으로써 카타르시스를 경험하도록 원조한다.

㉣ 인간과 상황에 대한 고찰

최근 사건과 관련하여 인간과 상황의 상호작용에 대해 고찰한다.

㉤ 유형 / 역동에 대한 고찰

클라이언트의 성격 혹은 행동유형과 심리내적 역동에 대해 고찰한다.

㉥ 발달적 고찰

성인기 이전의 생애경험과 이런 경험이 현재 기능에 미치는 영향을 고찰한다(김상균 외, 2001: 266~267 재인용).

② 행동주의 실천이론

이 이론은 미시간대학의 토마스(Thomas)가 주창한 것으로 사회화의 중요성을 강조하는 학습이론에 기초를 두고 있다. 행동주의이론은 자극과 반응에 의해 학습 또는 수정되는 직접 관찰 가능한 인간행동이 연구의 초점이 되어 있다. 행동주의 이론을 적용한 행동주의모델에서는 클라이언트의 문제를 해결하기 위해 클라이언트의 관찰가능한 행동과 환경을 분석하고 수정하고자 한다는 점에서 앞에서 설명한 심리사회모델과 크게 구분된다. 개입과정에서는 특히 문제와 변화목표를 구체적이고 정확하게 설정하고, 과정과 결과에 대해 객관적으로 모니터하는 것을 강조한다. 또한 조작적 조건형성에 의해 유지되는 행동을 변화하는 경우, 사회복지사는 클라이언트의 문제행동과 행동 전후에 어떤 상황과 결과가 있었는지에 대해 분석하고 클라이언트의 행동과 환경을 변화하기 위한 목적으로 개입한다.

구체적 개입과정은 다음과 같다(김혜란 · 홍선미 · 공계순, 2001: 88).

먼저, 클라이언트의 문제를 구체적으로 규정하고, 선행사건 - 행동 - 결과를 변화하기 위한 개입방법을 결정한 후, 클라이언트와 동의사항에 대해 계약한다. 개입의 목표는 클라이언트가 최종 행동을 달성하는 것이며, 이를 위해 개입과 동시에 진행과정을 모니터하고 기록, 평가한다. 사회복지사는 클라이언트가 바람직한 행동을 학습하도록 격려하고, 바람직한 행동을 적절히 보상한다. 특히 클라이언트를 도와줄 수 있는 가족이나 친구들, 이웃들을 찾아내어 클라이언트의 환경에서 강화가 이루어진 후에 종결하는 것이 바람직하다.

③ 과제중심 실천이론

이 이론은 1970년대 초 시카고대학에 있는 레이디와 엡스틴(Reid & Epstein)에 의하여 발단된 이론으로(Reid & Epstein, 1972) 클라이언트에 의한 활동단계들을 강조하는 개입구조의 활동을 통해 클라이언트의 사회적 기능을 향상시키는데 초점을 둔다. 이 이론의 특징은 ㉠ 시간제한적 단기치료라는 것, ㉡ 구체적 문제에 개입의 초점을 둔다는 것, ㉢ 클라이언트의 문제 해결활동은 과제를 중심으로 수행된다는 것, ㉣ 이론보다는 조사에 근거한 경험적 자료를 중심으로 진행된다는 것이다.

④ 체계실천이론

이 이론은 체계가 상호의존적이고 상호작용하는 부분들로 구성된 전체, 즉 부분들간 관계를 맺는 일련의 단위인 가족, 소집단, 조직, 지역사회, 사회 등의 여러 사회체계가 구성된 방법과 그 체계들의 유지와 변화과정을 연구대상으로 한다. 체계이론은 체계내의 고도의 조직력이 있다고 보고 사회체계간 상호작용과 상호의존성 및 각 체계내의 조직을 전제로 한다. 그러므로 체계간 파급효과를 가져온다는 것이다. 이 이론은 체계의 변화보다 안정에 일차적 초점을 두고 있다(김영모, 2000: 55).

⑤ 인지 · 행동 실천이론

이 이론은 하나의 실천이론이 아니라 여러 이론들을 총칭하는 용어이다. 감정이나 행동을 사고의 산물로 보는 인지이론에다 과제 내주기, 강화, 보상, 반복, 행동기술의 교육 및 습득 원조 등의 행동주의적 요소가 결합된 것을 말한다. 인지 · 행동이론 기법의 기본전제는 대부분 사회적, 행동적 역기능이 자기 자신, 타인 그리고 삶의 상황들에 대해 갖고 있는 잘못된 생각 즉 인지체계에서 비롯된다는 것이다. 인지체계란 자아개념뿐만 아니라 인간 내면에 저장된 인식의 틀, 지식, 기대, 희망, 의견 등으로 구성되어 있다(Reid, 1977; 엄명용 외, 2000: 308 재인용).

인지이론에 바탕을 둔 실천의 초점은 클라이언트의 사고와 행동에서 관찰되는 편협성과 왜곡현상이다. 따라서 치료와 사정은 밀접히 관련되어 있다. 사회복지사의 임무는 ㉠ 클라이언트로 하여금 그들의 비논리적 사고를 떨쳐버리게 하고, ㉡ 사고의 부정확성을 깨닫게 하며, ㉢ 자기 파괴적 자세를 변화시키며, ㉣ 자신들이 처한 상황에 대해 보다 현실적 견해를 갖도록 유도하는 것이다. 개입의 최종 목적은 클라이언트로 하여금 합리적 철학을 내면화시키도록 하는 것인데, 이를 위해서 의식적이고 목적지향적인 노력이 요구되어진다.

치료의 목적은 클라이언트로 하여금 자기 자신, 다른 사람 그리고 삶에 대한 정확하고 객관적인 평가를 통해서, 보다 신선하고 건설적인 대체적 인지들을 클라이언트 스스로가 창출해 내거나 발견해 낼 수 있도록 도와주는 것이다. 클라이언트 스스로가 자기의 가치체계 안에서 가장 합리적이고 건설적인 대체적 사고를 찾는 과정에서 클라이언트는 자신감과 자아 존중감을 갖게 된다는 것이 이 치료법의 장점이다. 결국은 클라이언트로 하여금 삶 속에서 새로운 도전을 새로운 시각에서 맞이할 준비를 하게 한다는 것이다. 이 접근방법은 인지 재구성을 통해 클라이언트의 문제를 해결하고자 하는데, 이 인지 재구성 전략은 ㉠ 외부세계에 대해서 갖는 잘못된 개념, 비현실적 기대 및 잘못된 생각들을 변화시키고, ㉡ 자기 자신에 대한 비합리적 서술을 수정하고 ㉢ 문제해결 능력 및 의사결정 능력을 배양하고 ㉣ 자기통제 및 자기관리 능력을 함양시키는 것이다(Fisher, 1981: 199~207).

⑥ 위기개입 실천이론

이 이론은 1960년대 이후 단기적 개별지도사업 실천의 치료에 관심을 두고 위기상태에 있는 클라이언트를 도와주는 치료적 실천론이다. 이 이론은 클라이언트로 하여금 문제를 인식하고 그 영향을 인정하며, 유사한 예견된 경험을 위하여 새롭거나 보다 효과적 행동을 학습함으로써 긍정적 성장과 변화를 인도하는 것이다. 이것은 정신분석학적 자아심리학에 기초해 있다. 그리하여 의사, 간호사 그리고 사회복지사의 다학제적 팀을 사용하는 아이디어와 관련되어 있다. 특히 사회복지사는 클라이언트의 가정을 방문하여 정신병원에서 해로운 불필요한 입원을 피하도록 한다. 예컨대 죽음과 같은 심각한 반응을 지닌 사람을 도와주거나 이혼이나 아동보호 문제가 가족해체를 일으키는 경우에 적용되는 이론이다.

2) 집단지도사업 : 집단을 통한 실천

집단지도사업(*social group work*)은 집단의 상호작용을 전제로 하여 개인이나 집단전체가 가진 문제를 해결하기 위한 전문사회복지의 한 방법이다.

(1) 집단지도사업의 정의

코노프카(Konopka)는 "집단지도사업이란 전문 사회사업방법의 한 유형으로 의도적 집단경험을 통하여 개인의 사회적 기능을 향상케 하며 또한 개인, 집단, 지역사회의 당면문제들에 대해 보다 효과적으로 대처할 수 있도록 도움을 주는 것이다"(Konopka, 1963: 21)라고 하였다. 집단지도이론의 권위자인 트렉카(Trecker)는 "집단지도사업은 집단 또는 사회기관의 시설내의 구성원 개개인을 사회사업가의 도움에 의하여 구성원 상호간 또는 타인과의 원만한 관계를 맺도록 도와주고,

구성원들이 자기의 욕구와 능력에 따라서 발전할 수 있는 기회를 마련해 주는 과정이며 방법"이라고 하였다(Trecker, 1948: 8~9).

집단지도의 개념을 코노버(Conover)는 다음의 여섯 가지 요소에 의하여 이루어져 있다고 지적한다(Fink, Wilson & Conover, 1953; 김영모, 1991: 220 재인용). 코노버가 지적한 요소는 집단지도의 가장 보편적 개념이라고 생각할 수 있을 것 같다.

① 집단지도는 원조의 과정이다.
② 자발적 집단에서 행한다.
③ 여가의 흥미를 중심으로 한다.
④ 한 사람의 지도자의 도움에서 행한다.
⑤ 개인의 퍼스낼리티의 발달을 목적으로 한다.
⑥ 집단이 가지고 있는 사회적 목적을 추진시킨다.

이러한 집단지도는 개별지도의 개념과 비교해 볼 때 그 목적이 개인의 퍼스낼리티의 발달에 있다는 점은 동일하다. 그러나 ㉠ 개별지도는 예방·조치·치료에 일차적 관심이 있는데 반해, 집단지도는 정상적 사람에 대하여 창조적 경험을 제공하는데 일차적 관심이 있다는 점과 ㉡ 개별지도는 개별적인데 반해, 집단지도는 집단적이라는데 근본적 차이가 있다.

(2) 집단지도사업의 의의

클라이언트들은 동년배집단, 학교친구집단, 부모-자녀 관계에서 자기의 생활권을 확대하며 이러한 집단과정 속에서 상호작용을 겪으면서 개인의 기본적 욕구를 충족하여 인격의 성장·발달을 촉진하면서 사회적 기능을 원활히 수행할 수 있는 인간으로 육성한다. 그러나 클라이언트들 중 보다 충분한 발달을 저해받거나, 사회적이지만 민주성이 부족하거나 또는 어떠한 손상된 문제환경에서 건전하게 양육받을 수 없을 경우 이들을 소집단활동의 상호작용을 거친 집단경험을 통해 자아발전에 이바지하게 할 수 있도록 도와주기 때문에 집단지도방법에 의의가 있다. 이는 어린이집, 육아원, 아동복지시설, 아동클럽, 캠프 프로그램 등에서 실시되고 있다.

(3) 집단지도사업의 원리

트렉카는 집단지도사업의 효과를 거두기 위한 기본원리로 다음의 열 가지를 지적한다(Trecker, 1948: 271). 이러한 집단지도사업의 원리는 집단지도사업의 발전과 같이 변화하고, 그것은 효과적 지도를 위해서도 필요하다.

① 의식적이고 계획된 집단형성이 필요하다.
② 개인과 집단발달의 특수목적은 집단의 목표와 능력이 조화를 이루고, 기관 기능을 유지할 수 있도록 형성되어야 한다.
③ 사회사업가와 집단의 관계성이 합목적적이어야 한다.
④ 개인의 욕구는 다양하기 때문에 사회사업가는 의식적으로 개별화를 실시해야 한다.
⑤ 집단 또는 개인을 가동(稼動)하는 일차적 활력 원천인 상호작용이 사회사업가에 의하여 지도되어야 한다.
⑥ 집단은 최대한의 책임감을 가진 민주적 자기결정이 있어야 한다.
⑦ 집단조직은 집단과 그 욕구의 변화와 더불어 유동적 기능조직이라야 한다.
⑧ 프로그램 경험은 성원의 관심·욕구·경험경쟁의 수준에서 진보적이라야 한다.
⑨ 기관의 전체환경과 지역사회자원은 개인과 집단경험의 내용을 풍부하게 하는데 이용되어야 한다.
⑩ 과정과 프로그램의 계속적 평가는 효과적이라는 점에서 필요하다.

(4) 집단의 유형

집단지도사업에서 활용될 수 있는 집단유형은 다음과 같다(Toseland & Rivas, 1995을 김혜란 외, 2001: 202~206 재인용; 신성자 외, 2001: 132).

① 자조집단

유사한 문제나 욕구를 가진 집단성원들이 서로 돕고 특정한 목적을 성취하기 위해 조직된 자발적 집단을 말한다.

② 치료집단

성원들의 행동변화, 개인적 문제의 개선, 또는 상실된 기능의 회복을 원조하는 것이다. 대개 집단성원은 전문가에 의해 치료집단이 적합한지 사정된 후 공통의 문제를 겪는 클라이언트들로 구성된다. 치료집단에서 사회복지사는 전문가, 권위적인 인물 또는 변화 매개인으로서의 역할을 수행하게 되며, 집단의 공동목적 내에서 개별성원의 목적을 구체적으로 수립하여 이를 달성하도록 원조한다. 자기표출의 정도는 비교적 높은 편이나 성원들이 겪는 문제에 따라 차이가 날 수 있다.

치료집단의 예는 ⓐ 지역정신건강센터에서 심리치료를 받는 외래환자 집단, ⓑ 건강협회에서 지원하는 금연을 원하는 사람들의 집단, ⓒ 초범자로 보호관찰 처분을 받은 청소년 집단, ⓓ 약물중독으로 치료를 받는 집단 등이다.

③ 교육집단

성원들의 지식, 정보 또는 기술의 향상에 있다. 정보의 제공은 주로 전문가에 의해서 강의형태로 이루어지며 성원간의 토의를 통해서 학습이 강화된다. 집단성원은 학습에 대한 공통의 관심사를 가진 사람들로 구성된다. 사회복지사는 성원의 지식, 기술, 경험 등을 고려하여 모든 성원이 최상의 학습효과를 얻도록 해야 한다. 교육집단은 주로 강의를 중심으로 구조화되므로 성원들의 자기표출은 비교적 낮은 편이다. 교육집단의 실례는 ⓐ 성교육을 받는 청소년 집단, ⓑ 예비부모교육을 받는 미혼 성인집단, ⓒ 위탁가정의 부모가 되려는 집단, ⓓ 특정 약물이나 질환에 대해 정보를 획득하는 집단 등이다.

④ 과업집단

조직이나 기관의 문제에 대한 해결책 모색, 새로운 아이디어 개발, 효과적 원조전략 수립 등의 과업수행을 목적으로 하는 집단을 말한다. 따라서 집단과 함께 일하고 노력할 주제에 대해 관심이 많은 사람이나 특별한 재능을 가진 사람들로 구성된다.

⑤ 사회화집단

사회적 관계에 어려움을 가지고 있는 클라이언트를 중심으로 사회생활에서 효과적으로 기능하기 위해 필요한 사회기술을 습득하거나 사회적으로 받아들여지는 행동형태를 배우는데 목적을 두고 있다. 사회집단의 예는 ⓐ 학교에서 공격적 집단, ⓑ 과거에 정신장애 환자였던 사람들의 모임집단, ⓒ 소풍, 춤과 같은 여가활동을 포함하는 편부모 집단 등이다.

(5) 집단활동의 기본적 요소

집단활동의 기본적 요소는 집단구성원, 집단, 프로그램, 사회복지사 등이다.

① 집단구성원

집단지도의 도움은 궁극적으로는 구성원 개인의 변화와 성장에 초점을 둔다. 집단지도 사회복지사는 구성원 한 사람 한 사람에 대한 개별화를 통해서 충분한 이해를 갖고 있어야 한다. 구성원 개인에 관한 조사항목으로 트렉카는 ㉠ 연령, 성별, 직업, 교육배경, ㉡ 인간관계,

㉢ 과거의 집단활동 경험, ㉣ 집단활동의 참가도, ㉤ 지도력, ㉥ 창의성, ㉦ 다른 집단에서의 활동경험, ㉧ 집단, 단체, 지역사회 안에서의 지위, ㉨ 흥미와 능력, ㉩ 가정 및 사회환경, ㉪ 창의성, ㉫ 타집단에서의 활동경험, ㉬ 지도력을 열거하고 있다. 위의 항목에 대한 이해를 통해서 개인의 욕구와 문제를 인식하며 개인의 성장, 발전에 기여하게 될 것이다.

② 집단

집단지도사업은 집단내의 개인과 함께 활동하는 방법이지만 사회복지사는 항상 집단과 함께 시작하여 집단을 통해 구성원 각자에게 접근하게 된다. 따라서 집단사회복지사는 집단자체에 대한 이해가 있어야 한다. 이러한 집단자체에 대한 이해를 위해서는 ㉠ 집단의 역사, ㉡ 집단내의 개인, ㉢ 프로그램, ㉣ 집단의 발달단계, ㉤ 집단의 특성, ㉥ 사회사업가와 집단과의 관계, ㉦ 개인 목적과 집단 목적 등의 항목을 을 조사하여야 한다.

③ 프로그램

프로그램은 집단지도사업의 핵심으로 집단경험의 내용을 결정하는 중요요소이다. 실제 프로그램은 개인 및 집단의 욕구에 호응하기 위해 집단 내에서 신중히 계획되고 실행되는 활동으로서 상호작용 및 제경험을 포함하는 준비에서 평가에 이르는 전과정인 것이다(장인협 · 오정수, 1993: 242).

이에 대한 프로그램의 효과적 작성의 기준을 보면 다음과 같다(Trecker, 1948: 162).

㉠ 프로그램은 집단을 구성하는 개인의 관심과 욕구에 기초해야 한다.

㉡ 프로그램은 집단성원의 연령, 문화적 배경, 그리고 경제적 차이와 같은 요인을 고려해야 한다.

㉢ 프로그램은 개인의 고유한 가치를 추구하기 위하여 자발적으로

선택한 경험과 기회를 개인에게 제공해야 한다.

㉣ 프로그램은 다양한 욕구와 관심을 만족시키기 위하여 그리고 참여를위한 최대한의 기회를 주기 위하여 유동적이고 다양해야 한다.

㉤ 프로그램은 집단성원의 성장의 결과에서 나오는 발전과 함께 단순한 것부터 점차 복잡해져 가야 한다. 본질적으로 개인적 관심이 사회 또 는 지역사회적 관심으로 발전되고 프로그램의 사회적 의의가 클수록 궁극적 목적이라 할 수 있다.

레크리에이션 프로그램의 계획에서, 지도자는 집단에 가장 적절한 활동요인이 무엇인가를 알아야 한다. 즉, ⓐ 회원의 연령, ⓑ 성, ⓒ 회원수, ⓓ 이용할 수 있는 시설, ⓔ 후원조직의 성질, ⓕ 집단의 사전 레크리에이션 경험, ⓖ 집단의 회합시간과 회수, ⓗ 회원의 동질성, ⓘ 그들의 교육적, 사회경제적 배경과, ⓙ 그 지방의 종교 그리고 ⓚ 회원의 신체적 조건 등과 같은 요인을 알아야 한다(Kraus, 1955를 김영모, 1991: 224 재인용).

④ 사회복지사

집단지도사회복지사는 집단의 상황과 그가 안고 있는 요구나 집단성원의 요구를 파악하고, 활동할 장을 설정하여, 그 집단이 갖는 목적에 따라 프로그램을 전개해야 할 역할을 지니고 있다.

집단지도사회복지사의 역할을 구체적으로 열거해 보면 다음과 같다.

㉠ 가능케 하는 사람(*enabler*) : 뒤에 설명할 사회적 목표모델에서 사회복지사는 집단구성원들이 대처코자 하는 과제를 측면에서 도와서 그것을 가능케 하는 역할을 담당한다. 특히 이러한 역할은 프로그램에서 중시되는 것이다.

㉡ 변화를 일으키는 사람(*change agent*) : 뒤에 설명할 치료모델에서 사회복지사는 집단성원들에게 바람직한 변화를 가져오는 역할을 담당해야 한다. 개인이나 집단은 물론 환경이나 제도변화까지도 요구된다.

㉢ 매개자 또는 자료제공자(*mediator or resource person*) : 사회복지사는 구성원간의 상호작용·상호원조를 중시하며, 또는 필요에 따라 구성원과 사회자원간의 매개자·자료제공자의 역할을 담당하게 된다. 즉 모형에 따라서 각각이 역할이 내재하게 되며, 이 밖에도 일반적 활동수행에서, 특히 사회복지사와 클라이언트 관계에서 다음의 역할수행도 권장되고 있다.

중개자(*broker*) : 클라이언트에게 지역의 사회자원을 단순히 중개하는 역할, 매개자(*mediator*) : 클라이언트의 요구와 기관의 서비스를 상호 매개하는 역할, 변호자(*advocate*) : 사회사업 실제에서 항상 클라이언트의 권리옹호를 위해 변호하거나 대변하는 역할, 상담자(*conferee*) : 클라이언트의 문제상황을 해결할 수 있도록 상담에 응해주는 역할(장인협 외, 2001: 110~116) 등을 수행한다.

(6) 집단지도사업의 실천모델

집단의 목표와 목적은 적용할 집단지도사업의 실천모델을 결정하게 되는데, 파펠과 로스만(Papell & Rothman)은 집단지도사업의 실천모델로 사회적 목표모델, 치료적 모델, 상호작용적 모델의 3가지 모델을 제시하고 있는데 이를 살펴보면 다음과 같다(Papell & Rothman, 1966: 66~78, 김혜란 외, 2001: 207~210, 전제일, 2002: 178~179, 신성자 외, 2001: 138~140).

① 사회적 목표모델(*Social goals model*)

초기 사회복지기관 및 단체라 할 수 있는 인보관, YMCA, YWCA, 걸스카웃(*girl scout*), 보이스카웃(*boy scout*) 등이 이 모델과 동일한 목적으로 계속 활동해 오고 있다. 이 모델의 주요 개념은 사회적 의식, 사회적 책임이며, 이를 통한 시민 참가, 선량한 사회인, 민주적 과정의 습득을 주된 목표로 하고 있다. 즉, 사회목표모델에서는 인간관계

훈련, 지도력의 실험, 시민참여 등의 활동을 통하여 사회적 의식과 사회적 책임이라는 목표를 성취한다. 이 모델에서 집단사회복지사는 교사, 조력사 역할을 담당하게 된다. 이 모델의 요점은 ㉠ 사회적 기능의 강화와 자기의 활용을 도모하고, ㉡ 사회참가와 사회적 행동을 지향하며, ㉢ 사회적 행동의 부차적 효과로서 개인의 치료를 달성코자 함에 있다(장인협, 1981: 85).

② 치료모델(*Remedial model*)

이 모델은 사회적 기능수행에 뚜렷한 문제가 있거나 문제발생의 위험이 높은 개인에게 원조하는 것을 강조하는 임상모델이다. 치료모델의 초점은 집단을 통해 개인을 치료하는 것으로, 집단은 개인의 목적을 달성하기 위한 도구 또는 상황이며, 집단구조와 집단과정에서의 변화는 그 자체가 목적이기보다는 목적달성을 위한 수단이다. 이 모델은 신체적으로나 정신적으로 장애를 가진 사람, 법률상의 범죄자, 격리되거나 소외된 사람을 위하여 교정시설, 병원, 그리고 가족서비스기관 등에서 활용된다. 치료모델에서 집단사회복지사는 집단형성과 운영에 강한 힘과 영향력을 행사한다. 집단성원은 전문가의 진단에 의해 구성된다(김혜란·홍선미·공계순, 2001: 209).

③ 상호작용모델(*reciprocal model*)

이 모델은 중재모델, 인본주의 모델 등 다양한 용어로 불리는데 개별성원과 집단간의 상호관계에 초점을 둔다. 이 모델의 특징은 ㉠ 치료적 목적이나 사회변화 목표를 사전에 설정하지 않고, 상호작용 체계를 구성하는 성원들과 집단 내 상호작용과정을 통해 결정하며, ㉡ 따라서 집단은 상호원조 시스템으로 기능하게 되고, ㉢ 집단사회사업가는 이를 중개하는 매개자로서의 역할하며, ㉣ 보다 넓은 정의를 목표로 하고, 방법론의 통합화를 추구한다는 점이다.

이 모델에서는 집단을 집단사회사업가와 모든 집단성원을 포함한 체계로 보며, 집단과 개별성원의 상호관계에 초점을 두는 모델로, 개인과 집단이 상호의존적 관계를 유지한다고 본다. 이 모델에서 집단사회사업가는 개인과 집단, 소집단과 지역사회 사이의 중개역할을 수행한다. 이 모델은 개인, 집단, 사회 사이에 일어나는 상호작용에 중점을 두기 때문에 집단사회사업가는 개인이나 환경 어느 특정 영역에 초점을 두어서는 안 되며, 이 둘간의 상호작용과 욕구에 초점을 두어야 한다(신성자 외, 2001: 140).

3) 지역사회복지 : 지역사회를 통한 실천

지역사회복지(*community work*)란 말은 매우 포괄적 개념으로, 전문 혹은 비전문인력이 지역사회 수준에 개입하여 지역사회의 각종 제도에 영향을 주는 것을 의미한다. 지역사회복지를 향상시키려 하는 노력은 어느 특수 전문분야에 국한되는 것이 아니고, 사회복지 · 공중보건 · 성인교육 · 공공행정 · 도시계획 · 정신건강 등의 전문가들과 민간단체나 정치단체의 자원봉사자들에 의해서 광범위하게 수행된다. 로스(Ross)에 의하면 지역사회복지는 지역사회개발, 지역사회조직, 지역사회관계의 3가지의 주요한 부분으로 구분하고 있다(Ross, 1955: 39~40).

지역사회개발은 후진국가 또는 선진국가의 낙후된 분야에 경제적 생산력을 높일 수 있는 신기술을 적용하는 것을 도와주는 것을 말한다. 이것은 주로 식량, 주택, 보건, 교육 등을 마련하여 주는 기술이다. 그러나 지역사회조직사업은 도시사회의 통합과 재조직, 그리고 1차적 집단관계의 형성을 위한 기술로서 인식되었다. 지역사회조직은 첫째로, 개별시민들이 자기의 환경에 대한 귀속감과 통제의식을 갖는 기능적 지역사회를 발전시키고 둘째로, 대도시 지역에서 시민위원회와 노동조직과 같은 형태의 새로운 근린집단(*neighborhood*)의 의미를 발전시키는데 주요한 관심을 기울인다는 것이다. 지역사회관계는 선진사회 또는 후진사회를 막론하고 사회복지를 효과적으로 추진하고 사회복지에 대해 올바르게 인식시키는 것이 매우 중요하다. 그리하여 지역사회관계를 위한 노력은 ㉠ 공공관계, P.R, ㉡ 지역사회봉사, ㉢ 지역사회 참여 등이 있다(김영모, 2001: 330).

여기서는 지역사회조직이 지역사회복지라는 포괄적 개념 속에서 핵심적 위치를 차지하는 전문사회복지의 한 방법이기 때문에 지역사회조직을 중심으로 기술하고자 한다.

(1) 지역사회조직의 정의

지역사회조직(*community organization*)은 개별지도사업과 집단지도사업과 같이 개인 또는 집단에 직접적인 서비스를 못하는 상황에서 행하는 대중적 봉사활동이다. 다시 말하면, 주민들의 복지와 관련된 교육, 주택, 교통, 상하수도 및 사회봉사 등의 계획과 조정이 요구되고 이러한 요인들의 통합이 필요하게 되는데 이러한 문제를 해결하기 위한 사회복지방법을 지역사회조직이라 한다(김영모, 1981: 60~61).

로스(Ross)는 지역사회조직이란 지역사회가 ① 충족되지 않은 욕구나 달성하고자 하는 목표(*objectives*)를 찾아내고, ② 이들 욕구나 목표의 순위를 정하며, ③ 이들 욕구나 목표를 달성하고자 하는 자신감과 의지를 발전시키고, ④ 이들 욕구와 목표를 성취하는데 필요한 자원(자체적 혹은 외부로부터)을 찾아내고, ⑤ 이들 욕구나 목표를 달성하기 위한 실천을 하며, ⑥ 이렇게 함으로써 지역사회내에 협력적이고 협동적인 태도와 실천력을 증대·발전시키는 과정을 의미한다고 정의하고 있다(Ross, 1955: 39).

던햄(Dunham)은 지역사회 구성요소 간의 사회적 상호작용을 통해 의식적 변화를 추구하는 과정으로 3가지 형태의 목표를 각각 '과업중심의 목표'(*task goals*), '과정중심의 목표'(*process goals*), '관계중심의 목표'(*relationship goals*)라고 부르고 있다. 과업중심의 목표란 지역사회의 욕구와 자원간의 조정, 유지, 성취를 도모하고 광범위한 욕구를 충족시키는 것이다. 과정중심의 목표란 주민의 참여, 자기결정 및 행동 등의 능력을 발전·강화·유지하도록 도와줌으로서 그들 자신의 문제나 목표에 보다 효과적으로 대처하도록 하는 것이다. 관계중심의 목표란 지역사회와 집단간의 관계 및 의사결정 능력의 배분에 변화를 초래케 하는 것이다(Dunham, 1970: 4; 표갑수, 2001: 40 재인용).

지역사회조직은 지역사회의 조직 즉 협회, 협의회, 위원회와 같은 중간집단(*inter-group*)을 통하여 사회복지를 제공한다. 중간집단은 지역사회 주민의 공통된 욕구(*common needs*)를 해결하기 위하여 지역사회의 자원(*resources*)을 동원하여 해결해 주는 과정이다(김영모 편, 1985: 9).

(2) 지역사회조직의 역사

지역사회조직의 근원은 영국 자선조직운동과 이것이 전래된 미국 자선조직협회의 활동에서 찾아 볼 수 있다. 데니슨(Denison)은 런던의 빈민굴에 거주하면서 빈민문제를 연구한 결과, 가난한 사람들의 진실한 요구는 금품이 아니라 정신적 원조에 있다고 말하였다. 그래서 빈민구조의 이상을 자조에 두고, 구빈행정의 개혁을 부르짖으면서 생활개선을 강조하였다. 이러한 원칙을 기초로 하여 1869년 런던자선조직 및 걸식박멸협회를 조직하였는데, 1870년 런던자선조직협회라고 개칭하였다. 이 운동은 급속히 발전하여 런던의 공립단체 또는 민간 자선구제사업을 하나의 관리하에 통일시켜 전국적으로 조직적인 체제를 확립하였다.

미국 지역사회조직의 역사는 19세기 중엽 영국에서와 같은 운동이 대도시에서 일어나면서 시작되었다. 이러한 지역사회조직사업은 1870년이래 1955년까지 3단계로 구분했지만 1955년 이래의 발달을 포함시켜 4단계로 구분하여 살펴보고자 한다(Dunham, 1970: 35~38; 표갑수, 2001: 42~45 재인용).

첫째 단계는, 자선조직기간(*charity organization period*, 1870~1917)

으로 사회복지의 기원이 되는 기간이다. 이 기간은 제1차 자선조직협회가 생기기 수년 전인 1870년부터 제1차 세계대전 당시 전쟁모금회가 조직된 1917년까지를 말한다. 1883년 조직된 자선조직운동은 가족과 개인에게 적절한 서비스를 주고 지역사회의 복지문제를 협동적으로 접근하도록 돕고자 했다. 또 이 협회는 빈자와 부자간 인간관계를 형성시키고 사회복지에 관련된 지식을 정리 내지 보급하기 위해 사회복지기관들과 협력하였다. 특히 자선조직운동은 사회봉사교환소를 탄생시켜 보조받는 가족에 관한 모든 사실을 기록케 하였다(Dunham, 1970: 37~41). 결국 자선조직협회의 기본 목표는 현존하는 자선 및 구제단체를 조정하여 서비스의 중복과 여러 사회단체간 경쟁을 제거하여 요구호자가 이용할 수 있는 최대한의 사회자원을 확보하는데 있었다(Dunham, 1970: 66).

둘째 단계는 공동모금회나 위원회 같은 협회의 생성기(1917~1935)로서, 이 기간은 1917년 전쟁모금회의 생성에서 오늘날 공적 복지계획의 발전을 위한 계기를 마련했던 1935년 사회보장법의 제정까지이다(Dunham, 1970: 65). 1917년 제1차 세계대전 중 미국 전역에는 전쟁모금회가 300~400개로 급증했고, 전쟁 후인 1920년대에는 전쟁모금회가 공동모금회로 전환하였다. 물론, 이 공동모금회는 자발적 복지기관의 재정을 마련하기 위한 형태가 되었다. 그리고 1923년부터 수년간 공동모금 행정의 훈련을 위하여 오하이오주립대학에서 공동모금회의 직원을 훈련시켰다. 또한 1921년에는 지역사회조직의 전문가를 포함한 사회사업가들을 위한 최초의 전문조직인 미국 사회사업가협회가 탄생되었다(Dunham, 1970: 43).

셋째 단계는 전문적 발전기(1935~1955)로서 이 기간의 특징은 공적 복지분야에서 지역사회조직 과정을 크게 이용했다는 점이다. 또 지역사회조직에 관한 인식과 실천에서 전문적 기술의 발전과 과정의 분석에 대한 관심이 증대된 것을 특징으로 하는 시기이다. 1935년에는 사회보장법이 제정되고 미국지역사회조직 역사의 이정표라고 일컫는 "레인 보고서"[2] (The Lane Report)가 1939년에 발표되었다.

넷째 단계는 1955년부터 현재까지를 말하는데 시민권 투쟁, 도시재개발, 빈곤과 경제기회 및 대량조직이 형성된 1968년까지를 말한다 (Dunham, 1970: 65~82).

① 시민권 투쟁은 다양한 역사를 가지고 있는데 중요한 발달은 대법원에서 결정한 내용이다. 즉, 1954년 흑백분리금지 계기로 학교차별에 대한 금지, 1964년 시민권법의 제정, 학교에서 인종차별과 남부지방의 투표자 등록을 위한 투쟁, 인종차별을 개선할 목적으로 수행된 남부지방에서의 흑인의 버스승차거부, 항의, 시위운동, 행군, 1963년 워싱턴시에서 있었던 약 20만 명의 정기적 행군, 슬럼가의 시위운동과 대중운동, 흑인지도자 마틴 루터 킹(M. L. King)의 암살 등이 그것이다.

② 도시의 재개발이란 사회적 지위, 수입, 직업수준, 교육과 장래성에 기준을 두어 낮은 계층을 도시 외곽으로 이주시켜서 도시 중심부를 재개발한 것이다. 또한 경제활동기회법을 만들어서 직업공단[3] (*Job Corps*), 청소년을 위한 과외활동과 실직자를 위한 훈련센터, 자원봉사자, 국내 평화봉사단, 농촌보조, 소규모의 사업에 대한 대부 및 지역사회 프로그램을 포함하는 다양한 프로그램을 제공하여 빈곤퇴치와 경제기회를 갖도록 하였다.

③ 대중조직(*mass organization*)이란 소비자가 저소득집단의 사람이 그들의 목적을 성취하기 위하여 제도나 집단·개인에게 압력을 주기

---

2) "The Lane Report"는 1939년 6월 18일 보스턴, 버펄로, 시카고, 미시간, 뉴욕시, 피츠버그의 6개 연구위원회에서 제출한 지역사회조직 토론 초안을 로버트 레인(Robert P, Lane)이 종합 정리·보고한 것이다. 주요한 결론은 다음의 '지역사회조직 원리' 참조 바람.

3) 직업공단은 미국 Office of Opportunity가 주관하는 기술교육기관을 말한다.

위한 조직을 말한다(Dunham, 1970: 76~80; 표갑수, 2001: 44 재인용). 지역사회조직이 시작된 초기에는 단순히 연락조정이 유일한 업무였고, 시설단체 상호간 정보교환 및 서비스의 중복을 피하는데 중점을 두었으나 그 후로는 점차 사회복지에 대한 지역사회의 적극적 지지를 얻게 되었다(김영모, 1981: 66). 특히 1955년 이후로 사회행동을 통한 발달이 그 중심을 이루고 있는 것이 특징이다.

(3) 지역사회조직사업의 실천 과정

지역사회조직을 위한 실천과정은 다음의 단계로 구분할 수 있다.

① 사실파악의 단계

이 단계는 지역사회내 주민의 욕구와 문제의 유형 그리고 지역사회의 자원유무를 정확히 파악하는 단계로 이를 위해서는 실태조사, 체계적인 토론회 등을 통해 파악한다.

② 계획수립의 단계

이 단계는 사실파악을 근거로 어떤 사업을 어떻게 할 것인가를 결정하는 단계이다. 목표를 설정하고 프로그램을 짜고, 그 추진 방법 및 일정 등을 명백히 해야 한다.

③ 계획실천 단계

이 단계는 사실상 주민참여의 유도와 자원의 동원활용으로 이루어진다. 주민참여를 강조하는 것은 전문가인 사회복지사만으로 되는 것이 아니다. 프로그램의 성공은 주민들이 정서적으로 그 프로그램에 공감하는 것이 필요하기 때문이다. 주민의 참여유도는 일정 지역사회주민의 당면 문제해결을 위한 지식과 기술의 전달과정이 필요하다. 이는 지역사회교육에 관련되거니와 그 교육의 효과를 극대화하기 위해서는 지역주민이 프로그램에 흥미를 갖고 이를 스스로 행하도록 해야 한다.

그리고 주민의 참여유도와 더불어 지역사회의 조직추진은 지역사회내의 모든 가용자원을 최대한 동원하고 외부의 자원을 적절하게 도입·결합할 필요가 있다.

④ 평가단계

이 단계는 목표와 성과 혹은 계획과 실시간의 격차 즉, 기준치와 실제치 사이의 간격을 원인별로 발견하여 기존의 사업을 수정·보완함으로써 앞으로의 계획수립에 크게 기여할 수 있을 것이다. 평가의 종류에는 평가시기에 따라 사전평가, 중간평가, 최종평가가 있다(표갑수, 2001: 122).

(4) 사회복지사의 역할

지역사회조직가는 전문직업인 사회복지사를 말하는데 전문직업인이 되기 위해서는 '전문적 지식'과 '기술' 및 '사회적 책임감'을 구비해야 한다. 이러한 조건을 갖추기 위해서 미국에서는 주로 대학원 과정에서 전문교육을 받는다(김영모, 1969: 156). 이러한 전문교육의 목적은 지역사회복지에 대한 개념과 지식습득, 지역사회복지의 방법, 진행, 과정의 기술 습득, 인간적·전문적 자질을 발전시키는데 있다.

오늘날 지역사회조직가는 교육, 주택, 건강, 여가 선용에 대한 서비스, 청소년의 소외, 사회·경제적 조정, 노동관계, 소수집단의 고용 그리고 아동보호를 포함하는 여러 가지 사회적 행정에 중점을 두어야 한다(Brieland, Costin & Atherton, 1980: 125). 또한 지역사회조직가에게는 창조적 지도력이 있어야 하는데 대하여 협동하기 위한 영향력 있는 주민들의 행동이라고 한다(Tred, 1935: 20).

로스는 지역사회조직가의 역할을 안내자, 조장자, 전문가 및 사회치료가로서의 기능을 들고, 시더(Sider)는 조장자, 지도자, 전문가, 교육자, 해설가, 조종자 및 중재자라고 한다(Dunham, 1970: 214~216).

맥미런은 지역사회 조직가의 자격요건으로서 ① 좋은 퍼스낼리티, ② 지역사회 욕구를 결정하는데 이용할 사실에 대한 지식, ③ 추진방법을 결정하는데 도움이 될 사실에 대한 지식, ④ 조사방법과 해석방법 및 사회복지의 각 분야에서 발달된 기준을 잘 알아야 되고, ⑤ 집단토의를 자극하고 집단행동을 유발시키는 기술을 갖추어야 한다고 말한다(McMillen, 1945: 32).

따라서 지역사회조직가는 조장자, 사실 발견자, 분석가, 계획가, 자극가, 중개자, 촉진자, 해석가, 교육자, 의논대상자, 접촉자, 조종자, 상담자, 주창자, 주동자, 전략가, 사회행동가 및 사회정치가의 역할을 수행하고 있다(Dunham, 1970: 216; 표갑수, 2001: 53).

(5) 지역사회조직 기관과 프로그램

지역사회조직의 기능을 효과적으로 수행하기 위해서는 지역사회조직가는 그 내용에 따라 중간집단인 지역사회조직 기관을 형성해야만 한다. 다시 말해 특정 사회기관이 중간집단의 기능을 담당할 수는 없는 것이다. 이미 중간집단 형성의 필요성이 존재한다는 것은 지역사회 주민이나 많은 집단의 요구를 전제조건으로 하기 때문이다.

이러한 중간집단, 즉 지역사회조직기관은 매우 다양하지만 그 중에서도 대표적인 몇 개의 기관을 설명하면 다음과 같다.

① 지역사회복지위원회

지역사회복지위원회(*community welfare council*)는 우리나라와 일본에서는 지역사회복지협의회라 한다. 이 협의회는 지역사회조직의 가장 대표적 기관으로 연맹의 형태를 띠고 지역사회조직의 모든 기능을 수행하며 사회행동에 참여한다. 이 협의회는 지역사회내 각종 사회복지시설, 사회복지에 관심을 가지는 민간단체나 개인의 연합체 또는 협회를 말하는 것으로, 지역사회의 복지욕구가 가능한 한 효과적으로 달성될 수 있도록 상호협동, 계획 및 활동을 한다(Dunham, 1958: 124). 즉, 이 협의회의 1차적 목적은 지역사회주민의 욕구와 문제를 다루어 보건, 복지 및 오락에 대한 계획과 조정을 하는 것을 말한다(Dunham, 1970: 438).

대부분의 협의회는 기관의 대표자와 개인들로 구성되어 있다. 오늘날 지역사회복지협의회는 일반적으로 사회복지기관과 시민의 조직으로 불리고 있는데 이 협의회는 다음과 같은 기본적 요소로 구성된다(Dunham, 1958: 125; 1970: 68).

㉠ 지역사회복지협의회는 시민과 사회복지관을 대표하고, 정부기관과 민간기관을 포괄하고 있다.

㉡ 사회복지기관이 관련되어 있는 한 지역사회복지협의회는 기관이 공적으로 지명한 대표에 의해서 대변되는 연합체이다.

㉢ 지역사회복지협의회는 대개 대도시, 소도시 및 군이든 지방 지역사회에서 활동하고 있다.

㉣ 지역사회복지협의회의 사업은 보건 및 복지계획 등 지역사회조직사업의 모든 활동이다.

여기에 나타난 바와 같이 지역사회복지협의회는 그 기본 단위를 지방지역사회에 둔다는 것이며, 조직은 역시 던햄이 말한 대로 시민조직 예를 들면, 상공회의소, 노동조합, 교회연합회, 부녀단체, 상이군인회와 같은 단체의 대표도 포함해야 한다고 한다(Dunham, 1958: 124~125).

② 공동모금회

공동모금회(*community chest*)는 지역사회조직기관 가운데 가장 우수하며 가장 광범위한 시민의 참여로 이루어진다. 그리고 사회복지 기술의 가장 훌륭한 발명 중의 하나이다. 역사적으로 보면 영·미에서 공동모금운동은 어디까지나 어느 특정지역 내에서 활동하는 사회복지기관과 그 지역주민들간 자발적·협동적 조직으로 정의되고 있다

(Dunham, 1970: 464). 공동모금회는 연차별 목표 설정부터 조직을 형성하며 예산을 확정하고, 모금활동의 전략을 수립하고, 실제 활동을 통하여 걷혀진 공동기금을 배분하는 전반적 과정에 걸쳐 민주주의 철학과 원리에 바탕을 둔 시민참여와 활동뿐만 아니라 이 분야에 관한 전문사회복지사들이 주동적으로 활동하고 있다.

공동모금운동이 제일 활발하게 실시되는 곳은 미국이지만 이 운동의 기원은 영국에서 찾아 볼 수 있다. 1837년 영국의 리버풀시에서 이곳의 유력자들이 협의하여 기부금 모집의 중복과 강제적 권유를 피하기 위하여 스스로 기부금을 적립하여 자선단체를 원조하게 되었다. 이 사상이 미국에 도입되어 오늘날 공동모금회로 발전한 것이다.

미국의 경우 공동모금은 1887년 덴버시에서 15~16개의 구제기관이 공동으로 기부금을 모집했는데, 최초의 근대적 공동모금운동은 1913년 오하이오주 클리블랜드시에서 조직된 클리블랜드 자선박애연맹에서 그 기원을 찾고 있다. 그리고 제 1차 대전 중 전쟁모금의 성공이 공동모금회의 급격한 발달에 자극을 주었다. 1차대전 후 전쟁모금회는 공동모금회로 명칭이 바뀌었는데, 1920년 39개이던 모금회가 1946년 798개가 되었고(Dunham, 1970: 456), 최근에는 'Community Chest'가 'United Fund'로 바뀌었고 또 다시 'United Way'로 바뀌어 2,300개로 증가하여 여기에 35,000기관에서 참여하고 있다.

일본의 공동모금회는 전국연합체인 일본 중앙공동모금회가 관장하고 있다. 우리나라는 1980년에 제정된 관주도의 사회복지기금법이 폐지되고 1998년 7월 1일부터 사회복지공동모금법이 시행되고 있다.

이러한 공동모금회의 중요한 기능은 지역사회 전체에 호소하여 가입기관을 위한 자금을 모집하고, 조직적 예산편성에 따라 그것을 가입기관에 배분하는 기능과 지역사회의 사회복지와 보건 및 오락 등의 사업에 대한 공동계획, 조정 및 관리를 촉진하는 기능이다(Dunham, 1970: 464). 공동모금회의 원리는 다음의 네 가지로 기술되고 있다.

㉠ 공동모금은 1년에 한번의 캠페인을 벌여서 모든 조직성원들이 이용할 수 있도록 기금을 마련해야 하고, 그들이 사용하는 경비는 기부금에 의해서 획득되어야 한다.

㉡ 기부자에게 조직 성원들이 개별적 간청을 해서는 안된다.

㉢ 공동모금에 의해 모아진 기금은 조직성원에 의해서 마련된 예산편성에 따라 분배되어야 하고 그들이 사용하는 경비는 기부금에 의해서 획득되어야 한다.

㉣ 공동모금회는 1년 내내 계속적인 활동과 평가를 해야 한다.

③ 사회봉사교환소

사회봉사교환소(*social service exchange*)는 피조자에 대한 믿을 만한 기록과 등록, 협동적 서비스를 행하는 사회복지 및 보건기관의 연합체이다. 이 교환소는 개인과 가족을 다루는 사회복지기관의 피조자 문제에 대하여 공동으로 협력하는 사회기관이다. 간단히 말하면 사회복지 분야의 등기소이다. 이 교환소는 지역사회 복지기관에 가입된 피조자 또는 신청자인 개인과 가족의 이름을 알파벳순으로 카드를 작성하고 비치한다. 그리하여 새로운 기관이 신청자를 도와주려 하거나, 이미 조사받은 개인 또는 가족이 새로운 기관에 원조를 요청할 때 사회봉사교환소에 조회하면 새로이 조사제공에 협조하는 것을 목적으로 하는 기관이다(김영모, 1969: 143).

사회봉사교환소의 기능은 사회복지기관의 등록교환과 성원기관의 요청으로 개인 또는 가족에 대한 정보교환, 전에 도움을 받은 성원기관에 조사의뢰, 조사연구를 위한 자료공급 등을 행한다(김영모, 1981: 72). 던햄은 사회봉사교환소의 원리를 다음과 같이 열거하고 있다(Dunham, 1958: 113~114).

㉠ 사회봉사교환소는 확인된 정보만을 취급한다. 즉, 가족성원의 성명, 주소, 연령 등에 관한 정보를 사회복지기관이 요구할 때 제공한다.

㉡ 피조자에 대한 조회나 교환소에 비치하는 인명록은 그 피조자에 대한 '낙인'을 의미하는 것은 아니다. 즉, 교환소는 '자선목록'이 아니다. 이 교환소는 2차 대전 중에는 미국 적십자사가 많이 이용하였다.

㉢ 사회봉사교환소의 기록은 믿을 수 있어야 하고 그 기록의 사용은 피조자의 복지를 향상시키고자하는 협력기관에게만 제공된다. 물론 요구하는 기관은 정회원 기관이다.

㉣ 사회봉사교환소의 가치는 사회복지기관의 기능과 봉사에 적절히 이용되는 정도에 달려있다.

㉤ 사회봉사교환소 서비스의 실제적 유용성은 다른 기관의 상담, 계획 및 활동에 의한 교환소의 보고를 따르는데 있다.

(6) 지역사회조직의 실천 모델

로스만(Rothman)은 지역사회조직을 하나의 현상으로 보기보다 3가지의 다소 독특한 지역사회관계(*community interaction*)의 형태로 보아야 한다고 주장하면서 지역사회조직의 세 가지 모델로 지역사회개발, 사회계획, 사회행동(*social action*)을 들고 있다(Rothman, 1987: 3~17).

우선 지역사회개발 모델과 사회계획 모델을 설명하고, 중요한 실천 모델인 사회행동은 다음 절에서 자세히 살펴보기로 한다.

① 지역사회개발(*community welfare*, 모델 A)

UN의 정의를 보면 지역사회개발은 전체 지역사회의 적극적 참여와 지역사회의 주도력을 위하여 경제적·사회적 진보의 조건을 창조하는 과정이라고 규정할 수 있다. 이러한 과정은 일반적으로 ㉠ 도로, 주택, 관개, 배수, 영농 개선과 같은 환경 개선, ㉡ 보건, 교육, 오락과 같은 기능적 활동, ㉢ 집단토의, 지방욕구에 대한 지역사회 분석, 위원회의 설립, 필요한 기술지원의 모색, 직원의 선발과 훈련과 같은 지역사회 행동을 말한다. 이러한 지역사회개발은 인간복지를 만들기 위한 기회와 능력, 자조 및 모든 인간집단에 잠재된 새로운 생활방식을 동화시키고 채용하기 위한 능력이고, 둘째로 모든 경제적·사회적 분야에서 전 세계적 경험에서 얻은 오늘날 정부와 사회기관에 유용하게 사용될 수 있는 기술과 도구의 지원이다(United Nations, 1955: 5~13).

한편, 로스는 지역사회개발의 방법으로 다음과 같이 세 가지를 들고 있다(Ross, 1967: 21~34을 김영모, 1967: 118~119 재인용).

㉠ 외부기관에 의해 주입되는 방식

외부기관이 개입하여 하나의 특수한 프로그램이나 기술을 주입하는 경우 정부의 요청에 의할 수도 있고 그렇지 않을 수도 있지만 지역주민들의 요청은 없는 경우이다. 따라서, 그 사업이 지역주민의 의사와 관계없을 수도 있다. 이 때 외부기관에 의해 계획이 수립되고 지역사회의 욕구가 진단되어 프로그램이 제시되며 이를 지역사회 주민들에게 제시, 설득하는 방식이 된다. 이 방식의 성패여부는 외부기관이 주민들의 가장 절실한 욕구를 발견했느냐에 달려 있다.

㉡ 복합적 접근방식

지역사회에 내재하는 여러 가지 문제점을 해결하기 위해 다방면의 전문가가 개입하는 방법으로 그 의미는 첫째, 지역사회문제의 비분리성이다. 즉, 지역사회생활은 종합성을 띠고 있어서 몇 개의 부분으로 분해하기가 어렵다. 따라서 문제를 해결에서도 복합적 기능의 조종에 의해야 한다. 둘째, 문제해결방법의 다면성이다. 기술변동의 사회적 결과로서의 문제는 기술적 방식에만 의존할 수 없고 그 지역사회의 여러 특질을 고려해야 한다.

㉢ 내적 자원 접근방식

앞의 ㉠, ㉡은 외부의 자극에 의해 지역사회의 변화를 기하려는 것인데 대하여 이 방법은 지역사회행동을 통하여 지역사회를 변화시키려는 것이다. 지역사회 주민들이 자신들의 문제를 스스로 발견하고 협동적으로 해결하도록 하는 것이다. 그 기본 입장은 변화하는 지역사회가 그 변화에 대한 필요성을 깨달았을 때 그리고 변화에의 의지와 능력이 발전할 때 지역사회개발은 이루어진다는 것이다. 문제점은 그 과정이 느리고 외부 조종적이 될 수 있고, 그 사업내용이 보다 큰 사회, 예컨대 국가적 차원의 요구에 상치될 가능성도 없지 않다는데 있다.

지역사회개발의 예로서 인보관이나 지역사회복지관, 지역개발사업, 평화봉사단 등이며 한국의 경우는 1970년대에 성행했던 새마을 운동을 들 수 있다. 이 모델에서의 사회복지사는 가능하게 하는 자 혹은 중재자 혹은 교사로서의 역할을 수행하게 된다.

② **사회계획**(*social planning*, **모델 B**)

지역사회복지의 사회계획 접근방법은 사회개량에서 문제해결의 노력을 지향하고 있다. 건강, 주택, 고용, 레크리에이션과 같은 오늘날의 지역사회문제는 예방과 치료를 위하여 높은 수준의 계획을 요구하는 매우 중요한 것으로서 이 방법의 지지자 중의 한 사람인 와렌(Warren)에 의해 강조되었다. 이들 문제는 그 규모와 복잡성 때문에 해결을 위해서 지방의 민주적 지역사회과정을 기다릴 수 없다. 이는 풍부한 지식을 갖춘 직업적으로 훈련된 전문가들이 문제해결을 위하여 연구하고 노력하지 않으면 안 되는 것이다〔Thomas in Curno(ed.), 1979: 248; 전재일, 2002: 190 재인용〕.

사회계획가의 활동은 ㉠ 사실발견과 문제정의, ㉡ 의사전달의 구성 및 활동구조, ㉢ 행동전략계획에서 사회목표와 정책의 선택과 결정, ㉣ 계획의 실천, ㉤ 변화의 성취와 결과가 미치는 영향의 사정이다.

이 모델을 추진하는 기관으로는 정부(예: 재정경제를 위시한 각 분야의 기획담당 부서), 도시계획국, 지역사회복지협의회와 수많은 민간복지, 보건 관계기관을 들 수 있다.

이 때 사회복지사의 역할은 사회계획가이며 전문가로서의 역할을 수행하는데 그러기 위한 필수적 기술은 연구, 욕구의 사정, 평가, 사업계획의 개발 그리고 분석력이다. 계획가는 다양한 개인이나 조직체에 개입하게 되기 때문에 의사소통에서도 월등한 기술이 요구된다. 계획활동을 위한 지지집단으로는 선출직 공무원, 사회기관의 지도자, 기관간의 조직이나 이들의 연합체 등을 활용할 수 있다.

③ **사회행동(*social action*, 모델 C)**

사회행동은 아래의 사회행동 참고바람.

4) 사회행동

(1) 사회행동의 정의

사회학에서는 사회행동을 인간의 의사를 표시하는 모든 수단이라고 하지만 사회복지에서 말하는 사회행동은 인간의 복지를 해결하기 위한 조직적 노력을 말한다.

프리드렌더는 사회행동이란 사회서비스의 향상을 목적으로 하는 개인이나 집단의 활동이라고 한다(Friedlander & Apte, 1974: 171). 던햄은 사회행동을 사회행동가가 바람직한 것으로 믿어지는 목적달성을 위해 교육, 선전, 설득 및 압력을 활용하여 현재의 사회실천 또는 상황을 변화시키거나 또는 변화를 예방하는 노력이라고 한다. 또한 그는 사회행동은 개인이나 집단의 지지에 의하여 여론이나 공공정책 내지 행정적 행동에 영향을 주기 위한 조직적 노력이라고 말하고 있다(Dunham, 1958: 52). 이러한 사회행동의 목적을 보면, 사회사업의 실천이나 이를 위한 일반적 이해, 아동, 부녀, 노동, 주택 및 슬럼 철거 등 제조건의 향상을 도모함에 있고 사회변화를 통해서 사회의 부적응, 질병과 사회해체의 예방에 힘쓰며, 동시에 개별지도사업과 집단지도사업처럼 개인의 복리, 자존심 및 개인의 존엄성에 관심을 가지고 있다(Friedlander & Apte, 1974: 173).

지역사회조직의 가장 중요한 한 부분인 사회행동은 미국에서 1936년대 중엽 이후 지금까지 사회복지 활동이 주로 개별지도사업과 집단지도사업 같은 기술편중에 대한 반성에서, 보다 입법조치를 강구하고, 노동자의 노동조건 및 생활조건의 개선에 의한 사회운동에 사회사업가들이 적극 참여함으로서 발달하게 되었다(표갑수, 2001: 56 재인용).

사회행동은 사회복지의 발달과 관련된 전문화된 의미로 사용되었는데, 던햄은 이 사회행동을 절차적 사회행동(*procedural social action*)과 직접 행동(*direct action*)의 두 가지 접근방법으로 설명했다. 전자는 의회나 정규조직의 의사절차를 수립하여 수행하는 사회행동으로 이 이용목적은 일반적으로 입법부나 유권자에 의하여 찬성표를 얻거나, 집행부에 의하여 유리한 결정을 얻기 위한 것이다. 후자는 절차적 사회행동과는 다른 형태의 개별적 행동을 말하는 것으로 이 직접행동은 통상 물리적이고, 감정적이고, 호전적 정신을 내포하고 있다. 이것의 사용목적은 절차적 사회행동을 통해서 그들의 목적을 성취할 수 없을 때 직접 행동이 목적 달성에 좀더 효과적이거나 좀더 교육적일 것이라고 믿고 또 선전 효과를 기대하거나 여론의 효과를 기대하여 직접 행동을 취한다고 한다(Dunham, 1970: 262; 표갑수, 2001: 56 재인용).

따라서 사회행동은 사회복지사가 사회복지의 목적달성을 위하여 행하는 합법적이고 조직적인 여론환기와 정치적 활동으로서의 입법조치 및 사회운동의 과정이라고 할 수 있다.

(2) 사회행동의 특성

사회행동의 특성은 다음과 같다(Dunham, 1958: 249~253).

① 사회행동은 항상 사회실천에서 변화를 위한 제안과 이 제안에 대한 옹호와 반대를 위한 것이다.

② 사회행동은 사회행동가가 수용할 수 있는 바람직한 목적을 포함한다.

③ 사회행동은 항상 사회행동가보다는 개인 또는 소수인에 의해서 시작된다.

④ 사회행동은 교육, 선전, 설득 및 압력 같은 방법을 이용하지만 육체적 탄압은 결코 하지 않는다.

⑤ 사회행동의 목적과 방법은 합법적일 수도 있고 비합법적일 수도 있다. 예를 들면, '자유권'이라는 공적 회의는 민주주의 국가에서는 합법적이지만 전체주의 국가에서는 비합법적일 것이고, 이러한 회의는 민주주의 국가에서는 사회행동이지만, 전체주의 국가에서는 그렇지 못하며, 또 군비축소의 주창은 평화적 민주주의 국가에서는 합법적이지만, 만약 전시라면 민주주의 국가에서라도 비합법적일 것이다.

⑥ 사회행동의 적용 가능한 목적에 대한 유일한 시험은 사회행동가가 그것을 사회적으로 바람직한 것으로 간주하는 것이다.

⑦ 사회행동은 사회적 가치보다 방법과 과정에 중점을 둔다. 원래 사회행동은 선도 악도 아니며, 선을 위해서 사용할 수도 있고, 악을 위해서도 사용할 수 있다. 또 선과 악의 중립적 목적을 위해서도 사용할 수 있다.

⑧ 사회행동의 특수방법은 여러 가지 사회상황에 있어 사회적으로 바람직할 수도 있고 그렇지 않을 수도 있으며, 또한 이로울 수도 있고 해로울 수도 있다.

⑨ 사회행동은 특별한 경우 목적과 주제에 따라 사회복지 영역과 밀접히 상관되어 있거나 사회복지의 영역일 수도 있고 그렇지 않을 수도 있다.

이러한 사회행동은 사회복지의 추진 목적 때문에 좁게 보다는 넓게 해석되어야 하며, 현존 입법의 수정뿐만 아니라 예방 입법의 추진까지 포괄하는 것으로 해석하여야 한다.

(3) 사회행동의 원리 및 사회사업가의 역할

프레이(Pray)는 사회복지기관이 사회행동에 참여하는데 3가지 원리를 제시하고 있다. 그것은 사회복지기관은 그 기관의 능력에 맞는 적절한 영역을 대상으로 활동해야 하고, 전문성과 실제적 합의 내에서 활동해야 하며 그리고 사회복지 기관이 당파적 정치에 종사 내지 관여해서는 안 된다고 하는 것이다. 이러한 원리에 입각하여 사회복지사는 사회복지기관의 고용인으로서 전문사회복지의 성원으로서, 사회복지사로서 그리고 시민으로서 활동한다(Dunham, 1970: 254~256).

사회복지사는 개별기관의 고용인으로서보다는 전문조직의 성원으로서 사회행동에 참여해야 바람직하다. 또한 사회복지사는 전문가의 자격으로 '행동'이나 '사회복지사의 모임'에 참여할 수 있다. 이러한 조직은 사회복지사뿐만 아니라 일반인도 구성원으로 되어 있다. 그리고 기관과의 관계에서 사회복지사의 행동 원리를 보면 다음과 같다.

① 사회복지사는 사회행동을 하는 기간에는 기관의 대표자이다. 공무중이 아니고서는 사회행동에 자유롭게 참여하지 못한다.

② 프레이가 말했듯이 사회복지사와 피원조자의 관계를 사회행동을 추진하는데 이용해서는 안 된다.

③ 사회복지사는 소속기관에 해를 끼치는 어떤 행위도 피해야 한다.

④ 사회복지사는 기관이 동의하지 않는 개인적 관심으로 사회행동을 하기 위하여 기관의 시설이나 기관의 명성을 이용해서는 안 된다.

한편, 사회행동에 종사하는 사회복지사는 공공봉사의 한계성, 사회복지사와 그의 기관과의 관계, 지역사회의 압력, 전문사회복지사로서의 개인이라는 점에서 활동에 제한을 받는다고 한다(Dunham, 1970: 275).

특히 사회복지사는 사회자원분배의 메커니즘을 변경하여 불우계층의 이익을 증대시키고 불이익집단의 복지를 위해 활동하는 것이 주된 역할이다. 따라서 사회복지사는 불이익집단의 이익을 증진시키기 위해 두 가지의 주요 전략이 필요하다. ㉠ 정부기관이 제공하는 재정과 서비스를 보다 많이 얻어내기 위해 노력하는 것은 물론, 사회복지서비스의 제공에 따른 불공평을 제거하도록 압력을 가하는 것이고, ㉡ 전략을 성취하기 위한 수단으로서 불이익 집단을 자극하고 조직화하여 그들의 집단행동에 대한 전술을 교육하는 것이다.

이상의 전략목표를 달성하기 위한 사회복지사의 역할은 조력자, 중재자, 옹호자, 행동가 등 네 가지로 제시하고 있다(Grosser, 1969: ch. 22).

첫째, '조력자(*enabler*)의 역할'은 사회적 약자들의 불만을 찾아내는 과정을 주도한다. 예컨대, 그들의 불만에 대해 서로 논의케 하며, 불만적 요소를 해결하기 위해 조직을 결성하도록 도움을 준다.

둘째, '중재자(*broker*)의 역할'은 사회적 약자들이 필요로 하는 사회자원을 접할 수 있도록 자원의 소재를 연결해 준다. 또한 그들에게 자원을 활용하여 스스로 문제를 해결하도록 중재한다.

셋째, '옹호자(*advocate*)의 역할'은 사회적 약자인 클라이언트에게 우선적으로 필요한 정보를 제공하고, 그들에게 현실적 입장의 정당성을 대변하며 옹호한다.

넷째, '행동가(*activist*)의 역할'은 불우계층에 대해 사회정의와 민주주의에 입각해서 보다 많은 자원과 향상된 처우를 제공하도록 행동을 주도한다. 특히 기존제도인 교육, 복지, 취업, 보건, 가치관 등의 현실적 문제에 대한 변화를 추구하기 위해 사회행동을 취하게 된다.

(4) 사회행동의 기술

사회행동을 효과적으로 수행하기 위해서는 조직적·집단적 행동이 필요하며, 동시에 합법적·개량적인 활동을 하지 않을 수 없다. 매디어센(Mathiasen)은 사회행동을 일으키는 방법으로서 지원동원, 무관심의 극복, 개인과 집단 및 태도변화에 의한 관심의 개발을 지적하고 있다(김영모, 1981: 90).

일반적으로 사회행동은 그 실행과정이 문제의 성질을 명확히 하고, 이를 규명하기 위해 조사결과에서 대책을 수립하고, 대책의 필요성과 합리성을 조직화시키고 여론 지지를 얻도록 하기 위한 선전과 계몽을 하고, 국회 및 정부기관에의 교섭, 진정 및 건의 등과 같은 수속이 필요하다. 결국 이러한 과정에 의해서 사회행동이 수행된다.

이러한 사회행동을 수행하기 위한 주요한 방법은 다음과 같은 것이 있다(김영모 편, 2001: 59~60).

① 사회조사

주민들의 욕구는 물론이고 자원동원의 가능성과 자원동원의 내용을 중점으로 조사한다.

② 사회입법

사회복지를 위한 입법조치를 강조하고 이를 실시하도록 여러 가지 방법에 의해서 활동한다. 예를 들면, 국회와 정부의 지도자를 만나서 입법의 필요성을 이해시키고 이를 촉구한다든지, 입법을 위한 공청회·발표회·조사연구에 참여한다든지, 그렇지 않으면 직접적으로 사회입법을 위한 전문위원으로서의 역할을 할 수 있다.

③ 노동조합운동

이 운동은 공장·광산·철도 및 부두의 노동자 같은 일반노동자의 복귀를 위한 사회활동보다는 오히려 전문사회복지사들이 자신의 복지와 전문성을 보호하기 위한 사회합동을 의미한다. 따라서 사회복지사들은 노동자로서의 조합적 조직을 결성하여 고용, 임금, 노동조건을 개선·유지시키고 동시에 전문기술을 발전시키는데 관심을 가질 필요성이 있다.

④ 정치활동

이것은 구빈활동으로 사회적 문제를 해결하기 어려울 때 불가피하게 고차원적으로 사용하는 방법이다. 예를 들면, 생활보호, 아동복지 및 사회보장의 구체적 실현을 위한 활동을 의미한다.

이러한 사회행동 중 직접행동 방법에는 ㉠ 시위운동(*demonstration*): 행군과 시위행진, 농성과 철야행동, 삐라광고, 명예포기, ㉡ 비협동(*noncooperation*): 동맹파업, 불매동맹, 소비자의 불매운동이나 선택적 매입, ㉢ 개입(*intervation*): 연좌파업, 단식투쟁 등이 있다(Dunham, 1970: 265~267, 표갑수, 2001: 61~62 재인용).

제5장

사회복지방법 Ⅱ: 사회복지정책

1. 사회복지정책의 개념

사회복지정책은 과거 구빈정책에서 오늘의 사회보장제도에 이르기까지 다양하게 발달하였다. 이러한 사회복지정책은 산업화의 결과로 영국과 독일 등 서구에서 먼저 발달하였다. 오늘날 서구의 복지국가는 이러한 사회복지정책 발달의 결과로 탄생되었다고 할 수 있다.

마샬은 사회정책을 시민들에게 서비스와 소득을 제공함으로써 그들의 복지에 직접 영향을 주는 행위와 관련된 정부의 정책을 의미하며, 사회보험, 공적 부조, 보건 및 복지서비스, 주택정책 등이 이에 해당한다(Marshall, 1965: 1)고 하였다. 모리스(Morris)는 비형평의 시정, 불우계층의 조건개선 그리고 취약계층에 대한 원조의 제공을 목적으로 하는 정부의 정책을 사회정책이라고 규명했다(김상균, 1987: 29 재인용).

티트머스(Titmuss)는 모든 국가들의 사회정책에 매우 지대한 영향을 미쳤는데 사회정책의 정의는 다음과 같은 목적을 지닌다고 한다.

① 사회정책의 정의는 유익한 것을 목적으로 하고 정책은 시민의 복지를 마련하는 것을 목적으로 한다.

② 사회정책의 정의는 경제적 목적뿐만 아니라 비경제적 목적을 포

함한다. 예컨대 최저임금, 소득유지의 최저기준 등이다.

③ 사회정책의 정의는 가난한 자로부터 부자에게로 자원통제에서 누진적 재분배의 대책을 내포한다.

그는 사회복지는 주로 사회봉사를 의미하고 수당과 조세감면의 재정복지, 그리고 아동의 학비와 같은 급여의 직업복지를 복지의 주요한 범주, 즉, 복지의 사회적 구분으로 나눈다(Titmuss, 1964: 42를 김영모, 2001: 231에서 재인용).

사회복지정책은 흔히들 국가적 차원(중앙정부 차원)에서 이루어지는 것에 한정하여 이해하는 경우가 많은데, 지방정부(광역자치단체와 기초자치단체 포함)에서도 이루어질 수 있고 또한 사회복지활동을 계획하고 실천하는 구체적 조직에서도 이루어질 수 있다. 그것은 사회복지정책이 일반적으로 중앙정부 차원에서 이루어지는 경우가 많고 하부 정부조직으로 내려갈수록 정책적 기능이 줄어들고 반면에 정책을 수행 또는 실천하는 기능이 늘기 때문이다.

그런데 사회복지정책은 그 나라의 역사적, 사회적 배경에 따라 상이하게 발달하고 있다. 예컨대 영국은 일찍이 구빈사업에서 사회봉사, 사회정책이 발달하였지만, 독일은 노사갈등을 해소하기 위한 관심, 그리고 미국은 실제구제와 모자가정의 보호에서 발달하였다. 그리하여 영국의 사회복지정책은 복지정책이 강하고, 미국은 사회복지행정의 성격이 강하고, 독일은 노동정책이 강했다. 한편 일본과 우리나라의 경우 이러한 지적 영향으로 사회복지정책이 일제시대부터 노동정책으로 간주되어 오다가 최근 복지정책으로 간주하는 경향이 있다.

2. 사회복지정책의 영역

타운젠드(Townsend)는 소득보장, 건강, 교육, 주택 그리고 개인적 사회서비스(*personal social services*) 등 다섯 가지를 사회복지정책의 영역으로 보고 있다. 또한 디니토는 미국 사회복지정책의 영역을 소득보장, 영양, 건강, 사회서비스 등 네 가지 영역으로 구분하고 있다(DiNitto, 1995: 3). 한편 티트머스(Titmuss)는 사회복지정책의 개념을 포괄적으로 해석하여 조세정책을 사회복지정책의 영역에 넣기도 하며, 칸(Kahn)과 힐(Hill)은 노동정책을 사회복지정책의 영역에 넣기도 한다(김기태, 2001: 245).

그리하여 사회복지정책은 좁게 해석하면 소득보장, 건강, 주택, 개인적 사회서비스의 네 가지 영역으로, 넓게 해석하면 소득보장, 건강, 주택, 개인적 사회서비스, 조세정책, 노동정책의 7개 영역으로 구성되어 있다고 할 수 있다. 일반적으로 사회복지정책의 영역은 사회보장으로 간주하는데 우리나라의 사회보장체계는 사회보험, 공공부조, 사회복지 서비스로 되어 있어 이에 대한 구체적 설명은 제 3부의 사회복지 실천분야에서 다루고자 한다.

3. 사회복지정책의 전략

사회복지정책은 공적 복지를 의미하는데 이의 전략은 정치 이념에 따라 여러 가지가 있는데 그 주요한 전략은 다음과 같다(Burden, 1998: 78~79를 김영모, 2001: 234~236 재인용).

1) 자유주의(우파) 전략

① 민영화 (*privatization*)

민영화는 정부의 재정과 대책을 축소하고 민간기관에 사회정책의 책임을 전가하는 것을 말한다. 민영화의 공통된 특성은 공용자산의 판매를 의미한다. 즉, 국영기업, 국립병원 등을 매각하거나 주식을 통해 개방하는 것을 말한다.

② 공급자 시장 (*provider markets*)

공급자 시장은 공공서비스의 공급자가 시장질서에 종속될 때 가능하다. 이것은 민간회사와 같이 최선의 가격으로 서비스를 위한 계약을 맺는다. 즉 국공립 사회복지시설의 위탁경영도 이에 해당한다.

③ 공공부조와 선택주의 (*selectivism*)

공공부조는 욕구는 있어도 능력이 없는 요보호자를 도와주는 것이다. 요보호자를 선별하기 위하여 자산조사(*means test*)를 하고 이에 의하여 지원하는 방법(원칙)을 선택주의라고 한다. 자산조사는 공공지출을 줄이고 절약을 조장하며 사적 대책을 지지하지만 급여요청시 절차가 복잡하고 많은 요보호자가 누락되며 개인의 프라이버시를 침해하여 낙인감을 준다는 것이다. 예컨대 우리나라의 생활보장사업이 이에 해당한다.

④ 경영자화 (*managerialization*)

경영자화는 신경영주의라고도 한다. 이것은 기업적 접근방법으로,

욕구해결보다도 과업수행의 효율성을 강조한다.

2) 사회주의(좌파) 전략

① 공영화 (*public ownership*)

공영화는 사회복지의 수단이 사적 소유권이 인정되고 민영화되어서는 안 된다. 이것은 국가소유 또는 공공소유가 되어야 하고 민주적 통제가 이루어져야 한다는 것이다.

② 탈상품화 (*decommodification*)

탈상품화는 비영리화 또는 비이윤추구사업이다. 사회복지가 비영리사업이기 때문에 부담지출 능력보다는 자격여부에 따라 분배되는 것을 말한다. 즉 서비스를 요구하는 사람에게 욕구를 해결하거나 상품과 서비스를 제공한다는 것이다.

③ 긍정적 차별화 (*positive discrimination*)

긍정적 차별화는 평등을 추구하기 위한 역차별화 전략이다. 이것은 서비스가 균등하게 배분되어야 할 뿐만 아니라 박탈된 자는 동등한 분담 이상으로 서비스를 받아야 한다는 보상원칙을 말한다. 예컨대 빈곤, 성차별, 지역격차, 인종차별이 심한 경우 고용과 교육 등 할당제 (*quotas system*)가 그 좋은 예이다.

④ 권한부여 (*empowerment*)

권력위임의 아이디어는 정책이 권력과 신분의 불평등을 감소 또는 소멸하기 위한 시도이다. 이것은 제도적으로 불이익을 받은 집단, 즉 억압받고 수동적인 집단으로 하여금 자기의 권리를 자각하고 그것을 강화하도록 도와주는 것을 말한다. 예컨대 급진적 사회사업이 이에 해당한다.

3) 개혁주의(중도파)적 전략

① 사회보험 (*social insurance*)

사회보험은 피보험자가 노령, 질병, 실업, 사고 등 사회적 위험에 직면하였을 때 보상받는 사회보장제도이다. 사회보험은 소득이 중단되었을 때 소득을 보충하기 위한 강제적 기여제도이다. 우리나라의 연금보험, 의료보험, 산재보험, 고용보험 등은 이에 속하나 재분배기능이 매우 약하다.

② 보편주의 (*universalism*)

보편주의는 사회적 급여를 적합한 기준에 따라 모든 사람에게 유용하게 적용하는 방법(원칙)을 말한다. 그 뿐만 아니라 사회복지에 참여할 수 있는 공평한 기회를 제공하는 것도 말한다. 이것은 시민권에 기초하여 발달하였다. 보편주의는 선택주의와 대조적인 원칙이다.

③ 행정개편 (*administrative reorganization*)

행정개편은 사회문제나 사회복지를 해결하는데 합리적으로 설계된 행정조직이 존재할 때 필요하다. 즉 부적절한 계획, 불분명한 목표, 분파주의, 이중서비스, 낭비, 역진성 등 행정적 결함을 시정하기 위한 것이다.

④ 시민참여 (*civil participation*)

참여는 이른바 참여민주주의에서 찾아 볼 수 있다. 이것은 노사간 산업갈등을 평화적으로 해결하기 위한 산업민주주의(독일의 공동결정권제도나 유고의 자치경영제도, 스웨덴의 조합주의 등)나 정치적 갈등을 평화적으로 해결하기 위한 정치적 민주주의(의회민주주의 등)에서 찾아 볼 수 있다. 또한, 지방의 욕구에 상응하는 계획수립에서 각종위원회 등에 참여하는 정책결정에 기여하는 것도 참여라고 볼 수 있다.

4. 사회복지정책의 형성과정

사회복지정책 형성과정은 사회복지정책의 실천에서 가장 중요시되는데 이것은 일정한 과정을 거쳐서 형성된다. 이러한 정책형성과정은 새로운 정책을 결정하거나 아니면 기존 정책을 개선하는 데도 공히 적용될 수 있고 사회복지정책의 연구나 실천면에서 사회복지학을 연구하는 학자나 사회복지사, 그리고 정책연구와 정책수립에 주로 관련된 사회복지실천가나 사회복지서비스를 개인, 가족, 소집단, 지역사회에 전달하는 활동에 관여하는 사회사업의 실천가(*clinical social worker*; 임상사회복지사)도 사회복지정책 형성과정을 잘 이해하고 여기에 관여할 필요성이 있다.

일반적으로 사회복지정책은 사회문제를 해결하기 위하여 채택되는 방안으로 학자에 따라 사회복지정책 형성과정의 다양한 모델이 제시되고 있는데 이를 보면 〈표 5-1〉과 같다.

칸(Kahn)은 기획입안자, 탐구, 기획사업의 규정, 정책형성, 프로그래밍 평가와 피드백의 6단계로, 디니토(DiNitto)는 정책문제의 확인, 정책대안의 형성, 정책의 정당화, 정책의 집행, 정책의 평가의 5단계로, 길버트와 스펙트, 트렐(Gilbert, Spect & Terrell, 1993: 23~24)은 문제확인, 문제분석, 공중홍보, 정책목표개발, 공중지지 형성과 정당화, 프로그램 설계, 정책집행, 평가와 사정의 8단계로, 앤더슨(Anderson)은 정책과정, 정책의제, 정책의 공식화, 정책채택, 정책집행, 정책평가의 6단계로, 잰슨(Jansson)은 정책이슈 제시, 정책이슈 처리, 정책결정, 정책집행 및 사정의 4단계로 구분하고 있다(김상균 외, 2001: 231~237; 박경일 외, 2001: 208~211 재인용).

이러한 사회복지정책의 형성과정은 일련의 공통된 과정을 밟고 있다. 여기에서는 사회복지정책의 과정을 ① 정책의제의 형성, ② 정책대안의 형성, ③ 정책결정, ④ 정책집행, ⑤ 정책평가의 5단계로 구분

〈표 5-1〉 정책형성과정 모델

Kahn 모델	DiNitto 모델	Gilbert, Spect, Terrell 모델	Anderson 모델	Jansson 모델
1. 기획입안자 2. 탐구 3. 기획사업의 규정 4. 정책형성 5. 프로그래밍 6. 평가와 피드백	1. 정책문제 확인 2. 정책대안 형성 3. 정책의 정당화 4. 정책 집행 5. 정책 평가	1. 문제 확인 2. 문제 분석 3. 공중 홍보 4. 정책목표개발 5. 공중지지 형성과 정당화 6. 프로그램설계 7. 정책집행 8. 평가와 사정	1. 정책과정 2. 정책의제 3. 정책의 공식화 4. 정책채택 5. 정책집행 6. 정책평가	1. 정책이슈 제시 2. 정책이슈 처리 3. 정책결정 4. 정책집행 및 사정

자료: Gilbert, Spect & Terrell, 1993: 23~24; 김상균 외, 2001: 232 재인용, 김영모, 2001: 493.

하여 살펴보면 다음과 같다.

1) 사회복지정책의 문제형성

사회복지문제는 사회복지정책을 형성하게끔 하는 가장 중요한 동인이자 사회복지정책의 주요인이다. 사회복지문제는 인간으로서의 기본적 생활을 누리지 못하여 고통받는 사람들이 그러한 상황이나 조건을 해결해야 할 문제로 인식할 때 비로소 성립한다. 이 때 이러한 사회복지문제의 해결을 정부에 대하여 요청하는 구체적 행동을 정치학적 의미에서 요구(*demand*)라 한다. 정치체제에 어떤 사회복지문제의 해결에 관한 요구가 성공적으로 투입되면 비로소 관심을 받으면서 그 해결방법들이 논의된다. 이 때 정치적 논점으로 부각된 문제나 요구를 이슈(*issue*)라 부른다(송근원 · 김태성, 1995: 39 재인용).

사회복지문제 가운데 어떤 것은 이슈화되지만 어떤 문제는 이슈화되지 못한다. 많은 경우 사회복지문제는 이슈화되지 못하는 경우가 많다. 그 주된 이유는 사회복지문제는 주로 정치적으로 경제적으로 가지지 못한 자들의 문제이며, 그들은 자기들의 문제들을 이슈화시킬 돈, 지식, 조직, 사회적 지위 등이 없기 때문이다.

사회복지정책 문제가 이슈화되기 위해서는 첫째, 공공의 관심을 끌어야 하고, 둘째, 공공정책상의 논점으로 제시되어야 한다. 그렇게 되기 위해서는 클라이언트, 사회복지전문가, 언론, 정치인들의 노력이 필요하다고 하겠다. 특히 사회복지사는 클라이언트와 접촉하는 전문가이기 때문에 클라이언트의 문제에 대해서도 잘 알고 있고 그 문제의 사회적 해결의 필요성에 관해서도 잘 알고 있으며 그러한 문제의 해결을 지향하는 의지도 강한 사람이다. 따라서 사회복지사는 사회문제의 이슈 제기자로서 가장 중요한 역할을 담당해야 하는 사람이다(송근원·김태성, 1995: 54).

2) 사회복지정책 대안의 형성

문제나 요구가 일단 정책의제로 성립되면 정책자들에 의하여 그 해결이 논의되고 여러 가지 해결방안 가운데 하나를 선택하는데 이 때의 해결방안들이 정책대안이다. 정책대안의 형성과정이란 정책문제가 무엇인지를 파악하고 문제를 둘러싼 상황을 파악하여 정책목표를 세우고, 그 목표를 달성할 수 있는 정책수단으로서의 정책대안을 개발하며 어떠한 정책대안이 가장 바람직한 것인가를 분석하는 과정을 말한다. 이러한 정책결정을 통해 공공기관(정부)이 문제해결을 위하여 여러 개의 대안 중에서 하나를 의식적으로 선택하게 된다.

정책대안의 형성과정은 문제의 해결방안에 관한 모색과정이자 정책결정자를 위하여 정보를 제공하는 과정이다. 또한 문제를 해결하는 가장 효과적 정책대안들을 개발하여 비교·검토하는 과정이므로 비교적 비정치적이며 합리적·기술적 성격을 띤다.

3) 사회복지정책의 결정

제시된 정책대안들이 모두 정부당국에 의해 채택되는 것은 아니다. 어떤 것은 채택되고 어떤 것은 채택되지 못한다. 정책결정은 권위 있는 정책결정권자가 문제해결을 위한 여러 대안들 가운데 하나를 선택하는 행위나 과정을 말한다. 정책결정과정에서 결정대상이 어떤 하나의 정책문제를 해결하기 위한 대안들이든 이미 결정된 정책사업들의 우선순위를 확정짓기 위한 여러 가지 정책들이든 간에 이들에 대한 우선순위를 정하는 것이 가장 중요한 것이다. 다시 말해서 정책결정과정은 바로 우선순위를 결정하는 것이라 해도 과언은 아니다.

정책결정과정은 권위 있는 정책결정자가 하는 행위라는 점, 행위의 결과 잠정적 해결방안이 채택된다는 점, 정책결정 행위는 사회공익적 관점에서 이루어져야 한다는 점, 문제를 보다 거시적 관점에서 볼 필요가 있다는 점이 그 특성이라 할 수 있다.

정책결정은 여러 가지의 이론적 모델로 이루어질 수 있는데, 예를 들면 합리모델, 만족모델, 점증모델, 혼합모델, 최적모델, 쓰레기통모델 등이 있으며 이를 살펴보면 다음과 같다(송근원 · 김태성, 1995; 박정호, 2001: 159~163; 김기태 외 2001: 250).

① 합리모델(*rational model*)

이 모델은 인간의 이성과 합리성을 전제로 한 정책결정과정을 말한다. 곧, 정책결정권자나 정책분석가가 고도의 합리성을 가지고 있고, 주어진 상황에서 주어진 목표의 달성을 극대화할 수 있는 최선의 정책대안을 찾아낼 수 있다고 보는 정책결정모델이다.

② 만족모델(*satisfying model*)

이 모델은 마취(March), 사이몬(Simon)이 제시한 것으로 합리모델과는 달리 완전무결한 합리성이 아닌 제한된 합리성에 기초한다는 데 그 특색이 있다. 즉, 정책결정자가 어떤 결정을 하는 경우 최대한도로 최선의 대안을 위해 노력한다고 일반적으로 기대할 수 없으며 현실적으로 만족할 만한 수준에서 대안을 찾는 것으로 그친다는 것이다. 이처럼 만족모델은 보다 현실적 정책결정의 세계를 설명하려는 데 그 의의가 있다. 이 모델을 현실적·경험적 접근방법의 범주에 넣는 이유도 바로 여기에 있다.

③ **점증모델**(*incremental model*)

반휠드(Banfield), 린드블름(Lindblom), 와일담스키(Wildavsky) 등이 제시한 점증모델은 과거의 정책결정을 기초로 하여 점증적 차이가 있는 정책대안을 검토하고 과거의 정책을 약간 수정한 정책결정이 이루어지며, 이루어진 정책결정에 대한 여론의 반응을 보고, 다시 정책을 수정하며 이전과는 약간 다른 정책결정을 내리는 과정이 반복하여 이루어진다고 본다. 이 모델을 '지속적이고 제한적인 비교에 입각한 모델'(*a model of successive limited comparison*)이라고 부르는 이유도 여기에 있다. 점증모델의 대표적 예로서는 국가예산을 들 수 있다. 대부분의 국가예산이 전년도의 예산에 준하여 작성되며, 금년도의 예산은 그 전년도 예산에 비해 그리 큰 차이가 없는 것이 보통이다.

④ **혼합모델**(*mixed scanning model*)

이 모델은 에치오니(Etzioni)가 합리모델과 점증모델을 혼합시켰는데, 합리모델은 환경에 대한 정책결정자의 지배능력을 과신하는 이상주의적 성격이 농후하며 반대로 점증모델은 그러한 인간의 능력을 과소평가하여 보수주의적 성격이 강하다는 것이다. 따라서 여기의 혼합모형은 이 두 입장을 혼합하여 우선 기본방향의 설정과 같은 합리모형의 방법을 택하나 그것이 설정된 후의 특정 문제의 결정은 점증모형의 입장을 취해 깊은 검토를 하는 것이 보다 현실적이라고 하는 것이다.

⑤ **최적모델**(*optimal model*)

이 모델은 드로올(Dror)이 제시한 것으로 에치오니의 혼합모델과 비슷하나 양자의 단순합계적 혼합이 아니라 합리성과 초합리성을 동시에 고려하는 최적치 중심의 규범적 최적모델을 제시하고 있다는 점이 에치오니의 모델과 다르다.

⑥ **쓰레기통 모델**(*garbage can model*)

이 모델은 코헨(Cohen), 마취(March), 올센(Olsen) 등이 제시한 것으로 미국의 정치적 상황에서 제안된 모델이지만 우리나라의 경우에도 적용가능성이 높은 모델이라 생각된다. 이 모델에서 정책결정은 합리성이나 협상과 타협 등을 통해서 이루어지는 것이 아니라 쓰레기통과 같은 조직화된 무정부적 상태 속에서 나타나는 몇 가지의 흐름에 의해서 결정된다는 것이다. 정책결정의 틀 속에는 정치인, 이익집단 등이 참여하는 정치의 흐름과, 언론, 클라이언트 등이 참여하는 문제의 흐름과 관료, 연구자 등이 참여하는 정책의 흐름이 마치 쓰레기통 속의 서로 다른 쓰레기들처럼 독립적으로 떠돌아다니다가 정치적 흐름과 문제의 흐름이 우연히 결합하여 아젠다가 형성되고 정책 아젠다가 형성되면 그 해결책으로서의 정책대안을 찾게 된다. 정책의 흐름속(킹든은 이를 *policy soup*이라 함)에 떠다니던 정책대안이 연결되는 경우 정책의 창문(*policy window*)이 열리며 정책결정의 기회가 생겨나게 된다는 것이다.

정책대안들이 정책의 흐름을 형성하다가 정치의 흐름 및 문제의 흐름에 의하여 정책 아젠다가 형성될 때 이들과 재빨리 결합함으로써 정책결정으로 연결된다는 것이 쓰레기통 모델의 정책결정이론이라 할 수 있다(김상균 외, 2001: 236).

4) 사회복지정책의 집행

정책집행이란 의도된 정책목표를 달성하기 위하여 결정된 사항들을 실행하는 활동을 의미한다. 사회복지정책의 집행은 정책집행자인 관료들과 클라이언트의 직접적인 상호작용을 통하여 정책목표를 구체화시켜 나가는 과정이다. 이 단계에서의 주요 과업은 프로그램을 조직하고, 정책을 보다 구체화하고, 서비스나 급여를 클라이언트에게 전달하는 것인데 이 과정에서 해결하려는 복지문제와 관련된 이해집단들도 관여하게 된다.

울만(Wolman)은 정책프로그램의 성과를 설명하거나 이해할 수 있는 포괄적 분석틀을 제시하였는데 여기에서 정책집행이 성과를 거두기 위한 요인으로 다음과 같은 다섯 가지를 제시하고 있다(송근원 · 김태성, 1995: 158 재인용).

① 자원의 적절성이다. 여기서 자원이란 재정적 자원 및 인적 자원을 모두 포함한다. ② 관리 및 통제구조이다. 정책집행기관은 정책 프로그램을 효과적으로 관리하거나 통제할 수 있는 구조를 갖추어야 한다. ③ 관료제적 규칙 및 규제이다. 이는 정책목표에 맞추어 집행활동을 하는 경우에 꼭 필요한 것이지만 너무 여기에다 의존하다 보면 동조과잉, 형식주의, 수단과 목표의 전치 등 병리적 형태가 나타나기도 한다. ④ 정치적 효과성이다. 집행기관이 가지고 있는 정치적 자원이나 기술은 정책 프로그램의 성공에 필수적이다. 예컨대, 대통령, 의회, 이익집단의 지지가 없으면 정책 프로그램은 성공하기 힘들다. ⑤ 환류 및 평가이다. 정책 프로그램의 집행결과를 되돌아보고, 평가해보는 장치는 정책집행의 성공에 영향을 미치는 주요 요인이다.

정책집행에는 정책환경적 요인(정치적 상황변화, 경제적 상황변화, 사회적 상황변화 등)과 정책내재적 요인(정책문제의 정의와 관련된 변수, 정책수단 및 절차의 확보와 관련변수, 정책산물 관련변수, 정책행태적 요인 등)이 크게 영향을 미치는 점을 고려할 필요가 있다.

5) 사회복지정책의 평가

정책의 평가란 국가의 프로그램이 그 목적을 충족함에 있어서의 전반적 효과의 사정 또는 보편적 목적의 충족에 있어 둘 혹은 그 이상의 프로그램의 상대적 효과의 사정인 것이다(Wholey et al., 1972: 15). 즉, 정책평가란 정책활동에 관한 평가로서 정책 실행결과에 대한 정보를 수집하고 분석하며 해석함으로써 그 가치를 판단하는 것이다.

요컨대, 평가란 특별한 개입(평가)이 비용과 급여 그리고 목표달성이란 의미에 있어 갖는 성공의 의의와 정도를 결정하는 체계적 과정이다(Meenghan et al., 1982: 55). 평가는 행정활동의 하나하나와 밀접하게 관련되어 있어 사회복지정책의 형성과정에서의 마지막 단계로 간주될 수도 있으나 평가는 그 첫 번째 단계도 될 수 있는 것이다.

이러한 정책평가는 좁게는 정책집행 결과에 대한 평가, 즉 정책이 원래 의도한 문제와 해결에 얼마나 영향을 미쳤는가를 평가할 수도 있고, 넓게는 정책형성과정 전반(정책의제, 정책형성과정, 정책집행과정, 정책결과, 정책의 영향 등)에 대해 평가할 수도 있다.

5. 사회복지정책의 분석틀

길버트와 트렐은 사회복지정책을 분석하는 틀로서 ① 누구에게 급여가 제공되어야 하는가?(대상체계), ② 무엇을 급여할 것인가?(급여체계), ③ 급여가 어떻게 제공되어야 하는가?(전달체계), ④ 어떻게 재원이 조달될 것인가?(재원체계)의 4가지를 제시하고 있다(Gilbert & Terrell, 1988: 55). 길버트와 스펙터는 사회복지정책 분석틀로써 ①

사회적 할당 ② 사회적 급여의 유형 ③ 전달의 전략 ④ 재원조달의 방법의 4가지를 제시하고 있다(Gilbert & Spect, 1986: 37, 김상균 외, 2001: 240, 장인협 외, 2000: 137~143).

여기서는 길버트와 트렐이 제시한 분석틀을 살펴보고자 한다.

1) 대상 체계

이것은 사회복지 급여의 대상자를 결정하는 체계이다. 즉, 수급권자를 결정하는 것이다. 여기에 적용되는 원칙으로는 보편주의와 선별주의가 대표적이다. 선별주의란 급여가 개인의 욕구에 기초하여 주어져야한다는 원리이다. 이 때 개인의 욕구는 주로 소득조사에 의해 판별된다. 선별주의 원리가 적용된 급여의 예는 빈민을 위한 공공부조나 공공주택 등을 들 수 있다. 보편주의란 개별적 자산조사 없이 모든 사회구성원들에게 사회적 권리로서 급여가 주어져야 한다는 원리이다. 노인을 위한 사회보장급여, 청소년을 위한 공공교육 등이 보편주의의 예가 된다. 다시 말하면, 사회복지 급여의 대상을 사회구성원 전체로 볼 것이냐 아니면 사회적 낙오자나 실패자, 특히 빈곤한 사회구성원으로 한정할 것이냐의 결정이다.

여기서 수급자격 조건을 살펴보면 다음과 같다(Gilbert & Spect, 1974: 66~68; 김해동·정홍익, 1985: 235~238; 이영철 외, 2001: 280~282 재인용).

① 귀속적 속성

특정 연령집단이나 직업집단 또는 특정 거주지에 속한 것이 수급자 선정기준이 된다. 이는 특정 집단에 소속된 사람들의 공통적 욕구에 따라서 수급자를 결정하는 방법이기 때문에 속성주의라고 하겠다. 예컨대 65세 이상자, 18세 미만 아동, 대한민국 국민 등이다.

② 인구사회학적 특성

인구학적 조건 가운데 가장 중심적으로 사용되는 것은 나이이다. 아동수당, 노령수당이나 연금 등은 일정한 연령에 속해 있을 때만 자격이 인정된다. 또한 일정한 가족수 이상이거나 결혼여부(국민연금의 배우자 급여, 편모가정에 대한 소득보장), 특정의 인구학적 집단(여성이나 특정 인종)에 속해 있어야 함을 자격조건으로 삼고 있다.

③ 기여 정도

이것은 크게 두 가지로 나누는데 첫째, 사회보험 프로그램에 보험료 납부라는 형태의 기여이고, 둘째는 사회에 대한 경제적 · 사회적 기여이다. 사회에 대한 경제적 기여의 형태로는 농 · 어민이나 철도, 광업과 같은 국가 기간산업에 종사하는 사람의 경우는 보통의 사회보험 대상자에 비해 유리한 적용을 하는 것을 볼 수 있으며, 사회적 기여의 형태로는 국가유공자에 대한 보상 등과 같은 형태가 있다.

④ 근로능력 여부

어떤 사회복지 프로그램은 근로능력이 없는 것을 전제(장애인, 고령자, 자녀양육을 위한 휴직)로 사회복지 급여의 자격이 부여되기도 하고, 실업수당이나 각종 고용과 훈련 프로그램과 같이 근로능력이 있어야만 자격을 부여하는 경우도 있다.

⑤ 자산이나 소득조사

자산이나 소득조사의 기준은 개별적 속성이나 욕구에 따라 결정되는 것이다. 오늘날 거의 모든 나라들에서 공적 부조 프로그램의 자격을 결정하는 가장 중요한 기준은 자산이나 소득조사를 통해 일정한 자산이나 소득 이하의 사람에게만 자격을 부여하는 것이다.

2) 급여체계

수급권자에게 어떤 형태의 급여를 제공할 것인가를 결정하는 체계이다. 대표적 급여형태로는 현금과 현물이 있다. 예컨대, 기본적 식량이 필요한 수급자에게 식품을 공급할 것인가 아니면 식품을 살 수 있는 현금을 지급할 것인가, 주택이 필요한 사람에게 정부가 공공주택을 지어 줄 것인가 아니면 민간주택시장에서 주택을 구입할 수 있도록 현금을 지원해 줄 것인가를 결정해야 하는 것이다.

이렇듯 현재는 급여의 형태는 다양한데 이를 살펴보면 다음과 같다(Gilbert & Spect, 1974: 88~89).

① **기회**(*opportunities*); 바람직한 목표 달성을 위하여 사용되는 유인 및 법적 강제력과 관련된 상황을 의미한다. 또한 노동시장에서 불합리한 경쟁요소를 제거하는 것이다. 기회에는 대상자가 요구하는 고용기회(인턴사원, 공공근로사업, 장애인 의무고용, 공공장소에서의 영업권 등), 현물, 서비스, 시민권리 등이 포함된다.

② **용역**(*services*); 클라이언트에게 필요한 교육, 상담, 재가복지 서비스, 직업훈련 등 클라이언트의 태도와 관련된 어떤 기능의 수행을 말하며, 수혜자에 대한 직접적 시장가치라는 점에서 비이전적 성격을 띤다.

③ **재화**(*goods*); 식량, 의류, 주택과 같은 물질적 수익물을 뜻하며, 제한적 이전성을 띠고 있다.

④ **증서**(*credits*); 재화나 서비스를 보증하는 무료증서나 비용감면증의 형태를 띤 수익물로서 구체적 교환가치가 있기 때문에 기록된 부문 내에서의 자원들에 대한 선택권을 보장하는 융통성을 띤 복지서비스이다. 예컨대 상품권, 미국의 식품권(*food stamp*), 의료보험증이 있다.

⑤ **현금**(*cash*); 현금은 보편적 교환가치가 있기 때문에 클라이언트의 선택권 행사에 가장 많은 자유를 주는 형태로서 공공부조, 장애수당, 실업급여, 주택수당, 아동수당, 사회보험 등 여러 정책 프로그램을 통해 제공된다.

⑥ 힘(*power*) ; 재화나 자원들의 통제에 관한 영향력의 재분배에 관한 것으로 사회복지 수익물을 제공하는 사회복지기관의 이사회 구성에 빈민이나 클라이언트 또는 불이익을 받는 사람들을 참여시키는 것이다.

3) 전달체계

급여나 서비스를 효율적으로 전달하기 위해서 어떤 조직체계를 어떤 방법으로 수급자에게 전달하느냐를 결정하는 체계이다. 전달체계의 형태로는 중앙정부에서 급여의 자격, 급여 형태, 재원 등에 관한 모든 결정을 하여 전 국민들을 대상으로 접근하는 경우가 있고, 어떤 경우에는 지방정부가 주체가 되어 제공되기도 하고, 때로는 중앙정부와 지방정부 혹은 정부와 민간 부문 사이에 다양한 형태의 혼합체계 그리고 민간부문이 주체가 되어 제공되기도 한다.

그런데 공공부문은 모든 국민을 대상으로 공공재를 전달할 때 유용하고 사회적 적절성과 서비스의 통합성을 성취할 수 있다는 장점이 있는 반면, 가격과 질의 저하, 관료주의적 경직성, 접근의 어려움 등이 단점으로 지적된다. 민간부문은 선택의 자유, 창의성, 접근의 용이성, 융통성이라는 장점이 있는 반면, 서비스의 통합성과 지속성, 안정성이 취약한 단점이 있다.

사회복지 부문의 급여와 서비스 전달체계는 공공부문과 민간부문의 장점을 결합한 혼합형태가 많이 활용되고 있다. 이것은 사회복지가 대체로 공공재로서의 성격을 지니고 있으므로 공공부문의 역할이 필요하다는 점과 민간부문의 장점을 도입해야 할 필요성에 의하여 최근에 서구의 복지국가에서도 복지의 혼합경제(*the mixed economy of welfare*) 논리와 함께 확대되고 있다(장인협 외, 2000: 141).

어떤 전달체계가 바람직한가를 판단하기 위해서는 판단의 기준이 필요한데 그것은 ① 평등성, ② 적절성, ③ 포괄성, ④ 지속성, ⑤ 통합성, ⑥ 전문성, ⑦ 책임성, ⑧ 접근용이성의 여덟 가지 요소가 있다.

4) 재원체계

급여나 서비스의 비용을 어떠한 방법으로 조달할 것인가를 결정하는 체계이다. 사회복지정책의 재원이 될 수 있는 것으로는 공공부문 재원에는 조세로 구성되는 정부의 일반예산, 목적세 형태의 사회보장성 조세 그리고 조세비용이 있다. 민간부문의 재원으로는 사용자가 부담하는 경우의 재원, 자발적 기여에 해당되는 기여금, 기업이 출연하는 재원 등이 있다.

① 공공부문 재원

사회복지가 발달하면 할수록 사회복지정책에 사용되는 재원 가운데 정부의 공공부문예산이 차지하는 비중이 커진다. 오늘날 복지국가로 불리는 국가의 사회복지정책 재원은 거의 대부분 공공부문 예산에서 나온다. 공공부문의 재원 가운데 정부의 일반예산과 사회보장성 조세에 대한 상대적 의존도는 국가에 따라 차이가 있다. 뉴질랜드나 덴마크는 사회복지정책에 사용되는 재원의 거의 대부분을 정부의 일반예산에서 충당하는 반면, 독일, 프랑스 등은 주로 사회보장성 조세에 의존하며 정부의 일반예산의 비중이 상대적으로 적다.

일반예산이 사회정책의 재원으로 중요한 이유는 ① 정부의 일반예산을 통한 재원이 다른 재원에 비하여 평등이나 소득재분배를 이루기 쉽기 때문이다. 일반예산을 구성하는 조세는 누진적이어서 소득이 많은 사람들의 조세부담률이 소득이 적은 사람들의 조세부담률보다 높다. ② 정부의 일반예산 재원은 다른 재원들에 비하여 사회복지정책의 대상을 넓힐 수 있고, 급여내용의 보편성을 이룰 수 있다. 즉 정부의 일반예산의 재원을 통해서만이 대다수의 모든 국민을 대상으로 하는 사회복지정책이 가능한 것이다. ③ 재원의 안정성과 지속성의 측면에서 정부의 일반예산이 다른 재원에 비해 유리하다. 따라서 정부의 일반예산을 재원으로 하는 사회복지정책은 일반적으로 안정적이고 지속적으로 집행될 수 있다(송근원 · 김태성, 1995: 323~324).

그리고 사회보장과 같은 어떤 특정한 목적을 위해 거두는 조세수입이 있다. 사회보장성 조세는 국민연금, 산재보험, 고용보험, 의료보험의 네 가지 사회보험을 위한 보험료를 사용자나 피고용자들로부터 강제로 부과하여 일종의 세금의 기능을 한다.

사회보험을 위한 재원은 일반예산에 포함되지 않는다. 그 이유는 첫째, 사회보험의 가장 중요한 목표는 자본주의 사회의 시장에서 결정된 사회계층상의 위치를 변화시키지 않으면서 사람들이 어떤 위험(질병, 노령, 실업)에 당면하여 소득이 상실될 때 각자가 이전에 가지고 있던 시장소득 수준을 유지하고자 하는데 있다. 이러한 목표를 이루기 위해서는 조세를 적게 낸 저소득층에 비하여 조세를 많이 낸 고소득층이 받는 사회보험급여의 수준이 높아야 하는데 일반예산은 일반적으로 정치적 이유 때문에 이러한 목적을 성취하지 못한다. 비록 사회보험이 소득재분배의 역할을 하기는 하나 본질적으로 보험상품이기 때문에 보험료를 많이 낸 사람에게 급여액을 많이 줄 수밖에 없다.

둘째, 사람들은 사회보장세를 납부함으로써 일반조세와는 달리 미래에 받을 수 있는 급여액에 대한 권리를 갖는다고 생각하기 때문에, 일반조세의 형식을 취하기보다는 사회보장세의 형식을 취하는 것이 정치적으로 유리하다.

셋째, 일반예산을 통해 집행되는 사회복지정책은 주로 가난한 사람들을 대상으로 이루어지고 일종의 자선으로 취급되는 경향이 있다. 따라서 사람들은 정부의 일반예산을 통해 사회보장급여를 받는 것에 대해 거부감을 느끼는 경우가 있다. 그러나 사회보장성 조세를 통한 급여는 권리로 생각하여 선호하는 경향이 있다. 그러나 사회보장세는 역진성이 강하다는 결점이 있다. 사회보험을 위해 납부하는 사회보장세는 모든 소득계층의 근로소득에 동일한 비율로 부과되어 저소득층의 부담률이 높다. 또한 사회보장세는 조세 부과대상 소득의 일정 상한액 내에서만 부과된다. 이러한 점도 상한액 이상의 고소득층의 조세부담이 저소득층보다 낮게 만들어 소득재분배에 역진적으로 작용한다.

그 외에 사회복지정책에 사용할 수 있는 공공부문의 재원 가운데 이른바 조세비용이 있다. 이 조세비용은 조세를 거둬들여 직접적 사회복지급여를 하지 않는 대신 사람들이 내야 할 조세를 감면시켜 사회복지의 목표를 이룰 수 있는 방법이다. 예를 들면, 세금을 거두어 아동이 있는 가족에게 아동수당을 주는 대신, 아동이 있는 가족이 부담하는 조세에서 그만큼 면제시켜 주는 것이다. 이것을 조세비용으로 부르는 이유는 정부의 입장에서 보면 조세비용만큼 세수가 감소되기 때문에 그만큼 정부지출이 줄어들기 때문이다. 즉, 조세비용도 정부지출에 쓰일 잠재적 예산이다(송근원 · 김태성, 1995: 336).

② 민간부문 재원

민간부문 재원에는 사용자 부담, 자발적 기여, 직업복지, 비공식 부문 재원이 있다. 첫째, 사용자 부담은 일정한 금액을 본인이 부담하면서 어떤 사회복지 서비스를 수급하는 것으로 사회복지정책에서 사용자 부담이 필요한 경우는 사회복지 서비스의 남용을 막는데 있다. 그러나 사용자 부담은 공공부담의 사회보장세와 같이 역진적이어서 저소득층의 부담이 고소득층에 비하여 상대적으로 많아져 사회복지정책의 목표 중의 하나인 소득재분배에 배치되는 면이 있다(김기태 외, 2001: 261).

둘째, 자발적 기여에는 개인, 재단, 기업, 그리고 유산이 있다. 이 가운데 개인에 의한 기여금이 가장 크고 그 다음으로 재단, 기업, 유산의 순이다. 물론 자발적 기여도 사회복지정책이 발달한 국가에서도 여전히 존재한다.

셋째, 직업복지는 고용주가 피고용자들에게 임의로 제공하는 급여로, 자녀학비, 유급휴가, 상여금, 주택지원, 퇴직금, 특별휴가, 상조금, 평생고용제도 등이 있다(Mishra, 1977; 표갑수·장소영 역, 1982: 27).

넷째, 비공식부문 재원은 가족, 친척, 이웃을 말한다. 예컨대 노인들의 복지는 자식들의 부양에 의해 해결된다. 제도적 사회복지가 발전하기 전에는 이러한 비공식부문의 재원이 가장 중요한 역할을 하였다. 그러나 제도적 사회복지가 발전하기 시작하면서 이 부문의 역할이 많이 줄어들었다.

재정방식의 다양성은 그 사회의 가치관, 정책결정자의 입장, 사회집단간의 이해관계 등을 반영한다. 공공재정을 선택하는 경우는 재정의 안정성과 지속성이 보장되는 장점이 있으나 정부부담의 확대에 대한 조세저항의 문제가 발생할 수 있다. 민간재정을 선택하는 경우는 집단이나 지역의 특수한 욕구에 대처하기가 용이하고 창의성이 있는 서비스의 개발을 촉진할 수 있으나 지속적이고 안정적인 재원이 되지 못하는 한계가 있다.

1970년대부터 선진복지국가에서 복지재정의 위기가 초래되고 복지주체에 대한 복지다원주의적 사고(*welfare pluralism*)가 확대됨에 따라 사회복지의 재정은 전적으로 국가에 의존하거나 전적으로 민간에 의존하는 경우는 줄어들고, 복지재정에는 비영리적 요인과 영리적 요인도 도입되어 복지의 혼합경제(*mixed economy of welfare*) 경향이 나타나고 있는 점도 고려하여 재정방법의 다양성을 고려할 필요가 있다.

6. 사회복지정책의 이론

사회복지정책분야에서 가장 활발하게 논의된 사회복지정책의 이론은 사회복지정책의 발달이론과 사회복지정책의 형성과정 이론으로 구분되는데 이를 살펴보면 다음과 같다.

1) 사회복지정책의 발달이론

(1) 사회양심론 (*the social conscience theory*)

사회양심론은 1940~1960년대 영국 사회정책학의 통설로서 애용되었을 뿐만 아니라, 오늘날에도 다수의 사회복지사들과 박애주의자들로부터 지지받는 이론으로 베이커(Baker)에 의해 체계화되었다. 이 이론은 사회복지정책의 발달이란 타인의 고통을 해소하려는 개인의 이타적 양심이 사회적, 국가적 정책으로 표현되는 것이라고 한다.

베이커에 의하면 사회양심이론의 접근방법의 주요 내용은 다음과 같은 5가지 가설을 살펴볼 수 있다(Baker, 1979: 178).

① 사회정책은 인간상호간 갖고 있는 사랑을 국가를 통해 표현한 것이다. 또한 사회정책은 자비로운 성격을 갖고 있으며 전체 공동체와 복지 수혜자의 이익을 위해 제공된다.

② 사회정책은 사회적 의무감의 확대·심화 그리고 욕구에 대한 지식의 향상이라는 두 가지 요인에 의해 변화된다.

③ 사회정책의 변화는 누적적이며, 균등하지는 않지만 보다 관대한 방향으로, 그리고 다양성을 띠면서 계속적으로 발전한다.

④ 개선된 것들이 개선 이전의 상태로 회귀될 수는 없으며, 그 시대의 복지 서비스는 역사적으로 가장 최고의 형태이다.

⑤ 현재의 서비스제도가 불완전하고, 결함이 있다 하더라도 사회복지의 중심적인 문제는 이미 해결되었으며, 보다 나은 개선을 기대할

수 있도록 사회가 구성되어 있다.

설리반은 사회복지에 대한 사회개혁적 접근방법 중 하나로서 사회양심론을 소개하고 있다. 그는 국가복지의 발달을 일반 국민들 사이에서 사회적 양심이 성장한 결과로 설명하고 있다. 즉, 집단적 양심은 누적적이고, 자비스러우며 이전 상태로 되돌아 갈 수 없는 성격을 갖는 사회정책을 수립하고 집행하는 정부와 국가에게 합리적이고 도덕적으로 반응하도록 촉진시킨다는 것이다. 결국 사회양심이론에서는 사회적 양심(인간의 이타심)이 성장하고 국민들의 열악한 사회, 경제적 상태에 대한 지식이 알려지면 이를 개선하기 위해 사회정책이 발달하며, 이것은 보다 좋은 사회정책으로 변해가는 진화적 성격을 갖고 있으며, 사회정책의 의도와 결과는 항상 복수수혜자에게 이익을 주는 순기능을 갖고 있다는 것이다(Sullivan, 1987: 68).

사회양심론은 사회복지정책의 발달과 성격을 설명하는데 다음과 같은 한계점이 있다.

첫째는 사회문제의 발전이 곧 바로 사회정책의 수립 내지는 기존 사회정책의 개선으로 이어진다는 것은 순진한 가정이다. 역사적으로 보면 사회문제를 해결하기 위한 정책이 수립되는 과정은 수많은 이해집단의 정치적 갈등을 수반하는 것이 일반적이다. 예를 들어, 최저임금제도의 시행에 대해 노동자들은 찬성하지만 경영자는 반대하고 또는 국가는 국가경제의 상태를 생각하지 않을 수 없고 여기에는 갈등이 발생한다. 즉 사회양심이론에서는 사회정책 수립을 둘러싸고 벌어지는 계급, 계층간 갈등과정을 거의 설명할 수 없다는 것이다(Sullivan, 1987: 134).

둘째, 사회정책이 인간양심의 발로라면 인간이 존재하는 어느 사회나 비슷한 수준의 사회복지가 발달해야 한다. 그러나 현실적으로 나라마다 복지수준이 엄청나게 차이가 나며, 또 사회복지가 발달하지 않은 국가를 사회적 양심이 부족한 국가라고 말하기는 힘들다. 또한 사회정책의 변화가 항상 일직선적으로 좋은 예산 방향으로 진화하는 것은 아니며 미국 레이건 행정부의 사회복지예산 삭감처럼 축소될 수도 있다(Moggins, 최선화·이혜경 역, 1985: 40; 김상균, 1989: 89 참조).

이러한 사회양심이론은 사회복지의 일부 측면, 즉 사회복지의 자비스러운 성격을 너무 강조한 나머지 사회복지의 다른 측면들에 대한 이해와 설명을 거의 제공하지 못하고 있다.

(2) 합리이론 (*the rationality theory*)

합리이론은 복지제도를 설정하는데에 산업화의 역할을 강조하고 있다(Mishra, 1977; 표갑수·장소영 역, 1982: 36). 즉 어떤 형태의 사회이든 산업화되는 과정에서는 필연적으로 각종 사회문제가 파생되는데, 인간이 고안해낸 합리적 문제해결책이 사회복지제도라는 것이다. 따라서 이 이론은 자본주의 사회의 속성인 생산양식, 노동력 재생산, 자본축적, 계급관계 등을 무시하면서 자본주의 사회든 사회주의 사회든 산업화만 되면 사회복지가 필요하게 된다는 점에서 산업화 이론이라고도 한다. 또한 사회문제에 대처하기 위한 사회복지정책은 비슷한 형태로 수렴된다고 하여 수렴이론이라고도 한다. 이 이론은 산업기술과 산업경제의 pull(요구 내지 기능적 조건)과 push(결과)의 관점에서 산업사회의 사회제도에 대한 본질과 발전과제를 다루고 있다. 그렇기 때문에 선진산업사회의 사회구조의 중요한 결정요인은 계급갈등, 이론, 또는 문화에 있는 것이 아니고 기술문제 즉 산업기술의 결과 요구에 의해서 커다란 영향을 받게 된다(Mishra, 1977; 표갑수·장소영 역, 1982: 36~37).

합리이론은 다음과 같은 논리를 전개하고 있다.

첫째, 산업화는 경제성장을 가져와 국가가 사회복지에 필요한 자원을 축적시킨다. 즉, 산업화로 인한 경제성장으로 개인의 소득이 올라가면 국민들의 조세부담 능력이 신장하여 정부가 사회복지에 사용할 자원이 커진다는 것이다. 사회복지에 대한 국민들의 객관적 욕구가 증가하더라도 그것을 해결하기 위한 경제적 자원이 없으면 사회정책은 발달할 수 없으며, 반대로 분배할 자원이 풍부해질수록 사회정책은 발달한다는 것이다.

둘째, 산업화는 노동인구의 속성을 변화시킨다. 즉, 산업화는 농촌경제를 붕괴시키면서 대규모의 노동자를 생성시켰는데 그들은 자신의 노동력을 팔아야만 생계를 유지할 수 있는 사람들이다. 이들의 소득이 산업재해, 질병, 노령, 실업, 사망 등으로 중단되면 국가가 사회정책을 통해서 이러한 문제들을 해결할 수밖에 없다는 것이다.

셋째, 산업사회에서 첨예화되는 노동-자본의 대립적 갈등관계가 사회정책을 통해서 제도화된다. 즉 노동자계급과 자본가계급의 이해관계가 국가가 강제하는 사회정책으로 양보 또는 타협점에 이르게 되어 사회복지가 확대된다는 것이다(김영모, 2000: 28~29).

그 외에 산업화는 전통사회의 붕괴를 가져와 사회문제를 야기시켜 사회복지의 대상을 증가시켰고, 노령인구의 증가, 사회해체, 여성의 사회참여 증가로 인한 사회복지제도가 발달하게 되었다는 것이다.

웰렌스키와 르보(Wilensky & Lebeaux)는 미국 사회복지제도발달을 탐구함에 있어 확실히 이 수렴이론을 따르고 있다. 그들은 《산업사회와 사회복지》에서 미국사회에 미친 산업화의 영향력을 분석하였는데, 초기단계의 산업화는 가족구조의 변화에 영향을 미쳤으며, 사회해체현상으로 노인들이 혼자 남게 되었고, 이혼율이 높아지고, 경제적 지지구조에 변화를 일으키는 등의 사회현상들로 인해 사회복지제도가 발생하였다고 주장한다. 또한 후기단계의 산업화가 산업적으로 분화를 초래하여 지역간의 이동을 심화시키고 이러한 사회현상 또한 사회복지의 발달을 조장하였다고 주장하고 있다.

이러한 합리이론에 대한 비판을 보면 ① 사회문제의 대책으로 합리만이 유일한 원동력으로 간주됨으로써 마치 문제인식과 해결에 관한 사회적 합의가 존재하는 것처럼 오해를 불러일으킬 수 있다. ② 어떻게 해서 사회문제가 특정 시점과 특정 상황에서 비로소 사회문제가 되는가에 관한 설명이 부족하다. 다시 말해 너무나 정태적이고 가치중립적 분석이기 때문에 특정 집단이 계속적으로 고통당하는데도 그것이 사회문제화되지 않을 경우에는 그 이유를 설명할 수 없다. ③ 사회복지제도가 사회적 또는 경제적 변화에 수반되는 문제의 해결책뿐 아니라, 사회변동의 능동적 변수가 될 수 있다는 사실이 간과되고 있다는 점이다(김상균, 1987: 89~90).

〈그림 5-1〉 수렴이론에 근거한 사회복지의 발달

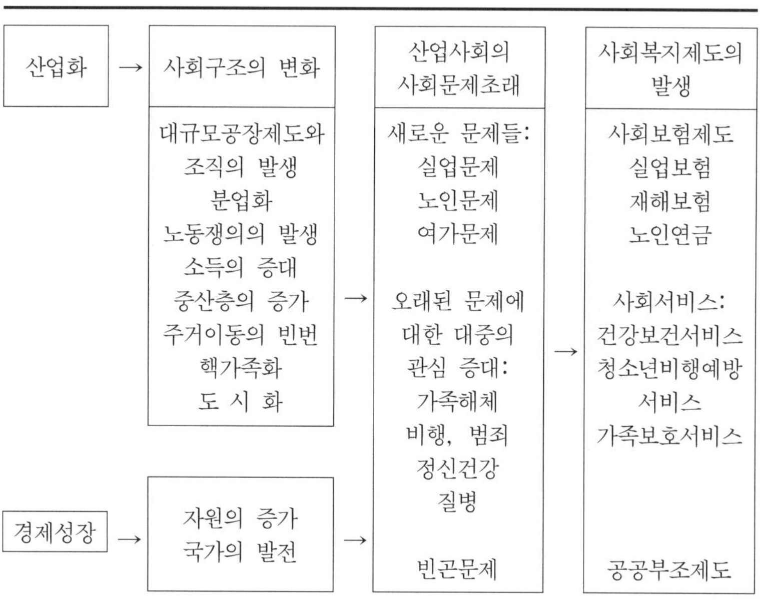

자료: H. Wilensky and C. N. Lebeaux, 1965, *Industrial Society and Social Welfare*, New York: The Free Press, p. 230에 있는 그림을 변형하였음. 김기태 외, 2001: 72 재인용.

(3) 시민권론(*the citizenship theory*)

시민권론은 마샬의 유명한 저서 《사회계급과 시민권》을 통해서 확립된 이론으로 시민권을 완전한 사회구성원으로 인정받는 일종의 지위로 보고 이것을 사회에서 기본적 평등으로 간주하였고 시민권을 공민권, 정치권, 사회권의 세 요소로 구분하였다(Marshall, 1963: 72~81).

첫째, 공민권(*civil rights*)은 법 앞에 개인의 자유와 평등이 보장되는 것으로 예컨대 개인의 자유, 언론, 사상, 신앙, 재산과 계약의 자유, 그리고 정의에 대한 권리와 같은 것으로 영국의 경우 18세기에서 19세기에 걸쳐서 확립되었고 기본적으로 법 제도에 부여되어 있다.

둘째, 정치권(*political rights*)은 투표권과 정치권 활동은 가능케 하는 정치적 참정권을 의미하는 것이다. 이는 영국의 경우 19세기와 20세기 사이에 형성되었고 기본적으로 정치제도에 부여되어 있다.

셋째, 사회권(*social rights*)은 복지권(*welfare rights*)이라고도 하는데 앞의 둘보다 훨씬 덜 특수한 '최소의 경제적 복지와 보장'을 의미하며 사회적 유산을 최대한도로 나눌 수 있는 권리와 그 사회적 기준에 따른 시민적 존재로서 생활할 수 있는 권리를 모두 포함하는 것으로 보았다. 이는 영국의 경우 사회권의 기반은 20세기 중반에 이르기까지 조성되었으며 사회봉사에 부여되어 있다(Mishra, 1977; 표갑수·장소영 역, 1982: 23~28).

이러한 시민권의 세 가지 구성요소는 영국사에 뿌리깊이 근거를 두고 있다. 본질적으로 그들의 발전은 가령 전체인구를 포함하는 것과 같은 영역의 확대를 수반하고 동시에 민주화와 현대사회라는 맥락에서의 재정의(再定義)를 포함한다. 이와 같이 정치권은 최초에는 귀족사회에만 제한되던 것이 다음에는 중산층에, 그 다음에는 노동자에게, 최후에는 여성들에게까지 확대되었다. 사회권도 유사하게, 구빈법의 형태로서 요구호자에게만 제한되던 것이 19세기에는 빈곤자에게 나중에는 사회봉사로서 노동자계급에게 확대되고 결국에는 전 인구로 확장되었다(Mishra, 1977; 표갑수 · 장소영 역, 1982: 231).

미국의 경우 공민권과 정치권이 적어도 백인 남성 인구에게는 상당히 일찍이 확립되었다.[1] 반면에 사회권은 특히 교육을 제외하고는 대단히 느린 속도로 발전되었다.[2] 사실 미국의 지배적 이데올로기 때문에 사회권이 시민권의 필수요소로서 인식하지 못했다고 할 수 있다. 마찬가지로 독일에서도 사회권과 시민권의 다른 두 요소와의 관계는 아주 다른 양상을 보여준다. 비스마르크는 독일 노동자들에게 충분한 정치권과 공민권을 거부하기 위해서 사회권을 쉽사리 부여했다. '사회권'은 다른 면에서 시민권의 발전을 유보하기 위한 수단이었다[3](Mishra, 1977; 표갑수 · 장소영 역, 1982: 29).

시민권론이 사회복지정책에 기여한 점은 다음과 같다.

첫째는 사회복지 급여를 시민의 기본적 권리의 하나로서 현대사회에서 인정할 수 있는 기반을 제공하였다. 즉, 시민권은 현대 복지국가에서 기존의 '보충적' 복지모형과는 다르게 '제도적' 복지모형의 기준을 제시함으로써, 사회복지정책의 발달에 기여하였다. 핑커 역시 시민권의 가치를 영국의 사회적 서비스를 위한 기초적 토대를 제공한 것으로

---

1) 미국의 헌법 자체는 시민권이 확립된 것이다. 정치권으로 말하자면, 19세기 중반에 미국전체의 백인성년남자 선거권(참정권)이 확립되었다. 시민전쟁 후에, 14, 5차 개정으로 이 권리는 남부에서는 불리했음에도 불구하고 흑인에게까지 확대되었다.

2) 모두를 위한 무료의 공적 교육은 19세기 중엽에 확립된 반면, 소득유지의 사회권은 1930년대에서야 비로소 시작되었다. 주택과 의료보장은 지금까지 사회권으로 인식되고 있다.

3) 비스마르크의 사회보험법은 정치권의 억제(사회주의자에게만 해당되었지만) 이후에 통과되었다. 독일은 1차대전 전 몇 년 동안 산업민주주의나 정치적 민주주의가 전혀 진보하지 않았음에도 불구하고 사회적 급여를 상당히 확장 및 개선하였다(Kappei S. Pinson, *Modern Germany*, London: Macmillan, 1966: 156~160, 245~246; John H. Herz, *The Government of Germany*, New York: Harcourt Brace, 1972: 45~46).

보았다(Pinker, 1971: 200~201).

둘째는 사회적 서비스는 현대사회에서 시민적 연대성을 창조할 수 있다는 가능성을 제시한 점이다. 과거의 전통사회에서처럼 사회구성원들 사이에 공동체의식이나 사회적 연대의식을 기대하기는 힘들다. 그것은 현대사회가 가진 사회경제적 특수성으로 인한 것이다. 시민권론은 이러한 현대사회에서 시민들로 하여금 연대성을 가질 수 있도록 하는 기반을 마련하였다.

시민권론은 이러한 긍정적 측면이 있는 한편 사회정책 발달을 설명하는 이론으로서 몇 가지가 한계를 동시에 지니고 있다.

첫째, 시민권의 한계에 대한 가장 핵심적 비판은 사회복지정책의 범위을 국가복지에 한정시켜 사회복지정책의 발달을 설명하여, 사회복지정책의 다양한 형태를 제외하였다는 사실이다. 사회복지에 속하는 직업복지(*occupational welfare*), 민간복지 및 유료복지 등을 사상함으로써 사회복지정책의 포괄적 분석틀을 수립하는데 실패하여 이론으로서의 일반화의 범위와 정교성이 떨어질 수밖에 없다.

둘째, 영국 사회의 역사적 발전에 분석틀이 맞추어져 있어서, 시민권론은 제3세계나 사회주의 사회복지정책에 적용 가능성이 줄어든다. 바로 이 점은 비교사회복지정책이 가지는 포괄성을 시민권론인 이론으로써는 달성할 수 없다는 점으로 해석된다.

셋째, 사회변화에 대한 총체적이고 진화론적인 접근은 사회복지정책을 둘러싸고 일어나는 집단갈등과 행동 등을 무시한 것이고, 상이한 시기나 국가에 따른 사회권의 성격변화에 실패하였다. 특히 사회복지정책은 단선적이고 진화론적인 그래서 어느 한 방향으로 결정론적으로 발달하지는 않는다. 또 사회복지정책 발달에서 보는 바와 같이, 정책과정상의 복잡한 역학관계를 시민권이라는 개념으로 설명하기에는 부족하다는 점이다(현외성, 2000: 69~70).

(4) 음모(사회통제)이론 (*conspiracy theory*)

음모이론은 사회양심이론과는 정반대의 입장을 주장하는 이론으로서, 양자 사회복지정책 발달을 하나의 목적론적 측면에서 파악한 것이다. 피븐과 클로워드는 미국 공적 부조제도의 발달을 다룬 《빈민규제론》(*regulating the poor*)에서 사회복지가 인도주의 혹은 이타주의의 산물이라는 전통적 설명 즉, 사회양심론을 정면으로 반박하면서 구빈정책은 노동을 규제하는데 일차적 목표가 있으며, 그 방법은 대량실업이 발생할 경우 공공복지제도가 시작되거나 확장되며, 반대로 정치적 안정이 회복되면 그러한 프로그램은 폐지되거나 감축되어 버린다는 사실을 발견했다(Piven & Cloward, 1971: 8).

사회보험의 원조로 알려진 비스마르크(Bismarck) 입법의 동기를, 당시 격화일로였던 노동자계급 중심의 사회주의 운동을 저지시켜 기존 질서를 유지하기 위한 속셈으로 보는 견해 역시 이 부류에 속한다. 죠지와 윌딩은 이러한 속셈으로부터 실시되는 복지제도를 일컬어 복지국가의 마키아벨리적 관점이라고 하면서 이 관점은 지배계층이 예상되는 근로계층으로부터의 엄청난 요구를 사전에 봉쇄할 목적으로 원하든 원하지 않든 간에 미리 선수를 쳐서 양보를 하는 것이 사회정책이라고 해석한다(Victor George & Paul Wilding, 1976: 99를 김상균, 1987: 97 재인용).

이상에서 알 수 있듯 사회통제론에서는 사회정책이 발달하게 되는 동기가 사회통제 혹은 노동규범을 강화하기 위한 엘리트의 장기적 음모로 설명되며 사회복지정책의 성격은 복지수혜자에게 자비스러우며 이익을 주는 것이 아니라 해로운 것이라는 가정이 전제되어 있다.

음모이론의 또 다른 한편은 맑스주의자들의 저작에서 나오는데, 사빌레(Saville)는 사회정책을 자본주의에 절대 필요한 안정과 효율의 유지를 위한 물리적 강압책의 대안으로 보고 있다. 또 오코너(O'conner)에 따르면, 정부의 사회복지 지출액은 시장의 법칙에 의해 결정되는 것이 아니라 계급 또는 집단간의 사회 경제적 갈등에 의하여 구조적으로 결정된다고 한다. 결국 맑스주의자들은 사회정책을 단기적으로는 폭력사태의 방지를 위한 자본주의자들이 방편으로, 그리고 장기적으로는 노동자계급의 혁명에 대한 정열을 식히는 전략으로 보고 있다(김상균, 1987: 96~99 재인용).

그럼에도 불구하고 음모이론은 다음의 몇 가지 측면에서 비판을 받고 있다.

첫째, 음모이론은 정책결정권자의 의도를 너무 중시한 나머지 정치현실, 정책과정의 현실을 충분하게 반영하지 못한다. 사회복지정책 형성과정과 집행과정은 매우 복잡하다. 그리고 그 정책결과 역시 처음에 의도한 결과와 의도하지 않았던 결과가 발생하기도 한다. 마지막으로 정책목표가 계획한 사람의 의도대로 어느 한 방향으로만 일관성 있게 흘러가는 것도 현실적으로 불가능하다. 이러한 측면에서 음모이론은 지나친 결정론으로 정책목표를 해석한다는 비판을 받고 있다.

둘째, 음모이론에서 이야기하듯이, 사회안정에 위협되지 않으면서 사회복지정책의 혜택을 받는 사회적 약자들, 이를테면 아동, 장애인, 모자세대 등과 같은 집단을 대상으로 한 사회복지정책은 음모이론으로써 어떻게 설명할 것인가? 이들은 과연 집단압력을 행사할 수 있는 대상들인가? 음모이론으로서는 이러한 정책의 목적을 설명하지 못한다는 한계를 가진다.

셋째, 권력에 대한 음모이론의 입장이 모순적이다. 지배 엘리트가 빈민들의 사회복지급여 압력에 대응하여 사회복지정책을 수립하거나 확대하고 또 다르게는 지배계급이 스스로 모든 권력을 장악하여 구빈정책의 확대와 축소를 결정한다는 설명이다. 모든 시대에 지배계급이 바뀌고 빈민계층이 변화하는 상황에서 이러한 질서정연한 지배 엘리트의 논리가 모든 사회, 모든 시대에 그대로 적용될 수는 없을 것이다. 최근에는 중산층의 증가와 정치참여, 특히 압력집단을 통한 정책결정 과정의 참여로 지배계급의 의도와 충돌하거나 오히려 중산계층이 정책투입을 통해 정책과정에서 주도권을 잡는 경우가 빈번하게 생기고 있다.

넷째, 음모가 도사리고 있음은 사실이지만 그렇게 자주 있는 것도 아니고 또 반드시 음모가 성공하는 것도 아니다(김상균, 1987: 97~98).

(5) 종속이론 (*the dependency theory*)

종속이론은 2차 대전 후에 새롭게 독립한 국가들의 사회복지제도 발달을 설명하려는 시도에서 나온 것이라고 할 수 있는 이 이론은 사회정책학의 관심 영역을 제 3세계에까지 확대시키는데 기여한 이론이다.

제 3세계의 사회보장제도를 분석한 미절리(James Midgely)에 의하면, 제 2차 세계대전이 종식된 이후 개발도상국들은 사회보장제도를 확대시켰지만 빈곤자의 생활수준 향상이나 자원의 재분배에는 실패했으며, 오히려 불평등을 강화시켰다는 결론을 내리고 있다. 그와 같은 현상이 초래된 근본원인을 그는 식민영향(*colonial influence*)에서 찾는데, 식민영향이란 식민시대의 종주국이 그들의 이익에 이바지할 수 있는 방향으로 사회정책을 실시하는 것을 의미한다. 즉, 특권계층의 지위를 유지하거나 강화시키기 위한 수단으로서 사회보장제도가 운영되었던 식민시대의 악습이 식민시대의 종식에도 불구하고 청산되지 않고 새로 등장한 자국내의 지배계급들에 의해 그대로 전승되고 있다는 것이다(Midgley, 1984: 1~2 ; 김상균, 1987: 99~100 재인용).

이 이론에 대한 비판으로는 첫째, 지역간의 불평등 문제는 유독 주변국과 중심국 사이에서 뿐 아니라 주변국과 주변국, 중심국과 중심국 또는 한 국가의 여러 지역간에서도 발견되기 때문에, 종속적 사회복지제도와 비종속적 사회복지제도를 엄격하게 구분해야 한다는 것이다. 다시 말해 종속의 개념에 대한 엄격한 질적 규제를 가해야 한다는 지적이다. 둘째, 종속이론은 제 3세계에 대한 선진국의 영향력을 과대평가하는 반면, 개발도상국 자체의 잠재력 내지 책임을 과소평가함으로써 자기들의 민족사에 대한 정확한 이해를 방해할 가능성이 있다고 비판하고 있다. 셋째, 종속이론의 주장들 중 검증되지 않는 것들이 발견되며, 분석개념으로 유용성이 부족하여 일종의 이데올로기에 지나지 않는다는 지적이 있다(김상균, 1987: 99~101).

(6) 확산(전파)이론(*the diffusion theory*)

확산(전파)이론은 국제관계가 긴밀하게 이루어지는 현대사회에서 국가간 교류로 사회복지정책과 사회보장의 아이디어와 경험이 한 나라에서 다른 나라로 확산, 전파된다는 설명이다. 이 이론의 핵심은 사회복지정책의 도입을 모방과정의 결과로 인식하여 각 나라들은 '선구적 복지국가의 노력들을 복사'(Wilensky et. al., 1985: 12) 한다는 것이다.

사회복지정책의 역사에서 이미 알려진 대로 1900년대 초반 로이드 조지(Loyd George)에 의한 영국 사회보험제도의 도입은 독일 비스마르크의 사회보험제도를 모방한 것이었다. 사실 2차 대전 후 독립한 제3세계의 국가군은 대부분 식민지시대에 물려받았던 정치행정적 제도를 답습하거나 연장하는 과정에서 자연스럽게 지배국가의 온갖 제도를 도입한 결과가 되었다. 그리고 이러한 전통은 행정적 편의와 프로그램적 수입의 용이성으로 말미암아 독립 후에도 지속적으로 지배국가의 제도적 장치가 유지되는 경향이 있다. 그 결과 종속적 상태를 유지하면서 프로그램의 전파와 확산이 이루어지고 있다(Midgley, 1984: 168~169).

그러나 이 접근법은 국제적 환경변수가 구체적 사회정책으로 전환되는 구체적이고 역동적인 과정을 설명하지 못한다는 한계를 지니고 있다. 단순히 특정 국가와 인접하고 있다는 지리적 위치나 피식민지적 지배와 경험 자체는 중요한 요인이기는 하지만 왜(*why*), 어떻게(*how*) 그러한 지식과 인지된 아이디어가 정책 혹은 입법화라는 모습으로 실현되는가에 대한 구체적 설명이 부족한 것이다(현외성, 1991: 113).

2) 사회복지정책의 형성과정 이론

(1) 다원주의 (*pluralism*)

다원주의는 정치학에서 생성된 이론으로 사회복지정책의 결정과정 연구에 많이 이용되며 엘리트주의와 대비되는 이론이다(Ponton, 1984: 132~159).

다원주의론의 주 명제는 서구 산업사회에서는 권력이 여러 집단들 사이에 넓게 분배되고, 권력이 없는 집단은 정책결정과정에 어떤 영향을 미칠 수도 없고 또한 어떤 집단도 배타적 권력을 소유한 지배집단이 될 수 없다는 것이다. 즉, 지배계급이 존재하지 않는다는 것이다.

이러한 견해는 달(Dahl)에게서 가장 잘 나타나는데, 그는 미국 뉴헤이번시의 주요한 정책결정과정을 분석한 결과, 권력이 특정 집단에 한정되는 것은 발견되지 않으며 오히려 권력이 여러 집단에게 공유되고 있다고 하였다(Dahl, 1961; 김영모, 2000: 31). 다시 말해 이익집단의 활동이 정책결정과정에서 가장 중요한 결정변수라는 것이다. 정부는 정책을 둘러싸고 이들 집단들이 경쟁하는 과정에서 공정하고 중립적인 입장의 심판자로서의 역할을 할 뿐이다.

미국의 경우 페트선(Patterson)은 1960년대와 1970년대에 노인복지법을 위시하여 노령부조(OAA: *the Old Age Assistance*), 노령보험(OAI: *Old Age Insurance*) 등이 상대적으로 증가한 이유는, 노인 관련 이익집단들의 영향력의 결과라고 설명하고 있다. 즉, 노인들의 이익집단의 수적 증가와 집단규모의 크기, 그리고 로비활동 등이 증대됨에 따라 1965년의 노인의료부조(*medicare*) 법이 통과되고 이어 사회보장급여에서 노령 관련급여가 증가하는 데 결정적으로 영향력을 끼쳤다고 주장한다.

다원주의의 기본 특징은 니콜스가 요약한(Nicholls, 1975, Geoffrey Ponton, 1984: 133~134에서 재인용) 다원주의론의 3대 원칙에서 잘

드러나 있다. 첫째 원칙은 집단특성의 개념이다. 즉, 집단은 통일된 방식으로 행동하고 집단 구성원 개개인은 그러한 방식을 따르며 집단의 행동양태는 개인의 집합적 행동 이상의 그 무엇이란 것이다. 두 번째 원칙으로서 국가의 절대권을 부정하는 원칙이 있다. 절대권이란 권리의 독점과 개인 및 집단의 기능과 공헌을 무시하는 것을 의미하는데, 국가활동의 목표가 권력의 분화와 분산에 기초한 개인의 자유를 신장하는 것이기 때문에 국가가 절대권을 행사해서는 안 된다는 것이다. 마지막 원칙은 집단의 자유이다. 개인의 자유를 보장하기 위한 기초는 권력의 분산과 집단의 자유라는 것이다. 만약 어느 한 집단도 지배적 위치를 점할 수 없게 된다면, 관용(*toleration*)의 지속이 가능하게 된다고 보고 있으며, 국가의 기능은 관용을 지속시키는 수준으로 제한되어야 한다는 것이다(김성이 · 김상균, 1999: 181~182).

결국 다원주의자들은 사회정책을 지배집단 혹은 몇몇 엘리트의 이익만이 배타적으로 관철된 것이 아니라 여러 집단, 심지어는 복지수혜자 조직까지 포함한 여러 이익집단간 민주적 타협의 결과로 이해한다. 따라서 통제이론에서처럼 사회정책이 그 성격상 지배층의 이해관계가 담긴 음모라는 것을 부정하며 또한 국가가 지배계급의 도구가 아니기 때문에 국가를 통한 점진적 사회개혁이 가능하다고 본다.

(2) 엘리트주의(*elitism*)

엘리트주의는 사회란 소수의 엘리트집단을 정점으로 한 피라미드 구조로 이루어져 있으며, 정책은 엘리트로부터 대중에게 일방적 · 하향적으로 전달되고 집행될 뿐 엘리트에 대한 대중들의 요구와 비판은 수용되지 않는다는 것이다. 이 때 엘리트란 행정관료라든지, 부자, 기술전문가, 지식인 등으로 그들이 사회적으로 힘을 가지게 된다.

폰톤은 파레토(Pareto)의 《정신과 사회》(*The Mind and Society*)라는 저서에서 사회구성원을 엘리트, 준엘리트(*sub-elite*) 그리고 비엘리트

(non-elite) 로 나누고 정부나 정치에서 지배적 위치를 점하는 자들이 결국 통제집단을 형성하게 된다고 보았다. 엘리트는 비엘리트인 국민대중과는 달리 인간본질에 있어 우수성을 지닌 사람들이라고 말하면서, 인류의 역사는 계급투쟁의 역사가 아니라 엘리트가 펼치는 자리바꿈의 역사라고 주장하는 엘리트 순환론(*the theory of circulation of elites*)을 정립하였다(Ponton, 1984: 142-5; 김성이 · 김상균, 1999: 201 재인용).

엘리트주의는 권력이 여러 집단에게 분산되어 있는 것이 아니라 몇몇 지배집단에게 집중되어 있다고 본다. 대표적인 논리 밀스(Mills)의 《권력 지배층》이라는 저서에서 미국사회의 상층부를 구성하는 기업가, 군부 그리고 고급관료에게 집중되어 있어 이들이 정책결정에 막대한 영향을 미친다고 주장하였다(김영모, 2000: 31).

엘리트주의에 의하면 엘리트가 자신의 위치를 유지하기 위해서는 엘리트의 정당성 확보가 필요한데 이를 위해서는 엘리트의 수가 소수가 되어야 하며, 엘리트 구성원 개개인은 엘리트조직에 충성해야 하고, 잘 훈련되어야 하고 그들의 사고는 경직되어서는 안되며, 양보와 타협에 직면해서 유연성이 필요하다. 그러나 엘리트주의는 벨에 의하면 밀즈가 정치관료, 기업가 그리고 군부를 강조했지만, 오히려 기술관료 내지 과학엘리트가 더 중요한 권력엘리트이며 그들이 현대사회의 지배자가 될 수 있는 근거는 그들이 가진 이론적 지식의 힘으로부터 나온다는 것이라 하면서(Bell, 1985; 김성이 · 김상균, 1999: 204) 비판하고 있다.

(3) 조합주의 (*corporatism*)

조합주의는 다원주의와 엘리트주의 장점을 융합시킨 이론이다. 윙클러(Winkler)는 조합주의 기본요소는 화합, 질서, 민족주의 그리고 성공을 들고 있다(Winkler, Forder et al., 1984: 150). 화합의 원칙에 의하면 경제적 목표를 성취하기 위한 최선의 수단은 경쟁이 아니라 협력이란 사실을 인정하는 것이며, 질서는 시장경제의 본질인 경쟁에서 파생되는 무정부상태의 혼란 대신에 일사불란한 질서를 선택하는 것이고, 민족주의의 원칙은 개인의 권리보다 국가경제적 성공을 우선시함을 의미하며, 끝으로 성공은 집합적 국가목표를 효과적으로 성취한다는 원칙을 말한다. 다시 말해 국가, 노동자, 자본가 집단이 경제사회정책의 주요 부문을 협의, 결정하는데 삼자연합(*tripartism*)으로 불리는 정치구조는 조합주의의 전형적 형태인 것이다.

산업분야와는 다르지만 사회정책 분야에서도 조합적 영향력을 볼 수 있다(Clapham, Kemp, 1990: 9~19). 영국의 경우 사회정책분야에서 영향력 있는 조합집단은 전문가(예: 의뢰인)와 준전문가(예: 사회복지사) 그리고 공공부분의 노동조합(예: NHS 노동조합)이며 이들은 사회정책의 형성, 운영과정에서 복지수혜자보다 강한 영향력을 발휘하고 있다. 주택정책의 운영에서도 주택생산자나 주택전문가가 주택의 소비자 보다 강한 영향력을 발휘한다(김영모, 2000: 35).

결국 조합주의는 선진 자본주의 사회에서 나타난 새로운 형태의 정치체계에 기초한 새로운 형태의 정치경제라 할 수 있다. 조합주의 하에서의 국가는 단순한 심판자 또는 중재자의 기능을 넘어서서 공익의 증진을 목표로 하는 정책의 제안자가 된다. 다시 말해 국가는 이익집단을 사회통제의 대리자(*agent*)로 활용할 수 있는 자율성을 갖는 존재로서 인식되는 것이다. 그러나 이와 같은 조합주의적 정치형태의 장점에도 불구하고 비판을 받고 있다. 첫째는 공식적 정치체계인 의회나 정당의 역할의 감소되거나 소외당할 수밖에 없다는 것이다. 둘째는 조합주의는 사회문제의 국내적 해결방식이기 때문에 보호무역, 다국적 기업 또는 선진국과 후진국 사이의 경쟁과 같은 국제적 성격의 문제해결에는 도움이 되지 않는다는 것이다(김성이 · 김상균, 1999: 215).

(4) 맑스주의(*Marxism*)

맑스주의는 정치적, 사회적, 경제적 활동에 참여하는 평등과 공동체의 가치를 강조한다. 자본주의 생산양식 하에서 부와 빈곤이 창출되고 재생산되는 근본적 경제요소는 생산수단의 사유, 이윤을 위한 생산, 사적 재산과 상속, 시장 메커니즘을 통한 소득과 자원의 분배이다. 맑스에게는 이러한 자본주의의 핵심제도와 그것에 깔려 있는 가치는 복지사회의 반명제(*antithesis*)가 된다. 자본주의에서 소득과 생활의 기회는 거의 대부분이 비인간적 시장 메커니즘을 통해 분배된다. 맑스에 의하면 시장과 현금거래(*cash nexus*)의 지배는 인간의 요구와 사회적 연대 모두를 부정한다. 협동과 연대보다는 강제나 경쟁이 자본주의 사회조직의 뿌리를 이루고 있다.

맑스에 있어서 복지의 가치와 규범은 이러한 유형의 사회에서는 존재하기가 어렵다. 특히 중심적 사회가치로서 복지의 제도화를 위하여는 생산이 사회적 기준에 의하여 좌우되어야만 하고 분배는 인간의 요구에 따라 이루어져야만 한다. 그리고 생산자원의 사유 및 이윤을 위한 생산과 아울러 시장의 지배는 종식되어야만 하고 공산적 통제가 노동과 생활의 조건에 있어서 확립되어야만 한다(Mishra, 1977; 표갑수·장소영 역, 1982: 67~68). 그리하여 맑스에 의하면 복지는 '각자의 욕구에 따른 각자에게' 최대의 서비스를 제공하는 것을 말한다. 맑스주의자들의 주된 관심은 경제정책이나 그것과 연관된 정치사회적 구조에 집중하며, 사회복지정책은 부수적인 것으로 자리잡고 있다 하겠다.

제 3 부

사회복지의 실천분야

제6장

사회보장

사회보장의 개념에 일치된 견해는 없다. 다만 사회보장이란 용어를 사용하지는 않았지만 근대적 의미의 사회보장과 유사한 내용을 가지고 있었던 제도는 1601년 영국의 구빈법(The Poor Law), 1884년의 독일 노동자보험 등에서 찾을 수 있다. 사회보장이라는 용어의 공식화는 1935년 미국의 사회보장법(Social Security Act)으로부터 유래된다. 이어 1938년 뉴질랜드에서 사회보장법이 제정되어 사회보장의 사용이 점차 확대되기 시작하였다.

미국에서 사회보장(*social security*)의 개념은 노령, 장애, 가장의 사망으로 인한 유족이 생존 등의 문제를 가진 사람들에게 경제적 보장을 제공하기 위해 연방정부가 제공하는 일련의 사회보험 프로그램[4])을 의미한다(Tracy and Ozawa, 1995: 2187~2190). 영국에 복지국가를 건설하는데 그 기초가 되었던 베버리지 보고서에서도 사회보장은 사람들

4) 사회보험프로그램으로는 대표적으로 노령유족보험 OASI(*Old-Age and Survivors Insurance*), 장애보험 DI(*Disability Insurance*), 의료보험 Medicare(*Medicare*는 *Hospital Insurance*와 *Supplementary Medical Insurance*로 구성되어 있다) 이 세 가지 프로그램이 있다.

이 일할 수 있을 때 일자리를, 일할 수 없을 때는 소득을 마련해 주는 것이라고 하였다.

일반적으로 사회보장의 개념은 경제보장, 정치적 프로그램, 사회정책적 프로그램 그리고 사회정책적 제도로 발전하면서 다양한 사회문제에 대처하는 사회제도로서 발전했다. 이러한 개념상의 특성을 반영해서 개념화해 보면, 사회보장이란 사람들의 생활상의 위험(노령, 질병, 산재, 실업 등)이나 곤경에 대해 법으로 정해진 일정한 사회적 급부(현금, 현물, 서비스)를 제공하는 사회제도 혹은 사회적 장치를 의미한다(이인재 외, 2001: 23).

우리나라 사회보장기본법에는 사회보장에 대해 질병·장애·노령·실업·사망 등의 사회적 위험으로부터 모든 국민을 보호하고 빈곤을 해소하며 국민생활의 질을 향상시키기 위하여 제공되는 사회보험·공공부조·사회복지서비스 및 관련복지제도를 말한다(사회보장기본법 제3조)고 규정되어 있다.

사회보장제도의 형태는 다양하게 분류되고 있다. 예컨대 레자(Rejda)는 사회보장의 접근방법에 따라 사회보험, 사회부조, 공적 서비스로 구별하고 미에르(Myers)는 사회보험제도, 사회부조제도, 보편적 급여제도, 강제적 고용계획, 보조적 임의보험으로 구별하며, ILO는 사회보험, 공적(사회적) 부조의 2가지 형태로 나눈다.

우리나라와 일본의 사회보장제도는 일반적으로 ① 사회보험, ② 공적 부조, ③ 사회복지서비스로 나누고 있다 그런데 사회보험과 공적 부조는 소득보장제도이지만 사회복지서비스 사회복지사업법에 따른 기본적 욕구충족을 위한 기능적 서비스이다. 따라서 여기서는 우리나라 사회보장제도의 구성에 따라 사회보험을 살펴보고 그 이후의 장에서 공적 부조, 사회복지서비스를 중심으로 사회복지 실천분야를 살펴보기로 한다.

1. 국민연금

1) 개 념

국민연금제도는 소득활동을 하는 사람이 소득활동기에 보험료를 납부하였다가 나이가 들거나 갑작스런 사고나 질병으로 사망 또는 장애를 입어 소득활동이 중단된 경우 본인이나 유족에게 연금을 지급함으로써 안정된 생활을 할 수 있도록 해 주는 소득보장제도이다. 우리나라는 1973년 12월에 국민복지연금법이 통과되었으나 1973년 말의 석유파동, 물가폭등 등 경제사회적 여건의 악화로 실시를 연기하여 오던 중, 경제의 지속적 성장과 고용안정 등으로 경제 여건이 성숙됨에 따라 1986년 12월 국민연금법을 전면 개정하여 1988년 1월 1일부터 시행하고 있다.

2) 적용대상

국민연금의 가입대상자는 국내에 거주하는 18세 이상 60세 미만의 국민으로 하되, 특수한 직역에 종사하여 별도의 연금에 가입하고 있는 공무원, 군인, 사립학교 교직원 등은 제외된다. 국민연금 가입자는 사업장가입자와 지역가입자, 임의가입자 및 임의계속가입자로 구분된다.

① 사업장가입자는 국민연금에 가입된 사업장의 18세 이상 60세 미만의 사용자와 근로자로서 국민연금에 가입된 자를 말한다. 1인 이상의 근로자를 사용하는 사업장 또는 주한외국기관으로서 1인 이상의 대한민국 국민인 근로자를 사용하는 사업장에서 근무하는 18세 이상 60세 미만의 사용자와 근로자는 당연히 사업장가입자가 된다.

② 지역가입자는 사업장가입자가 아닌 18세 이상 60세 미만의 당연적용 가입자로서 1995년 7월부터 군 지역 거주자 및 농어민에게 적용

되어 오다가 1999년 4월부터는 도시지역 주민에게까지 확대 적용하고 있으며, 임시·일용직 및 5인 미만 사업장근로자를 2003년 7월부터 지역가입자에서 사업장가입자로 단계적으로 전환시켰다. 이에 따라 2006년부터 1인 이상 상시근로자를 둔 사업장은 당연적용사업장으로 전환하였다.

③ 임의가입자는 사업장가입자와 지역가입자는 아니지만 희망에 따라 국민연금에 가입한 경우를 말한다. 다른 공적연금에서 퇴직연금 등을 수급할 수 있는 자, 소득활동에 종사하지 않는 사업장 가입자의 배우자, 국민기초생활보장법에 의한 수급자 등이 가입을 희망하여 국민연금에 가입한 경우이다.

④ 임의계속가입자는 이미 60세가 된 가입자가 가입기간이 20년 미만일 때 본인의 희망에 따라 65세가 될 때까지 신청하여 가입할 수 있도록 한 것이다.

국민연금법의 시행으로, 1960년 공무원연금법과 1963년 군인연금법, 1975년 사립학교교직원연금법에 의하여 공무원과 군인, 교직원이라는 특수직역에만 적용되어 오던 노후생활보장 수단으로서의 공적 연금보험이 일반국민(우선 피용자)에게 적용되기 시작하였다. 그리고 1994년부터 농어민에게 적용이 확대되었고, 1999년 4월부터 도시지역 자영자에게로 그 적용범위가 확대되면서 2003년 7월부터 지역가입자 중 5인 미만 사업장의 가입자와 비정규직 근로자를 사업장가입자로 단계적으로 편입하였고, 2006년 1월부터 당연적용사업장은 근로자 1인 이상 사업장으로 확대하여 전 국민을 적용대상으로 하고 있다. 연금은 지급하는 주체 또는 연금보험을 운영하는 주체에 따라 공적 연금(*public pension*)과 사적 연금(*private pension*) 그리고 개인연금(*personal pension*)으로 나누어진다.

3) 종류와 기여

우리나라의 연금보험은 현재 4가지 종류가 있다. 즉, 공무원연금, 군인연금, 사립학교 교직원연금 그리고 국민연금이다. 특수직역 연금인 공무원 · 군인 및 사립학교 교직원연금은 퇴직금과 같이 사보험적 성격이 강하지만 국민연금은 재분배적 효과가 있다. 우리나라의 특수직 연금은 그 직업적 성격에 따라 연금의 가입대상자가 되지만 국민연금은 만 18세 이상 60세 미만의 피용자와 사용자는 당연 가입자가 된다. 농어민과 도시자영업자는 1999년부터 국민연금의 적용을 받는다.

특수직 연금의 재원조달은 적립방식에 의존하고 있다. 적립방식은 일정액 또는 일정률의 기여금을 일정기간 동안 적립하였다가 사회적 사고가 발생하면 그 기여기록에 따라 급여가 제공되는 방식이고, 부과방식은 추정된 일정 기간의 급여액을 그 기간의 기여금으로 부과하는 방식이다. 우리나라의 국민연금은 일정 기간 소득에 따른 기여금을 적립하였다가 연금 지급시에는 균등부분, 소득비례부분, 가입기간의 비례분이 고려된 연금액이 지급되므로 수정적립방식이라고 할 수 있다.

공무원연금과 군인연금은 사용자가 국가이므로 국고와 가입자가 보수의 5.5%를 각각 부담하며 사립학교 교원연금은 가입자, 국고 그리고 사용자인 학교법인의 3자 부담형식이며 국민연금은 피용자의 경우 45등급으로 분류된 표준보수 월액등급표에 따라 노 · 사가 각각 3.0%씩 6.0%를 갹출하며, 이 밖에도 퇴직금전환금 3%를 포함하여 총 9.0%씩 적립하는 적립방식(*accumulation of funds*)을 채택하다가 1999년부터는 퇴직금전환금을 폐지하는 대신 노 · 사 양측이 각각 4.5%씩 부담하게 되었다. 국고 부담의 문제에서는 연금사업의 관리운영에 필요한 관리운영비의 전부 또는 일부분만을 부담하고 있다. 의무가입자는 사업장가입자와 지역가입자로 구분되는데, 사업장가입자는 지역가입자와는 달리 보험료를 사용자(회사)와 노동자가 각각 50%씩 부담하고, 지역가입자는 보험료 전액 본인이 부담하고 있다.

4) 개정운영

국민연금기금은 1988년 제도시행 이래 2008년 12월말 현재 연금보험료 및 기금운용수익금 등으로 총 278조원을 조성하여 연금급여지급 등으로 43조원을 지출하고 235조원의 적립금을 금융부문 등에 운용하고 있다.

조성액 278조 원 중 기금운용수익금은 84조 원으로 1988년부터 2008년 12월말까지 누적수익률이 9.51%에 달하고 있으며, 재정수지에 따르면 기금의 적립금이 2010년에는 320조원, 2020년에는 920조원에 이를 것으로 전망된다(보건복지가족부, 2009: 424).

5) 급여제도

연금의 급여는 특수직 연금은 소득비례방식이며 퇴직급여, 폐질급여, 사망급여, 단기급여가 있다. 퇴직급여는 20년 이상 가입 후 퇴직시 보수의 76%까지 지급하고 폐질급여는 공무상 질병이나 부상으로 폐질시 장해등급에 따라 15%~18%가 지급되며, 사망급여는 수급권자가 사망시 연금액의 50%를 지급한다.

국민연금의 급여종류는 연금급여에는 노령연금, 장애연금, 유족연금이 있고, 일시금급여에는 반환일시금, 사망일시금이 있으며, 장애등급 4급에게도 연금이 아닌 일시보상금을 지급한다.

① 노령연금은 20년 이상 가입하고 60세에 달한 때부터 받게 되는 완전노령연금이 주된 것이나, 가입기간, 소득유무 및 수급연령에 따라 감액, 재직자, 조기 및 특례노령연금으로 구분된다.

또한 노령연금수급권자와 이혼(이혼 후 배우자였던 자가 노령연금수급권을 취득한 경우 포함) 한 60세 이상인 배우자로서 가입기간 중의 혼인기간이 5년 이상이면 혼인기간에 해당하는 연금액을 균분하여 지급받을 수 있는 분할연금제도가 1999. 1. 1부터 시행되고 있다.

완전노령연금은 가입기간이 20년 이상인 자에게 지급되는 연금이며, 특례노령연금은 최초시행(1988. 1. 1), 농어촌지역 확대(1995. 7. 1) 및 도시지역 확대(1999. 4. 1) 당시 나이가 많아 연금수급을 위한 최소한의 가입기간을 채울 수 없는 45세 이상인 자와 도시지역 확대 당시는 50세 이상 60세 미만인자도 5년 이상 가입하고 60세가 된 경우에는 노령연금을 지급받을 수 있다.

또한 가입기간이 20년 미만인자가 60세에 달한 때부터 지급받는 감액노령연금, 소득이 있는 업무에 종사하고 있는 자가 60세 이상 65세 미만의 기간 동안 연령에 따라 일정률을 감액지급 받는 재직자노령연금, 55세 이상인 자가 소득이 있는 업무에 종사하지 아니하는 경우에 지급받는 조기노령연금의 경우는 연금수급을 위한 최소한의 가입기간이 15년 또는 20년이었으나 개정법(1999. 1. 1일 시행)에 공히 10년으로 단축되었으며 1999년부터 조기노령연금이 지급되고 있어 전국민 연금시대가 도래하고 있음을 알 수 있다.

② 장애연금은 1년 이상 가입중인 자가 질병 또는 부상으로 완치 후에도 신체적 또는 정신적으로 장애가 남을 때 그 장애가 존속하는 동안 지급하되, 지급액은 장애등급에 따라 기본연금액의 60%~100%를 지급하고, 배우자 및 18세 미만의 자녀가 있는 경우에는 가급연금액을 합산하여 지급한다.

③ 유족연금은 1년 이상 가입중인 자나 노령연금 수급권자가 사망한 때 그 유족(배우자, 18세 미만의 자녀, 60세 이상 부모, 18세 미만 손자녀, 60세 이상 조부모, 장애등급 2급 이상인 자 등)에게 지급하며, 지급액은 가입기간에 따라 기본연금액의 40%~60%를 지급하고 또한 배우자 및 18세 미만의 자녀가 있는 경우 가급연금액을 합산한다.

④ 반환일시금은 가입기간이 10년 미만인 자가 60세에 도달, 사망, 국적상실 또는 국외이주 때, 타 공적 연금법의 적용을 받는 직원(공무원, 군인, 사립학교교직원, 별정우체국직원)이 된 때 지급한다. 지급액은 가입자 본인 및 고용주가 납부한 보험료의 총액에 일정한 예금이자를 가산하여 지급한다(보건복지부, 2001: 252).

⑤ 사망일시금은 가입자 또는 가입자이었던 자가 사망하였으나, 유족연금 또는 반환일시금을 지급받을 유족이 없는 경우에 그 자에 의해 생계를 유지하던 배우자, 자녀, 부모, 손자녀, 조부모, 형제·자매 또는 4촌 이내의 방계혈족에게 지급하는 장제부조금 성격의 급여로서 반환일시금에 상당하는 금액을 지급한다.

6) 쟁점과 과제

첫째, 연금보험은 소득이 중단 또는 상실되었을 때 지급되어야 하는데 현재 퇴직 후 재취업시에도 지급하는 것은 제도의 목적에 어긋난다. 그리고 피보험자가 형벌을 받게 되면 연금급여에 제한을 두는 것은 아주 잘못된 것이다.

둘째, 국민연금을 제외한 특수직 연금은 소득재분배 기능이 없다. 따라서 소득재분배 효과가 있는 연금보험으로서 제도개선이 요구된다.

셋째, 국민연금기금은 안정성, 수익성, 공공성을 기본목표로 기금을 운영하여야 한다.

넷째, 국민연금기금은 금융부문, 공공부문, 복지부문으로 구분하여 투자되는데 현재로서는 공공부문에 2/3에 해당하는 금액이 과투자되어 연금기금의 수익성 측면에서 불리한 점이 있어 적정한 수준으로 제한하여야 한다. 대체적으로 금융부분이 공공부문에 비하여 이율이 높다.

다섯째, 국민연금 사각지대가 해소되어야 한다. 전국민 연금이 시행된 지 10년이 지났으나 납부예외자 및 장기체납자 규모가 줄지 않아

노후소득보장의 사각지대 발생이 우려된다. 그동안 사업장가입자 확대, 가입자납부편의 개선 등의 노력에도 불구하고 납부예외자 수준은 전체 가입자의 27~28% 수준을 유지하고 있다. 사각지대 발생원인은 ① 소득 파악 인프라 미흡, ② 보험료의 경제적 부담, ③ 제도에 대한 이해 부족 등이 주요 원인으로 나타났다.

국민연금 사각지대를 해소하고 실질적인 노후소득보장의 틀을 형성하기 위해·향후 도입을 적극적으로 검토할 만한 주요 개선방안은 다음과 같다. 첫째, 기초생활수급자 및 실업급여수급자 등 저소득층에게 보험료의 일부를 국가 등에서 지원하는 방안이다. 둘째, 골프장캐디, 보험설계사, 학습지교사 등 특수고용관계근로자를 사업장가입자로 적용시키는 방안 및 시간제근로자 인정기준(현재 월 80시간)을 완화하는 방안이다. 셋째 노후상담설계(CSA: Consulting on Successful Aging, 노후대비 재무분석)를 통해 노후준비를 위한 정보를 제공함으로써 가입자를 확대하는 방안이다.

여섯째, 급여수준의 적정화가 요구된다. 2007년 연금개혁에 따라 급여수준은 하락한 상황이므로 향후 재정안정성을 훼손하지 않는 범위내에서 다양한 정책수단을 통해 급여의 적절성을 제고해야 한다. 이를 위해 첫째, 연금수급 기준소득월액의 상·하한을 변화된 소득수준에 따라 현실화해야 한다. 둘째, 장애연금의 특성을 반영한 급여대상 확대 및 적정화가 필요하다. 셋째, 조기노령연금 수급요건을 강화해야 한다.

2. 국민건강보험

1) 개 념

국민건강보험제도는 질병, 부상에 대한 예방, 진단, 치료·재활과 출산, 사망 및 건강증진에 대하여 보험급여를 실시함으로써 국민보건을 향상시키고 사회보장의 증진을 목적으로 하고 있다. 질병, 부상, 출산, 사망으로 인한 추가적인 가계지출로 가계가 파탄되는 것을 방지하기 위하여, 보험의 원리를 이용하여 의료비 지출부담을 전 국민에게 부담시켜 국민생활의 안정을 도모하고 국민의 의료서비스 접근을 용이하게 하여 국민건강을 향상시키는 제도이다. 건강보험이 사회보장, 사회보험으로서 기능을 수행하려면 위험분산, 소득재분배 및 상호부조의 효과가 있어야 한다.

건강보험은 다음과 같은 특징이 있다. ① 건강보험은 정부주도에 의한 강제가입이고 사회보장적 기능을 수행한다. ② 건강보험은 소득에 비례한 기여금(보험료)을 책정하여 부의 재분배 기능을 갖는다. ③ 건강보험은 경제적 부담을 보험원리에 의하여 완화하여 줌으로써 위험분산의 기능을 갖는다.

2) 발 달

우리나라의 의료보험제도는 1977년 500인 이상 사업장을 대상으로 시작하여 오늘날 전 국민이 가입한 의료보험이 되었다. 1988년 5인 이상 사업장에 적용되는 보험을 직장의료보험, 1979년부터 시작한 공무원·교원을 대상으로 한 보험을 공교의료보험이라 하며 1988년부터 시작된 농어촌과 도시자영업자를 대상으로 한 의료보험은 지역의료보험이라고 한다. 이와 같이 특수직과 직장 및 지역중심으로 3원화되어 의료보험조합에 의해 운영 관리되던 의료보험은 1997년 227개 지역의료보험과 공무원 및 교직원 의료보험을 하나로 통합하는 내용의 국민의료보험법이 통과되었고, 1999년 1월 6일 통합의료보험법인 국민건강보험법이 통과되어 2000년 7월 1일부터 시행되어, 모든 관리운영 업무를 국민건강보험공단에서 맡고 있다.

2001년 7월 1일 5인 미만의 사업장근로자를 직장가입자로 편입하였고, 2002년 1월 19일 국민건강보험재정건전화특별법을 제정하여 2003년 7월 1일 지역·직장 재정을 통합 운영(3단계 통합-재정통합)하였다. 또한, 2007년 1월 국민건강보험재정건전화특별법 만료(2006. 12. 31)에 따른 해당 법령 국민건강보험법을 시행하고 있다.

3) 적용 현황

2008년 말 현재 전 국민의 96.3%인 4,816만 명이 국민건강보험제도의 적용을 받고 있으며 나머지 3.7%인 184만 명이 기초생활보장대상자 등으로 의료급여제도에 편입되어 있다. 건강보험의 가입자는 직장가입자 및 지역가입자로 구분하며 모든 사업장의 근로자 및 사용자와 공무원 및 교직원은 직장가입자가 되며, 직장가입자 및 그 피부양자를 제외한 농·어촌 주민, 도시자영업자 등은 지역가입자가 된다(보건복지가족부, 2009).

4) 기여(보험료) 및 급여제도

보험료부과체계에 있어 소득자료 보유율이 100% 파악되는 임금근로자를 대상으로 하는 직장가입자의 경우에는 소득비례정률제가 적용되며, 지역가입자의 보험료는 소득, 재산(전월세, 자동차 포함), 세대원의 성·연령 등을 부과대상 기준으로 하고 있으며 과세소득 연 5백만 원을 기준으로 부과요소를 달리 적용하고 있다.

보험료율 부담은 임금근로자의 경우에는 보수총액에 대하여 2008년 1월부터 5.08%로 일원화하여 본인과 정부(사용자)가 각각 50%씩 부담하며, 자영자 등 지역주민에 대하여는 보험료 부담을 경감시켜 주기 위하여 보험료의 일부와 보험자 운영에 소요되는 관리운영비를 국고에서 부담하고 있다.

보험급여의 수준은 피보험자의 보험료 부담능력, 보험재정상태 등을 감안하여 보험료 부담수준과 균형을 이루는 수준에서 결정되어야 할 것이다. 건강보험의 급여형태는 의료비의 상환제도인 현금급여와 의료 그 자체를 보장하는 현물급여 두 가지 형태가 있으며, 우리나라는 현물급여를 원칙으로 하고 있다.

보험급여의 종류는 가입자 및 피부양자의 질병, 부상 등의 보험사고에 대하여 급여하는 요양급여, 요양비, 분만급여, 분만비, 장제비, 본인부담액 보상금, 장애인 보장구 구입비 보상금 등이 있다. 가입자 또는 피부양자가 요양급여나 분만급여를 받는 때에는 그 진료비용의 일부를 본인이 부담하여야 하며, 그 내용은 입원의 경우 진료비 총액의 20%이고 외래의 경우에는 요양기관 종별에 따라 정액 또는 30%~60%로 차등적용하고 있다(보건복지가족부, 2009: 372~373).

5) 재정 운영

보험재정은 1998년 10월 이전까지는 227개의 지역의료보험조합, 1개의 공무원 및 사립학교 교직원 의료보험관리공단, 142개의 직장의료보험조합으로 각각 운영하였으나 1998년 10월 1일 국민의료보험관리공단의 출범으로 지역의료보험이 하나의 재정으로 통합되었다. 이후 2000년 7월 1일에 139개의 직장의료보험조합을 통합하여 단일보험자인 국민건강보험공단이 출범하였으며, 보험재정은 지역, 직장, 공무원 및 교직원 보험재정별로 구분 계리하여 운영되고 있다.

국민건강보험법에 따라 2002년 1월 1일에는 직장보험재정과 공무원 및 교직원 보험재정이 통합되고, 2003년 7월 1일 직장보험재정과 지역보험재정이 통합하면서 실질적인 건강보험 통합이 이뤄졌다.

6) 쟁점과 과제

첫째, 의료보험의 통합효과를 얻기 위해서는 약제비 절감, 보험료 부담의 형평성 실현, 보험급여의 포괄성 보장, 제도운영의 효율성과 투명성 확보, 의료자원의 효율적 활용과 의료서비스의 질 향상, 보험재정의 건전성 확보 등이 다른 목표에 대한 사회적 합의가 전제되지 않으면 안 된다.

둘째, 급여를 확대하는 일이다. 우리나라 본인 부담률은 세계 최고 수준이다. 이를 선진국 수준으로 하향 조정해야 한다. 그리고 한방 건강보험과 약국 건강보험을 합리화해야 한다. 한방 의보의 경우 핵심인 첩약이 급여에서 제외되고, 약국 의보는 그 이용률이 극히 낮아 유명무실화되어 있는데, 이런 결함을 피보험자의 입장에서 개혁해야만 한다.

셋째, 행정상의 문제를 해결하는 것이다. 국민건강보험법에서는 진료비 심사업무를 독립시켜 건강보험심사평가원에서 맡도록 하였는데, 제도의 통합으로 최대 과제는 해결되었으나 여전히 과제는 남아 있다. 재정통합과 진료비 심사문제가 그것이다. 공단, 지역, 직장이라는 기존의 분리된 재정을 하나로 통합해야 사회보험의 핵심기능인 부담의 형평성과 소득재분배 효과를 제고할 수 있음은 자명한 이치다. 그리하여 법안에는 재정통합을 명기하였으나 국회 논의 과정에서 기업과 기업의 봉급생활자들의 반발(이들을 부추기거나 등에 업은 조합론자들의 반발)을 우려하여 제외되고 말았다.

그런데 우리는 이를 부정적으로만 볼 필요는 없을 것 같다. 재정통합은 보험료의 과학적 형평부과가 전제되어야 성공할 수 있다. 지금까지 조합론자들은 이것이 불가능하다 하여 통합의 발목을 잡았다. 일단 제도적 통합을 기하였으므로 새로운 운영체인 국민건강보험관리공단이 주체가 되어 시간을 갖고 연구한다면 모든 직업계층들이 수긍할 수 있는 보험료 부과체계를 개발할 수 있을 것이다. 이것이 바로 통합 건강보험의 최대 과제가 아닌가 싶다.

통합법은 진료비 심사기구를 독립시키고 그 운영을 의사들에게 맡겼다. 사실 의료행위를 하고 그에 상응하는 진료비를 청구하는 사람이 의사인데 그 의사에게 다시 진료비의 적정성을 심사케 하는 것은 문제가 있다. 그러나 의료행위가 고도의 전문성을 요하므로 의사외의 전문직에게 그 심사를 맡길 수도 없다는데 딜레마가 있다. 이 점은 인정하지만, 독립된 의사집단에게 완전히 일임하는 것은 이해하기 어렵다. 말하자면, 심사기구를 진료비 지불기관인 국민건강보험관리공단 산하에 두어 통제를 받도록 해야 한다는 것이다. 진료비 심사의 적정성과 합리성, 이것을 어떻게 확보하는가 하는 것이 세 번째 과제이다.

3. 산업재해보상보험

1) 개 념

산업재해보상보험(산재보험) 제도는 근로자가 사업장에서 업무수행 중 또는 업무수행과 관련하여 부상, 질병 또는 사망한 경우에 근로자 본인의 치료와 본인 및 부양가족의 생계를 보장하기 위한 제도이다. 즉, 근로자가 산업상 재해를 당하여 소득능력을 상실한 경우에 소득을 보장하고 질병, 부상 등으로 치료가 필요한 경우 의료를 보장하기 위한 제도이다.

이에 따라 재해근로자의 재활 및 사회 복귀를 촉진하기 위하여 필요한 보험시설을 설치·운영하고, 재해 예방과 그 밖에 근로자의 복지 증진을 위한 사업을 시행하여 근로자 보호에 이바지한다.

2) 적용 대상

1964년 산재보험법이 최초로 시행될 당시에는 500인 이상의 광업과 제조업만이 적용되었으나 그 후 계속 적용범위를 넓혀 2009년 12월말 현재 원칙적으로 상시 1인 이상을 고용하는 전 사업장에 당연적용(강제적용)하고 있다. 현재 제외되는 업종은 국제 및 외국기관, 공공·사회 및 개인서비스업 중 회원단체 등이다.

그 동안의 적용실적을 보면 제도실시 당시인 1964년에는 64개 사업장에 8만 2천 명의 근로자만이 적용되었으나 연차적인 적용확대로 2007년 말 현재 143만개 사업장에 1,252만 9천명이 적용되고 있다(노동부, 2008: 540).

3) 기여 및 급여제도

산재보험의 비용은 고용주가 보험료로서 전액 부담한다. 이는 산업재해에 대한 고용주의 보상책임의 원리상 당연한 것이다. 보험료산정의 기초가 되는 보험료율은 업종별 재해율에 따라 결정되는 업종별 실적제를 기본으로 하되, 상시 30인 이상 근로자를 사용하는 사업장은 과거 3년간의 보험수지율(보험료 수입액에 대한 보험급여비 지출액의 비율)이 85%이상이거나 75% 이하인 때에는 업종별 요율의 40% 범위 내에서 할증 또는 할인하는 개별실적 요율제도를 가미하고 있다. 이는 보험료율 결정에 재해발생 실적이 반영되도록 함으로써 사업주의 재해 예방 노력을 유인하기 위한 것이다. 2010년 1월 현재 업종별 보험료율은 최저 6/1000부터 최고 360/1000까지 다양하다.

보험료는 징수편의를 위하여 개산보험료(槪算保險料)와 확정보험료(確定保險料)로 구분하여 징수한다. 개산보험료를 그 기업체에서 1년간 지급한 임금총액의 추정액에 보험료율을 곱하여 당해 연도 초일부터 70일 이내에 납부하는 보험료이며, 확정보험료는 1년간 실제로 지급한 임금총액에 따라 정산하여 다음 연도 초 70일 이내에 반환하거나 추가 납부하여야 할 보험료이다. 보험료의 납부방법은 사업주가 자진신고하고 자진 납부토록 하고 있다.

산업재해보상보험의 급여종류는 요양급여, 휴업급여, 장해급여(일시금 또는 연금), 간병급여, 직업재활급여, 유족급여(일시금 및 연금), 상병보상연금, 장의비가 있으며 이 외에 중장애가 생기거나 사망한 경우에 민사상 손해배상에 갈음하여 지급하는 장해 및 유족특별급여제도가 있다.

4) 쟁점과 과제

첫째, 산업재해보상보험제도는 보상대상이 되는 업무상 재해의 인정범위가 지나치게 엄격하다는 지적을 받고 있으며, 장애의 등급제도 역시 과거의 육체적 노동을 기준으로 한 것으로 오늘날 업무의 다양성과 전문성을 반영하여 노동력의 상실 정도를 판정하는 방안이 개발되어야 할 것이다.

둘째, 보상의 수준이 낮은 것도 자주 지적되는 문제점이고, 특히 장애인의 재활서비스의 확충이 요구된다.

셋째, 산업재해보상보험은 보험료 전액을 사업주가 부담하고, 근로자 인별 관리체제가 아니라 사업장 단위로 관리하므로, 개별근로자의 보상보험 수급권과 관련하여 분쟁의 소지가 있어서 개선이 요구된다.

넷째, 급여의 연금화가 확대되어야 한다.

다섯째, 재해노동자에 대한 사후관리를 강화하여 재해노동자가 종결 후 정신적 · 사회적으로 잘 적응할 수 있도록 적극적 지원이 필요하다.

여섯째, 장애판정에 있어 보다 실제적 소득획득능력을 반영할 수 있는 기준의 도입과 요양급여 산정기준의 합리적 조직이 필요하다.

4. 고용보험

1) 개 념

1993년에 제정되어 1995년에 실시한 고용보험제도는 실업이 발생하였을 경우 생활안정을 도모하기 위해 일정 기간 실업급여를 지급하는 전통적 의미의 실업보험사업과 더불어 적극적 취업알선을 통한 재취업의 촉진과 근로자의 직업안정 및 고용구조 개선을 위한 고용안정사업, 그리고 직업생활의 전 기간에 걸쳐 근로자의 직무수행 능력을 체계적으로 개발 · 향상시키기 위한 직업능력 개발사업 등 적극적 노동시장정책을 하나의 체계내에서 상호 연계하여 실시하는 사회보험제도이다.

우리나라의 고용보험제도는 실업 후 사후조치적 실업급여만을 목적으로 하기보다는 실업예방을 목적으로 하는 고용안정사업과 직업능력 개발 등 적극적 노동시장정책의 성격을 강조하는 것이 특징이다. 이것은 1980년대 중 · 후반부터 본격적으로 전개되었던 산업구조 조정책을 지원하는 제도로서 고용보험제도가 도입되었음을 반증하는 것이다. 우리나라에서 고용보험제도 도입의 필요성은, ① 고용안정의 원활화와 경제의 효율성 제고, ② 직업안정기능의 활성화와 인력수급의 원활화, ③ 직업훈련의 활성화와 경쟁력 강화, ④ 실직 근로자의 생활안정과 재취업의 촉진, ⑤ 남북통일에 대비한 적극적 노동시장정책의 추진 등에서 찾을 수 있겠다.

고용보험은 단순히 실업으로 인하여 나타나는 생계위험을 보호하기 위한 것이라기 보다는 오히려 사회변동(예: 경제구조 조정)으로 인하여 재교육·훈련 및 취업이 필요한 근로자를 위하여 필요한 것이다.

2) 적용 대상

고용보험사업에는 실업급여사업, 고용안정사업, 직업능력개발사업이 있으며 이러한 고용보험사업의 당연적용사업은 그 동안 사업규모에 따라 점차 확대되었다. 실업급여사업은 1995년 7월 1일부터 30인 이상 사업장에 적용하였으며, 1998년 1월 1일부터는 10인 이상 사업장으로, 다시 1998년 10월 1일부터는 4인 이상 사업장으로 확대·적용되었다. 고용안정사업과 직업능력개발사업은 1995년 7월 1일부터 70인 이상 사업장에 적용되었으며, 1998년 1월 1일부터는 50인 이상 사업장으로, 다시 1998년 7월 1일부터는 5인 이상 사업장으로 확대·적용되었다. 그 후 1998년 10월 1일부터는 근로자를 고용하는 모든 사업장에 확대·적용되었고, 2004년 1월 1일부터 일용근로자, 주 15시간 이상 시간제근로자 등 비정규직 근로자에게까지 고용보험 적용을 확대하였다. 2007년 현재 적용사업장 수가 129만 개소에서 적용근로자 수가 10,847천명이다(노동부, 2008: 533).

3) 기여 및 급여제도

고용보험사업에 필요한 재원은 보험료로 조달하되, 실업급여 보험료는 사업주와 근로자가 1/2씩 부담하고, 고용안정과 직업능력개발사업의 보험료는 사업주가 전액 부담한다. 보험료율은 각 보험사업별로 구분하여 산정하되, 실업급여는 근로자 0.45%, 사업주 0.45%이며, 고용안정사업 및 직업능력개발사업은 상시근로자 수 및 우선지원대상

기업 해당 여부에 따라 0.25%~0.85%로 사업장에 대한 부담이 적도록 하고 있다(한국고용정보원, http://www.keis.or.kr).

이러한 실업급여를 받을 수 있는 자격은 ① 실직전 18개월(기준기간) 동안에 고용보험이 적용되는 사업장에서 근무한 기간(피보험단위 기간)이 180일 이상인 자(2000년 3월 이전 이직자의 경우, 12개월 중 6개월 이상 근무한 자), ② 근로의 의사와 능력을 가지고 적극적으로 구직활동을 하는 자, ③ 개인 사정(전직, 가사, 자영업 등)으로 이직하거나 본인의 중대한 잘못으로 해고되지 않은 자이다.

고용보험법에 따른 실업급여 수급자, 국민기초생활보장법에 따른 근로능력이 있는 수급자, 그 밖에 정부에서 지원하는 취업지원 사업에 참여하는 사람 등은 스스로 취업하기 위하여 적극적으로 노력하여야 하며, 국가와 지방자치단체가 하는 직업소개, 직업지도, 직업능력개발 훈련 등에 성실히 따르고 적극 참여하여야 한다.

고용보험사업은 크게 실업급여사업, 모성보호급여사업, 고용안정사업 및 직업능력개발사업으로 나눌 수 있다. 실업급여사업에는 구직급여와 취업촉진수당(조기재취업수당, 직업능력개발수당, 광역구직활동비, 이주비)이 있다. 모성보호급여사업에는 유아휴직급여와 산전후휴가급여가 있으며, 고용안정사업 및 직업능력개발사업에는 고용창출지원, 고용조정지원, 고령자 등 고용촉진·안정지원, 건설근로자고용지원 및 직업능력개발지원, 직업능력개발을 위한 사업주지원, 직업능력개발을 위한 근로자지원이 있다.

4) 쟁점과 과제

고용보험은 돌발적 경제위기를 맞아 실업자 대책의 중요한 수단으로 기능하고 있다. 그러나 과연 현재의 인력으로 실업급여 및 구직급여심사를 제대로 할 수 있을지, 또한 고용안정과 능력개발사업에 대한 지도 관리를 합리적으로 할 수 있을지 의문이 제기된다. 단기적으로는 실업급여가 중요하다. 그러나 실직자들이 경기가 호전된다고 곧바로 취업되리라고 기대하기가 어렵다. 이들이 변화하는 작업장 요건에 새로운 지식과 기술로 대응할 수 있어야 한다. 만일 그렇지 못하면 실업은 장기화될 수밖에 없다. 이런 의미에서 정부의 고용보험정책이 장기적이면서도 산업구조조정의 요구에 부응하는 형태로 재조정될 필요가 있다.

제7장

공공부조

1. 공공부조의 개념

공공부조제도의 명칭은 국가마다 다른데, 영국에서는 국민부조(*national assistance*), 미국에서는 공공부조(*public assistance*), 독일과 프랑스에서는 사회부조(*social assistance*)라 부른다. 한국과 일본에서는 생활보호라는 명칭을 사용했으나 한국은 1999년 12월 국민기초생활보장법을 제정하여 생활보호법을 폐지함으로써 기초생활보장이라 부르게 되었다. 빈곤은 빈민뿐만 아니라 전체 경제에 불안을 일으키는 요인이 되고 질병, 범죄, 비행 및 부도덕을 초래한다. 그 뿐만 아니라 빈곤은 인간생활의 질을 해치고 물질적 재화와 인간의 존엄성을 박탈하며 인간의 자원을 낭비한다. 그리하여 빈민 및 가족의 기본적 욕구를 해결하기 위하여 소득보호, 의료보호 및 다른 서비스를 제공하는 공적 부조가 있다. 이러한 욕구 결핍은 노령, 폐질, 가족붕괴 등이 일어날 때 나타난다. 따라서 이것을 해결하기 위한 노력이 공적 부조이다.

공공부조제도는 모든 국민을 대상으로 하는 것이 아니고 빈곤한 요보호자를 지원하기 때문에 선택주의적 성격이 강하다. 선택(선별)주의는 보편주의와는 달리 ① 자산조사(*means test*)에 의하여 빈곤선 이하의 요보호자를 선별하고,[1] ② 욕구에 따른 서비스를 행하며, ③ 이것은 요구호자라는 낙인감을 주게 된다. 그러나 보편주의는 ① 국민의 기본권인 복지권에 기초한 서비스를 제공하며, ② 전체 국민을 대상으로 개인적 존엄성을 존중하며, ③ 복지서비스의 재분배 효과가 있는 것이 특징이다.

생활보장은 노동능력이 없는 사람을 지원하는 공공부조 또는 사회부조이다. 이러한 부조는 자선 또는 박애정신에 기초한 사적 부조와는 달리 국가책임에 의하여 생활보장을 행한다. 이러한 생활보장의 대상자는 일반적으로 빈민인데 우리나라의 경우 절대적 빈곤을 말한다.

공공부조의 개념의 특징은 ① 저소득자나 생활곤궁자 등 요보호자만 국한하는 생활보호의 지급, ② 생활보호의 지급인정은 통상적으로 신청자나 청구자의 개별적 니드(*need*) 또는 자산조사(*means test*)를 조건으로 하며, ③ 그 재원은 국가의 일반 세입에 의하여 전액 조달된다. 우리나라의 사회보장기본법 제3조 3항에서 공공부조라 함은 국가 및 지방자치단체의 책임하에 생활유지 능력이 없거나 생활이 어려운 국민의 최저생활을 보장하고 자립을 지원하는 제도를 말한다라고 규정하고 있다.

---

1) 자산조사는 협의로는 개인이 생활유지에 기여하는 수입, 재산, 저축, 친척의 도움 등을 의미하지만 광의로는 그들의 일생동안 동원할 수 있는 자원과 능력을 의미한다.

2. 공공부조의 원리와 원칙

1) 공공부조의 원리

공공부조는 나라에 따라 차이가 있지만 일반적으로 공공부조의 원리로서 생존권보장, 국가책임, 최저생활보장, 무차별평등, 보충성 그리고 자립성의 원리를 들고 있다(신섭중, 1989: 303~308).

(1) 생존권보장의 원리

이 원리는 국민의 복지증진이 현대국가의 가장 중요한 소임으로 인식됨에 따라 국가가 모든 국민의 건강하고 문화적 최저한의 생활을 보호하여야 하며 국민은 생존권을 보호받을 수 있는 권리를 보장하는 것이다. 따라서 모든 국민은 누구나 생활이 어려울 때에는 국가에 대하여 보호를 청구할 권리가 있고 국가는 국민의 이러한 요구를 들어 줄 의무가 있다. 이러한 권리와 의무는 거의 모든 나라에서 헌법과 이를 바탕으로 한 각종 사회복지관계법에 명시되어 있다.

(2) 국가책임의 원리

이 원리는 공공부조를 통하여 생활이 어려운 국민의 생존권을 보장하는 것을 국가의 책임으로 규정하는 것이다. 즉, 국가는 생활이 어려운 국민의 보호를 민간단체 등에 맡기거나 이들로부터 재정적 원조를 요구해도 안되며, 공공부조를 시행하기 위한 행정과 재정제도상의 체계를 갖추어야 하고, 공공부조에 필요한 비용도 모두 국가가 부담하여야 한다는 것이다. 그러나 국가책임의 원리는 빈곤의 사회적 책임을 인정하고 이의 해결을 국가가 수행해야 하며 그 책임의 이행을 중앙정부가 주로 맡아 하지만 개인의 빈곤에 대하여 국가가 무조건 또는 무제한으로 책임지는 것은 아니다.

(3) 최저생활보장의 원리

이 원리는 공공부조의 보호수준은 최저한의 생활 즉, 최저한의 요구가 충족되는 정도여야 한다는 것이다. 이는 공공부조제도가 유지되기 위하여 불가결한 원리로서 멀리 영국의 구빈법 시대부터 계속되어 왔다. 생활능력이 없어 공적 부조를 받는 사람(비납세자)이 스스로의 힘으로 돈을 벌어 생활하는 사람(납세자)보다 더 잘산다는 것은 사회정의에 어긋난다고 일반 국민이 생각할 뿐만 아니라, 그렇게 될 때 국민들의 자립의욕을 약화시키며 공공부조에 의존하는 인구가 늘어나게 되고 그로 인하여 정부의 부담이 증대되고 이는 납세자들의 반발을 일으키게 될 염려가 있기 때문이다.

(4) 보충성의 원리

이 원리는 국가에 의한 최저생활을 보장한다고 하더라도 어디까지나 보충의 차원에서 제공된다. 그러므로 신청자의 재산, 수입, 저축, 친척이나 친지의 도움 등 생활유지에 도움이 되리라고 생각되는 모든 것을 조사하여 급여의 자격을 결정하는데 이에 필요한 자산조사(*means test*)를 실시하여 우선적으로 자신이 소유한 재산과 능력을 최대한 활용하도록 조처하게 된다.

(5) 자립조장의 원리

이 원리는 공공부조가 단순한 치료적 성격의 부조가 아니고, 궁극적으로는 보호대상자의 자립을 조성하는데 목적이 있다. 이러한 원리에 따라 현금이나 현물부조에만 머무르지 않고, 교육기회의 제공과 직업훈련이 부조의 한 형태로써 제공되는 것이다.

(6) 무차별평등의 원리

이 원리는 공공부조의 법률적 요건을 충족하는 사람이면 빈곤의 원인이나 인종, 신앙, 성별 또는 사회적 신분을 불문하고 모든 국민 누구에게나 차별 없이 평등하게 생활보호를 받을 권리가 있다. 즉, 공적 부조를 받을 수 있는 자격은 빈곤하다는 사실만으로 충분한 것이며 보호내용에서 차별을 받지 않는다.

2) 공공부조 실시상의 원칙

공공부조 실시상의 원칙은 신청보호, 기준 및 정도, 개별적 요구충족, 세대단위, 현금급여 그리고 거택보호의 원칙을 들 수 있다(신섭중, 1989: 308~313, 김영모 편, 1988: 151~152).

(1) 신청보호의 원칙

공공부조는 요보호자 자신이나 그의 부양의무자 및 친족이나 기타 관계인의 신청에 의한다. 이 원칙은 공공부조가 정부의 시혜적 구제가 아니라 국민의 권리라는 것을 나타내는 것이다. 원칙적으로 신청자에게만 급여가 주어지지만 신청절차를 모르는 경우에는 보호실시 기관이 대상자나 그의 가족에게 신청자격이 있다는 사실과 그 절차를 알려주어야 한다.

(2) 급여기준과 정도의 원칙

공공부조의 급여기준과 정도는 대상자의 성별, 연령, 가구구성, 지역특성 및 기타 필요한 사정을 고려하여 최저한도의 생활을 충족시키는 수준이어야 하며 이를 초과하여서는 안 된다.

(3) 개별적 요구충족의 원칙

공공부조 시행기준을 일률적으로 적용·사용하기 위하여 공공부조 대상자의 성별, 연령, 가구 구성, 거주지역, 건강상태, 생활여건 등을 고려하여 실제로 그가 가지고 있는 요구를 충족시키려고 하는 요구의 개별화와 이의 해결을 위한 노력을 하는 것을 말한다.

(4) 세대단위의 원칙

공공부조의 대상은 세대를 단위로 하여 생활능력을 심사하여 세대별 보호를 원칙으로 하고 있다. 그러나 세대단위의 원칙이 특정 대상자의 생활보장을 어렵게 하는 특별한 사정이 있다고 판단될 때에는 개인 단위로 하도록 규정하고 있다.

(5) 현금급여의 원칙

공공부조에서 제공하는 급여의 종류는 현금, 현물서비스 등이 있는데 현금을 주는 것이 급여대상자의 자유를 보장해 주어 현금급여를 원칙으로 하고 있다. 그러나 신청자의 상황에 따라 다른 형태로서 제공할 수 있다. 즉, 생활수준을 향상시킬 수 있는 기회나 서비스의 제공(예; 직업훈련, 실업계 고등학교까지의 무상교육 등)과 주식비는 현물로 주고 있다.

(6) 거택보호의 원칙

공공부조는 그 대상자가 살고 있는 생활근거지인 자기의 주거에서 행하는 것을 원칙으로 하고 있다. 그러나 집이 없거나 장애가 있을 때에는 시설수용하거나 가정위탁보호를 할 수 있도록 규정하고 있다.

3. 공공부조제도의 유형

1) 국민기초생활보장제도

(1) 국민기초생활보장제도의 개요

국민기초생활보장제도는 가족이나 스스로의 힘으로 생계를 유지할 능력이 없는 최저생계비 이하의 절대 빈곤층 국민에게 생계, 교육, 의료, 주거 등의 급여를 통해 기본적 생활을 국가가 보장해 주고 근로능력이 있는 자에게는 체계적인 자활지원서비스를 제공하여 자활·자립을 지원해 주는 제도이다.

(2) 국민기초생활보장제도의 도입배경

1961년 제정된 생활보호법은 빈곤의 책임을 개인과 가족에게 돌리는 잔여적, 시혜적 차원에 머물고 있었다. 그 결과 대상의 포괄성, 급여의 충분성, 대상자간의 형평성, 제도의 효율성과 생산성이라는 측면에서 많은 문제점을 내포하고 있었다.

한편 1997년 말에 닥친 IMF 관리체제하의 경제위기는 대량실업과 빈곤인구를 양산하였고, 이는 다시 이혼, 아동·노인의 유기, 가출, 노숙, 자살, 결식아동의 증가 등 각종 사회병리 현상을 야기시켜 빈곤 문제가 중요한 쟁점으로 부각되었다.

이와 같이 경제위기 상황에서 최후의 사회안전망으로서 모든 국민을 포괄하지 못하는 생활보호법의 기능상의 한계에 따라 근로능력에 관계없이 최저생계비 이하의 저소득층의 기초생활을 국가가 보장할 필요성이 대두되어, 1998년 45개 시민단체가 '국민기초생활보장법 제정추진연대회의'를 구성하여 법률제정을 청원하게 되었고, 이에 여당과 야당, 정부 등 전국민적 합의를 바탕으로 '국민기초생활보장법'을 제정(1999. 9. 7)하게 되었다.

이후 각계 대표, 전문가, 공무원 등으로 이루어진 '국민기초생활보장 추진준비단'을 구성하여 1년간 준비기간을 거쳐, 2000년 10월 1일 국민기초생활보장제도를 시행하게 되었다.

(3) 국민기초생활보장제도 도입의 의의

국민기초생활보장법의 제정은 지난 40년간의 시혜적 단순보호차원의 생활보호제도로부터 저소득층에 대한 국가책임을 강화하는 복지시책으로 대전환함을 의미하며, 보호가 필요한 절대빈곤층의 기초생활을 국가가 보장하되 종합적 자활·자립서비스의 체계적 지원을 통해 생산적 복지를 구현하는데 그 의의가 있다.

국민기초생활보장법의 주요특징은 첫째, 최저생활을 보장받을 헌법상의 권리를 실체적으로 규정한 법률로서 큰 의의를 가진다는 점이다. 과거 생활보호법에서는 복지를 어려운 사람을 도와주는 시혜적 보호로 생각하였으나, 국민기초생활보장법이 제정되면서 복지는 국민의 권리이며 국가의 의무로 보는 복지철학의 대전환을 가져오게 된 것이다.

둘째, 최저생계비 이하의 모든 국민들의 기초생활을 국가가 보장한다는 점이다. 종전의 생활보호법에서는 근로능력이 있는 자에게는 생계비를 지원하지 않았으나, 국민기초생활보장법에서는 근로능력의 유무에 관계없이 국가의 보호를 필요로 하는 빈곤선 이하의 국민은 최저생활을 보장받게 되었다.

셋째, 근로능력이 있는 국민에게는 체계적 자활지원서비스를 제공하여 일할 수 있도록 하는 생산적 복지를 구현한다는 점이다. 기초생활을 권리로서 보장하되 근로능력이 있는 사람에게 노동의 기회를 부여함으로써 개인의 능력을 최대한 발휘하게 하여 개인의 행복추구는 물론 이웃과 사회 그리고 국가에 이바지하는 사회통합을 지향하고 있다.

(4) 국민기초생활보장제도의 주요 내용

1999년 1월에 제정된 국민기초생활보장법은 종전의 생활보호법의 대체 입법이다. 이 법의 주요 골자는 다음과 같다.

㉠ 생활보호법을 '국민기초생활보장법'으로 명칭 변경하고 법의 성격을 제한적 구빈법이 아니라 진정한 생활보장법으로 제정한다.

㉡ 인구학적 기준을 철폐하고 소득이 없는 국민은 누구나 국가로부터 지원받을 수 있도록 한다.

㉢ 수급권자의 범위를 최저생계비 기준으로 적용함으로써 생활보호의 과학성을 제고한다.

㉣ 소득인정의 합리화를 통해 형평성을 제고한다.

㉤ 소득이 최저생계비에 못 미치는 가구에 대해서 생계, 주거, 의료, 자녀 교육 등 4대 기초생활보장 급여와 자활급여 · 해산급여 · 장제급여를 제공한다.

㉥ 생활보장에 관한 중앙 및 지방자치단체의 각급 위원회를 두고 민간의 민주적 참여와 전문성을 강화한다.

① 수급권자

종래의 생활보호제도의 대상자가 되기 위해서는 다음의 세 가지 요건을 충족시켜야 했다. 첫째, ㉠ 65세 이상 노쇠자, ㉡ 18세 미만의 아동, ㉢ 임산부, ㉣ 폐질 또는 심신장애로 인하여 근로능력이 없는 자, ㉤ 기타 생활이 어려운 자[2]로서 보호기관이 이 법에 의한 보호를 필요로 한다고 인정하는 자의 다섯 가지 범주 중 어느 한 범주에 속해야 한다. 둘째, 위의 다섯 가지 범주 중 어느 하나에 속한 자로서 부양

---

2) '기타 생활이 어려운 자'란 ① 실직 기타 생활수단의 상실 또는 저소득으로 인하여 생계유지가 곤란한 자와 ② 이재자로서 재해구호법에 의한 구호기간이 종료된 자, ③ 기타 생활근거를 상실한 자로서, 보건복지부 장관이 특히 그 보호의 필요가 있다고 인정한 자를 말한다(시행령 제4조).

의무자가 없거나 있어도 부양능력이 없는 자이어야 한다. 셋째, 보건복지부가 매년 정하는 생활보호대상자 책정기준에 해당하는 소득과 자산액 이하의 소득 및 자산을 가진 자라야 했다.

그러나 새로 제정된 국민기초생활보장법은 첫번째 조건, 즉 인구학적 구분을 전면 폐지하고, 부양의무자 규정과 소득조건만을 남겼다. 새 법은 해마다 보건복지부장관이 최저생계비를 공표하게 하고, 소득인정액이 그 최저생계비에 못 미치는 사람들에게는 모자라는 부분을 공공부조로서 도와주게 하고 있다. 다만, 여기에 두 가지 조건이 있다. 하나는 부양의무자가 없거나 있어도 일정수준 이하의 소득을 가진 경우이어야 한다는 것이고, 다른 하나는 노동능력이 있는 경우, 자활노력을 조건으로 생계급여가 지급된다는 것이다. 두번째 조건인 소득인정액이라는 개념을 도입하였는데, 이것은 소득과 재산으로 이원화된 자산조사 기준을 소득과 재산의 소득환산액을 합하여 소득인정액으로 일원화한 것이다. 여기서의 소득기준과 재산기준은 매년 보건복지부장관이 공표한 바에 따르며, 부양의무자의 부양능력 기준은 부양의무자의 부양능력 판단의 기준을 세분화하여 부양 무능력자, 부양능력 미약자, 부양능력자로 구분하고 있다. ① 부양능력이 없는 경우란 부양의무자의 소득이 부양의무자 가구에 대해 적용되는 최저생계비의 120% 미만이고 동시에 부양의무자의 재산가액이 수급권자 책정기준이 되는 재산기준액의 120% 미만인 경우를 말한다. ② 부양능력이 있는 경우란 부양의무자 가구의 소득이 부양의무자 가구에 적용되는 최저생계비와 신청자 가구에 적용되는 최저생계비를 합한 금액의 120% 이상인 경우, 또는 부양의무자 가구의 재산액이 부양의무자 가구에 적용되는 재산기준과 신청자 가구에 적용되는 재산기준을 합한 금액의 120% 이상인 경우를 말한다.

수급권자는 부양의무자가 없거나 부양의무자가 있어도 부양능력이 없거나 부양을 받을 수 없는 자로서, 보건복지부장관이 개별가구의 소득평가액과 재산을 기준으로 매년 정하는 선정기준에 해당하는 자이며, 수급권자로 선정되기 위해서는 소득평가액기준, 재산기준 및 부양의무자 기준을 동시에 충족시켜야 한다.

② 급여종류 및 내용

종래의 생활보호제도에 의한 보호의 종류는 생계보호, 의료보호, 자활보호, 교육보호, 해산보호, 장제보호의 6가지 보호를 두어, 보호대상자의 필요에 따라 하나의 보호만을 행하거나 둘 이상의 보호를 함께 행하였다. 이 중 의료보호는 의료보호법에 의하여 실시되었다. 새 법은 '보호'라는 용어 대신 '급여'라는 용어를 사용하여 기존의 6가지에 주거급여를 신설하여 7가지로 만들었다. 또 새 법은 생계급여에 긴급급여를 신설하여 급여제공 여부의 결정전에 긴급한 필요가 있을 때 생계급여를 지급할 수 있도록 하였다.

또한, 새 법은 노동능력자를 기초보장 급여대상으로 포함하고 있으므로, 이들의 자활의지를 유지하기 위한 자활급여를 대폭 강화하였다. 근로능력이 있는 수급대상자에 대해서는 전문요원으로 하여금 가구별 자활지원계획을 수립토록 하고 있는데 이들 급여종류(국민기초생활보장법 제 2장)의 내용은 다음과 같다.

㉠ 생계급여 : 수급자에 대하여 의복, 음식물 등에 필요한 금품 기타 일상생활의 수요를 충족하는 데 필요한 금품을 지급하여 그 생계를 유지하게 한다. 다만 수급자의 소득인정액 등을 감안하여 차등지급할 수 있도록 하였다.

㉡ 주거급여 : 수급자의 주거안정을 확보하기 위하여 가구별 특성을 고려하여 대통령령이 정하는 바에 따라 임차료 및 유지수리비 등에 상응하는 금전을 지급하는 것이다.

㉢ 교육급여 : 수급자에게 입학금 · 수업료 · 육성회비 기타 이에 준하는 각종회비, 학교급식 · 학용품비 기타 급여금품을 지원하는 것이다.

㉣ 해산급여 : 수급자에 대하여 조산, 분만 전과 분만 후의 필요한 조치와 보호를 행하는 것이다.

㉤ 장제급여 : 수급자가 사망한 경우 사체의 검안·운반·화장 또는 매장 기타 장제조치를 행하는 것이다.

㉥ 자활급여 : 수급자의 자활을 조성하기 위한 것으로 자활에 필요한 금품의 지급 또는 대여, 자활에 필요한 기능습득의 지원, 취업알선 등 정보의 제공, 공공근로 등 자활을 위한 근로기회의 제공, 자활에 필요한 시설 및 장비의 대여, 기타 대통령령이 정하는 자활조성을 위한 각종 지원 등이다.[3)]

③ 보충급여와 공제제도

국민기초생활보장제도의 가장 획기적인 조치는 생계급여에 보충급여방식을 전면 도입하고, 수급자가 근로활동을 통한 소득을 갖게 될 경우 그 소득에 대해서는 공제제도를 적용하여, 생계급여액과 수급대상자의 소득평가액을 합한 금액이 최저생계비의 100% 이상이 될 수 있도록 한 점이다. 소득평가액은 수급대상자의 소득에서 가구 특성에 따른 지출요인을 반영한 금품과 근로활동을 통하여 얻어지는 소득에 대한 공제액을 제외한 액수를 말한다. 공제율은 소득활동의 종류에 따라 10% ~15%로 결정되었다.

이상의 내용을 바탕으로 생활보호제도와 국민기초생활보장제도의 주요 내용을 비교하면 〈표 7-1〉과 같다.

---

3) 2000년 자활보호(자립지원)는 자녀학비지원(중고생), 직업훈련, 생업자금융자, 취로구호, 사회복지관운영 등이 있다.

〈표 7-1〉 생활보호제도와 국민기초생활보장제도 주요 내용 비교

구분	생활보호법	국민기초생활보장법
법적용어	· 국가에 의한 보호적 성격 -보호대상자, 보호기관	· 저소득층의 권리적 성격 -수급권자, 보장기관, 생계급여 등
대 상 자 선정기준	· 소득과 재산이 기준이하인 자 ※ 1999년 -소득 23만원(인 · 월) -재산 2,900만원(가구)	· 소득인정액이 최저생계비이하인 자 ※ 소득인정액 = 소득평가액 + 재산의 소득 환산액
대상자 구분	· 인구학적 기준에 의한 대상자 구분 -거택보호자: 18세미만 아동, 65세 이상 노인 등 근로 무능력자 -자활보호자: 인구학적으로 경제활동 가능한 근로능력자	· 대상자 구분 폐지 -근로능력이 있는 조건부생계급여 대상자는 구분 ※ 연령기준 외에 신체 · 정신적 능력과 부양, 간병, 양육 등 가구 여건 감안
급여수준	· 생계보호 -거택보호자에게만 지급 · 의료보호 -거택보호: 의료비 전액지원 -자활보호: 의료비의 80% · 교육보호: 중 · 고생자녀 학비 전액 지원 · 장제보호, 해산보호 등	· 생계급여 -모든 대상자에게 지급 · 주거급여 신설 -임대료, 유지수선비 등 주거안정을 위한 수급품 · 긴급급여 신설 -긴급필요시에 우선 급여를 실시 · 의료 · 교육 · 해산 · 장제보호 등은 동일
자활지원 계획	〈신설〉	· 근로능력자 가구별 자활지원계획 수립 -근로능력, 가구특성, 자활욕구 등을 토대로 자활방향 제시 -자활에 필요한 서비스를 체계적으로 제공

자료: 보건복지가족부, 2009: 84~85.

(5) 국민기초생활보장제도의 현황

① 수급권자 수

국민기초생활보장 수급권자의 수는 2008년 12월 현재 약 153만 명으로 전 인구대비 수급율은 3.1%이다. 수급자의 종류별로 보면 일반수급자가 대부분(94.4%)이며, 시설수급자는 5.6%이다.

② 수급자 선정기준

2010년 현재 수급자 선정기준은 4인 가구의 경우 최저생계비가 1,363천원 이하이고, 일반재산은 지역에 따라 다르다.

〈표 7-2〉 수급자 선정기준

<table>
<tr><th>가구규모</th><th>1인가구</th><th>2인가구</th><th>3인가구</th><th>4인가구</th><th>5인가구</th><th>6인이상가구</th></tr>
<tr><td>최저 생계비</td><td>504,344원 이하</td><td>858,747원 이하</td><td>1,110,919원 이하</td><td>1,363,091원 이하</td><td>1,615,263원 이하</td><td>1,867,435원 이하</td></tr>
<tr><td rowspan="2">일반재산</td><td colspan="2">대도시</td><td colspan="2">중소도시</td><td colspan="2">농어촌</td></tr>
<tr><td colspan="2">5,400만원</td><td colspan="2">3,400만원</td><td colspan="2">2,900만원</td></tr>
</table>

주: 1) 7인 이상 가구는 1인 증가시마다 252,172원씩 증가(예시: 7인 2,119,607원)
2) 소득평가액 기준은 2010. 1 공표한 2010년도 최저생계비.
자료: 보건복지가족부, 2010a: 26.

③ 급여내용

국민기초생활보장 수급자에게 생계급여, 주거급여, 의료급여, 교육급여, 해산급여, 장제급여 및 자활급여를 지급하고 있다.

④ 보호의 사각지대 해소

주민등록 말소자, 노숙자, 쪽방·비닐하우스촌 거주자 등에 대한 사각지대를 해소하기 위하여 주민등록 말소자는 주민등록을 복원토록 하여 추가로 수급권자를 선정(2001. 2~5월 867명)하였으며, 2001년 8월부터는 주민등록말소자 등을 대상으로 기초생활보장 번호제를 부여하는 내용의 사회취약계층 특별보호대책을 시행하여 비닐하우스·판자촌·쪽방 거주지 및 노숙자 등 주민등록상의 문제를 가진 자도 사실상 일정한 주거에서 1개월 이상 장기 거주하는 자에 대하여는 수급권자로 선정 보호(2001. 8 시행)하고 있다.

⑤ 최저생계비 인상

최저생계비는 '국민이 건강하고 문화적인 생활을 유지하기 위한 최소한의 비용'으로 국민기초생활보장제도에서 수급자 선정기준 및 급여수준 결정의 근거가 되고 있다.

2008년도에는 고유가로 인해 물가상승률이 높았다는 점을 고려하여 2009년 최저생계비를 2008년에 비해 4.8% 인상하였다.

⑥ 기초생활보장급여의 적정성 강화

최근에는 자신의 소득·재산 등을 은닉하거나 허위 신고하는 등 부정한 방법으로 기초생활 수급을 받는 문제가 사회적으로 이슈화됨에 따라, 혜택을 받아야 할 국민에게 적절한 급여를 지급하여 기초생활보장제도에 대한 국민의 신뢰도를 제고해야 할 필요성이 증대되고 있다.

이에 적정급여 및 복지사각지대 해소를 위하여 기초생활보장수급자 조사·관리 및 급여실시의 적정성 조사(중앙현장조사, 중점관리대상자 조사)를 실시한 결과 2008년도에 총 50만여 건의 자료조사를 통해 보장중지 16,222가구, 급여감소 76,885가구, 급여증가 8,193가구의 실적을 거두었으며 이에 따른 예산절감추정액은 약 54,769,507천원으로 나타났다.

한편 2009년 1월 1부터는 '기초보장관리단'을 구성·운영하여, 서울·경기지역을 대상으로 부정 수급자 적발 및 조치, 자산조사 지원 및 모니터링 체계강화, 권리구제 및 사각지대 해소 등의 활동을 통해 급여의 적정성을 강화하고 있다.

⑦ 사회복지공무원 인력확충

수급권자의 수급자격과 급여의 적정성 확인을 위해 정기·수시 확인조사를 실시하여 소득 및 자산변동 상황을 정확히 파악하고, 부정한 방법으로 급여받는 자가 발견되는 경우에는 즉시 보호중지 및 보장비용을 환수하고 있다. 이와 더불어 보다 철저한 확인조사 및 수급자 관리를 위해서는 사회복지공무원 1인당 관리가구수가 80가구~100가구 수준에 이르도록 2009년 현재 9,945명 수준의 사회복지공무원을 계속 증원할 계획이다.

(6) 국민기초생활보장제도의 과제

국민기초생활보장법은 종전의 생활보호법과 비교해 볼 때 여러 측면에서 합리적으로 변화되었다. 그러나 개선되어야 할 과제도 있다.

첫째, 현행 기초생활보장제도의 선정기준이 절대빈곤선이기 때문에 이 이상 상대적 빈곤선 이하의 계층에 대한 대책은 매우 빈약하다. 이러한 이유로 최근 등장하고 있는 근로빈곤층(*working poor*)의 문제, 소득불평등의 문제, 사회적 배제(*social exclusion*) 문제 등에 대한 대책으로써의 역할은 미흡하다. 이러한 문제들은 새로운 사회적 위험이며, 공식적 빈곤정책으로써 기초생활보장제도는 이에 대한 적극적 대응책을 개발하는 방향으로 발전하여야 한다.

둘째, 국민기초생활보장제도의 정착과 발전을 위해서는 무엇보다도 복지전달체계의 확대와 정비가 필요하다. 정확한 자산조사를 바탕으로 대상자별 각종 급여에 대한 지원계획을 수립하고 전달하는 사회복지공무원은 국민기초생활보장법의 시행에서 수급자에게 직접적 급여를 전달하는 가장 핵심적 전달체계의 역할을 맡고 있다. 수급자에 대한 자산조사에서 자활지원까지의 과정은 지속적이고 전문적인 역할을 필요로 하며 급여의 전달체계에서 안정성의 확보는 필수적 요인임을 감안할 때, 현재와 같은 전달체계의 불안정성은 앞으로 이 제도의 안정적 시행에 크나큰 걸림돌이 될 가능성이 높다(김영모 편, 2001: 245).

셋째, 국민기초생활보장제도의 정착을 위해 중요한 것이 예산의 확보이다. 이것이 불가능하다면 결국 예전과 같이 여전히 예산에 맞춘 수급자 선정, 생계급여액 기준, 각종 급여액 수준이 결정될 것이라는 우려가 가능하다. 자활급여라는 부분까지 고려한다면 충분한 예산확보가 반드시 이루어져야 할 것이다.

넷째, 수급자 선정의 전문성과 정확성을 기하기 위하여 인력충원이 요구된다. 현재 사회복지공무원 1인당 평균 100가구 이상을 담당하고 있다. 일본의 경우는 60가구이다.

2) 기초의료보장제도

(1) 개 념

기초의료보장제도상의 의료급여제도는 생활유지능력이 없거나 경제능력을 상실한 사람들을 대상으로 정부가 의료서비스를 제공하는 공공부조제도로써, 저소득층의 의료보장을 통한 건강증진과 복지향상을 목적으로 하고 있다. 그동안 연구결과에 의하면 질병은 소득상실과 함께 빈곤으로 추락하는 가장 주요한 요인 중 하나로 지목되고 있으며, 대부분의 선진국에서는 의료문제를 기본권보장의 핵심으로 간주하여 보장하고 있다. 우리나라에서도 의료급여와 건강보험을 통해 전국민 의료보장체계를 마련하고 있으며 최저생계비 이하의 빈곤계층 등은 의료급여 수급권자로 선정하여 상대적으로 저렴한 비용으로 의료이용을 할 수 있도록 하고 있다. 이는 질병으로 인한 사회적 비용을 경감시키는 기능을 한다.

(2) 적용 대상

의료급여는 국민기초생활보장법에 의한 수급권자와 인간문화재, 국가유공자 등 타법에 의한 기타 대상자 그리고 차상위계층 중 의료욕구가 현저한 자(만성질환자 및 18세 미만 아동)로 구성되어 있다. 국민기초생활보장제도의 수급자 선정기준 충족여부는 부양의무자 조사와 자산조사(*means-test*)를 거쳐 결정한다.

① 소득 및 재산기준

부양의무자가 없거나, 부양의무자가 있어도 부양능력이 없거나 또는 부양을 받을 수 없는 자로서 소득인정액(소득평가액+재산의 소득환산액)이 최저생계비 이하인 자는 국민기초생활보장법상의 수급자가 된다.

의료급여법상의 차상위계층 수급권자는 국민기초생활보장법상의 보장가구가 아닌 가구로서 소득인정액이 최저생계비의 120% 미만인 가구의 세대원 중 만성질환자, 18세 미만 아동 개인이 된다.

소득평가액은 실제소득에서 가구별 특성비용과 근로소득을 공제한 것이고 재산의 소득환산액은 재산에서 기초공제와 부채를 제외한 후 소득환산율을 곱한 숫자이다. 재산의 기초공제는 지역별 전세가격(최저주거면적 전세가격) 등의 차이를 감안하되, 가구규모와 관계없이 대도시 3,800만원(차상위계층은 9,500만원), 중소도시 3,100만원(차상위계층은 7,750만원), 농어촌 2,900만원(차상위계층은 7,250만원)이 적용된다. 재산의 종류별 소득환산율은 일반재산의 경우 4.17%, 금융재산은 6.26%, 승용차는 월100%가 적용된다.

② 부양의무자 기준

부양의무자 기준은 부양의무자 범위(1촌의 직계혈족 및 그 배우자) 이내의 자가 있는지 여부, 있을 경우 부양능력을 지니고 있는지, 부양능력을 지니고 있다면 실제로 부양을 하는지 여부로 구분된다. 수급자가 되기 위한 필요조건은 부양의무자 범위 이내의 자가 없거나, 있더라도 부양능력이 없거나, 부양능력이 있을지라도 실제로 부양을 하지 않을 경우이다.

③ 수급권자 유형

의료급여 수급권자 중 국민기초생활보장법에 의한 수급자는 1종 및 2종 수급권자로 구분하여 본인부담금에 차등을 두고 있다. 1종과 2종을 구분하는 근거는 근로능력의 유무인데 기초생활보장수급자 중 근로능력이 없는 자는 1종, 근로능력이 있는 자는 2종이 된다.

1종 수급권자는 ㉠ 근로능력이 없거나 근로가 곤란하다고 인정하여 보건복지가족부장관이 정하는 수급권자(18세 미만, 65세 이상, 미취학자녀 또는 질병·부상 또는 장애 등으로 거동이 곤란한 가구원이나 치매 등으로 특히 보호가 필요한 가구원을 양육·간병 또는 보호하는 수급자, 임산부, 장애인생활시설, 노인의료복지시설, 아동복지시설 등의 보장시설에서 급여를 받고 있는 자 등), ㉡ 국내 입양 18세 미만 아동, ㉢ 국가유공자, ㉣ 인간문화재, ㉤ 이재민, ㉥ 의상자 및 의사자, ㉦ 북한이탈주민, ㉧ 광주민주화운동관련자, ㉨ 행려환자 등 법령의 규정에 의한 요건을 가진 자가 해당된다. 2종 대상자는 근로능력이 있는 수급자(18세 이상 65세 미만), 차상위계층의 만성질환자 및 18세 미만 아동으로 구분하여 매년 책정한다.

국가유공자, 중요무형문화재, 북한이탈주민은 소관부처(국가보훈처, 문화재청, 통일부)에서 매년 보건복지가족부장관이 정한 기준에 적합한 자의 명단을 통보하면 시장·군수·구청장이 1종 수급권자로 선정한다.

(3) 의료급여의 범위 및 진료비 부담

2008년 말 현재 수급권자 수는 184만 명으로 의료급여는 수급권자에게 국가재정으로 질병이나 부상, 출산 등에 대한 진찰, 검사, 약제·치료재료의 지급, 처치·수술과 그 밖의 치료, 예방·재활, 입원, 간호, 이송, 기타의 의료 목적달성을 위한 조치를 제공한다.

국가는 법령에서 정한 수급권자의 법정본인부담금을 제외한 금액의 전액을 지원하는데 법정본인부담금은 수급권자의 종별(1종·2종) 구분에 따라 달리 적용된다.

1종 수급권자는 외래진료에 대해서만 본인부담금을 부과하고, 입원진료는 식대(20%)를 제외하고는 전액무료이다. 1종 수급권자의 외래 본인부담금은 1차 의료급여기관 방문시 1,000원, 2차 의료급여기관 방문시 1,500원, 3차 의료급여기관 방문시 2,000원, 약국은 처방전당 500원을 부과한다.

반면 2종 수급권자는 입원과 외래 모두 본인부담금을 부과하며, 1차 외래에만 방문당 1,000원, 약국에서 500원을 부담하며, 1차 의료급여기관에서 입원진료, 2차 의료급여기관 또는 3차 의료급여기관의 진료에 소요되는 급여비용은 총 진료비 중 15%를 본인이 부담하도록 하고 있다.

이와 함께 수급권자들의 부담을 완화하기 위해 대불제도, 본인부담보상제, 본인부담상한제 등을 운영하고 있다. 대불제도는 2종 수급권자에 대해서만 적용되며, 진료비의 15%를 부담하는 2종 수급권자가 최저생계비 이하의 계층임을 고려하여 입원진료시 본인부담금이 20만원 이상인 경우 20만 원 초과분은 의료급여기금에서 대불하여 주고 무이자로 분할 상환하는 제도이다. 이를 통해 수급권자들의 국가에 대한 의타심을 배제시키고 자활의지를 고취시키도록 하고 있다.

본인부담보상제는 일정 기간 동안 본인부담금이 법령이 정한 금액을 초과하는 경우 초과금액의 50%를 되돌려주는 제도로, 1종 수급권자는 매 30일간 2만원, 2종 수급권자는 매 30일간 20만원 초과여부가 적용기준이 된다.

본인부담상한제는 일정기간동안 본인부담금이 법령이 정한 금액을 초과할 경우 초과금액의 전부를 되돌려 주는 제도로, 1종 수급권자는 매 30일간 5만원, 2종 수급권자는 매 6개월간 120만원을 초과할 경우 초과금의 전액을 사후에 보상하고 있다.

(4) 의료보장의 과제

첫째, 그 대상자가 생활능력이 없거나 저소득자만 아니라 월남귀순자, 인간문화재, 국가유공자 등이 포함되는데, 이것은 잘못된 것 같다. 따라서 이들이 그 대상에서 제외되어야 한다.

둘째, 진료비의 과다한 부담으로 치료기회를 놓칠 가능성이 크며 의료기회(지정진료, 보조기, 의수족, 보청기, 의치, 진단서 등)를 제한하고 있어 이를 포함해야 한다.

셋째, 진료비의 지급이 늦어 병원경영에 좋지 못하다.

넷째, 전국민 건강보험의 실시로 자부담 의료부조비가 더 높을 수 있다.

다섯째, 현행 의료급여는 건강보험에 포함시키는 것이 여러 가지 문제를 해소시키는데 가장 효과적이다.

3) 긴급복지지원제도

(1) 긴급복지지원제도의 개념

긴급복지지원제도는 가구의 주소득자가 사망, 행방불명, 구금시설 수용 등으로 소득을 상실하였거나, 가구구성원이 중한 질병 또는 부상을 당하거나, 화재로 주거를 상실하는 등의 사유로 생계유지가 어렵게 된 저소득층을 적극 발굴하여 생계, 의료, 주거비 등을 우선적으로 지원하고 사후에 지원의 적정성 여부를 조사하는 응급복지지원제도이다.

(2) 긴급복지지원제도의 현황

① 적용대상 및 수급권자 수

긴급복지지원의 대상자는 본인 또는 본인과 생계 및 주거를 같이 하고 있는 가구구성원이 아래의 위기 사유로 인하여 생계유지가 어렵게 된 자를 말한다.

- ·주 소득자가 사망, 가출, 행방불명, 구금시설에 수용되는 등의 사유로 소득을 상실하고 가구구성원에게 다른 소득원이 없는 때
- ·주 소득자가 중한 질병 또는 부상을 당한 때
- ·가구구성원으로부터 방임·유기되거나 학대 등을 당한 때
- ·가정폭력을 당하여 가구구성원과 함께 원만한 가정생활이 곤란하거나 가구구성원으로부터 성폭력을 당한 때
- ·화재 등으로 인하여 거주하는 주택·건물에서 생활하기 곤란하게 된 때
- ·주 소득자와 이혼의 사유로 소득을 상실하고 가구구성원에게 다른 소득원이 없는 때
- ·단전되어 1개월이 경과된 때(소전류 제한기 부설 포함)

긴급복지지원 수급권자 수는 2008년 말 현재 32,998명으로 의료지원이 67.1%로 가장 많고 그 다음이 생계지원 23.6%, 주거지원, 시설이용지원 등이다(보건복지가족부, 2009: 91).

② 지원내용 및 기간

긴급복지지원은 생계지원, 의료지원, 주거지원, 사회복지시설 이용지원, 그 밖의 지원, 타제도로 연계하여 지원하고 있다.

(3) 긴급복지지원제도의 과제

갑작스러운 위기 상황으로 생계유지 등이 곤란한 저소득취약계층이

증가함에 따라 빈곤층 전락 방지 및 사회안전망 강화를 위해 '긴급지원제도의 사업성과 평가 및 제도개선 방안'에 대한 연구용역 결과 및 의견수렴을 거쳐 2009년에는 긴급지원 적정성 심사기준인 총재산 기준과 금융재산 기준을 완화하고, 교육지원신설, 외국인지원 특례규정 마련, 지원기간 연장(최장 4→6개월), 영속법 개정 등을 주요내용으로 하는 긴급복지지원법을 개정을 해야 한다.

4) 자활지원사업

(1) 자활지원사업의 개념

2000년 10월 국민기초생활보장제도의 시행으로 최저생계비 이하의 모든 저소득층이 근로능력 유무에 관계없이 국가가 기초생활을 보장함에 따라 근로능력 있는 수급자가 국가의 보호에 안주하는 도덕적 해이(*moral hazard*) 발생을 방지하기 위하여 조건부 생계급여제도가 도입되었다.

조건부 생계급여제도란 근로능력이 있음에도 스스로 근로를 하지 않는 수급권자(조건부 수급자)에게는 자활사업 참가를 조건으로 생계급여를 지급하고, 정당한 사유 없이 동 사업참가를 거부·해태한 경우에는 본인의 생계급여를 중지하도록 하는 것을 말한다.

자활사업은 시·군·구별로 지역사회의 복지자원을 최대한 활용하여 자활근로, 디딤돌사업(사회적응 프로그램) 등 다양한 자활프로그램을 제공하고 자활공동체의 창업을 지원하는 한편 노동부의 고용관련 인프라를 통하여 취업알선·직업훈련 등의 취업지원 서비스를 제공하는 등 저소득층의 자활촉진을 위한 각종 지원 및 서비스제공을 실시하고 있는 사업이다.

(2) 자활지원사업의 현황

① 수급자 수 및 대상자 확대

자활수급자는 2008년 말 현재 70,489명으로 근로능력이 있는 수급자 중 조건부수급자는 조건에 의한 자활사업에 의무적으로 참여하여야 하고, 자활급여특례자·조건부수급자 이외의 차상위계층도 실질적 소득지원과 빈곤예방 등을 위하여 자활사업에 참여할 수 있다.

조건부수급자는 자활사업에 참가할 것을 조건으로 생계급여를 지급받는 수급자를 말한다. 근로능력이 있더라도 개별가구 또는 개인의 여건 등으로 자활사업에 참가하기 곤란한 자, 근로 또는 사업에 종사하는 대가로 소득을 얻고 있는 자, 환경변화로 적응기간이 필요하다고 인정되는 자 등은 조건 없이 생계급여를 제공하는 조건부과 제외자로, 조건부수급자 중 장애등급 5·6급 장애인, 도서벽지거주 수급자, 시험준비생·직업훈련생, 학원수강생, 북한이탈주민 등을 조건제시 유예자로 관리한다.

자활급여특례자는 자활사업에 참가하여 발생한 소득으로 인하여 소득인정액이 선정기준을 초과하는 수급자를 말한다. 차상위계층은 수급자로 선정되지 아니한 자로서 소득인정액이 최저생계비의 120% 이하인 가구를 말한다.

② 자활사업 프로그램

자활사업 프로그램은 비취업대상자(보건복지가족부 소관)과 취업대상자 프로그램(노동부 소관)으로 구분된다. 비취업대상자 프로그램으로는 디딤돌사업(사회적응 프로그램), 자활근로사업, 자활공동체사업이 있고, 취업대상자 프로그램으로는 적응훈련, 자활직업훈련, 취업알선 및 구직활동지원, 자활취업촉진사업 등이 있다.

③ 자활인프라 확충

자활사업을 지원하는 인프라로는 지역자활센터, 광역자활센터, 청소년자활지원관 및 디딤돌사업(사회적응 프로그램) 실시기관 등이 있다.

제8장

아동복지

1. 아동복지 개념

우리나라에서 아동은 아동복지법과 유엔 아동권리의 협약의 규정에 따라 18세 미만의 자로 규정하고 있다.

카두신은 아동복지의 정의를 좁은 의미와 넓은 의미로 구분하고 있다. 먼저 좁은 의미는 요보호 아동을 중심으로 미국 아동복지연맹의 정의를 기초로 정의내리고 있다. 아동복지는 부모가 아동양육 책임을 이행할 수 없거나 지역사회가 아동 및 가족이 요구하는 자원과 보호를 제공하지 못할 때 그러한 아동에 대하여 사회봉사를 하는 것이라고 한다. 따라서 아동복지는 부모가 그 역할 수행에 어려움을 지니는 기능을 강화, 보완, 대리하는 것을 말한다(Kadushin, 1980: 5). 한편 넓은 의미의 아동복지는 일반아동과 그 가족의 복지를 다루고 지역사회욕구와 조화를 이루어 아동의 생리적·심리적·사회적 가능성의 발전을 추진시키는 대책을 다루는 것이다(Kadushin, 1980: 6) 라고 정의한다.

프리드렌드는 "아동복지는 단지 빈곤, 방치, 질병, 결함 등을 지닌 아동, 혹은 환경에 적응하지 못하는 비행아동들에만 관심을 두는 것이 아니다. 아동복지란 모든 아동이 신체적, 지적, 정서적 발달에서 안전하며 행복할 수 있도록 위험을 지키며 보호하기 위하여 공사의 제기관에서 실시하는 사회적, 경제적, 보건적인 제활동들인 것이다"(Friedlander, 1961) 라고 정의하고 있다.

《미국 사회사업연감》(*Social Work Year Book*) 에 의하면 아동복지사업은 "아동들이 행복하게 살며 그들의 생활에서 잠재능력을 최대한 발휘하며 건강하고 건전한 개인들로 성장·발달하는 것을 목적으로 하는 광범위한 노력"이라고 정의하고 있다. 또한 "아동복지를 증진시키고자 하는 공사단체의 활동을 뜻한다"(NASW, 1960) 라고 정의하고 있다.

우리나라 아동복지법(제 1조) 에 의하면 아동복지는 '아동이 건전하게 출생하여 행복하고 건강하게 육성되도록 그 복지를 보장하는 것을 목적'으로 하고, 연령은 18세 미만의 자를 말하고 있다. 우리나라 아동복지의 법적 개념은 아동복지법 이외에도 국민기초생활보장법, 모자보건법, 입양특례법, 근로기준법, 유아교육법, 소년법, 소년원법, 그리고 영유아보육법 등이 있다.

1960년 이후 오늘날까지 사회·경제적 변화, 특히 고도의 경제성장 정책에서 빚어진 병리적 현상으로부터 아동을 건전하게 보호해야 할 필요성이 시급한 과제중의 하나가 되었다.

2. 아동문제

1960년대 이후의 한국사회는 정치, 경제, 사회, 문화적 측면에서 급격한 변화를 경험하였다. 이러한 변화의 경험 중에서 사회적 측면은 도시화, 산업화, 공업화 등에 따른 사회구조의 변화로 인한 가족해체, 핵가족화, 취업모의 증가를 낳게 했고 결국 이것은 가족의 기능을 약화시켜 아동양육에 문제를 야기시켜 아동복지가 필요하게 되었다.

1) 가족 해체

가족해체는 넓게는 통합, 충성심, 합의, 가족단위의 정상적 기능의 붕괴 등 가족결속의 파괴를 의미하고, 좁게는 별거, 이혼, 유기, 사망 등으로 혼인관계가 파괴되거나 또는 부부 가운데 한 사람의 장기간의 부재로 결손가족이 되어 가족이 구조적으로 불안정한 상태를 말한다. 이 중에서 가장 대표적 가족해체의 하나가 이혼이다. 이혼으로 인한 영향은 아동양육의 책임과 역할이 모호하게 되며 이러한 상황에서 건전한 아동발달이 어려워진다. 따라서 이혼은 아동문제를 초래하는 요인이 되는데 한국인의 이혼율이 1974년 5.5%, 1984년 10.2%, 1994년 9.8%에서 2004년 45.0%, 2008년에는 35.6%로 급증하는 추세에 있다. 이혼사유는 성격차이(47.8%), 경제문제(14.2%), 배우자 부정(8.1%), 가족간 불화(7.7%), 정신·육체적 학대(5.1%), 건강문제(0.6%), 기타(16.5%)로 되어 있다(보건복지가족부, 2009 a: 26).

2) 핵가족화

아동문제 유발요인은 핵가족의 경향이다. 산업화가 진전되면서 청소년들이 토지 중심의 대가족 생활양식에서 주거와 직장이 분리되고, 부모-자녀 중심의 핵가족 형태로 이행할 수밖에 없었다. 이러한 핵가족의 비율은 1970년 71.5%, 1990년 76.0%, 1995년 79.8%, 2000년 68.4%에서 2005년 65%로 나타났다(보건복지가족부, 2009 a: 383). 이러한 핵가족화 현상은 자녀양육에 많은 영향을 미치고 있다. 즉, 가족간의 상호 영향력을 감소시켰고 자녀수의 감소로 형제자녀간 상호 돌 볼 수 있는 정서가 결여되고 조부모나 친척 등이 손자녀를 돌볼 수 있는 기대도 어려워 졌다.

3) 여성 취업

자녀를 가진 특히 영유아기의 자녀를 가진 여성취업이 급격히 증가하고 있다. 한국여성의 경제활동 참가율은 2002년의 49.8%에서 2008년에는 50%로 증가하였다(보건복지가족부, 2009: 374). 취업모의 증가현상은 가족의 경제수준을 향상시키려는 이유도 있지만 여성의 일과 사회진출에 대한 의식의 변화이기도 하다.

그러나 어머니가 사회활동을 하므로 아동을 탁아모에 맡기거나 또는 농촌에서 어머니가 농사일로 자녀를 제대로 돌보지 못한 채로 자란 아동들이 정서적으로 건전하게 성장할 수 없다는 것을 보울비(Bowlby)는 모성결여에 관한 연구에서 이미 입증한 바 있다(장인협·오정수, 1993: 31). 결국 여성의 사회진출은 불가피한 현상이기도 하지만 아동의 발달상의 결함을 초래하여 결국 아동문제를 유발케 하고 있다.

4) 한부모 가족

2005년도 한부모 가족(전체가구의 8.6%)의 경우는 경제적으로 자녀양육이 어려운 빈곤가정이 대상이 되었으나, 오늘날에는 어머니의 사회활동과 취업으로 인한 아동양육의 대체기능이 문제가 되고 있다. 더욱이 어머니의 경우는 본래의 역할인 가사나 육아의 역할 외에 세대주로서의 책임이 가중됨으로써 상당한 압박감을 받아 스트레스 상태에 빠지기 쉽다. 역할의 과부담은 긴장의 연속이 되며, 아동에게 미치는 영향이 매우 갈등적 상황이 될 수 있다. 모자가족에는 정서적 안정의 상실, 자녀의 양육이나 교육의 문제, 자녀들이 동일시할 대상을 상실함에서 나오는 제반 문제들이 야기될 수 있다.

5) 미혼모와 그 자녀

서구의 개방적이고 선정적인 성문화의 도입과 가치관의 변화로 청소년의 무분별한 혼전 성관계, 성폭력에 의한 성관계가 증가하면서 미혼모의 수가 증가하고 있다. 미혼모는 사회적 은닉성이라는 특성으로 그 실태를 정확하게 파악하기가 어려운 실정이다. 미혼모의 발생은 미혼모 자신뿐 아니라 가정, 사회, 국가에 심각한 부정적 영향을 미치게 된다. 미혼모는 아이와 관련하여 그의 모성역할에 많은 현실적 어려움을 경험하게 된다. 특히 아동양육을 위한 재정적 지원, 즉 생활비, 의료비, 주거할 장소 및 법적 보호 등을 얻을 수 있는 문제 등에 고심한다.

3. 아동복지의 대상

아동복지의 대상은 기본적으로 모든 아동을 대상으로 삼고있다. 이는 두 가지로 구분되는데 그 하나는 일반아동을 말하고 다른 하나는 요보호 아동을 말한다.

1) 요보호아동

아동복지서비스는 아동의 욕구와 문제를 해결하기 위한 서비스이기 때문에 그 대상도 아동의 욕구와 문제라고 할 수 있다. 아동의 욕구는 소득, 노동, 교육, 보건 등과 같은 기본적인 것과 레크리에이션, 스포츠 참여와 같은 2차적인 것으로 볼 수 있다. 따라서 이러한 욕구가 결핍된 아동이 아동복지서비스의 대상이 된다.

아동 문제는 빈곤·실업과 같은 사회불평등과 결손가정, 빈민촌, 홍등가 등과 같은 사회해체 그리고 비행, 자살, 약물중독, 정신장애와 같은 사회부적응의 문제를 지적할 수 있다. 이러한 욕구가 충족되지 못한 경우에는 일탈아동이 많으며 이러한 아동은 빈곤한 가정의 아동이거나 나쁜 환경의 영향을 받은 경우가 많다. 이러한 욕구와 문제의 아동을 김영모는 다음과 같이 구체적으로 예시하고 있다(김영모, 1984: 13).

(1) 욕구결핍 아동

① 소득욕구: 빈곤아동, 실업아동

② 건강욕구: 영양실조아동, 질병아동, 장애아동

③ 교육욕구: 미취학아동, 재수생, 학교중퇴자

④ 주거욕구: 시설아동, 가출아동, 부랑아동, 무직청소년

⑤ 문화욕구: 문화실조아동, 자폐아동

(2) 사회문제 아동

① 구조적 문제: 빈곤아동, 근로아동

② 해체적 문제: 결손가정 아동, 영세민촌 아동, 기아·가출아동, 학대아동

③ 탈선적 문제: 비행아동, 성격결함아동, 약물남용아동

이러한 욕구결핍과 문제 아동 중에서도 방임·학대, 유기, 질병, 약물남용 아동을 우선적으로 보호하여야 할 것이다. 장인협은 요보호 아동의 대상을 다음과 같이 지적하고 있다.

① 양육환경에 문제가 있는 아동(결손가정의 아동, 학대받는 아동, 유기나 무관심의 대상이 된 아동, 보호·양육이 결핍된 아동)

② 신체적, 정신적, 정서적으로 문제나 장애를 가진 아동

③ 가출아동, 비행아동과 같이 사회적·법적 보호를 요하는 아동,

④ 미혼모와 그 자녀와 같이 특별보호를 요하는 아동,

우리나라에서는 현재 아동복지 영역에서 중요한 문제아동은 기아와 가출부랑아로 지적할 수 있고 이것은 구조적·해체적 문제의 결과인 동시에 이들이 또한 탈선문제를 많이 저지르며 그들은 대부분 욕구결핍 아동이라 볼 수 있다. 한편 아동복지법에 규정된 대상 아동은 앞의

아동기관의 설명에 예시되었기 때문에 그것을 참고하기 바란다.

미국의 경우는 ① 경제적 결핍, ② 아동의 방치·학대 및 착취, ③ 비합법적 부부와 관련된 문제, ④ 정서적·행동적 문제, ⑤ 부모의 질환이 가장 중요한 문제로 나타나 있다(Costin, 1972: 19).

카두신은 아동복지를 주로 부모와 자녀간의 사회적 역할수행에서 찾으려 하였다. 그는 이러한 역할수행이 이루어지지 못할 때 그리고 개인의 역할이 지역사회의 기대에 어긋났을 때 아동복지의 대상이 된다고 하였다. 그 구체적인 예는 다음과 같다(Kadushin, 1980: 9~13). 이러한 것을 보면 아동문제의 원인이 나라에 따라 차이가 있으나 무엇보다도 그 나라의 가정적 배경과 사회적 조건에 따라 큰 차이가 나타난다.

① 부모의 역할이 없는 경우: 부모 사망, 별거, 이혼, 신체적·정신적 질환, 투옥, 비합법성 이민
② 부모의 무능력: 신체적·정신적 또는 정서적 부적절성, 지식 또는 훈련의 결여, 정서적 미성숙(지체), 약물중독, 무지
③ 역할거부: 태만, 자포자기, 신체적 학대, 유기
④ 역할내 갈등, 역할간 갈등
⑤ 아동의 무능력과 장애: 간질, 정서적 결함, 정서적 혼란, 뇌손상
⑥ 지역사회자원의 결함: 부적절한 주택, 실업

2) 일반아동

일반 아동복지서비스란 가정 이외의 특별한 보호를 받지 않고도 생활할 수 있는 아동을 말하며 그 부모도 포함되는 개념이다. 그러나 실제적으로 일반 아동복지서비스라고 할 때는 요보호 아동을 포함한 모든 아동을 위한 사업으로 통용되고 있다. 예컨대 초등학교의 의무교육제도는 요보호 아동과 일반아동을 포함한 모든 아동이 그 대상이 된다.

그런데 기존의 아동복지정책은 교육, 비행, 보호의 필요성에 의한 학생과 요보호 아동을 위한 치료적 서비스가 발달되어 있었고 일반 아동의 건전육성을 위한 정책과 서비스가 없었다.

우리나라의 아동인구(0세~18세 미만)는 2006년에 10,904천명으로 전체 인구의 많은 부분을 차지하는 이들은 국가나 사회가 어떻게 하느냐가 일반 아동복지서비스의 목표라 할 수 있다. 사실 우리나라는 1962년 제1차 경제개발 5개년 계획이 시작되면서 급격한 산업화, 도시화 현상으로 아동들에게도 심각한 사회문제를 안겨 주었다. 즉, 비행이나 문제아동의 발생은 물론이고 가치관의 혼돈 등 복지지향에 장애가 되었다. 그러므로 이러한 문제 아동이 발생되지 않도록 예방 및 치료대책을 적극적으로 강구해야 한다. 이를 위해서 아동들의 신체적, 정신적 그리고 사회적으로 건전하게 육성되도록 하여야 할 것이다. 이는 아동의 건전한 가치관 확립, 아동단체의 육성과 지도자의 양성 그리고 근로 및 농어촌 아동에 대한 대책이 강구되어야 한다.

4. 아동복지의 원리

아동복지의 원리는 ① 권리와 책임, ② 보편성과 선별성, ③ 통합성, 그리고 ④ 전문성의 원리로 이를 살펴보면 다음과 같다.

1) 권리와 책임의 원리

아동의 건전한 성장과 발달을 위해서는 아동, 부모 및 사회의 3자간에 각각의 권리와 책임이 확립되어야 한다. 이 3자는 각기 계속적인 균형유지와 아울러 적절한 상호작용 관계를 유지해야 할 것이다.

(1) 아동의 권리와 책임

모든 아동은 하나의 인간으로서 독자적 권리를 가지고 태어났다는 사실이다. 이들은 마땅히 생존하고 성장하여야 하며 양호나 지도를 받아야하는 미숙한 인간이라는 점에서 이들의 권리가 연유되는 것이다. 이러한 권리는 유엔아동헌장, 아동의 권리에 관한 국제협약과 우리나라의 아동복지법에 반영되어 있다. 그리고 아동은 권리와 함께 책임도 가지고 있다. 그들은 성인의 정당한 기대나 합리적 요망을 받아들이고, 자신의 발전에 도움이 되는 기회를 적극 활용하는 책임의식을 명백히 해야할 것이다(Costin, 1972: 7). 사회는 이들을 비생산적 성원으로 간주할 것이 아니라 마땅히 성인과 같은 권리를 인정해야 하며, 아동 자신들도 자기 책임의식을 망각하고 방종이나 무분별에 빠지는 일이 없어야 할 것이다(김영모·남세진·신섭중, 1982: 163).

(2) 부모의 권리와 책임

아동의 보호육성을 위한 1차적 권리와 책임은 그들의 부모에게 주어지고 있다. 부모는 후견인으로서 권리와 아동의 인격발달에 기여할 수 있는 생활방식과 행동기준을 설정할 권리와 아울러 자녀에 대한 재정적 지원, 신체적 보호, 정서적 보호, 그밖에 광범위한 지도, 감독, 자기발전의 기회를 부여하여야 하는 의무를 감당해야 한다. 이러한 양육책임은 우리나라의 아동 관계법에서 부모와 가정의 책임을 규정하는데서 알 수 있다. 즉, 아동복지법(제 4조 2항)에서는 부모는 아동을 가정안에서 그의 성장기에 맞추어 건강하고 안전하게 양육하여야 한다고 명시하고 있는데서 알 수 있다.

(3) 사회 및 국가의 권리와 책임

사회 및 국가는 사회생활에 필요한 질서유지와 아동의 복지증진을 위한 권리와 책임을 가지고 있다. 국가는 아동들을 보호하기 위해서

단속이나 통제의 권한을 행사하며, 부모를 다스릴 규정을 설정하며, 연소자를 고용하는 기업주에 대해서는 법이나 규정을 부과하며 또는 연소자에게 술, 담배를 팔지 못하도록 제반 규정을 설정할 권리를 가지고 있다. 우리나라의 아동복지법(제 4조)은 '국가와 지방자치단체는 아동의 건강과 복지증진에 노력하여야 하며(1항), 모든 국민은 아동의 권익과 안전을 존중하여야 하며, 아동을 건강하게 양육하여야 한다'(3항) 라고 명시하고 있는데서 알 수 있다.

2) 보편성과 선별성의 원리

아동보호육성 대책에는 보편성과 선택성의 원칙이 함께 적용되어야 한다. 보편성이라 함은 어떠한 조건이나 제한을 두지 않고 모든 아동에게 무차별적 수준에서 보호를 하는 것을 말한다. 이 원칙은 아동복지 접근방법 중에서 특히 정책적 접근의 궁극적 목표라 할 수 있다. 예컨대 아동수당제도, 가족수당, 의무교육 등을 들 수 있다. 선별성이란 보충적이며 열등처우적 요소가 많다. 즉 여러 가지 조건이나 기준에 의해 아동복지사업의 대상을 제한하는 것을 말한다. 부모가 양육능력이 없거나, 양육책임을 다하기 어려운 요보호아동이 그 대상이 된다.

지금까지 아동복지의 대상은 주로 요보호아동이었다. 우리나라는 물론 외국에서도 요보호아동을 우선적 정책 대상으로 간주하는데 점차 일반 아동으로 확대 실시되어야 한다.

3) 통합성의 원리

아동도 하나의 정체성을 띤 인간으로서 그들에게 관련되는 제 측면들이 상호보완되는 가운데서 건전한 성장과 발달을 도모할 수 있는 것이다. 모든 아동에게는 안정된 가정생활, 경제적 안정, 교육, 보건,

노동, 오락 및 사회복지 등에 대한 제도나 정책 및 프로그램이나 서비스가 총체적으로 제공되어야 한다. 어느 한 측면만을 충족한다고 해서 아동의 복지적 목표를 달성할 수는 없는 것이다.

통합성의 원리는 행정조정면에서도 적용되어야 한다. 아동복지 프로그램의 조직이나 운영에서는 여러 부처에서 관여하는데 각기 관련부처가 그들의 소관사항에만 집착하여 부분적 측면의 해결은 가능하겠지만 포괄적 욕구는 충족될 수 없을 것이다. 따라서 아동복지 대책 수립과 아동복지사업 추진은 제반 서비스를 종합적으로 마련하고 제공해야 한다는 것이다.

4) 전문성의 원리

전문성의 원리는 아동복지사업의 성과를 좌우하는 중요한 원리이다. 즉, 아동들의 건전한 성장과 발달을 위해서는 이들을 위한 전문가와 전문기관의 필요성이 절실하다. 왜냐 하면 아동의 문제는 복잡하고 다양하므로 전문적 지식과 기술이 필요하기 때문이다. 종전과 같이 자원지도자(*volunteer leader*) 만으로는 당면 과제들을 다루어 나가기 어렵게 되었다. 아동복지사업을 효율적으로 전개하기 위해서는 사회복지학, 교육학, 심리학, 아동복지학, 기타 아동과 관련되는 학문분야를 전공한 전문인력의 활용이 복지정책에 반영되어야 하며 이밖에 현행 자원지도자들의 체계적 보수교육을 통한 전문직 인력으로 투입되어야 할 것이다.

5. 아동복지사업의 현황

아동복지사업의 일반적 내용은 ① 예방사업과 치료사업, ② 가정보호와 시설보호, ③ 정책적 방법과 전문적 방법, 또는 ④ 제도적 모델과 보완적 모델 등으로 나눌 수 있다(김영모, 1984: 16).

그런데 아동복지사업은 주로 정책적 방법과 전문적 방법에 의해 아동복지사업을 추진하고 있다. 전자의 정책적 방법은 그 주체가 국가 또는 공공기관이며 그 대상은 아동문제가 역사적·사회적 존재형태이고 이것은 사회구조적 산물이라는 것이다. 다시 말하면 아동문제가 사회제도의 결함으로 생성된 것이기 때문에 정부가 정책적으로 해결해야 하는 것으로 이를 위해 복지입법이나 사회보장, 아동수당, 가족정책과 같은 것을 말한다. 반면에 전문적 방법은 그 주체가 민간 또는 개인이며 그 대상은 개인의 부적응이나 욕구불만에 기인한다고 본다. 따라서 환경조건을 개선하여 개인의 퍼스낼리티 개발에 관심이 많고 사회부적응 또는 일탈행위의 원인을 찾아내고 그것을 심리학적으로나 정신의학적으로 원조하는 것이다. 이러한 것은 전문기술을 지닌 전문가(예: 사회복지사)가 그 기능을 수행할 수 있는 것이다(Kadushin, 1980; 표갑수, 2000: 102~104 재인용).

아동복지사업은 카두신의 분류기준에 따라 〈표 8-1〉에서 보듯이 ① 지원서비스, ② 보완서비스, ③ 대리서비스로 나뉘는데, 머리문자를 따서 3S 모델이라고도 한다(Kadushin, 1980: 9~13). 우리나라는 이러한 분류기준에 따라 아동복지사업이 대부분 이루어지고 있다. 이를 살펴보면 다음과 같다.

① 지원서비스(*supportive service*)는 아동의 요구를 해결하기 위하여 가정에서 부모의 능력을 지원·강화하기 위한 서비스이다. 지원서비스는 자기 집에 살고 있는 아동을 위해 제공되고 있으므로 재가보호라고도 말할 수 있다. 지원서비스의 프로그램 종류는 가족치료, 부모교

육(아동학대 부모교육, 미혼부모교육, 장애아동 부모교육 등), 익명부모모임, 개별사회사업서비스, 가족상담사업, 집단상담사업, 지역사회프로그램 등이 있다. 이러한 서비스를 제공하는 기관은 아동상담소, 가정상담소, 가족치료센터, 지역사회 정신건강상담소, 아동보호기관이 있다.

② 보완서비스(*supplementary service*)는 아동이 받을 수 있는 보호를 보완하거나 부모의 보호가 부적절하거나 제한되어 있을 때, 이를 보완

〈표 8-1〉 아동복지서비스의 분류

구분	카두신의 분류	현행 한국의 서비스 내용
지원서비스	① 아동상담 ② 가정상담 ③ 지역사회정신건강상담 ④ 학대・방임아동보호 ⑤ 미혼부모상담	① 아동상담 ② 방임・학대아동보호-기・미아보호 ③ 미혼부모, 한부모를 위한 서비스
보완서비스	① 소득보완사업 -노령, 유가족, 무능력자보험 -요보호아동가족수당 ② 가정조성사업 ③ 탁아사업 -집단탁아 -가정탁아	① 공적 부조사업 -소년소녀가장세대보호 -기타 요보호아동 ② 보육사업 -집단(시설) 보육 -직장보육 -가정보육 ③ 가정봉사원 파견
대리서비스	① 가정위탁보호 ② 입양사업 ③ 시설보호 -긴급보호 -집단가정 -아동시설 -거택보호	① 가정위탁보호 ② 입양사업 ③ 시설보호사업-시설보호(그룹홈, 쉼터) ④ 시설퇴소연장아동 직장주기사업

자료: Kadushin, 1980: 10; 표갑수, "아동복지," 중앙대 사회복지학과 편, 《한국사회보장제도의 재조명》을 저자가 재구성하였음.

하기 위한 서비스이다. 즉, 부모의 사망, 유기, 이혼, 별거 등으로 인해 부모의 역할이 영구적으로 수행되기 어려울 때, 혹은 교도소 수감, 질병, 직업상의 이유 등으로 인해 일시적으로 부모의 역할 수행이 힘들 때 제공될 수 있다.

보완서비스의 방법으로 경제적 지원을 위한 사회보험과 공적부조, 가사조력서비스, 보육사업, 장애아동보호 사업 등이 있다.

③ 대리서비스(*substitute service*)는 부모·자녀관계가 임시적 또는 영구적으로 해체되어 부모의 역할을 전적으로 수행할 수 없어 부모역할의 전부를 제3자가 대신하여 맡는 서비스를 말한다. 즉, 아동을 다른 가정이나 시설에 위탁 보호하는 것으로 가정위탁보호사업과 입양사업 및 시설보호사업이 있다.

〈표 8-1〉에서 보듯이 현행 우리나라에서 실시되는 아동상담사업, 학대·방임아동보호사업, 공적 부조사업 및 가정위탁보호사업, 입양사업, 시설보호사업, 시설퇴소아동자립지원사업을 살펴보면 다음과 같다. 보육사업은 다음 장에서 다루어 질 것이다.

1) 아동상담사업

가족해체, 정서장애, 유기, 아동학대, 가출 등 아동문제의 유형이 다양화되면서 이에 대한 상담과 사회적 지원서비스에 대한 요구가 증가하고 있다. 우리나라에서는 공립 아동상담소 4개소를 비롯하여 전국 39개소의 아동상담소가 설치되어 있고, 전문인력으로서 324명의 아동복지지도원이 시·군·구 단위에 배치되어 있고, 읍·면·동 단위에 지역사회의 인사 중 7천 명의 아동위원을 위촉하여 상담활동을 하고 있으며, 사회복지관이나 아동복지기관에서 상담을 수행하고 있다. 그러나 상담수요에 비하여 상담서비스가 매우 부족하며, 지역별 고른 분포와 다양한 프로그램의 개발, 상담서비스의 질적 향상이 요구되고 있다.

2) 학대, 방임아동보호사업

이는 학대를 받거나 적절한 보호감독을 받을 수 없는 아동을 위한 특수한 아동복지사업으로서 사회단체나 시민의 호소에 의해서 이루어지며, 아동은 클라이언트가 되고 부모는 치료의 초점이 된다. 이 서비스의 목적은 부모에게 더 많은 책임을 지우고, 아동보호를 가로막는 문제를 해결하고, 아동을 재평가할 기회를 제공하여 아동이 유기나 학대에서 벗어나 건전하게 성장 발달하도록 조력하는 효율적 개별지도사업의 서비스이다(Kadushin, 1980: 242~249).

현재 우리나라의 방임·학대아동보호사업은 극단적인 방임의 한 형태인 기아·미아를 대상으로 하는 보호사업만 실시하고 있을 뿐 아동의 성적 학대, 신체적 학대 및 시설에서의 아동학대 등 나머지 보호사업은 거의 이루어지지 않고 있다.

기아·미아 발생률은 2002년 717명에서 2008년에는 353명으로 다소 감소하였다. 기아·미아 발생원인은 ① 미혼모에 의한 사생아, ② 부모사망, 이혼, 별거 등 해체가족 아동, ③ 심신장애아동, ④ 저소득가정 아동 등으로 분류되고 있다. 기아·미아 조치내용은 ① 시설보호, ② 귀가·연고자 인도, ③ 입양·위탁 등으로 나타났다.

정부는 1986년 5월 1일부터 사회복지법인 한국복지재단에 "어린이찾아주기 종합센터"를 설치·위탁·운영하고 있다. 이의 설치목적은 기아·미아 발생예방사업과 어린이 찾아주기 홍보사업 추진 및 기아·미아 발생시 이들을 신속히 가정에 복귀시켜 부모의 고통을 덜어주고 아동의 건전육성을 도모함에 있다. 이를 위해 이 센터에서는 아동명찰달아주기 운동이나 반상회 등을 이용하여 기아·미아 발생 예방사업의 강화, 미아 부모상담과 미아 사진배포 및 광고를 함과 동시에 기·미아와 전국아동복지시설 아동에 대한 신상카드를 작성·비치하여 보호자가 언제든지 연락할 수 있도록 하고 있다.

우리나라 아동학대 실태조사를 보면 다음과 같다.

신체적 학대를 보면 81.5%가 구타당한 경험이 있다고 하며 벽에 머리를 부딪히거나, 목졸림을 당하거나 칼이나 망치 등의 흉기로 위협당하거나 칼로 찔리거나 담뱃불로 지짐을 1년에 1~3회 당했다고 한다(허남순, 1993: 33). 요보호대상 아동인 가출아동의 주요 가출원인은 신체적 학대로 나타났다. 즉, 가출아동을 대상으로 조사한 연구에서 가출아동의 부모로부터 신체적 학대를 받은 경험은 74.9%이었고, 이 중 58.3%는 상처가 남았으며, 가출동기의 36.9%가 부모의 학대, 부모와의 관계 때문이었다(주영희, 1984: 71~133). 또한 다른 조사에 의하면, 소아과 의사 및 가정의 조사에서 응답자(490명)의 46.5%가 구타 아동을 진단한 경험이 있고, 1987년 한해 동안 143명의 의사가 구타 아동을 진단했음을 보고했으며, 심지어 구타 및 학대행위에 의해 사망에 이른 예가 6명인 것으로 보고(안동현·홍강의, 1987: 218~234)하고 있어 그 심각성을 더해주고 있다.

2008년 전국아동보호전문기관(44개소)에 접수된 신고건수는 총 9,570건으로 2007년(9,478건) 대비 1.0% 증가하였으며, 이 가운데 아동학대사례로 판정되어 정부의 보호를 받은 학대피해아동 보호건수는 5,578건으로 2007년(5,581건) 수준을 유지하였다(보건복지가족부, 2009: 171).

2008년 말 현재 아동학대 발생건수는 5,578건으로 그 유형은 방임이 40.1%로 가장 높았으며, 중복학대 34.0%, 정서학대 12.2%, 신체학대 7.6%, 성학대 5.1%, 유기 1.0% 순으로 나타났다.

학대행위자와의 관계는 친부모 84.5%, 타인 7.2%, 조부모 3.5%, 친인척 2.6%, 형제자매 0.4% 등으로 나타났다(보건복지가족부, 〈전국아동학대현황보고서〉, 2008).

3) 미혼모 사업

미혼모 사업은 비합법적 임신을 예방하기 위한 서비스이다. 따라서 출산통제와 피임을 위한 정보와 안내 및 상담사업을 해야하고 미혼모를 위하여 사회치료나 심리치료를 해야한다. 전자는 소득유지, 주택, 출산전 및 조산의료보호, 법적 상담, 직업상담, 교육상담 등이 있고 후자는 비합법적 임신으로 생긴 정서혼란, 갈등 및 긴장을 해결하여 주는 것이다. 그리고 해산후의 아기에 대한 입양여부 및 친권포기 등에 대한 보호대책이 아울러 필요하다.

우리나라의 미혼모 사업은, 미혼모를 위한 정부차원의 직접적 서비스는 없고, 2008년 말 현재 민간주도의 27개소에서 숙박보호시설 및 부녀직업보도 시설을 지원·운영하며 전국에 2,153여 명이 입소하고 있다.

미혼모는 발생 예방사업으로 보건복지부에서는 미혼모 발생 예방사업을 강화하기 위하여 학생 및 학부모, 사업장 근로여성 및 접객업소 종사자, 여성회관 수강생 등에게 성교육을 실시하고 있다. 또한 초·중·고등학교 교과과정에 성윤리 교육을 강화시키는 내용을 첨부시켰으며 지역사회 모든 성원을 대상으로 한 다양한 프로그램 개발 및 성교육 교재를 보급시키고 있다(표갑수, 2000: 341).

그리고 미혼모의 사회복귀를 도모하기 위하여 심리학자, 정신과 의사, 사회복지사 등 관계전문가의 사회심리학적 치료과정을 개발한다. 이를 위해서 개인의 적성을 고려한 새로운 기술과목을 개발하고 지역사회 산업체와 제휴하여 기능인을 양성하며 취업알선을 추진한다. 이 밖에 미혼모의 산전·산후관리, 분만 및 임신중절에 대한 관리를 철저히 하고 있다. 아울러 친권포기시 아동의 국내입양을 적극 추진하고 있다. 그러나 우리나라는 미혼모복지를 위한 별도의 근거법이 없다.

4) 공공부조(소득보완) 사업

아동을 위한 공공부조는 독립적으로 운영되지 않고 국민기초생활보장대상자로 아동도 일부 대상자로 포함되어 있다. 생활보장사업의 제 1차적 대상이 되는 주거급여대상자 중 특히 보호를 필요로 하는 아동은 소년소녀가장세대와 시설수용아동으로 이들의 보호가 아동을 위한 공적 서비스의 핵심이 된다. 그런데 시설수용아동은 시설수용부분에서 다루어지므로 여기서는 소년소녀가장세대 보호지원만을 다룬다.

소년소녀가장 세대는 2008년 12월 말 현재 전국 1,337명의 세대주에 721명의 세대원으로서 총 2,058명에 달하고 있다(보건복지가족부, 2009 a: 238). 이들은 생계보호와 의료보호 및 교육보호 외에 피복비, 영양급식비 및 학용품비, 교통비 등을 지원 받고 있으나 그 수준은 매우 낮다. 따라서 보건복지부에서는 이들은 실질적 지원수준이 최저생계비에도 못 미침을 감안하여 이를 보완하고자 이들과 민간단체, 지역사회 등과의 결연후원사업을 펼쳐 정신적·물질적 지원을 받도록 하고 있다.

5) 가정보호사업

(1) 가정위탁보호사업

이 사업은 자기 가정에서는 일시적으로나 또는 정기적으로 돌볼 수 없는 아동에게 어떤 일정한 기간 동안 주어지는 대리가정보호를 말한다(Kadushin, 1959: 5). 즉, 하루 24시간 내내 친부모가 아닌 다른 부모의 가정에서 대리보호를 받는 여러 종류의 양육을 의미한다.

우리나라의 가정위탁보호사업은 아동복지법 제28조에 근거하여, 우리 사회에서 부득이 발생된 요보호아동을 가능한 한 시설보호를 억제하고 국내의 건전가정에 위탁 대리 양육토록 함으로써 가족적인 분위기 속에서 정서함양과 인격형성으로 건전하게 성장하도록 추진하는 데 목표를 두고 있다.

위탁보호가정의 선정기준은 아동의 연고가정 또는 경제·사회적으로 안정된 25세 이상으로서 위탁아동과의 연령차이가 60세 미만의 일반가정으로 결혼하여 아이를 키워본 경험이 있어야 하며 위탁보호기간은 1년~5년이다. 가정위탁의 유형은 대리양육 가정위탁(친조부모, 외조부모에 의한 양육), 친·인척가정위탁(친조부모, 외조부모를 제외한 친인척에 의한 양육), 일반가정위탁(일반인에 의한 가정위탁)이 있다.

우리나라의 위탁대상 아동은 보호를 필요로 하는 18세 미만 아동으로서 시·군·구에서 부모의 질병, 가출, 실직, 수감, 사망 그 밖의 사유로 인하여 보호가 필요한 아동과 아동학대로 인하여 격리보호가 필요한 아동 등이다.

가정위탁은 건전한 가정에서 보호가 필요한 아동을 일시적으로 보호하는 것으로 그 동안 민간에서 자발적으로 실시하고 있었으나, 가정위탁제도를 활성화하기 위해 정부에서는 위탁가정에게 양육보조금(월 7만원 이상)을 지원하고 있다.

또한 위탁가정 발굴, 부모교육, 위탁아동 및 위탁가정의 조사, 사후관리 등에 있어 시·도를 지원하기 위하여 2003년부터 전국에 17개소의 가정위탁지원센터를 운영하고 있으며, 2004년 7월부터 중앙가정위탁센터를 설치하여 지방의 가정위탁지원센터를 지원하고, 각종 프로그램을 개발·보급하고 있다. 2008년 말 기준 16,454명의 아동을 가정위탁으로 보호하고 있다.

(2) 공동생활가정(그룹홈) 보호

그룹홈은 아동 5~7인으로 가구를 구성하여 가정적인 분위기에서 정서적인 안정과 사회 적응능력을 배양할 수 있도록 하는 보호형태로서 1997년부터 시범사업을 실시하였다. 2008년 말 기준 정부지원 그룹홈은 248세대로서 앞으로 그 대상을 확대해 나갈 계획이다.

정부에서는 그룹홈 시설장 및 보육교사에 대해 인건비와 관리운영비를 지원하고 있으며, 그룹홈 생활 아동들의 경우 기초생활보장 수급자로 선정하여 생계비(주부식비, 피복비)를 지원하고, 퇴소 시 양육시설 퇴소아동과 같은 액수의 자립지원금을 지원하고 있다.

2008년 말 기준 정부지원 그룹홈은 248세대이다(보건복지가족부, 2009 c: 160).

(3) 입양사업

입양(*adoption*)은 생물학적인 과정을 통해서가 아니라 법적·사회적 관계에 의해서 영원한 친자관계를 맺게 하는 것이다(Kadushin, 1980: 465). 즉, 입양이란 친부모로부터 아동의 현재와 미래에 대한 모든 권리와 의무가 소멸되고, 행정적·법적 권한에 의해 혈연관계가 없는 타인에게 양육의 권리와 의무가 이양되는 것을 말한다. 이러한 입양아는 주로 사생아, 기아, 고아, 부모가 입양을 원하는 아동 및 외국아동이 된다.

한편 한국의 입양목적은 입양촉진 및 절차에 관한 특례법(2000년)에 규정되어 있다. 즉, 기아 또는 결손, 결함가정의 아동 중 요보호아동을 시설보호를 억제하고 국내 건전가정에 입양하여 건전하게 양육되도록 하는데 있다. 과거에는 가계(家系)계승을 목적으로 일가친적들 사이에 이루어져 왔으나 오늘날은 사회적 도움이 필요한 요보호아동 즉, 미혼모 아동 중에서 주로 입양을 하고 있다.

현재 우리나라의 입양사업 실적은 국내와 국외입양으로 구분하고 있다. 현재 4개 국내·외 입양기관(대한사회복지회, 홀트아동복지회, 한국사회봉사회, 동방아동복지회)과 시·도별 23개의 국내입양 지정기관 및 시·군·구 아동상담소에서 추진하고 있으며 2008년에는 2,556명(국내 1,306명, 국외 1,250명)이 입양되었다. 국내입양을 활성화하기 위해 1988년부터 입양가정에 대해 소득세 인적 공제혜택을 부여하고 있으며, 25세 이상으로서 양자될 자와의 연령차이가 60세 미만인 자로 확대하였다.

국내입양을 활성화시키기 위하여 입양가정에 대한 지원을 확대해 나가고 있으며, 경제적·제도적 지원의 경우 장애아동을 입양한 가정에 매월 55만 1천 원의 양육보조금과 연간 252만 원의 의료비를 지원하고 있으며, 의료급여법 개정(2003년 2월 9일)을 통해 입양아동에 대해 의료급여 1종 혜택을 제공하고 있다. 또한 13세 미만의 아동을 양육하고 있는 국내 입양가정에 1인당 월 10만 원의 양육수당을 지원하고 있다. 단, 입양아동 양육수당 지원은 "입양촉진 및 절차에 관한 특례법" 상의 입양기관을 통하여 입양된 아동만 해당된다. 또한, 입양도 제2의 출산이라는 사회적 인식개선을 위해 공무원을 대상으로 2주간의 입양휴가제를 실시하고 있으며 향후 민간기업 근로자까지 확대하는 방안을 추진 중이다.

(4) 소년·소녀가정아동보호

부모의 사망, 질병 등 가정의 결함으로 생활이 어려운 18세 미만의 소년·소녀가 가족의 생계를 꾸려가는 세대는 아래 2008년 말 현재 전국에 1,337세대, 2,058명에 이르고 있다. 정부에서는 이들을 국민기초생활보장수급자로 우선 책정하여 생계·의료보호 및 교육보호를 실시하도록 함으로써 가정생활을 영위하면서 학업을 계속할 수 있도록 지원하고 있다.

이외에도 피복비, 영양급식비 및 학용품비·교통비 등을 추가 지원하고 있으며, 지역사회 인사와의 결연을 통해 정서적인 측면에서 생활상의 어려움을 극복하고 자립의욕을 고취할 수 있도록 지원하여 건전한 사회인으로 육성되도록 하고 있다.

6) 시설보호사업

시설보호란 가정에서 양육될 수 없는 아동을 위해서 시설보호를 마련해 주는 사업으로 부모대리서비스에 속한다.

카두신은 시설보호란 아동의 부모가 그 자녀를 양육할 의사나 충분한 능력이 없을 때 타인의 부모역할을 대리하여 일정한 시설에서 일시적 또는 장기적으로 집단 보호하는 사업이라고 말한다(Kadushin, 1980: 583). 과거에는 시설보호사업이 주로 고아를 집단 지도하는 데 1차적 목적이 있었지만 오늘날에는 단순한 수용보호의 차원을 넘어 아동들의 건전한 성장과 인격발달 및 사회적 치료를 목적으로 하여 아동문제를 근본적으로 해결하려고 하고 있다. 시설보호의 목적은 가정에서의 욕구가 제대로 충족될 수 없는 아동들에 대해서 집단보호와 치료를 마련해 주는 데 있다. 즉, 아동은 시설보호를 통해서 기본적인 생리적 욕구를 충족받고 사회화 및 교육 등의 생활전반에 대한 지도를 받게 된다. 나아가 직업훈련을 겸하여 받음으로써 자활능력을 키우는 데 목적이 있다.

우리나라의 아동복지시설은 〈표 8-2〉에서 보듯이 2008년 말 현재 285개소에 17,992명이 수용보호를 받고 있다.

〈표 8-2〉 아동복지시설 수용보호 현황

(2008년 말 현재)

구분	계	양육	직업훈련	보호치료	자립지원	일시보호	종합시설
시설수(개소)	285	242	2	0	12	14	5
수용인원(명)	17,992	16,706	691	477	257	341	142

주: 종합시설은 일시보호시설과 아동상담소를 겸함

자료: 보건복지가족부, 2009a: 242~246.

아동복지시설이 변화하는 국민의 욕구에 부응할 수 있도록 관련제도를 개선하여 아동시설의 보호방법을 종래의 대규모 수용보호의 형태에서 기숙사제도나 그룹홈 형태 등 소규모 가정단위의 보호방식으로 전환하고 종사자 처우도 현실화하여 아동과 보육사를 가정단위로 구성, 보호하는 형태를 취함으로써 시설아동도 일반가정의 아동들과 마찬가지로 가정적인 분위기에서 성장·양육될 수 있도록 하고 있다.

이러한 아동복지시설은 아동복지법 제 16조에 의하면 다음과 같다.

① 아동양육시설

보호를 필요로 하는 아동을 입소시켜 보호, 양육하는 것을 목적으로 하는 시설.

② 아동일시보호시설

보호를 필요로 하는 아동을 일시보호하고 아동에 대한 향후의 양육대책수립 및 보호조치하는 것을 목적으로 하는 시설.

③ 아동보호치료시설

불량행위를 하거나 불량행위를 할 우려가 있는 아동으로서 보호자가 없거나 친권자나 후견인이 입소를 신청한 아동 또는 가정법원, 지방법원 소년부지원에서 보호위탁된 아동을 입소시켜 그들을 선도하여 건전한 사회인으로 육성하는 것을 목적으로 하는 시설.

④ 아동직업훈련시설

아동복지시설에 입소된 만 15세 이상의 아동과 생활이 어려운 가정의 아동에 대하여 자활에 필요한 지식과 기능을 습득시키는 것을 목적으로 하는 시설.

⑤ 자립지원시설

아동복지시설에서 퇴소한 자에게 취업준비기간 또 는 취업후 일정기간 보호함으로써 자립을 지원하는 것을 목적으로 하는 시설.

⑥ 아동단기보호시설

일반가정에 아동을 보호하기 곤란한 일시적 사정이 있는 경우 아동을 단기간 보호하며 가정의 복지에 필요한 지원 조치를 하는 것을 목적으로 하는 시설.

⑦ 아동상담소

아동과 그 가족의 문제에 관한 상담, 치료, 예방 및 연구 등을 목적으로 하는 시설.

⑧ 아동전용시설

어린이공원, 어린이놀이터, 아동회관, 체육, 연극, 영화, 과학실험 전시시설, 아동휴게숙박시설, 야영장 등 아동에게 건전한 놀이·오락 기타 각종편의를 제공하여 심신의 건강유지와 복지증진에 필요한 서비스를 제공하는 것을 목적으로 하는 시설.

⑨ 아동복지관

지역사회 아동의 건전육성을 위하여 심신의 건강유지와 복지증진에 필요한 서비스를 제공하는 것을 목적으로 하는 시설.

⑩ 공동생활가정

보호를 필요로 하는 아동에게 가정과 같은 주거여건과 보호를 제공하는 것을 목적으로 하는 시설.

⑪ 지역아동센터

지역사회 아동의 보호·교육, 건전한 놀이와 오락의 제공, 보호자와 지역사회의 연계 등 아동의 건전육성을 위하여 종합적인 아동복지서비스를 제공하는 시설.

또한, 아동복지시설은 각 시설의 고유업무 외에도 다음 각 호의 사업을 실시할 수 있도록 되어 있다.

① 아동가정지원사업

지역사회아동의 건전한 발달을 위하여 아동, 가정, 지역주민에게 상담, 조언 및 정보를 제공해 주는 사업.

② 아동주간보호사업

부득이한 사유로 가정에서 낮 동안 보호를 받을 수 없는 아동을 대상으로 개별적인 보호와 교육을 통해서 아동의 건전한 성장을 도모하는 사업.

③ 아동전문상담사업

학교부적응아동 등을 대상으로 올바른 인격형 성을 위한 상담, 치료 및 학교폭력예방을 실시하는 사업.

④ 학대아동보호사업

학대아동의 발견, 보호, 치료 및 아동학대의예방 등을 전문적으로 실시하는 사업.

⑤ 공동생활가정사업

보호를 필요로 하는 아동에게 가정과 같은 주거 여건과 보호를 제공하는 것을 목적으로 하는 사업.

⑥ 방과후 아동지도사업

저소득층 아동을 대상으로 방과후 개별적 인 보호와 교육을 통하여 건전한 인격형성을 목적으로 하는 사업.

7) 시설퇴소아동의 자립지원사업

아동복지시설 아동은 18세가 되면 시설에서 퇴소하게 되나, 대학 이하 재학, 직업훈련시설 등의 교육훈련을 받는 경우 연장보호를 받을 수 있다.

취업준비 또는 취업 후 일정기간 보호를 위한 자립지원시설(자립생활관)을 통해 주거를 제공하고 있는데, 이용기간은 25세까지로 최장 5년까지 연장할 수 있다. 또한 퇴소 및 연장아동에 대하여는 직업훈련시설에서 기술교육을 받을 수 있도록 하며, 시설 퇴소 시에는 침구나 취사도구 등을 구입할 수 있도록 일정액의 시설아동 자립정착금을 지원하고 있으며 점차 확대해 나갈 예정이다.

시설보호아동의 사회적응 강화계획의 일환으로 군부대입소, 자연탐방 등 자립지원 프로그램을 실시하고 있으며 전국 16개 아동복지 자립지원센터에서는 퇴소연장아를 대상으로 취업지도, 직업교육, 상담 등의 서비스를 제공하고 있다.

앞으로 자립생활관, 아동복지 자립지원센터 등을 전국적으로 확대하고 그 기능을 활성화하여 시설퇴소아동이 사회에 잘 적응할 수 있도록 하고 적극적으로 지원할 계획을 하고 있다.

8) 일반아동을 위한 복지사업

아동애호사상을 고취시키기 위해 국가 및 국제사회가 이해와 협력을 통하여 벌이는 여러 가지 이념적 활동이 있다. 예컨대 어린이날, 어린이 헌장, 청소년의 달을 제정하고 국제연합이 아동의 복리증진을 위해 선포한 '세계아동의 해' 등이 이에 포함된다.

아동의 문화적 욕구를 충족시키고 건전하게 성장토록 설치한 문화시설로 어린이공원, 어린이놀이터, 도서관, 체육관, 과학관 등이 있다. 아동복지 증진을 위한 활동근거를 마련해 주기 위한 각종 입법활동이 있다. 그리고 아동복지사업 중 아동보육사업이 포함되는데 이 부분은 영유아보육법에 의해 추진되고 있다. 이 사업은 다음의 장에서 살펴보기로 하겠다.

6. 아동복지의 과제

첫째, 아동복지사업이 안고 있는 문제점으로 현존 아동복지법과 아동복지시설이 존재함으로서 오히려 문제아동을 만든다는 것이다. 그래서 아직도 시설수용보호의 치료사업이 핵심이 되어 있고 국내 입양사업이 활성화되지 못하며 시설 아동의 퇴소 후 사회 적응력이 약하다는 것이다. 따라서 아동복지의 가장 중요한 대상인 기아·가출아 등의 예방사업이 1차적 관심이 되어야 하겠고 이러한 예방사업은 기아가 주로 발생되는 결손가정, 빈곤가정에 대한 지원사업, 특히 모자복지사업이 활성화되어야 한다. 그리고 일단 발생된 기아·가출부랑아에 대한 전문적 상담·분류·조치를 할 수 있는 아동상담소의 기능을 특히 조치권을 활성화시키고 전문시설을 개발하여야 될 것이다.

둘째, 기존의 영아원, 육아원 등 시설의 경우 6·25 전쟁 이후 설정된 시설이 있을 뿐 아니라 현재 버려지는 아이, 학대받는 아이, 가출아이 등 새로운 형태로 등장하는 다양한 보호를 요구하는 아동들에 대한 지원이 전문적이고 체계적으로 이루어지지 않고 구태의연한 방식으로 전개되고 있다. 특히 학대아동에 대한 프로텍티브(*protective*) 서비스의 법적 장치가 요구된다.

셋째, 국내 입양의 어려움과 불우아동의 가정위탁 보호사업이 잘 이루어지지 않고 있다. 특히 해외입양이 대폭 축소되는데 따른 법적 제도마련과 서비스 대책이 시급히 강구되어야 할 것이다.

넷째, 요보호아동 중심에서 일반아동의 건전육성방안도 더욱더 강구해야 할 것이다.

다섯째, 전문적 서비스를 제공할 수 있는 전문상담원(예: 임상심리상담원, 사회사업가) 등이 확보되지 않아 상담, 조사, 감별, 심리검사 및 사후지도 등이 전문성이 결여되어 있다. 이에 따라 아동의 요구수준에 적합한 전문적 서비스 제공이 거의 불가능하므로 이의 충원이 필요하다.

제9장

영유아보육

1. 영유아보육의 개념

1969년 미국 아동복지국에 의한 정의를 보면, 아동복지의 측면에서의 탁아사업은 아동의 최적의 발달에 필요한 매일의 보호와 보건지도 및 발육상의 지식을 보충하는데 목적이 있고, 아울러 탁아사업은 육체적, 정서적, 지적 및 사회발달을 위하여 아동의 잠재성을 조장하는 발육상의 서비스에 초점을 두어야만 한다(Kadushin, 1980: 267)고 되어 있다. 1953년 미국 노동부의 부녀국은 "탁아소는 부모가 고용, 병자 및 다른 이유로 아동들을 적절히 보호할 수 없어 하루중의 일정시간 동안 부모의 보충적 보호로 집단보호나 지도를 주는 1차적 기능"(Kadushin, 1980: 267)이라고 하였다.

한편 우리나라의 보육사업은 종전의 탁아사업을 의미하는데 영유아보육법은 "영유아의 심신을 보호하고 건전하게 교육하여 건강한 사회구성원으로 육성함과 아울러 보호자의 경제적·사회적 활동이 원활하게 이루어지도록 함으로써 가정복지증진에 이바지함을 목적으로 한다"라고 규정되어 있다. 이는 종전의 탁아사업이 보호에 중점을 두었지만 영유아보육법에 의한 보육사업은 보호와 교육 모두에 중점을 두고 있음을 알 수 있다.

이상의 정의를 분석하면 보육사업이란 종래의 보호적 성격을 벗어나 가정의 사정에 의하여 양육상 결함이 있는 아동을 보충적 역할로 건전한 시민으로 성장케 하는 사회복지사업이라고 할 수 있다. 분명한 것은 영유아보육은 보호가 1차적이고 교육은 부차적이라는 것이다.

2. 영유아보육정책의 연혁

보육사업은 어느 나라에서든 18~19세기 자본주의 사회에서 시작되었다. 먼저 외국의 역사를 보면 1767년 스위스의 오버린(Oberlin) 목사가 근로여성의 어린이를 보호하기 위한 편물학교 또는 탁아소를 설립하였는데 이것이 탁아사업의 효시가 되었다고 한다(Kadushin, 1980: 269). 그 후 영국에서 사회운동가인 오웬(Owen)이 1816년에 산업혁명으로 야기된 사회적 혼란기에 자기가 경영하는 회사의 직공 자녀를 보호할 필요성에 의해 탁아사업을 실시하였다(Kadushin, 1980: 269).

한편 우리나라는 1941년 조선사회사업협회가 발행한 자료에 의하면 1926년 부산 공생탁아소와 대구 탁아소의 2개 시설로 시작하여 1939년 말 전국에 11개소의 공·사립 탁아소에 435명의 어린이가 탁아를 받았다. 그 후 1961년 아동복리법에 의거 탁아사업을 실시하여 1968년 '미인가 탁아시설임시조치령'을 공포하여 기아 및 부랑아 발생예방을 위해 이 사업을 권장했고, 그 명칭도 탁아소에서 어린이집으로 개칭했다. 그러다가 탁아소의 난립에 따른 질 저하가 우려되어 1977년에 '미인가 탁아시설 임시조치령'을 폐지하여 탁아시설의 법인화를 권장하였다. 1981년도에는 '아동복리법'이 '아동복지법'으로 전문 개정되었고, 내무부에서 법적 근거도 없는 새마을 협동유아원을 설치·운영하였다. 1982년

'아동복지법'과 '아동복지법 시행령'에서 탁아시설 관련 부분을 삭제하여 탁아사업업무를 내무부로 이관하여 어린이집(보건사회부) 691개소, 농번기 탁아소(농촌진흥청) 382개소, 새마을협동유아원(내무부) 263개소 및 민간유아원 38개소를 통합하여 총 1,374개소가 유아교육진흥법(1982.12.31)에 의해 새마을유아원으로 명칭이 변경 운영되었다.

1987년 12월 4일 남녀고용평등법에 의한 직장탁아제가 도입되었고, 1989년 9월 19일 아동복지법 시행령에 탁아사업 실시근거가 부활되어 보호자가 근로, 질병 기타 사정으로 인하여 아동을 보육하기 어려운 경우에 위탁을 받아 아동을 보육할 수 있게 되었다.

1991년 1월 14일에 유아교육의 필요성에 따라 1970년대의 탁아사업과 1980년대의 유아교육을 통합한 '영유아보육법'에 의한 보육사업이 실시되었다. 보육사업의 주무부처를 보건복지부로 일원화했고, '탁아'라는 용어를 '보육'으로 대치하여 사용하게 되었다. 그러나 이후 보육업무는 2004년 여성가족부로 이관되었다가, 2008년 보건복지가족부로 다시 이관되는 과정을 겪게 되었으며, 그 과정에서 보육시설과 서비스의 양적 성장을 이루는 성과를 거두기도 했다.

단적인 예로, 2009년 현재 보육예산(국비)은 1조 7천 억 규모로 2004년 대비 4.22배가 증가하였다. 또한 보육교사 국가자격제도 도입, 평가인증제 실시, 영아기본보조금 도입, 차등보육료 확대 등 보육에 대한 국가의 역할을 강화하는 방향으로 정책이 추진되어 왔으며, 2006년 '새싹플랜'과 '새로마지플랜'을 통해 구체화되었으며 2009년에는 '아이와 부모가 행복한 세상'을 만들기 위해 확정한 새정부 중장기 보육계획 '아이사랑플랜 2009~2012'는 영유아의 건강한 성장발달을 최우선시하며 보육에 대한 국가책임을 강화와 신뢰를 토대로 정책 수립·추진을 목표로 부모, 어린이집, 정부가 함께하는 미래투자전략을 발표 시행하고 있다(보건복지가족부, 2009f).

3. 영유아보육사업의 종류 및 기능

1) 보육사업의 종류

(1) 특성별 종류

① 영아전담보육시설

부모 모두 직장에 나가거나 그 외 다른 이유로 주간에 영아의 양육이 불가능할 때 영아를 집단 보육하는 시설로서 2세 미만의 아동이 그 대상이 된다. 우리나라는 영아만을 전담하는 영아보육시설과 보육시설 내에 영아반을 별도로 운영하는 시설도 있다.

② 집단보육시설

집단생활이 가능한 0세 이상의 아동을 보육하는 것으로 우리나라는 대부분의 보육시설이 이에 해당된다.

③ 직장보육시설

전매청, 방직회사, 전화국 및 과학기술처 등 부녀노동이 주가 되는 기업에서 건물을 할애하여 기업 또는 조합부인회가 운영하는 시설을 말한다.

④ 가정보육시설

2세 미만의 아동을 대상으로 5~20명 정도의 아동을 한 가정에서 맡아 보호하는 시설이다(Kadushin, 1980: 306).

⑤ 계절보육시설

한정된 계절동안에 지역의 필요에 따라 장소를 이동하거나 학교교실, 교회, 부락회관 등 일정한 장소에 집합시켜 집단 보호하는 것으로서 우리나라에서는 종전의 농번기나 성수기에 실시하는 농번기 상설(임시) 보육시설을 말한다.

⑥ 특수보육시설

심신장애아동을 위하여 특수시설에서 전문적 특수교육을 받은 교사에 의해 운영되는 시설이다.

⑦ 24시간 보육시설

보육대상 부모가 시간에 구애받지 않고 언제라도 보육이 필요한 시간에 수탁하는 것으로 이에는 4가지 유형이 있다. 즉, 시간제(하루 2~3시간 정도), 12시간 보육제(12시간의 종일제를 원칙), 야간보육제(19시 30분~07시 30분까지), 휴일제 그리고 주보육제(일주일에 한두 번 정도 귀가)가 있다.

(2) 설립주체별 분류

① 국·공립보육시설

이 시설은 국가 또는 지방자치단체가 설치·운영하는 시설로서 저소득층 밀집지역이나 농어촌 등 취약지역에 우선적으로 설치하도록 하고 있다. 명칭은 어린이집이며 규모는 영유아 11인 이상이어야 한다.

② 법인보육시설 및 민간보육시설

이 시설은 법인, 단체 또는 개인이 설치·운영하는 시설로써 직장보육시설 또는 가정보육시설이 아닌 시설을 말한다. 시장·군수 또는 구청장의 설치인가를 받아야 한다. 명칭은 어린이집이며 규모는 21인 이상이어야 한다.

③ 직장보육시설

이 시설은 고용주가 피고용인의 자녀양육을 지원하기 위하여 설치·운영하는 시설로서 상시 여성근로자 300인 또는 근로자 500인 이상을 고용하고 있는 사업장의 사업주는 시장·군수 또는 구청장의 설치인가를 받아 설치해야 한다. 명칭은 어린이집이며 규모는 유아 5인 이상이어야 한다.

④ 가정보육시설

가정보육시설은 개인이 가정 또는 그에 준하는 곳에서 설치·운영하는 소규모의 시설로서 시장·군수 또는 구청장에게 설치인가를 받아

〈표 9-1〉 보육시설 종류

<table>
<tr><th>구분</th><th>명칭</th><th>설립주체</th><th>설치방법</th><th>규모</th></tr>
<tr><td>국·공립보육시설</td><td rowspan="5">어린이집</td><td>국가,
지방자치단체</td><td>심의</td><td>영유아 11인 이상</td></tr>
<tr><td>법인보육시설
민간보육시설</td><td>법인, 단체, 개인</td><td rowspan="4">인가</td><td>영유아 21인 이상</td></tr>
<tr><td>직장보육시설</td><td>사업장의 사업주</td><td>영유아 5인 이상</td></tr>
<tr><td>가정보육시설</td><td>개인</td><td>영유아 5~20인
이하</td></tr>
<tr><td>부모협동보육시설</td><td>보호자 15인
이상의 조합</td><td>영유아 11인 이상</td></tr>
</table>

자료: 보건복지가족부, 2009e.

설치할 수 있다. 명칭은 '어린이집'이며 규모는 영유아 5인 이상 20인 이하로 되어 있다.

⑤ 부모협동보육시설

부모협동보육시설은 보호자 15인 이상이 조합을 결성하여 설치·운영하는 시설로서 시장·군수 또는 구청장에게 설치인가를 받아 설치할 수 있다. 명칭은 '어린이집'이며 규모는 영유아 11인 이상으로 되어 있으며, 가정보육시설이 설치된 곳에도 설치할 수 있다.

2) 보육사업의 기능

(1) 사회복지적 측면에서의 예방적 기능

보육사업은 사회발전이나 경제발전의 역기능 현상으로 나타나는 부정적 요소들에 대한 보다 적극적이고 예방적인 기능을 한다. 지금까지의 아동복지사업은 사후대책적 기능이 주가 되어 왔다. 이러한 기능만으로는 현재의 산업화, 도시화에 수반하여 발생하는 근본적 사회변화에 적절히 대처할 수 없다. 보육사업은 "치료보다는 예방"의 차원 즉, 지육(知育), 체육(體育), 덕육(德育)이 겸비된 보다 나은 인격형성을 위해 아동에게 심신발달에 위험을 주는 경제적·사회적·심리적 기타 환경적인 장애로부터 보호하고 그들의 건전한 발육을 위하여 모든 가능한 시설과 기회를 제공하는 기능을 가지고 있다(표갑수, 1984: 87). 특히 저소득 영세집단의 아동을 위해서 사회보장적 측면에서 보상적 기능은 강화되어야 하며, 공적 보육사업이 더욱 활성화되어 이들의 건전 발육이 도모되어야 한다(이명홍, 1980: 74).

(2) 보호기능

보육사업의 일차적 기능은 보호의 기능이 그 핵심적 기능으로 이는 유아교육을 일차적 기능으로 하는 반일제 유치원과는 그 목적에 차이가 있다. 즉, 1일 중 1/2에 해당하는 12시간 또는 그 이상을 보내는 곳으로, 보호자가 아동을 양육하기에 부적당한 경우(결손가정, 보호자의 노동, 질병, 인격결함), 보호자가 아동을 양육할 수 있으나 아동이 결함이 있는 경우(아동의 심신장애 등), 가정에 결함이 있는 경우(같은 집안에 영아가 4인 이상 있을 때 주택전체를 가내공업 등으로 인하여 사업장으로 활용하고 있는 경우)와 거주지역의 환경이 아동의 양육에 부적당한 경우(놀이 시설이 없고, 주민의 문화적 수준이 낮은 지역, 불건전한 영업장소)등 일 때 보호를 한다.

이 때 가정에서 제공되는 기본적 안정감, 대리모로서의 위험물에서의 보호, 건강관리, 영양공급, 적당한 성장기회의 제공 등 보호, 감독, 자극 등이 성인과의 계속적 관계 내에서 주어지게 된다. 이는 대리모와 따뜻한 인간적 관계에서 얻어지며 육체적 보호뿐만 아니라 정서적·사회적 발달에 중추적 역할을 하게 된다.

(3) 교육적 기능

보육사업은 보호자가 안심하고 노동에 종사하게 되고, 질병이 있는 부모에게 요양을 전념할 수 있게 보호하고, 아동을 단순히 돌보는 집합장소로만 그치지 않고, 아동복지의 이념에 따라 의도적이며 조직적으로 그 발달에 필요한 바람직한 경험이나 활동을 계획하고, 아동의 지적·정서적 그리고 신체적 발달을 촉진시켜 주는 교육적 프로그램을 강화 내지 병행하는 등 보호와 교육의 복합적 의미로 요즈음 변화하고 있다. 특히 이러한 기능의 변화는 미국의 경우로 미국에선 이미 1920년대 보호에만 힘쓰던 보육사업이 교육적 측면에도 크게 관심을 갖기 시작했다(Kadushin, 1980: 267). 물론 우리나라도 1991년 영유아보육법을 제정하여 과거의 보호중심에서 교육을 병행하여 보육프로그램을 운영하고 있다.

따라서 아동에게 최대의 교육적 기회가 주어질 수 있도록 계획되어야 한다. 특히 외국의 연구에 의하면, 부룬(Bloon)과 그의 동료들은 인간의 지능이 그 최대의 성장을 성취하는 연령이 대개 17세로 보아 이 연령을 준거연령으로 보았을 때 0세~5세 사이에 약 50.0%가 발달하고, 5세~8세 사이가 30.0%, 8~17세 사이는 20.0%가 발달한다고 하여 유아기의 교육의 중요성을 뒷받침하고 있다. 그 외 일본, 이스라엘, 러시아, 핀란드 등에서도 교육을 병행하여 보육사업을 실시하고 있다.

(4) 가정의 지원 및 보상기능

보육사업은 아동이 원해서라기보다는 부모의 필요에 의해서 대리인으로서의 역할이 요구되는 서비스로 가능한 한 모가 자신이 원래의 기능을 회복함으로 아동에게 최선의 보호가 가정에서 이루어질 수 있도록 아동복지적 측면에서도 도움이 동원되어야 한다. 즉, 상담(가족과 부모·자녀관계에 긴장상태 일 때 등)과 지역사회의 자원을 동원하여 공급함으로써 그 기능을 할 수 있다.

(5) 아동의 욕구에 맞는 프로그램 개발의 기능

보육사업의 대상은 정상아동뿐만 아니라 정서장애아, 심신장애아, 행동장애아 등 특수한 문제를 지닌 계층에서도 도움이 되어야 하며 획일적 프로그램의 제공보다는 이들 개개인의 욕구에 맞는 프로그램이 보충적으로 주어져야 한다. 현재 미국의 몇몇 주에서는 정신장애, 신체장애 및 정서장애 아동에게만 보육프로그램을 제공하는 곳도 있다.

(6) 지역사회의 효율적 조직기능

지역사회의 복지향상은 모든 주민들의 자발적 참여와 협동성을 전제로 경제적, 사회적 발전을 추구하는데 있다. 보육사업은 아동을 매개로 하여 협동·단결하는 장으로써 그 역할을 다하며 이를 기초로 지역주민의 소득수준을 향상시키는 것은 물론 사회개발을 촉진하여 사회연대성의 개발, 사회적 목표의 개발, 산업육성의 개발을 증대시키는 기능을 가질 수 있다. 이러한 점에서 보육사업은 지역사회조직의 효율적 조직화로 지역사회주민과 밀착이 되어 그 지역을 소단위로 단결시키는 매개역할을 한다. 그 외에 보육사업의 기능은 가정의 육아상담과 조언, 부모상호간의 육아방법의 교류, 교육자의 부모회와 자모회 등에 대한 교육자의 사회교육의 기능과 저소득층의 건강증진 기능도 가지고 있다. 또한 결핍환경의 아동을 위한 보상적 조기교육기능, 건전한 신체적·정서적 성장발달을 돕는 좋은 집단경험장으로의 기능 및 아동과 가족을 위한 상담서비스의 기능 등을 들 수 있다.

4. 영유아보육사업의 현황

1) 보육수요 추계

우리나라의 보육대상아동을 추계하면, 저출산에 따른 아동수 감소에도 불구하고 여성경제활동 증가 등으로 인해 보육아동수가 2008년 105만 명에서 2012년에는 124만 명으로 증가할 것이다(보건복지가족부, 2009: 14).

2) 보육시설 및 보육아동

2008년 12월말 현재 전체 보육시설 33,499개소 중 국공립 5.5%, 법인 및 법인외 7.3%(법인 4.4%, 법인외 2.9%)이며, 민간보육시설은 87.2%(개인 39.7%, 부모협동 0.2%, 가정보육 46.8%, 직장 1.0%)로 우리나라 보육현장이 민간에 의존한 사보육의 대표적 국가이다. 한편 보육아동은 국공립 10.9%, 법인 및 법인외 14.7%(법인 10%, 법인외 4.7%)이며 민간보육시설은 74.4%(개인 54.3%, 부모협동 0.1%, 가정보육 18.5%, 직장 1.5%)이다(보건복지가족부, 2009).

이와 같이 우리나라는 영유아보육사업이 사보육 중심으로 이루어져 공보육을 중심으로 하는 보육선진국에 비해 국공립보육시설의 보육율이 현저히 낮은 실정이다. 보육선진국의 국공립보육시설 3~6세 보육율은 프랑스 99%, 스웨덴 72%, 덴마크 82%, 이탈리아 91%, 영국 60%, 일본 55.8%와 비추어 볼 때 우리에게 시사하는 바가 크다.

3) 보육사업 추진방향

정부의 보육정책은 보육시설 중심의 지원방식에서 벗어나 영유아·

부모 등 수요자 중심으로 개편하여 보다 많은 국민이 양질의 보육서비스를 더 적은 부담으로 받을 수 있도록 해 나갈 것이다.

이를 위한 방안으로 우선 보육료 지원을 단계적으로 확대하고, 보육시설을 이용하지 않는 영아부모에게 양육수당을 지급하는 등 부모의 양육부담을 줄여 나갈 예정이다. 또 한부모의 정책체감도를 높이고, 보육시설과 지방자치단체의 행정업무를 줄이기 위해서 정부가 지원하는 보육료를 시설에 지급하는 대신, 전자바우처 방식으로 부모에게 직접 지원하는 방식으로 개편하였다.

정부는 이를 위해 2008년 12월 19일 영유아보육법을 개정하여 양육수당과 전자바우처를 도입할 수 있는 근거를 마련하였고, 전자바우처를 도입하기 위한 전산시스템과 시범사업을 거쳐 2009년부터 시행하고 있다.

아울러, 저소득층 밀집지역, 농산어촌 등 민간이 보육시설을 기피하는 지역에 국공립시설을 단계적으로 확충하고, 최근 새롭게 대두되고 있는 다문화 가정 영유아 보육문제 등에도 적극 대응해 나갈 계획이다.

이와 같이, 정부의 철학을 담아, 지속적으로 증가해 가는 보육수요를 충족해 나갈 수 있도록 질 좋고 저렴한 보육서비스를 확충하는 한편, 보육시설을 이용하는 영유아뿐 아니라 가정에서 양육되는 영유아들이 건강하게 성장 발달될 수 있도록 지원을 강화해 나갈 것이다.

5. 영유아보육의 과제

최근 영유아보육사업이 발전적 측면에서 다양한 관련법 정비, 제도 확립이 되고 있지만 몇 가지 과제를 살펴보기로 한다.

첫째, 현대국가의 보육이념을 UN의 아동권리협약에 의하여 모든 아동이 양육받을 권리를 국가가 보장하는 것이어야 한다. 보육선진국은 이 이념을 실현하기 위해 지속적으로 노력해온 국가들이다. 따라서 우리나라도 국가의 영유아 양육의무를 수용하는 보육제도를 정착시켜야 할 것이다.

둘째, 영유아보육법 21조 비용부담에서 '보육에 필요한 비용은 보호자가 부담하는 것을 원칙으로 한다. 다만, 국민기초생활보장법에 의한 수급자와 보건복지부령이 정하는 저소득층 자녀의 보육에 필요한 비용은 국가 또는 지방자치단체가 그 전부 또는 일부를 부담해야 한다'로 되어 있어 저소득층자녀가 아닌 일반아동은 보육료의 정부지원이 아예 차단되어 있다. 따라서 일반아동의 보육료를 지원하는 규정이 신설되어야 한다.

셋째, 보편주의의 실현에는 공공보육시설의 확충이 우선되어야 한다. 현재 공공보육시설은 12.8%(국공립 5.5%, 법인 및 법인외 7.3%)로 민간보육시설이 대부분이다. 그렇지만 보육시설의 과잉공급으로 정원미달 사태가 빚어지고 있는 점을 감안하여 보육시설이 설치되지 않은 지역을 중심으로 설치하면 될 것이다. 또한 특수보육시설(영유아전담, 장애아 24시간 보육시설 등)을 국·공립 보육시설로 설치해야 한다. 아울러 점진적으로 민간 보육시설의 국가매입으로 국·공립화하거나, 비영리보육법인화로 공공보육시설 확충의 방안도 고려해 볼 수 있을 것이다.

넷째, 저소득층 자녀만을 무료 또는 일부를 정부가 지원하도록 되어 있는 조항을 일반아동까지 부모 소득별로 차등화하여 확대 적용하여야 한다. 우리나라는 연간운영비 총액 중 보육비용 부모의 분담률이 2009년의 경우 51%(보육선진국 11%~20% 정도)로 영세민과 저소득층을 제외하면 수익자 부담원칙이 철저히 이루어지는 사보육의 전형적인 나라이다. 따라서 정부지원 보육시설(국·공립, 법인)을 우선적으로 인건비와 시설운영비를 공공재원으로 충당하여 보육비의 부모분담률을 대폭 줄여야 한다.

다섯째, 아동의 권리차원에서도 국가는 보육의 욕구가 있다면 지역에 제한받지 않고 보육시설에 입소되어야 한다. 따라서 보육시설의 수급불균형으로 보육시설이 설치되어 있지 않는 읍·면·동 498개소에 보육시설의 설치가 요구된다.

여섯째, 공보육을 위해서는 보육재정을 현 GDP 0.4%에서 1%로 확대하여야 한다. 보육예산은 유럽보육위원회에서 OECD 수준인 GDP 대비 1%의 투자를 권장하고 있다(유희정, 2008: 18).

일곱째, 정부의 보육예산 지원방법을 지방자치단체의 재정자립도에 따른 '지역별 차등지원'으로 해야 한다.

보육예산의 지방비 부담이 서울을 제외한 전 지역이 동일한 것은 지방자치단체의 재정능력을 고려하지 않는 불평등한 분담체계이다.

이 때문에 재정자립도가 낮은 지방일수록 보육에 대한 서비스는 열악하고 빈익빈 부익부 현상의 악순환이 반복된다(표갑수, 2004: 28). 지방자치단체 재정자립도는 2008년 현재 경기 75.9%인 반면에 전남 19.4%로 엄청난 차이를 보이고 있어 동일한 지원은 문제가 있다. 따라서 지방자치단체의 재정자립도에 따라 인건비, 시설보강기 등의 정부재정지원을 차등지원해야 한다.

여덟째, 선진국의 보육이론과 제도의 비판적 수용 그리고 창의적 제도와 프로그램을 개발하여야 한다. 왜냐하면 우리나라는 아직도 선진화된 아동복지 차원의 보육이 이루어지지 못하고 있기 때문이다. 이러한 이유는 여러 가지가 있겠지만 무엇보다도 보육에 대한 투철한 사명감과 이론적 힘이 없기 때문이 아닌가 한다. 그렇기 때문에 보육에 종사하는 사람은 무엇보다도 아동복지에 대한 올바른 이념과 이론에 관하여 무장이 되어야 할 것이다. 현재 우리나라의 아동보육은 아동복지의 핵심적 위치를 차지하고 있지만 구태의연한 비전문적 성격을 띠고 있다. 따라서 선진보육이 되기 위해서는 현재의 보육정책이 보편주의적 복지모델과 사회보장의 기본원리에 의하여 개혁되어야 할 것이다.

아홉째, 보육교사의 전문성이 요구된다. 1년 과정의 77개소 보육교사교육원에서 매년 18,000명 이상의 3급 보육교사가 배출되고 있어 전문성 확보에 문제가 있다. 보육교사 학력이 4년제 대학 졸업 이상일 때 보육교사의 전문성 수준이 높았다는 연구결과가 있었다. 따라서 대학부설 보육교사교육원의 기능을 보수교육기관으로 전환(민간교육원 폐지)하고 이에 따라 보육교사자격증 종류 중 3급을 폐지하여야 한다.

열 번째, 보육서비스 관리체계 강화가 이루어져야 한다. 이를 위해서 보육시설 평가인증시스템의 중앙과 지방정부의 역할분담이 요구된다. 중앙정부에서는 평가인증의 총괄진행 및 평가지표 수정·개발을 맡고 지방정부에서는 보육정보센터가 중심기구가 되어 시설의 참여단체와 자체점검, 인증서 수여 및 관리, 시설사후관리 등을 담당할 수 있을 것이다. 아울러 조력활성화를 위하여 보육정보센터의 인력보강 및 예산지원이 요구된다.

열한 번째, 아이사랑카드[1] (전자바우처)의 효율적 운용이 이루어져야 한다.

2009년 9월부터 아이사랑카드(전자바우처) 도입은 재정운용의 투명성 향상과 학부모의 보육시설 선택권으로 공급자간 경쟁메커니즘이 점차 형성되어 보육시설서비스 수준 향상과 지자체의 정부지원 보육료 관련 과다한 행정업무의 개선이 가능하다. 이미 스웨덴, 핀란드 등 보육선진국에서 도입 실시되고 있다.

그러나 선행국가를 볼 때 바우처 매매 사례, 보육시설과 부모가 연합하여 바우처 이익 분배로 재정 누수 문제, 일정수준의 품질유지 이유로 추가비용요구 문제, 이용시설유형(국공립, 법인, 민간 등)에 따른 정부지원금 및 지원방식이 달라 영유아 1인당 비용 산출문제, 거동이

---

1) 아이사랑카드는 어린이집에 직접 지원하던 정부지원 보육료를 부모, 보육시설 간 소통을 증진시키고 행정 부담을 줄이기 위해 보육서비스 이용권을 전자카드에 담아 원하는 보육시설을 이용할 수 있도록 하는 것이다.

불편한 학부모일 경우와 농번기에 결제를 위하여 보육시설 직원이 가정 방문하는 문제 등이 해결되어야 한다.

열두 번째, 공보육을 위한 아동수당제도를 도입해야 한다. 이것이 저출산 예방책이기도 하다.

제10장 청소년복지

1. 청소년복지의 개념

아동복지의 개념과 방법은 청소년복지체계에도 대부분 적용된다. 그러나 청소년기는 아동기와 구분되는 분명한 특성을 가지고 있어 주로 청소년기본법과 청소년보호법을 중심으로 다루고자 한다. 우리나라는 청소년과 관련된 주요법령이 52개나 되고 있다. 청소년은 청소년기본법에 의하면 9세~24세까지의 자를 말하고 있다.

청소년복지란 청소년들의 인권보장과 청소년들이 가족 및 사회의 일원으로서 바람직한 삶을 누릴 수 있도록 하기 위한 복지정책과 서비스 지원을 말한다. 즉 청소년들이 가족과 사회의 일원으로서 행복하고 즐겁게 살아가면서 육체적으로나 정신적으로 건전하게 성장 발달할 수 있도록 지역사회나 사회복지 서비스분야에 있는 공사단체, 기관들이 협력하여 청소년에 관한 사업을 계획하고 실행에 옮기는 조직적 활동이라고 할 수 있다.

청소년기본법의 목적은 청소년의 권리 및 책임과 가정 · 사회 · 국가 및 지방자치단체의 청소년에 대한 책임을 정하고 청소년육성정책에 관한 기본적인 사항을 규정함을 목적으로 한다.

청소년복지는 사회의 주요한 과제로 대두되고 있다. 오늘날 청소년 문제의 해결이 없이는 바람직한 사회가 존재하기 어렵다는 인식을 같이 하고 있다. 청소년복지는 일부 불우계층의 청소년들을 경제적으로나 심리적으로 도와 준다는 개념으로 해석해 왔다. 다시 말해서 청소년복지는 보다 잘살기 위한 사회적 노력인 사회복지의 개념과 맥을 같이 하며, 청소년의 질적 변화와 양적 성장을 포함하는 동태적이고 발전적인 개념으로 해석하고 있다.

따라서 청소년복지란 청소년의 모든 권리를 존중히 여겨 특수장애를 갖고 있거나 여러 가지 상태(가출, 비행, 무직, 가두직업, 부랑 및 재수생)를 가진 청소년은 물론 일반청소년을 포함하는 모든 청소년들이 가족과 사회의 일원으로서 행복하고 즐겁게 살면서 신체적, 지적, 정서적으로 건전하게 성장 발달할 수 있도록 지역사회나 사회복지서비스 분야에 있는 공사단체, 기관들이 협력하여 청소년복지에 관한 사업을 계획하고 실행에 옮기는 조직적 활동이라고 할 수 있다. 이를 위해서 가정, 학교, 사회 및 국가의 지도와 정책적 지원이 요구된다.

2. 청소년의 특성

청소년기는 아동기와 성인기 사이에서 아동기와 성인기의 특성을 함께 가지고 아동에서 성인으로 발달되는 과정중의 한 시기로 과도기적 성격 때문에 이중적 성격 즉, 주변인(*marginal man*)으로 정신적으로나 신체적으로 불안정과 불균형이 심하게 일어나는 '폭풍과 노도의 시기'이다. 정치·경제·문화적 과도기가 모두 그러하듯이 과도기란 반드시 혼란이 있고 진통이 있고 불안정하기 마련이다. 그러기에 청소년기는 발달과정상으로 그들의 내적 세계(성격이나 정신세계)나 그것이 외현(外現)되는 생활장면에서의 행동징후상으로도 혼란하고 불안하다. 물론 발달과 발전을 위한 진통과 불안정의 상태도 모두가 긍정적 행동만이 아니고 그 과정에는 많은 불순물이 생기기 마련이고 미풍이나 질서를 해치고 비행이나 범죄가 일어날 수도 있다. 그러나 이러한 현상을 당연한 결과로만 간주할 것이 아니라 우리들은 그 불순물을 예방하고 발달 과정상 과도기의 혼란을 최소한 줄이도록 해야할 것이다.

그리고 특히 이 시기는 성적 관심도 뚜렷해지고 심리적으로 성인과 같은 인정을 받으려는 욕구가 강렬해지고 부모로부터 경제적·정서적으로 독립하려고 한다. 독립된 생활을 할 수 있도록 하기 위하여 직업 선정에 대한 고민과 새로운 생활에 적응하기 위한 준비를 하게 되고 자아를 인식하여 자기대로의 인생관, 생활관, 사회관 그리고 도덕관 등을 확립하여 나가는 시기이다.

1) 일반적 특성

(1) 자아정체감

자아정체는 자신이 스스로에 대해 일관성을 자각하는 것으로 주체적 본질을 형성한다. 주관적 측면인 개인적 정체감과 객관적 측면인 심리사회적 정체감이 분화되고 이들의 재통합화와 구조화가 요구되는 시기로 이들은 대개 정체감 위기를 체험한다. 즉, 그들에게 부딪히는 여러 가지 일의 실패, 성적 성숙으로 인한 내적 충동의 질적·양적 변화, 성인기를 준비하기 위한 직업이나 배우자의 강요받는 선택, 경쟁적 분위기와 자기능력 등의 문제 속에서 이상적 자기개념과 실제적 자기개념간의 갈등, 포부수준과 현실적 상황간의 갈등 등 많은 좌절들이 그들의 정신세계와 현실세계 활동의 과정에서 혼란과 불안정을 노출시키는 특징을 보인다.

여기서 후자인 객관적 측면의 자아정체, 다시 말해 심리사회적 정체를 고려해 볼 때 인간발달은 개체 당사자만의 문제가 아니라 사회전체의 문제인 것이며 따라서 정체혼란(*identity confusion*)을 극복하여 자신의 정체를 확립하고자 하는 청소년에게 사회는 자신의 능력을 시험해 보고 최적의 삶을 추구할 수 있도록 도와주어야 한다. 이와 같이 사회가 청소년에게 역할실연(役割實演)의 기회를 부여하고 이에 따른 책임을 면제하는 안정장치가 곧 지불유예(支拂猶豫, *moratorium*)이다.

결국 에릭슨(Erikson)이 말하는 자아정체는 개인적·사회적으로 자신의 위치와 역할을 알고 이를 구체적 현실생활에서 실현할 수 있도록 자신에 대해 확신을 갖는 것이며 사회는 지불유예 기간을 두어 청소년이 여러 가지 역할과 행동양식을 시험해 볼 수 있도록 허용해야 한다는 것을 말한다.

(2) 사회적 미성숙성

가정, 학교 및 교우집단이 주된 생활환경이 되는 청소년들은 그들의 경험영역이 좁을 뿐만 아니라 활동의 종류도 극히 제한된 범위 내에 머물고 있다. 생산활동이나 수입활동과 같은 직업생활이나 사교활동의 경험이 부족하기 때문에 그들의 생활장면은 경쟁의 폭이 좁아 현실감각이 희박하고 사회적 성숙도가 낮다. 거기에다 자기중심적 이기성이 강하여 기존사회의 제도와 관습에의 동화성이 약하다. 따라서 자연히 청소년들은 현실생활에 적지 않은 부적응 현상을 경험하게 되고 좌절감이나 불만감도 높기 마련이다.

(3) 생리·신체적 특징

신체적 성숙이 뚜렷이 나타나게 된다. 즉, 청소년기가 되면 신장과 체중, 흉위가 급격히 늘어나고 이 시기의 가장 중요한 변화인 성적 성숙과 성의식의 변화현상이 나타난다. 남녀 모두 성기능의 발달이 현저하며, 남녀의 구별이 확실해 진다. 특히 여자는 몸차림과 외모에 신경을 쓰게 된다. 질병에 대한 저항력이 강하며 마음의 불안과 갈등을 발산시킬 수 있는 적극적 운동을 필요로 한다. 이와 아울러 적당한 휴식과 영양도 필요로 한다.

2) 사회심리적 특징

자아정체성의 확립과 독립의 요구에 따른 '심리적 이유'의 현상이다. 청소년기가 되면 타인이나 외계 사물과의 종속적 관계에서 벗어나 점차 감춰져 있던 내면세계에 눈을 뜨기 시작, 자기의 주관적 세계 속에서 자아를 찾고 자기를 발견하여 독립적 자아형성을 희구한다. 그러므로 이 때 독립적으로 성장하고자 하는 자아가 성인들로부터 수용받지 못하고 거부당하거나 청소년 자신의 가치 및 이상과 맞지 않는 기성세대의 가치, 제도, 관습을 강요당할 경우 청소년들은 자신의 정신적 자주성을 강하게 주장하면서 스스로 자기만의 세계를 찾아간다.

특히 이 시기는 자신과 가장 가까운 사이이며 자신의 올바른 성장을 도와주는 부모나 선생도 자기편으로 느끼지 않을 만큼 반항성 투사의 대상이 된다. 이와 같은 청소년기의 반항성은 성장된 자아가 성인들로부터 존중받거나 성인으로서의 동등한 대우가 거부당하여 자기 가치와 맞지 않는 기성 가치나 제도, 그리고 관습을 강요당하는 데서 생겨나는 증상이라 보겠다. 그러나 이와 같은 반항성은 발달심리학적 견지에서 보면 청소년기의 반항은 자기준거와 현실을 비추어 보는 과정이고 보다 큰 성인기로 지향해 가기 위한 변증법적 도피의 과정으로 긍정적으로 수용될 수도 있다. 그러나 더 큰 문제는 기성세대가 이 반항성에 어떻게 대처하느냐의 문제이다. 이해성 없는 과도한 강요나 강압적 금지는 보다 큰 비행과 문제성을 낳게 하는 원인이기도 하다.

3) 지적(정신적) 특징

청소년기는 지적 발달이 이루어져 문제해결 능력이 최고수준에 도달하고 통찰력·판단력은 물론 사고력으로서의 추상력과 논리성에서도 상당한 수준에 이르게 된다. 그리고 상상력과 철학적 사고의 발달로 문학이나 예술에 대한 흥미가 높아지고, 선악과 가치기준에 대한 탐구심이 증대된다. 이에 청소년은 보다 고차원적·지적인 세계를 희구하고 풍부한 미래상을 그리면서 양적·질적 발달을 동시에 추구한다.

결국 이 시기는 단순한 생리·신체적 성장뿐만 아니라 사회·심리적 그리고 지적(정신적) 성숙 등 다양한 변화와 발달의 양상이 나타나며 이같은 정신생활에서의 급격한 변화와 혼란 및 반항 때문에 청소년기는 '제 2의 탄생', '제 2의 반항기' 등의 여러 가지 명칭을 갖기도 한다.

3. 청소년복지의 기능

사회와의 관계 속에서 청소년이 추구하는 기본적 욕구를 토마스는 ① 가정 내에서의 안정, ② 운동과 오락을 통한 새로운 경험, ③ 타인으로부터의 인정, ④ 친밀한 인간관계라고 말하면서, 이 욕구가 전부 또는 다소라도 실현될 때 청소년은 행복을 느낀다고 말하고 있다.

이 주장은 체계연구에 관심이 깊었던 파슨스(Parsons, 1950)의 "체계의 기능적 요건"(*functional imperatives of the system*)의 개념과도 부합되는 인간이 욕구형이라고 볼 수 있다. 토마스와 파슨즈의 욕구개념을 청소년에게 적용할 수 있는 욕구형태로 전환하여 보면 다음과 같다.

① 가정에서의 안정욕구는 청소년들의 힘을 충족시키는 적응 기능을 하며, ② 운동과 오락을 통한 새로운 경험욕구는 기쁨을 충족시키는 긴장관리 기능을 하며, ③ 타인으로부터의 인정은 사회생활 즉 학교생

활을 통해서 내일을 준비하는 희망을 충족시키는 목표달성 기능을 뜻하며, ④ 사회 속에서의 친밀한 인간관계는 사랑을 주고받으며 생활해 가는 통합 기능을 하는 것으로서 인간생활에 필요한 모든 면에 대한 욕구를 제시했다고 볼 수 있다(한국청소년개발원, 1993: 15).

4. 청소년 관련법

1) 청소년기본법

청소년은 국가발전을 책임질 미래의 주역이라는 점에서 건전한 청소년 복지의 달성은 매우 중요한 과제이다. 우리나라의 청소년 사업과 관련된 주요한 법령은 52개가 된다. 이 중에서 청소년의 고유 영역별로 보면, 생활·활동에 관계되는 법령이 35개이고, 청소년수련터전 관계법령이 12개이며, 청소년 지도자 및 단체에 대한 법령이 5개이다. 이와 같이 분립된 청소년 사업을 체계화하고 청소년의 건전육성에 대한 정부의 책임과 의무를 결정하고 청소년단체의 지원을 강화하여 청소년 지도육성을 범사회적으로 활성화하기 위하여 1987년 청소년육성법이 제정되었고, 동법은 1991년 청소년기본법으로 개정되었다. 이 법의 목적은 청소년의 권리 및 책임과 가정·사회·국가 및 지방자치단체의 청소년에 대한 책임을 정하고, 청소년육성정책에 관한 기본적인 사항을 규정함을 목적으로 한다 라고 되어 있다(청소년기본법 제1조).

2) 청소년보호법

청소년보호법은 청소년에게 유해한 매체물과 약물 등이 청소년에게 유통되는 것과 청소년이 유해한 업소에 출입하는 것 등을 규제하고,

청소년을 청소년 폭력·학대 등 청소년유해행위를 포함한 각종 유해한 환경으로부터 보호·구제함으로써 청소년이 건전한 인격체로 성장할 수 있도록 함을 목적으로 한다(1997년 제정). 청소년보호법은 청소년 보호위원회를 설치하도록 규정하여 이 법의 규정에 의한 청소년보호에 관한 업무를 수행하고 이를 위한 각종 시책을 시행하도록 하였다.

5. 청소년복지 사업현황

현행 청소년복지 사업은 기본적으로 모든 청소년을 포함하지만 요보호청소년과 일반청소년으로 구분하여 살펴보면 다음과 같다.

1) 요보호 청소년 복지사업

(1) 정서·행동장애 청소년 복지사업

일반적으로 불안한 정서에 의하여 위축, 회피, 불안, 공포의 부적응적 행동양상을 정서장애라고 말한다.

리프만(Lippman)은 정서적 갈등을 갖고 있는 청소년은 그 자신이나 주위의 다른 사람에게 혼란을 야기시킬 행동을 한다. 부모로부터 유기되고 자기행동의 통제력을 상실하고 두려움에 압제당하고 다른 청소년에 대해 적대감정을 품기 쉬우며 공부나 놀이에 소요되는 에너지를 박탈당하는 경우가 많다고(Lippman, 1956을 청소년개발원, 1993: 44 재인용) 주장하고 있다. 따라서 가정형편상 학교에 진학할 수 없거나 학교부적응으로 성적이 불량한 청소년들은 스트레스와 좌절 때문에 여러 가지 행동문제(등교거부, 주위산만, 학생폭력, 자살)를 야기하고 있어 이에 대한 조치가 요구된다.

(2) 청소년비행

청소년비행의 개념은 미국 사법부의 정의에 의하면, 청소년비행은 소년재판소의 연령에 해당되는 아동이나 청소년에 의하여 주법(州法)이나 시법령(市法令)을 위반하는 행동과 지역사회의 복지를 위협하거나 타인의 권리를 방해하는 반사회적 행위를 말한다. 광의로 보면 무단결석, 억제할 수 없는 행동 및 가출 등을 행할 때도 포함한다(Cavan & Ferdinard, 1981: 27)고 한다. 뒤르껭(Durkheim)은 청소년비행을 사회에 신체적·정신적·물질적 피해를 준 경우는 물론 사회의 본질적인 안정과 믿음에 피해를 주었을 때를 말한다고 한다.

우리나라는 소년법 제 4조에 의하면 청소년비행이란 12세 이상 20세 미만의 청소년에 의한 범죄행위, 촉법행위 및 우범상태를 말하며 이러한 행위를 하거나 상태에 놓인 청소년을 각각 범죄소년, 촉법소년, 우범소년이라고 한다.

- 범죄소년: 14세 이상 20세 미만의 소년으로서 형벌연령에 위배되는 행위를 한 자(형사책임이 있음)
- 촉법소년: 12세 이상 14세 미만의 소년으로서 형벌연령에 위배되는 행위를 한 자(형사책임이 없음)
- 우범소년: 12세 이상 20세 미만의 소년으로서 ① 보호자의 정당한 감독에 복종치 않는 성벽이 있거나, ② 정당한 이유 없이 가정에서 이탈하거나, ③ 범죄성이 있는 부도덕한 자와 교재하거나 금전낭비, 부녀자 유혹, 불건전한 오락 등을 하는 자로서 본인의 성격 또는 환경에 비추어서 장래에 형벌법령을 범할 우려가 있는 자를 말한다.

그리고 넓은 의미에서 비행의 개념에 포함시킬 수 있는 음주, 흡연, 싸움, 흉기소지, 부녀희롱, 기타 자기 또는 타인의 덕성을 해치는 행위 등을 하는 불량행위소년으로 규정하고 있다.

청소년비행의 요인은 결손가정, 빈곤가정, 불량지역사회 환경, 학교부적응, 불량교우, 대중매체 등을 들고 있다. 또한 청소년비행의 경향은 흉악화, 조폭화, 연소화, 고학력화, 여성범죄의 증가, 재비행 그리고 학생범죄가 증가하고 있다.

① 청소년 비행요인

청소년비행은 한 가지의 요인에 의해서 일어나지 않고 있다. 사회학자들이 주장하는 사회문화적 구조와 심리학 또는 정신분석학자들이 주장하는 퍼스낼리티의 내적 구조의 어느 한 면에 치우쳐서 분석하기 어렵다. 오히려 우리나라와 같은 상황에서는 아직도 비행원인의 사회구조적 모순 특히, 사회경제적 불균형과 사회갈등에서 주로 연유될 수 있기 때문이다. 따라서 비행이론의 핵심인 시카고학파의 문화전달이론이나 머튼(Merton)의 아노미 이론과 같은 행위이론으로는 비행원인에 접근하기 힘들고 다원적, 복합적 방법에 의하여 접근해야 하기 때문에 그 요인도 다원적, 복합적인 것이다(이장현, 1967: 1~15; 김영모, 1978: 266). 그리고 이러한 입장에 공감하는 부트(Burt)는 비행은 비행자가 처한 배경 그리고 육체적, 정신적 요인에 의해서 일어난다고 한다(Elliott & Merrill, 1961: 78).

가. 가정적 요인

㉠ 결손가정

사실 가정은 인간이 출생하면서 최초로 갖는 인간관계이고 가장 기본적 사회집단이다. 또 가정은 양친과 자녀를 그 구성원으로 하고 애정과 존중 그리고 신뢰를 정신적 요소로 하여 상호협동하여 사는 혈연적 공동체이다. 따라서 가정은 아동이 이 세상에서 제일 먼저 접촉하는 최초의 사회집단이고 아동의 일상생활과 관심의 본거지이다. 특히 아동에게 가정은 성년보다 훨씬 환경감수성을 갖는 아동의 인격형성에 대하여 결정적 영향력을 가지고 있다. 특히 가정은 생산기능, 문화전달을 위한 교육기능(사회화 기능), 심리적, 신체적 보호와 휴식의 기능, 오락기능을 가지고 있다. 그러나 가정에 결함 내지 장애가 있는 경우에는 가정이 갖는 본래의 기능을 기대할 수 없을 뿐만 아니라 청소년의 인격형성에 불량한 영향을 미치고 나아가서는 범죄행위로 나타나게 된다. 다시 말해 비정상적 결손가정[1]에서 범죄행위가 많이 발생된다.

결손가정이 청소년비행의 결정적 영향을 주는데 미국의 서더랜드(Sutherland) 교수는 다음의 조건 중 하나 또는 그 이상을 가진 불량가정에서 비행자가 많이 발생된다고 한다. ① 가정 내에 다른 성원이 범죄자나 품행불량자 또는 알코올중독자인 경우, ② 편친이나 또는 양친이 사별, 이별, 유기 등에 의하여 없는 경우, ③ 양친의 무지, 장님, 기타 지각적 결함으로 청소년을 감호하지 못하는 경우, ④ 전제(專制), 편애, 과잉간섭, 과도한 엄격, 방임, 질투 및 과밀거주인 경우, ⑤ 가정불화, ⑥ 실업, 저수입 등의 경제적 빈곤을 말한다(Sutherland & Cressey, 1977: 172).

㉡ 빈곤가정

가정의 경제적 기능은 매우 중요한 것으로 '범죄는 빈곤을 낳고, 빈곤은 범죄를 낳는다'는 말에서 엿볼 수 있다. 그런데 빈곤은 그 자체보다도 빈곤생활에서 면할 수 없는 양친의 무기력, 무능력, 음주벽 또는 생활의 무질서 등 빈곤에 의해서 이차적으로 파생되는 방임과 갈등에

---

1) 결손가정의 형태는 구조적 결손가정과 기능적 결손가정으로 대별할 수 있는데 전자는 양친 또는 그 어느 하나의 편친이 없는 가정을 말하는 것으로 그 원인으로는 사별, 이혼, 별거, 유기, 도망, 수형 및 장기부재로 인한 결혼관계가 분열된 가정을 말한다. 후자는 양친이 다같이 있더라도 양친의 불화, 갈등, 방임 및 가정의 부도덕 등으로 인하여 가정의 본질적인 기능인 생활의 상호보장과 심리적, 신체적으로 자녀의 양육이 결손되어 있는 가정을 말한다.

의하여 범죄를 유도하는 것이다. 또한 여기서의 빈곤은 물질적 자원의 부족만이 아니고 교육기회, 의료기회, 지위의 상향이동 기회 등 각종 사회적 가치에서의 빈곤을 동시에 의미하는 것이며 또한 개인의 성취동기, 열망수준, 자아실현 등의 심리학적 차원의 박탈(*deprivation*)과 문화적 가치로부터의 소외 등을 의미하기도 한다. 즉, 빈곤은 언제나 경제적 박탈만을 의미하는 것이 아니라 사회적 박탈, 심리적 박탈 및 문화적 박탈을 동시에 포함하는 개념을 가지고 있으므로 더욱 중요한 것이다.

2005년의 경우 소년범죄자의 생활수준이 하층 60.3%, 중산층 31.5%, 상층 0.4%, 미상이 7.8%였다(통계청, 2009).

나. 지역사회 요인

지역사회는 가정, 학교와 더불어 청소년들의 중요한 생활의 장이다. 여기서 지역사회는 가정과 학교를 제외한 청소년과 밀접한 관계를 갖으면서 큰 영향을 미치는 일반사회의 영역을 의미한다. 근래에 여러 가지 사회적 조건과 가치관의 변모로 이러한 지역사회 환경이 특히 청소년에게 많은 영향을 주는 환경요인으로 나타난다. 이러한 사회현상을 보면 물질주의 및 향락주의, 편의주의적 생활풍조의 팽배와 사회부조리 현상으로 인해 청소년의 사회에 대한 거부의식과 내면적 오염현상이 증가되고, 직업생활의 변화와 직업윤리관의 변화에 따른 근로의식의 감퇴 및 정신적 불안정 등으로 사회적응력이 약화되었다(최충옥, 1982: 81). 또한 지역사회에 바람직한 집단규범이 확립되어 있지 않고 각종 다양한 모순이 존재할 경우 청소년들은 자기의 행동을 정착시킬 기준을 잃어버리며, 급기야는 가출 내지 비행을 하게 된다는 것이다.

다. 학교생활 요인

학교생활의 성공적 적응은 공식적 가치의 내면화를 통한 정상적 퍼스낼리티의 형성은 물론 성인사회에서의 직업적 성공과 사회적 상승이동의 바탕이 되기 때문에 매우 중요하다. 앞의 비행원인론 중 사회통제론에서 보았듯이 히르쉬(Hirsch)는 청소년이 학교에 애착 및 참여가 낮을수록 범죄와 관련이 깊다고 하며, 힐리와 브론너(Healy & Bronner)는 범죄청소년 중에는 무단결석과 퇴학이 많기 때문에 '태학(怠學)은 범죄의 유치원'이라 했고, 규릭 부처는 범죄청소년의 41.4%가 심한 열등청소년인데 비하여 정상청소년은 8.2%였다고 한다. 우리나라의 경우는 범죄청소년은 54.4%, 정상청소년은 11.7%가 학생시절에 무단결석을 했다고 한다(이장현, 1978: 218).

라. 불량교우관계 요인

불량한 친구들과의 교우관계가 범죄의 시작뿐만 아니라 범죄활동의 계속에서도 중요한 역할을 한다는 것이 밝혀졌다. 더욱이 동료들에게 배척받으면 이에 대한 보상을 얻기 위한 행동으로 일탈행동을 하는 경우도 있다고 한다(서봉연 외, 1972: 104). 이렇듯 청소년의 발달과정에서 친구집단(*play group*), 동년배 집단(*peer group*)은 매우 중요한 집단이다. 먼저 외국의 조사에 의하면 비행청소년은 전체의 56%가 불량교우 관계를 맺고 있다고 한데 반하여 정상청소년은 단지 0.6%에 불과했다(김영모, 1978: 268). 우리나라의 경우는 비행청소년의 24%가 조직적 불량집단에 소속되어 있었으나 정상청소년은 불과 1%였다(김기두, 1967: 156~157).

마. 대중매체 요인

오늘날 대중매체가 청소년의 생활속에 깊이 잠식해 있다는 사실을 감안할 때 대중매체를 떠난 청소년 비행의 예방을 생각할 수 없다. 오늘날 대중매체는 특히 가치교육에 관한 한 가정이나 학교보다도 더욱 큰 영향을 미치고 있다는 것을 부인하기 어렵다.

매스미디어간의 과열경쟁 속에서 광고수입의 증대, 판로확장을 노린 나머지 극단적 상업주의에 빠지고 그 결과 선정적 자극은 감수성이 예민한 청소년들에게 나쁜 영향을 끼치고 있다. 매스미디어 속의 범죄적·폭력적 내용들이 이른바 '범죄학교'(*a school for delinquency*)일 수 있고 또한 '방아쇠 효과'(*triggering effect*)를 가져올 수 있다는 것이다. 특히 주목할만한 조사결과는 폭력적이고 범죄적인 내용에 많이 접촉하는 청소년일수록 비행을 많이 일으킨다는 사실이다. 외국의 한 조사에 의하면 브르머(Blumer)와 하우저(Hauser)는 범죄를 일으킨 사람들이 더욱 범죄영화를 좋아하며(이상희, 1978: 47) 타프트(Taft)는 신문기사가 범죄수법을 가르쳐 준다고 한다. 하여튼 대중매체는 여러 가지 악조건과 연결되기 쉽고 비행의 준비상태에 놓인 자에게는 비행수단이나 기술을 시사하거나 비행화를 촉진한다.

(3) 무직청소년보호사업

무직청소년의 정의는 '경제활동과 학업을 할 수 있는 능력과 의사를 가지면서 수입 있는 일이나 학업에 종사하지 못하고 있거나, 일시적 병 등 기타 사유로 취직이나 취학하지 못한 9~24세 사이의 청소년'을 의미한다. 즉, 학생청소년, 근로청소년, 복무청소년(군인, 전투경찰, 소년원, 소년교도소 수감인구 등)을 제외한 나머지를 일컫는다.

무직청소년이 생성하는 이유는 상급학교 진학기회의 제약, 취업기회의 부족, 진로지도의 미흡, 그릇된 교육관, 사회적 무관심을 들고 있다. 이러한 무직청소년은 2008년 말 현재 15세~24세 청소년 중 9.3%에 해당하는 14만 5천여 명으로 추정하고 있는데 이들을 위한 보호사업은 다음과 같다.

① 직업훈련

직업훈련은 '근로자에게 직업에 필요한 직무수행 능력을 습득 향상시키도록 실시하는 훈련'을 의미한다. 즉 직무를 보다 원활히 수행하는데 필요한 실질적 직업능력을 훈련을 통하여 습득시킴으로써 근로자로 하여금 직업생활에 원활히 적응할 수 있도록 하고 나아가서는 경제적·사회적 지위향상을 도모하고 국민경제발전에 기여함을 목적으로 하는 것이다. 이러한 직업훈련은 훈련실시기관의 주체에 따라 공공직업훈련, 사업 내 직업훈련 및 인정직업훈련으로 구분하고 있다.

가. 공공직업훈련

공공직업훈련이라 함은 국가, 지방자치단체 또는 공공단체(한국산업인력관리공단, 장애인고용촉진공단, 대한상공회의소)가 실시하는 훈련을 말한다. 공공직업훈련은 다기능·고숙련 기능인력 양성을 목표로 6개월에서 2년의 훈련기간을 정하여, 기능사보이상 기능장 수준의 중화학분야 및 지역 특성직종의 기능공을 양성하기 위하여 전문직업 훈련교사 및 교수가 별도의 훈련시설에서 정규훈련방식으로 실시하는 전문적인 직업훈련이다. 현재 공공직업훈련기관으로는 기능자 양성기관인 기능대학, 직업전문학교, 장애인고용촉진공단, 대한상공회의소, 정부기관 및 지방자치단체 등이 있다.

나. 사업 내 직업훈련

사업 내 직업훈련이라 함은 사업주가 단독 또는 다른 사업주와 공동으로 실시하는 직업훈련이다. 사업 내 직업훈련은 기업체가 필요로 하는 기능인력 양성을 위하여 1개월 내지 1년의 훈련기간을 통하여 기능사보 이상 기능사 2급 수준의 기능인력을 양성하며, 이론 및 기초실습이외는 기존 생산시설을 활용할 수 있어 경제적이며 현장 적응력을 높일 수 있는 이점이 있다.

다. 인정직업훈련

인정직업훈련이라 함은 법인 또는 개인이 노동부장관의 인가를 받아 실시하는 직업훈련으로, 공공 또는 사업 내 직업훈련으로 양성하기 어려운 특수직종의 기능공 양성을 목표로 3개월 내지 2년의 훈련기간을 통하여 기능사보 이상 기능사 1급 수준의 기능공을 양성하고 있다. 인정직업훈련도 공공직업훈련과 같이 정규 훈련방식으로 전문훈련교사가 별도의 훈련시설에서 실시하는 훈련이다.

그 외에 미진학 청소년 직업훈련기회를 확대하기 위하여 인문계 고교생 직업훈련기회 확대, 군 보충역 자원 산업체 활용지원, 직업훈련원 추가건립 사업 내 직업훈련의 활성화, 기능인 우대풍토 조성을 추진할 계획이다. 또한 자체적으로 직업훈련을 하기 어려운 중소기업을 위하여 한국산업인력 관리공단에서 건립 추진하던 업종별 공동훈련원을 대한상공회의소로 이관하여 훈련을 실시하고 있다.

② 직업안정

무직청소년의 직업안정은 취업알선, 취업정보제공 및 직업지도로 구분된다.

가. 취업알선

취업알선이라 함은 직업을 구하고자 하는 사람 즉, 구직자와 근로자를 고용하고자 하는 사람으로 구인자로부터 구직 및 구인신청을 받아 양측이 요구 또는 제시하는 임금, 근로시간, 학력, 성별, 연령, 기능정도, 기숙사 제공 유무 등 제반 근로조건을 검토하여 적격 구직자를 구인자에게 연결시켜 주는 것을 말한다. 현재 취업을 알선하는 기관은 노동부 산하 국립직업안정기관과 시·도에서 운영하는 공공직업안내소, 시·군·구 취업정보센터 사설직업안내소가 있다. 사설직업안내소에는 사회단체에서 운영하는 무료 직업안내소, 직업안정 및 고용촉진에 관한 법률에 의하여 허가를 받아 운영하는 유료직업안내소가 있다.

나. 취업정보제공

정보부재 때문에 취업을 못하거나, 필요한 인력을 제때에 구하지 못하여 어려움을 겪지 않도록 하기 위하여 노동부에서는 다양한 방법으로 취업정보를 신속하게 제공하고 있다. 먼저 전국적으로 취업정보를 담고 있는 취업정보지를 국립중앙직업안정소에서 발간하고 있으며 전국을 20개 생활권으로 나누어 생활권별 취업정보를 담고 있는 생활권 취업정보지를 제공하고 있다. 발간된 취업정보지는 지방자치단체, 교육기관 및 각급 학교, 경제단체, 공단, 공공기관 및 대중 집합장소에 무료로 배포하고 TV, 라디오, 일간신문 등 매스컴에 제공하여 홍보하도록 하고 있다. 또한 지방노동관서별로 구인응답전화를 설치하여 구직자가 구인상황을 알아볼 수 있도록 운영하고 있다. 이외에도 매년 각급 학교 신규졸업자의 진로와 각 사업체의 채용계획을 전국적으로 조사하여 각급 학교 및 사업체에 제공하고 있다.

다. 직업지도

직업지도는 직업을 장차 가져야 하는 신규입직 예정자 등 직업을 구하고 있는 구직자에게 자기 자신을 정확히 이해하고 주위 여건을 충분히 고려하여 자신에게 가장 적합한 취업을 선택하고 이에 종사함으로써 자아실현을 도모하고 나아가서는 직업을 통해서 사회에 공헌할 수 있는 기틀을 마련할 수 있도록 도와주는 과정이다. 이에 따라 노동부에서는 한국형 '일반 직업적성검사 모형'을 개발하여 적성검사를 실시하고 있으며, '한국직업사전'을 편찬하고 직업지도 전산망을 개발하여 적성검사처리 및 직업상담에 활용중이다. 이와 함께 직업지도용 시청각 기자재를 확대 보급하고, 매년 5개 분야 20개 직종을 선정하여 직종별로 직종의 내용, 요구하는 자격면허, 장래성 등을 내용으로 하는 VTR 테이프를 제작·보급하여 구직자, 직업훈련원생, 학생 등을 대상으로 교육을 실시하고 있다.

(4) 근로청소년복지사업

인류역사를 통해서 청소년은 노동력으로 간주되어 왔다. 특히 산업혁명 이후 급격한 노동력의 증대는 이들을 값싼 노동력 제공자로 장시간 근로, 열악한 작업환경 등을 감수하면서 경제활동에 참여해 왔다. 그러나 아직 연소근로자는 일반 성인근로자와는 동일하게 취급할 수 없는 육체적·정신적 성장과정에 있지만 과중한 육체노동, 비위생적 작업환경, 비인간적 대우 속에서 착취당해 왔으며 이러한 현상은 아직도 일부 사회에 남아 있다. 또한 이들 근로청소년들은 대체로 불우한 가정의 자녀들로서 학교교육이나 직업교육의 기회를 충분히 가지지 못하게 됨에 따라 취업기회도 제한되고 또한 건전한 성장발달을 저해하는 악순환이 계속되어 왔다.

이에 근로청소년복지사업을 통해서 그들로 하여금 근로기회를 보장할 수 있는 직업훈련의 제공과 직업안정대책 및 생활의 질을 향상시킬 수 있는 각종 기회의 제공을 포함한 시책과 활동을 하고 있다.

2009년 현재 15세~24세 청소년 인구 중 군인, 전투경찰, 교도소 수감인구 등을 제외한 135만 9천 명이 취업하고 있어 취업률은 31.2%를 보여주고 있다. 이들을 위한 복지사업은 다음과 같다.

① 교육기회의 확대

근로청소년이 교육기회를 제대로 가지지 못한다는 것은 아동의 건전한 성장발달에 지장이 있을 뿐만 아니라 장래의 취업기회에도 제한을 받게 된다. 따라서 이러한 근로청소년에게 적절한 교육기회를 부여할 필요가 있다. 우리나라에서는 교육부가 근로청소년의 교육기회를 확대하기 위하여 1977년 3월 1일부터 야간특별학급 및 산업체 부설 중·고등학교를 설치·운영하고 있다.

② 노동복지회관

노동복지회관은 저소득근로자들에게 생활편익시설과 여가선용시설을 염가로 제공함으로써 근로자의 실질소득 증가와 휴식공간을 제공하기 위하여 공단 및 근로자 밀집지역에 건립 운영하고 있는데 1998년 현재 전국에 30개소를 건립하였다. 그리고 기존 노동복지회관과 근로청소년회관 기능을 통합하여 교양, 기능, 휴식, 보육서비스 등을 종합적으로 제공하는 근로자종합복지관은 2008년 현재 35개소가 운영되고 있다.

③ 근로자종합복지회관

근로자종합복지회관은 근로자의 교양·교육시설, 생활편익시설, 여가·휴식·문화시설 등 근로자에게 종합적인 복지시설을 제공하고 있는데 2008년 현재 전국에 27개소가 있다.

그 외 근로청소년을 위한 문화활동(미술, 문학, 음악, 연극, 문화큰잔치) 지원, 연극공연 그리고 기능증진을 위한 사업을 전개하고 있다. 그리고 청소년복지사업의 대상에는 약물남용청소년, 학교중퇴청소년, 학원폭력청소년, 윤락청소년, 가두직업청소년, 부랑청소년, 가출청소년, 장애청소년, 빈곤가정청소년 등으로 이에 대한 정책개발이 요구된다.

2) 일반 청소년을 위한 사업

일반 청소년을 위한 사업은 청소년단체와 청소년시설을 들 수 있는데 이를 살펴보면 다음과 같다.

(1) 청소년단체

청소년단체란 건전한 활동을 통하여 청소년 개개인의 인격형성과 자아실현을 도모하고 국가, 사회발전에 참여·봉사할 수 있는 사람으로 육성하려는 목표 아래 청소년들을 조직적 집단활동으로 지도하는 민간단체라고 할 수 있다.

우리나라의 청소년단체는 각기 고유 설립목적에 따라 여러 유형이 있는데 이들 민간청소년단체의 협의기구인 한국청소년단체협의회(1965년 발족)에 가입된 청소년단체의 수는 2009년 말 현재 73개이며, 기타 가입하지 않은 단체 등을 포함하여 150여 개 단체가 활동하고 있다. 그리고 한국청소년단체협의회에 가입한 청소년 회원 총 230만 여명과 청소년 지도자 18만 여명 등이 각 회원단체에서 활동하고 있다.

그리고 청소년단체의 활동은 크게 청소년 수련활동, 지도자 연수활동, 연구활동, 상담활동, 지역사회개발활동, 자원봉사활동, 사회교육 및 체육활동, 국제교류활동, 홍보 및 출판활동, 문예·취미 등 여가활동, 장학 및 포상, 유해환경 민간감시활동, 조직강화활동을 비롯하여 부모, 지역사회인사, 청소년 지도자를 대상으로 교육 인력확보를 위한 프로그램의 사업을 실시하고 있다.

(2) 청소년시설

수련시설이란 청소년들이 일상의 생활환경 속에서 다양한 여가문화·봉사활동이나 일상생활공간이 아닌 자연환경 속에서 야외활동을 통하여 심신을 단련하고 호연지기를 길러 지·덕·체를 고루 갖춘 전인적 인격체로 성장할 수 있도록 수련활동을 위하여 설치 또는 제공되는 모든 장소·시설을 총칭하는 것이다.

청소년시설은 생활권 수련시설, 자연권 수련시설, 유스호스텔, 청소년 수련지구 등 청소년 수련시설과, 문화예술시설, 공공체육시설, 기타 청소년이용시설 등 청소년 관련시설로 구분할 수 있다. 2008년 12월 말 현재 우리나라의 수련시설은 690개로서 필요수량에 비하여 절대적으로 부족한 상태다.

공공청소년수련시설에는 자질과 전문성을 갖춘 청소년 지도사를 배치하여 수련시설 운영과 활성화 및 청소년활동 수련프로그램의 질적 향상을 도모하고 있다.

6. 청소년복지의 과제

청소년복지의 과제는 다음과 같다.

첫째, 기존의 청소년법령이 주로 요보호청소년을 행정대상으로 삼고 있어, 일반청소년 특히 학교 교육기회가 박탈된 청소년, 가두직업청소년, 부랑청소년 및 미혼모 등은 아무런 법적 보호를 받지 못하고 있다. 이의 보호를 위해 사회교육, 직업훈련, 여가선용, 고용 및 상담서비스 등 다양한 정책이 필요하다.

둘째, 기존의 청소년관련법을 개정하거나 새로운 입법을 통하여 청소년의 욕구에 대한 정책이 수립되어야 한다. 즉, 치료위주의 사업과 비현실적인 법은 예방사업에 대한 현실성이 있는 법으로 개정하여야 하고, 영세사업장과 근로청소년과 무직·실직 청소년을 보호할 수 있도록 관련법을 보강하여야 한다(최충옥, 1992: 61~62).

셋째, 청소년복지서비스를 보다 강화해 나가야 할 것이다. 우선 일반 청소년들을 위한 공간과 여건을 마련하는 것이 요구된다. 즉, 학교나 지역사회가 중심이 되어 청소년센터나 클럽, 수련시설 등을 설치하고 적절한 프로그램을 제공해 주어야 한다. 이와 함께 특수한 문제를 지닌 청소년집단에 대해서는 그 문제나 대상에 따라 청소년복지기관이나 시설을 중심으로 전문적 서비스를 제공해 나가야 할 것이다. 특히 우리나라의 경우 학교 청소년의 비율이 높고, 학교를 중심으로 한 복지서비스가 효율성과 효과성을 높일 수 있다는 측면에서 학교사회사업이 제도화와 확대실시가 요구되고 있다.

넷째, 학교정화구역내에 있는 유해환경업소(음란불법비디오, 유흥업소, 음란서적 등)를 정화구역 외의 지역으로 이전·폐쇄토록 해야 한다. 다만 이전과 폐쇄에 따르는 보상문제가 있으므로 이의 재정적 뒷받침도 있어야 한다.

다섯째, 청소년복지를 위한 전달체계의 확립 및 전문인력의 확충이 요청된다. 현재 정부와 지방자치단체의 청소년복지 관련업무를 전담하는 부서가 마련되어 있지 않고, 담당인력도 주로 일반 행정직 공무원이 맡기 때문에 그 전문성이나 계속성이 떨어지는 면이 있다. 따라서 새로운 독립적 전달체계로서 시·군·구 하부단위에 '청소년복지사무소'를 설치하는 방안(김영모 외, 1991)과 '청소년복지센터'를 설치하는 방안을 통하여 행정적으로 여러 부처간 분리된 청소년복지 관련업무를 통합할 수 있는 전달체계가 마련되어야 할 것이다. 또한 읍·면·동의 일선 행정기관에서 청소년복지를 전담할 수 있는 사회복지공무원을 확대 배치하거나, 청소년기본법에 의해서 청소년수련시설과 청소년단체에 배치하도록 규정하고 있는 청소년지도자를 보다 다양한 영역에 배치할 수 있도록 정책적 지원이 요청된다.

제11장

노인복지

1. 노인복지의 개념

노인복지서비스는 노인의 기본적 욕구인 소득과 의료를 해결하기 위한 사회보험과 공적 부조를 제외한 노인인구가 가지는 특수한 욕구를 충족시키기 위한 사회복지서비스를 말한다(김영모 편, 2001: 300). 즉 노인이기 때문에 공통적으로 지니게 되는 특성과 이로 인하여 가지게 되는 욕구와 문제를 사회보험과 공적 부조만으로 해결할 수 없으므로 정부와 민간이 협력하여 노인들이 생활환경에 잘 적응할 수 있도록 여러 가지 서비스를 제공하는 것을 말한다(Brown & O'Day, 1980: 90).

노인복지란 "노인이 인간다운 생활을 유지하면서 자기가 속한 가족과 사회에 적응하고 통합될 수 있도록 필요한 자원과 서비스를 제공하는데 관련된 공적 및 사적 차원에서의 조직적 제반 활동"이다(장인협·최성재, 1987: 266~267). 여기서 인간다운 생활이란 노인이 속한 사회의 발전수준에 비추어 의식주의 기본적 욕구를 충족하고 건강하고 문화적인 삶을 사는 것을 뜻하며, 가족과 사회에 적응하고 통합되는 것은 노인이 속한 사회적 조직망에서 사회적·심리적으로 소외감을 느끼지 않게 되는 것이다. 자원과 서비스를 제공하는 것은 이용 가능한 인적·물적 자원을 찾아 연결시켜 주거나 보충하여 주며, 사회적 적응의 문제를 해결해 주는 것을 의미한다. 또한 노인복지에 관련되는 활동은 공공과 민간차원의 모든 활동을 포함하며, 계획에 의하여 조직적으로 이루어지는 활동이어야 한다.

이러한 노인복지서비스는 노인을 위한 복지대책 중 연금보험과 생활보호사업을 제외한 소득보장제도, 건강보험과 의료보호를 제외한 보건의료제도, 주택보장과 관련된 물질적 지원, 시설보호사업, 재가복지사업, 비물질적인 사회적 서비스 등을 포함하는 개념이다.

이와 같이 노인복지서비스란 노인의 다양한 욕구와 문제를 해결하기 위한 사회보장제도 중에서 사회보험과 공적 부조를 제외한 사회복지서비스를 말하며, 사회보험과 공적 부조의 부족한 기능을 보충하여 노인들이 생활환경에 잘 적응할 수 있도록 정부의 제도적 노력을 바탕으로 민간의 자발적 사회복지활동을 통해 다양한 서비스를 제공하는 것이다.

2. 노인인구 및 특성

우리나라는 급격한 산업화와 함께 보건위생의 개선과 평균수명의 연장 등의 영향으로 인구의 노령화가 급속하게 진행되고 있다. 전 국민의 평균수명이 1991년 71.7세, 2001년에는 76.5세로 늘어났으며, 2010년에는 79.1세, 2020년의 81.0세, 2030년에는 81.9세를 거쳐 2050년 83.3세까지 늘어날 전망이다.

2008년 12월말 현재 우리나라의 65세 이상의 노인인구는 전체인구의 10.3%인 501만6천명으로 전체인구의 10%를 넘어 고령화사회(*aging society*)로 진입하였고, 20년 내에는 15%를 넘어서 고령사회(*aged society*)가 될 것으로 전망되고 있다. 노령화지수도 59.3%로 매우 높았다.

〈표 11-1〉 65세 이상 노인인구 추계

(단위: 천 명)

구분 \ 연도별	1991	2001	2010	2020	2030	2050
전 인구(천 명)	43,295	47,357	48,875	49,326	48,635	42,343
노령화지수(%)	20.9	36.3	67.7	125.9	213.8	429.3
노년부양비(%)	7.5	10.5	15.0	21.7	37.7	72.0
평균수명(세)	71.7	76.5	79.1	81.0	81.9	83.3
구성비(%)	5.2	7.6	11.0	15.6	24.3	38.2
노인인구(천 명)	2,266	3,578	5,356	7,701	12,156	16,155

자료: 통계청 홈페이지(www.kosis.kr)

1951년 미국 세인트루이스시에서 개최된 제2회 국제노년학회에 의하면 노인이란 인간의 노화과정에서 생리적·심리적·환경적 변화 및 행동의 변화가 상호작용하는 복합형태의 과정에 있는 사람이라고 정의하고 있다. 이를 보다 구체화하여 노인을 ① 환경변화와 적절히 적응할 수 있는 자체 조직에 결핍이 있는 사람, ② 자신을 통합하려는 능력이 감퇴되어 가는 시기에 있는 사람, ③ 인체기관, 기능 등에서 감퇴현상이 일어나는 시기에 있는 사람, ④ 생활 자체의 적응이 점진적으로 결손되고 있는 사람, ⑤ 인체의 조직 및 기능저장의 소모로 적응이 감퇴되어 가는 시기에 있는 사람을 의미한다고 했다(김태현, 1994: 41; 이혜원, 1996: 12~13 재인용).

브린(Breen)은 노인을 ① 생리적, 생물학적 면에서 쇠퇴기에 있는 사람, ② 심리적 면에서 정신기능과 성격이 변화되고 있는 사람, ③ 사회적인 면에서 지위와 역할이 상실되어 가는 사람이라고 정의하고 있다(박차상 외, 2002: 18).

그리고 노인의 성격을 보면, ① 건강과 경제적 불안감, ② 생활부적응에서 오는 불안과 초조감, ③ 정신적 흥미의 감퇴에서 오는 내폐성(內閉性), ④ 육체적 쾌락추구, ⑤ 활동성의 감소, ⑥ 성적 충동의 감퇴, ⑦ 새로운 상황에 대한 학습, 적응의 곤란, ⑧ 고독감, ⑨ 질투심, ⑩ 보수적, ⑪ 다변(多辯)·우둔, ⑫ 과거에 대한 집착, ⑬ 완고, ⑭ 누추하고, ⑮ 잡부스러기 수집 등을 들고 있다(井上勝也·長山島紀一, 1980: 138~139).

이상을 정의를 정리하면 인간이 생애과정의 황혼기에 진입하게 되면 신체적·정신적 및 사회적 측면에서 그 능력이나 적응의 퇴화현상이 나타나고, 이로 인하여 사회적 기능수행에 장애를 초래하게 된다. 이와 같은 시기를 노년기라 하고, 노년기의 사람을 노인이라 칭한다. 일반적으로 노인에게는 신체적 노화현상, 즉 신체기능의 저하와 손상이 일어나고, 심리적 권태와 고독감에 사로잡히게 된다. 사회적 지위와 역할구조의 변화로 지금까지 가졌던 가부장적 권위나 사회생활의 영역이 축소되며, 경제적으로도 고용과 생산활동에서의 후퇴로 소득이 감소하고 사회적응에서 어려움에 처하게 된다. 따라서 인간의 노화는 사회문제로서의 노인문제를 심각하게 제기하고 있다.

3. 노인문제

노인문제는 개인의 문제이자 사회문제이다. 산업화 과정에서 나타나는 노인경시 풍조, 노인소외, 노인유기, 노인학대, 노인가출, 노인자살 등은 개인문제의 차원을 넘어서 심각한 사회문제가 되고 있다. 일반적으로 현대사회의 노인문제는 ① 개인의 노화과정에서 오는 심신기능의 쇠약으로 인한 활동능력의 약화, ② 인구학적 요인의 변화에 따른 노인인구의 증가, ③ 가족제도 변화에서 오는 핵가족화 및 소가족화, 별거지향, 자녀의 부양의식 약화, ④ 사회적 변화에 의한 소득감소, 취업욕구 증가, 보건·의료문제, 주택문제, 여가문제 등이 급격하게 나타나는 현상이다. 이러한 요인들이 개별적으로 또는 상호연계되어 노인의 생활능력을 저하시키고 또한 가족들의 부양기능을 약화시키고 있다. 그러나 문제는 약화되어 가는 현대노인들의 활동능력과 가족들의 부양기능을 강화시켜 주고 보완할 수 있는 적절한 사회지원체계(*social support system*)가 개발되지 못했기 때문에 심각한 노인문제가 발생한다고 볼 수 있겠다(고양곤, 1995; 이가옥 편저, 1999: 64 재인용). 따라서 노인문제는 개인이나 가족적 차원에서 해결하는 데는 한계가 있으므로 국가 및 사회적 차원에서 종합대책을 세워 제도적으로 해결해야 한다.

특히 현대사회에서 노인이 직면하는 4중고(四重苦) 문제로 ① 소득상실문제, ② 질병문제, ③ 역할상실문제, ④ 소외·고독문제를 들고 있는데 이를 살펴보면 다음과 같다.

1) 소득상실문제

노인계층은 소득상실로 빈곤한 생활을 하고 있는데 그 소득상실의 원인은 첫째, 노인은 젊은 세대와 비교하여 신체적·정신적 기능이 쇠퇴하여 산업화되는 노동시장에서 경쟁력을 확보하는 것이 어려워 이로 인한 압력을 받아 퇴직으로 이어지며, 둘째, 전문화, 분업화, 새로운 기술 등에 의해 새롭게 만들어진 직업은 노인들이 감당하기에는 어려워 직장에서 밀려나게 되며, 셋째, 사회보장제도가 초기 단계에 있는 경우 소득보장정책의 혜택을 받지 못할 뿐만 아니라 연금수입이 있다고 하더라도 급여액이 매우 낮고, 마지막으로 노인은 산업화 과정에서 파생되는 도시화와 핵가족화로 인하여 전통적으로 대가족제도하에서 지금까지 누려왔던 경제적 안정 대신에 빈곤문제에 직면하게 되었다.

2) 질병문제

평균수명의 연장은 건강하게 오래 살고자 하는 인간의 욕망을 어느 정도 충족시켜 주기는 했으나, 노화현상으로 인한 신체적·정신적 능력의 약화와 질병, 장애로부터의 해방을 의미하지는 않는다. 노인들의 건강상태는 연령이 증가할수록 약화되는데 젊은 세대와는 달리 만성질환으로 장기간의 치료와 요양을 필요로 한다.

2005년 우리나라 전국 노인을 대상으로 한 조사결과에서 주요 만성질환의 유병률을 보면, 인구 1천 명당 골관절염(퇴행성관절염)은 60~69세가 307.6명, 70세 이상이 422.69명, 디스크는 60~69세가 112.30명, 70세 이상이 108.24명, 당뇨병은 60~69세가 148.14명, 70세 이상이 148.679명, 고혈압은 60~69세가 355.55명, 70세 이상이 423.57명, 뇌졸중은 60~69세가 5.06명, 70세 이상이 5.94명, 허혈성심질환은 60~69세가 5.3명, 70세 이상이 6.51명로 나타났다. 또한 〈표 11-2〉와 같이 만성질환은 고령화가 될수록 유병률이 높아지며, 이러한 신체적 질병은 정신장애에 영향을 주게 된다.

아울러 치매노인 문제는 그 가족들에게 부양 및 심리 등의 많은 고통을 주게 된다. 우리나라 2008년 치매노인은 65세 노인의 10.3%이며, 8.4%의 유병률을 나타내고 있다(보건복지가족부, 2009: 155).

〈표 11-2〉 연령별 만성질환 발병률

질환 / 연령	골관절염	디스크	당뇨병	고혈압	뇌졸중	허혈성 심질환
30~39	9.64	36.72	10.22	22.50	0.10	0.21
40~49	51.26	48.34	36.32	86.96	0.52	0.49
50~59	162.52	86.97	91.60	232.01	2.19	2.26
60~69	307.60	112.30	148.14	355.55	5.06	5.30
70세 이상	422.69	108.24	148.67	423.57	5.94	6.51

자료: 보건복지가족부, 한국보건사회연구원 국민건강영향조사(제3기) 2005.

3) 역할상실 문제

노인의 평균수명은 의료의 발달과 생활수준 향상 및 교육의 증대 등의 요인으로 인해 계속 연장되고 있다. 그러나 정년퇴직 등에 의해 비자발적으로 사회적 역할을 박탈당함으로써 노인은 사회적으로 소외되고 고립되는 상태에 놓이게 된다.

특히 노인들은 직장에서 물러나는 것 이외에 자녀들의 독립으로 부모역할의 상실, 친구들의 사망으로 인한 관계의 상실, 그리고 경제적 여건과 건강의 약화 등으로 역할이 줄어들게 된다. 심리적으로는 고독감과 소외감으로 어려움을 당하게 된다. 역할상실은 노인 개인의 자아개념과 사회적 정체감의 혼란을 가져오고 노년기 사회적응상의 곤란을 유발시킨다(박차상 외 공저, 2001: 238).

4) 소외 고독 문제

이 문제는 역할상실과 밀접한 관계를 갖게 되는데, 전통적 경로효친사상이 퇴조되고 도시화로 이웃과의 사회적 연대가 약화됨에 따라 노인은 가정과 지역사회에서 고립되어 지낼 뿐만 아니라 세대간 교육수준의 차이와 이에 따른 가치관이 차이는 부모-자녀간의 대화의 기회를 줄이고 노인을 가족과 집안 일의 결정에서 제외시키는 방향으로 작용하고 있다. 또한 핵가족화로 인하여 지리적 거리도 멀어져 부모와 자녀간의 대화와 만남의 기회는 더욱 줄어들고 있다. 결국 노인은 가족으로부터 소외감과 고립감을 느끼고 갈등을 경험하게 될 뿐만 아니라 실제로 소외되고 고립되는 경우가 많다.

4. 노인복지사업의 현황

1) 소득보장

노인을 위한 소득보장에는 기초노령연금, 노인취업지원센터, 노인공동작업장 등이 있다. 기초노령연금은 2007년 4월 '기초노령연금법'이 제정되면서 2008년 1월부터 70세 이상(1937. 12. 31 이전 출생자) 어르신기초노령연금이 지급되었다. 65세 이상 전체노인 중 소득하위 60%의 노인에게 지급되며, 2008년 290만 명에게 지급되었으며, 혼자 사는 노인 68만 원 이하, 노인부부인 경우는 108만 원이하가 지급대상이다. 2009년 4월부터 2010년 3월까지는 노인단독가구 매월 87,000원, 노인부부가구 139,000원 지급되었다.

노인취업지원센터는 근로능력이 있는 노인에게 능력에 알맞은 직종을 선택하여 취업할 수 있도록 취업상담과 취업알선을 제공하는 것으로, 노인인력을 필요로 하는 해당 지역의 기업체 또는 사회단체와 유기적인 관계를 갖고 적절한 능력을 가진 노인을 연결시켜 노인들의 여가선용과 소득보장의 기회를 부여하고 있다. 1981년 대한노인회가 운영주체가 되어 시 · 군 · 구지회에 창구를 개설하여 노인취업상담 및 취업알선을 실시하였고, 2009년 11월말 현재 87,685명 희망자 중 72.1%인 63,258명을 취업알선하였다. 취업지원센터는 기존의 노인능력은행을 1997년 노인취업알선센터로 개편하여 2000년 70개소를 운영하였고, 2004년 노인취업지원센터로 확대 개편하여 248개소를 운영하였다. 2009년 현재는 250개소가 운영되고 있다. 노인에게 가장 적합한 희망직종은 경비, 관리인, 가사관리인 등의 순이다.

노인공동작업장은 노인들이 여가를 선용하고 용돈도 마련할 수 있도록 하기 위해 설치하는 작업장으로, 노인들에게 알맞은 일거리를 제공하여 일정한 소득이 보장될 수 있도록 하는 노인 소득보충사업으로 실시되는 프로그램이다. 2000년 12월말 현재 경로당, 노인복지회관 등에 545개소의 노인공동작업장을 설치하고 주위의 생산업체와 연결하여 노인에게 알맞은 일감을 알선하여 노인의 소득증대에 기여하고 있다(보건복지부, 2001: 92).

지역사회시니어클럽(*community senior club*) 시범사업은 65세 이상 노인들이 사회생활 경험을 살려 상담이나 봉사활동을 하면서 소득도 올릴 수 있는 사업을 2001년 5월부터 실시하고 있다. 지역사회시니어클럽 시범사업은 노인복지회관, 종교단체, 직능단체 퇴직자 모임 등을 중심으로 ① 가정교육, 세무상담, ② 환경보호, 방범, ③ 청소년 교육, ④ 경비, 주차, 건물관리, ⑤ 영유아와 환자 돌보기, ⑥ 집수리, ⑦ 자영업 자문 등의 활동을 벌이게 된다. 이 중 자영업 자문은 과수 특용작물 재배, 애완동물 사육, 유기농사, 주말농장 등 노인들의 경험이 필요하고 수요가 많아 가장 활기를 띨 것으로 예상된다.

그밖에도 노인복지시설에서 수용보호를 받는 노인과 지역사회주민, 기업체, 공공단체, 각종 사회단체, 자원봉사단체 등이 결연을 맺어 시설노인들에게 후원금을 지원하고 초청, 방문, 위문 등을 실시하는 노인결연사업이 있으며, 노인부양 의식을 제고하고 가정의 노인부양 기능을 강화하기 위하여 노부모 부양세대에게 상속세 공제, 소득세 공제, 노부모 봉양수당 지급, 주택자금 할증지원, 무주택 노부모 부양자에 대한 주택분양 우선권 부여 등을 제공하는 노인부양에 대한 우대조치가 있다.

2) 의료보장

노인질환을 조기에 발견하고 건강지도 및 보건교육을 실시하여 노인건강 증진을 도모하고자 1983년부터 국민기초생활보장 수준 노인을 대상으로 무료노인건강진단을 실시하고, 건강진단항목을 점차적으로 확대하여 당뇨병, 백내장 등 노인성질환 검사항목을 추가하고 혈액검사, X-ray검사 외에도 암검사 등 노인이 희망하는 노인성 특수질환검사를 선택할 수 있도록 하고 있다. 노인건강진단은 1, 2차로 구분 실시하여 1차 건강진단은 12개 항목의 기본검사를 하며, 검사결과 질환의심자에 대하여는 30개 항목의 정밀검사인 2차 건강진단을 받도록 하며, 지역 특성에 따라 검진항목을 조정할 수 있도록 하였다. 검사결과는 본인과 가족에게 알려서 노인병의 예방과 치료에 힘쓰고 있다.

최근 치매질환 노인의 급증으로 65세 이상 노인인구의 약 10.3%인 42만 명 정도가 치매노인으로 추정하고 있다. 2008년에는 최초로 전국적 치매유병률 조사를 실시하여 치매노인의 수와 유형별 분포, 향후 증가추이 등 치매노인 현황을 파악하고 치매노인 문제에 대한 대책을 마련하고 있다.

3) 노인장기요양보험

우리나라의 경우 급속한 고령화의 진전으로 노령, 치매, 중풍 등으로 장기요양을 필요로 하는 노인 수는 늘어나고 있으나, 가족에 의한 간병은 핵가족화, 여성의 사회참여 증가 등에 따라 약화되고 있는 실정이다. 지금까지의 노인복지서비스 체계는 공공부조 방식으로서 기초수급 노인과 고소득층 가정을 제외한 중간, 서민 가정이 이용할 수 있는 요양시설이 절대적으로 부족하고 노인의료비 또한 급증하고 있는 상태이다. 이러한 문제의식에서 공적노인요양보장체계를 확립하여 국민의 노후불안을 해소하고 노인요양가정의 부양부담을 경감하고자 일반국민 대상, 수요자 선택권 중심의 전문적이고 다양한 서비스를 제공하는 제5의 사회보험제도로 노인장기요양보험이 2008년 7월에 출범하게 되었다.

2001년 8월 고령화시대에 대비한 노인요양보장제도 도입 발표 이후,

2005년 2월 '공적노인요양보장 추진기획단' 및 '공적노인요양보장제도 실행위원회' 등을 구성 · 운영하여 노인요양보장제도 도입을 위한 방안 마련과 제도화 추진을 논의하였으며, 2005년 5월 '노인요양보장제도 기본안'을 확정하였다. 2006년 2월 노인수발법안을 국회에 제출하였고, 2007년 4월 '노인장기요양보험법'으로 변경하여 국무회의결의를 거쳐 공표되었다.

노인장기요양보험법의 주요 내용을 살펴보면 다음과 같다.

적용대상은 전 국민이며, 신청대상자는 65세 이상 노인 및 노인성질환을 가진 65세 미만 국민으로 하되, 6개월 이상 혼자 일상생활이 어려운자로서 장기요양등급판정위원회에서 등급판정을 받은 국민으로, 2008년 12월 전체 노인인구의 4.3%인 21만 명이 혜택을 보았다.

급여종류는 재가급여와 시설급여, 그리고 특별현금급여로 구분한다. 재가급여는 요양보호사, 간호사 등이 수급자의 가정을 방문하여 신체활동 및 가사활동 등을 지원하는 서비스로 방문요양, 방문목욕, 방문간호, 주야간보호, 단기보호, 기타재가급여(복지용구)서비스가 있으며, 시설급여는 수급자가 노인요양시설 등에 장기간 동안 입소하여 신체활동지원 등의 서비스를 제공받는다. 2008년 12월말 총 급여자는 147,801명이며, 시설급여는 56,370명, 재가급여는 91,431명이다. 이 외에도 특별현금급여인 가족요양비, 특례요양비 및 요양원간병비가 급여서비스에 포함되었다.

요양시설은 2008년 수요 6만 2천 명 대비 공급 6만 8천 명으로 110.6%의 충족률을 보였으며, 재가시설은 시군구별 평균 18.8개소가 설치되고, 농어촌 지역도 평균 7개 이상이 설치되어 전국적으로 골고루 분포되었다.

보험료는 국민건강보험료액에 장기요양보험료률을 곱하여 산정하며 국민건강보험료와 구분하여 통합 징수하되, 각각의 독립회계로 관리 운영하는 것으로 하였다.

재원은 장기요양보험료, 국가지원, 본인일부부담으로 구성된다. 장기요양보험료는 건강보험료액에 장기요양보험료률을 곱하여 산정하며, 장기요양 위원회의 심의를 거쳐 대통령령으로 정하도록 한다. 국가지원은 보험료예상수입액의 20%와 의료급여수급권자 장기요양급여 비용을 부담(국가와 지자체 부담)한다. 본인 부담에서 시설급여는 20%, 재가급여는 15% 부담하며 의료급여수급권자, 소득·재산이 일정금액 이하인 저소득층은 각각 1/2로 경감(시설: 10%, 재가: 7.5%)하며, 국민기초생활수급노인은 전액무료이다(보건복지가족부, 2009).

4) 재가복지사업

여성의 경제활동 참여증가 등으로 정신적, 신체적인 이유로 혼자서 일상생활을 수행하기 어려운 노인을 가정에서 가족이 보살피기 어려운 환경이다. 이러한 노인부양가정에 필요한 각종 서비스를 제공함으로써, 노인이 가정 내에서 가족 및 친지와 더불어 건강하고 안정된 노후생활을 영위할 수 있도록 함과 동시에 노인부양으로 인한 가족의 부담을 덜어 주기 위한 사업을 말한다.

첫째, 방문요양서비스

정신적·신체적인 이유로 독립적인 일상생활을 영위하기 어려운 노인이 있는 가정에 요양보호사가 가정을 방문하여 신체활동 및 가사활동 등 필요한 각종 서비스를 제공하는 서비스이며, 서비스의 내용은 다음과 같다.

- 신체적 수발에 관한 사항
- 일상생활 지원에 관한 사항
- 상담 및 교육에 관한 사항
- 지역사회복지 자원 발굴 및 네트워크 구축에 관한 사항

둘째, 주·야간보호서비스

주·야간보호시설은 부득이한 사유로 가족의 보호를 받을 수 없는 심신이 허약한 노인과 장애 노인 등을 주간 또는 야간 동안 시설에서 보호하며 필요한 각종 편의를 제공하여 노인의 생활안정과 심신기능의 회복을 도모하는 서비스이며, 서비스의 내용은 다음과 같다.

· 생활지도 및 일상동작훈련 등 심신의 기능회복 및 강화를 위한 서비스
· 급식 및 목욕서비스
· 취미, 오락, 운동 등 여가생활서비스
· 이용노인가족에 대한 상담 및 교육 등

셋째, 단기보호서비스

부득이한 사유로 가족의 보호를 받을 수 없어 일시적으로 보호가 필요한 심신이 허약한 노인과 장애노인을 시설에 단기간 입소시켜 보호하고 필요한 각종 서비스를 제공하는 서비스이다.

1회 90일, 연간 180일까지 이용할 수 있으며, 구체적인 서비스의 내용은 다음과 같다.

· 급식, 치료, 그 밖의 일상생활에 필요한 편의를 제공하는 서비스
· 그 밖에 노인요양시설 또는 노인요양공동생활가정의 사업에 준하는 서비스

넷째, 방문목욕서비스

목욕장비를 갖추고 심신이 허약하거나 장애가 있는 재가노인을 방문하여 목욕서비스를 제공하는 서비스로서, 목욕준비, 입욕시 이동보조, 몸 씻기, 머리 말리기, 옷 갈아입히기 등의 서비스를 제공한다.

다섯째, 홀로 사는 노인 보호

2008년 65세 이상 1인가구는 약 93만 명으로 이 중 보호가 필요한 노인은 16만 명으로 추정되며, 이는 2008년 전체 노인인구의 3.2%를 차지하고 있으며 매우 빠르게 증가하고 있다.

2008년에는 독거노인생활관리사(5천 명)를 파견하여 독거노인(약 13

만 명)에 대한 생활실태 및 복지욕구파악, 안전확인 및 생활교육실시, 노인 관련 보건·복지서비스 연계활동을 통해 독거노인에 대한 맞춤형 복지서비스를 제공하였다. 2009년에는 노인복지서비스 전달체계의 효율화를 위하여 노인돌보미바우처사업과 통합하여 운영할 예정이다.

여섯째, 노인돌보미바우처 지원

2007년부터 실시한 사회서비스로 혼자서 일상생활이 어려운 노인에게 가사 및 활동지원서비스를 바우처로 지원하며, 서비스대상자는 건강기준과 소득기준을 고려하여 선정한다. 2009년에는 노인복지서비스 전달체계의 효율화를 위하여 독거노인생활관리사 파견사업과 통합하여 운영할 예정이다.

그밖에도 노인들이 많이 모이는 공원과 영세민 밀집지역에서 가정형편이나 기타 부득이한 사정으로 점심을 거르는 노인을 대상으로 무료로 점심을 제공하는 경로식당과 거동불편노인 식사배달서비스가 있다. 이것은 사회복지법인, 종합사회복지관, 노인복지회관, 상담시설, 기타 사회복지단체 등에서 운영하고 있다(김영모 편, 2001: 316~317).

5) 시설보호사업

노인을 위한 시설보호는 1980년대 중반까지만 해도 우리나라 노인복지사업의 핵심적 사업이었고 현재까지도 중요한 사업으로 되어 있다. 1999년 노인복지법이 개정되면서 노인복지시설의 종류에는 노인주거복지시설, 노인의료복지시설, 노인여가복지시설, 재가노인복지시설이 있다(제31조). 이러한 분류는 시설보호와 재가보호로 나누어 볼 때, 대체로 노인주거복지시설과 노인의료복지시설은 수용보호에 속하고, 노인여가복지시설과 재가노인복지시설은 재가보호 서비스에 속한다고 볼 수 있다. 2008년 말 현재 노인복지시설은 2,081개소로 8만 1,912명이 입소해 있는데 양로시설은 306개소에 11,520명, 요양시설은 1,332개소에 6만 6,715명, 전문요양시설은 439개소에 23,947명이며, 이 중 무료시설 273개소에 1만 6,635명, 실비시설 59개소에 3,560명, 유료시설 107개소에 3,752명이다(보건복지가족부, 2009a).

(1) 노인주거복지시설의 유형

① 양로시설

노인을 입소시켜 무료 또는 저렴한 요금으로 급식 기타 일상생활에 필요한 편의를 제공함을 목적으로 하는 시설.

② 실비양로시설

노인을 입소시켜 저렴한 요금으로 급식 기타 일상생활에 필요한 편의를 제공함을 목적으로 하는 시설.

③ 유료양로시설

노인을 입소시켜 급식 기타 일상생활에 필요한 편의를 제공하고 이에 소요되는 일체의 비용을 입소한 자로부터 수납하여 운영하는 시설.

④ 실비노인복지주택

보건복지부장관이 정하는 일정소득 이하의 노인에게 저렴한 비용으로 분양 또는 임대 등을 통하여 주거의 편의·생활지도·상담 및 안전관리 등 일상생활에 필요한 편의를 제공함을 목적으로 하는 시설.

⑤ 유료노인복지주택

노인에게 유료로 분양 또는 임대 등을 통하여 주 거의 편의·생활지도·상담 및 안전관리 등 일상생활에 필요한 편의를 제공함을 목적으로 하는 시설.

(2) 노인의료복지시설의 유형

① 노인요양시설

노인을 입소시켜 무료 또는 저렴한 요금으로 급식·요양 기타 일상생활에 필요한 편의를 제공함을 목적으로 하는 시설.

② 실비노인요양시설

노인을 입소시켜 저렴한 요금으로 급식 · 요양 기타 일상생활에 필요한 편의를 제공함을 목적으로 하는 시설.

③ 유료노인요양시설

노인을 입소시켜 급식 · 요양 기타 일상생활에 필요한 편의를 제공하고 이에 소요되는 일체의 비용을 입소한 자로부터 수납하여 운영하는 시설.

④ 노인전문요양시설

치매 · 중풍 등 중증의 질환노인을 입소시켜 무료 또는 저렴한 요금으로 급식 · 요양 기타 일상생활에 필요한 편의를 제공함을 목적으로 하는 시설.

⑤ 유료노인전문요양시설

치매 · 중풍 등 중증의 질환노인을 입소시켜 급식 · 요양 기타 일상생활에 필요한 편의를 제공하고 이에 소요되는 일체의 비용을 입소한 자로부터 수납하여 운영하는 시설.

⑥ 노인전문병원

보건복지부령이 정하는 시설 및 인력을 갖추고 주로 노인을 대상으로 의료를 행하는 시설.

(3) 노인여가복지시설의 유형

① 노인복지관

무료 또는 저렴한 요금으로 노인에 대하여 각종 상담에 응하고, 건강의 증진 · 교양 · 오락 기타 노인의 복지증진에 필요한 편의를 제공함을 목적으로 하는 시설(2008년 말 현재 228개소).

② 경로당

지역노인들이 자율적으로 친목도모 · 취미활동 · 공동작업장 운영 및 각종 정보교환과 기타 여가활동을 할 수 있도록 하는 장소를 제공함을 목적으로 하는 시설(2008년 말 현재 57,930개소).

③ **노인교실 · 노인대학 · 노인학교**

노인들에 대하여 사회활동 참여욕구를 충족시키기 위하여 건전한 취미생활 · 노인건강유지 · 소득보장 기타 일상생활과 관련한 학습프로그램을 제공함을 목적으로 하는 시설(2008년 말 현재 1,260개소).

④ **노인휴양소**

노인들에 대하여 심신의 휴양과 관련한 위생시설 · 여가 시설 기타 편의시설을 단기간 제공함을 목적으로 하는 시설(2008년 말 현재 4개소).

6) 경로우대제도

노인을 대상으로 경로효친의 전통적 미덕을 살리고 노인복지를 증진시키기 위한 경로우대제도는 노인들에게 공공과 민영의 일상생활 편의시설 이용시 할인혜택을 제공하는 것으로서, 1982년 이후 70세 이상 노인에게 철도, 항공기와 선박 운임의 할인, 교통수당의 지급 및 수도권 전철, 도시 철도, 고궁, 능원, 국 · 공립 박물관과 공원의 무료이용 등이 있다.

그밖에도 어버이날과 노인의 날(10월 2일) 및 경로의 달(10월)을 맞이하여 온 국민에게 노인에 대한 사회적 관심과 경로의식을 높여 도덕성 확립은 물론 경로효친의 가치관을 확립하고자 각 시도 및 시군구 등 기관별로 실시하는 경로행사가 있다.

특히 노인봉양의식을 제고하기 위해 각종 세제혜택부여(상속세 공제, 소득세 공제, 노인저축에 대한 세금우대제도), 노부모 봉양수당 지급, 주택자금할증 지원, 부모 봉양자에 대한 주택분양 우선권 및 임대주택 우선공급, 그리고 효행자에 대한 특례입학제도 확대 등이 있다.

이상의 노인복지사업을 각국과 비교하면 〈표 11-3〉과 같다.

〈표 11-3〉 각국의 노인복지서비스

구분	스웨덴	영국	미국	일본	한국
소득보장제도	· 노령연금보험 · 보조연금보험 · 부분연금보험 · 기타연금보험	· 보호수당 · 주택급여	· 지역서비스 · 고용 · 주택부조	· 취업알선사업 · 주택보장제도	· 경로연금 · 노인취업 알선센터 · 노인공동 작업장 · 시니어클럽
의료보장제도	· 가정간호 · 장기치료	· 가정간호 · 순회보건 서비스 · 방문의료 서비스	· 가정건강보호 · 영양서비스	· 가정간호업 · 보건사업	· 노인건강진단 · 치매상담신고센터
재가복지사업	· 가정원조 서비스 · 가정의료 서비스 · 노인봉사자 및 특수업 종사자	· 가정원조 서비스 · 배식서비스 · 주간보호 사회사업 서비스 · 전화기 및 경보장치의 설치 · 대중교통수단의 제공 · 호스피스	· 가정원조, 주간보호 · 단기보호 · 배식서비스 · 전화확인 · 우호방문 · 법률서비스 · 신변보호 서비스 · 상담서비스 · 안내와 의뢰 · 교통편의 서비스	· 가정봉사원 서비스 · 주간보호 · 야간보호 · 단기보호 · 재가보호 촉진사업 · 재가개호지원 센터운영사업 · 노인일상생활 용구제공사업	· 가정봉사원 파견사업 · 주간보호 · 단기보호 · 경로식당 · 거동불편노인 식사배달 서비스 · 홀로 사는 노인보호

〈표 11-3〉 계속

구분	스웨덴	영국	미국	일본	한국
시설보호사업	· 보호주택 · 양로 및 요양시설 집단주거시설	· 노인홈 · 노인요양시설 · 노인주택 · 노인전문병원 · 정신병원	· 양로시설 · 노인요양시설 · 정신병원 · 다목적 노인센터	· 양호노인홈 · 특별양호 노인홈 · 경비노인홈 · 유료노인홈 · 노인휴계소 · 노인복지센터 · 노인휴양홈	· 양로시설 · 실비양로시설 · 유료양로시설 · 실비노인복지주택 · 유료노인복지주택 · 노인요양시설 · 실비노인요양시설 · 유료노인요양시설 · 노인전문요양시설 · 유료노인전문요양시설 · 노인전문병원 · 경로당 · 노인복지회관 · 노인교실 · 노인휴양소 · 가정봉사원 파견시설 · 주간보호시설 · 단기보호시설 · 노인보호전문기관

자료: 김영모 편, 2001: 313을 보건복지가족부, 2008a를 참고하여 저자 재구성.

5. 노인복지의 과제

사회문제로 대두되는 노인문제를 해결하기 위한 국가의 대책은 1989년 노인복지법의 전면개정 이후 다양한 프로그램을 전개하고 있다. 그러나 아직도 선택주의적이고 서비스 수준이 미흡하여 이에 몇 가지 과제를 제시하고자 한다.

첫째, 경로연금의 확대와 노인공동작업장의 확대, 노인취업알선센터에 대한 운영지원도 확대하는 등 중장기 정책적 지원이 요구된다.

둘째, 의료보장제도의 수혜대상 노인을 확대하고 방문요양사업을 활성화해야 한다. 예방과 치료를 위해 노인건강진단사업을 확대하면서 내실화하며, 특히 만성질환인 경우가 대부분이어서 과중한 의료비부담에 대한 대책이 요구된다. 더하여서 노인의 의료서비스욕구에 따른 다양한 수준의 요양기관의 확대와 함께 방문간호사업이 활성화되어야 한다.

셋째, 재가노인복지사업의 실시기관, 시설 및 전문인력을 확충해야 하며, 다양한 서비스 프로그램을 개발하고 추진해야 한다. 방문요양서비스, 주·야간보호서비스, 단기보호서비스, 방문목욕서비스, 홀로사는노인보호, 노인돌보미바우처 지원확대와 재가노인을 위한 서비스 프로그램을 다양화하여 지역사회를 중심으로 노인복지서비스 욕구가 충족되면서 지속적 보호가 가능한 체계를 형성해야 한다.

넷째, 정부와 민간의 적절한 역할분담과 상호협력 및 보완이 요청되고 있다. 생활능력이 없는 저소득 노인은 국가지원의 내실화를 통하여 소득·의료·주거 등 국민복지 기본선에 기초한 기초생활을 보장하고, 경제력이 있는 노인을 위하여 시장경제 기능을 통한 유료서비스의 확충, 소득수준에 따른 차등 이용료 제도의 도입이 요청된다.

다섯째, 〈그림 11-1〉에서 보듯이 노인의 욕구에 부응하는 노인복지정책이 추진되어야 한다. 빈곤하고 건강하지 못한 노인에게는 우선적으로 최저생활의 보장을, 건강하고 수입이 필요한 노인에게는 취업의 장

〈그림 11-1〉 노인의 특성에 따른 정책방안

<table>
<tr><td>정책
방안</td><td>취업기회의
제공</td><td>여가활동
프로그램의
다양화 및
자원봉사활동에의
참여기회 제공</td><td>공적 부조 혜택
및 무료
복지·보건·의
료 서비스의
내실화</td><td>유료
복지·보건·의료
서비스의 확충 및
다양화</td></tr>
<tr><td></td><td>↓</td><td>↓</td><td>↓</td><td>↓</td></tr>
<tr><td rowspan="2">노인
특성
및
욕구</td><td>저소득층 노인</td><td>중산층 이상 노인</td><td>저소득층 노인</td><td>중산층 이상 노인</td></tr>
<tr><td colspan="2">건강한 노인
(전기노인 60~69세)</td><td colspan="2">건강하지 못한 노인
(후기 노인 70세 이상)</td></tr>
</table>

자료: 이가옥 편, 1999: 46.

을, 수입은 그다지 필요하지 않지만 활력있는 노년기를 보내고자 하는 건강한 노인에게는 여가활동 및 자원봉사활동의 기회를 제공할 수 있어야 하겠으며, 건강하지 못한 중산층 이상의 노인에게는 다양한 유료 재가보호서비스를 제공할 수 있어야 하겠다. 따라서 앞으로 노인복지정책은 현재의 저소득층 중심의 정책에서 한 걸음 나아가서, 모든 소득계층 노인의 다양한 욕구 및 문제를 해결하는 방향으로 나아가야 할 것이다.

여섯째, 재가보호사업의 확충이 이루어져야 한다. 재가보호서비스 부문의 최우선과제 중의 하나는 가정봉사원 파견사업의 대상을 생활보장대상 노인을 위한 무료서비스 제공에서 중산층 이상의 노인을 위한 유료서비스까지 확대하는 것이며, 자원봉사자를 활용한 가정봉사원 서비스를 훈련받는 유급 가정봉사원으로 대체해 나가는 것이라고 본다. 그리고 주간보호시설 및 단기보호시설을 지속적으로 확충해야 할 것이며, 방문간호사업과의 체계적 연계방안을 개발할 필요가 있을 것이다(이가옥 편, 1999: 52).

제12장

장애인복지

1. 장애인복지의 개념

장애인(*the disabled*)에 대한 개념은 한마디로 규정하기 어렵고 매우 복합적인 성격을 띠고 있다.

국제연합의 '장애인 권리선언'(1975)에 의하면, 장애인이란 '선천적인가 아닌가에 관계없이 신체적 또는 정신적 능력의 불완전 때문에, 개인 또는 사회생활에 필요한 것을 자기 자신으로서 완전히 또는 부분적으로 확보할 수 없는 사람'을 의미한다. ILO(국제노동기구)는 제99조 권고에서, 장애인이란 '신체적 혹은 정신적 손상의 결과 적당한 직업에 취업하거나, 그것을 계속할 가망이 상당히 감퇴하고 있는 자'라고 정의하였다.

현행 우리나라 장애인복지법에 따르면, 장애는 크게 두 가지 범주, 즉 신체적 장애와 정신적 장애로 구분된다. 신체적 장애는 지체장애, 뇌병변장애, 시각장애, 청각장애, 언어장애, 안면변형장애, 신장장애, 심장장애, 호흡기장애, 간장애, 장루장애, 간질장애를 포함하고, 정신적 장애는 지적장애, 정신장애, 발달장애를 포함한다(〈표 12-1〉).

장애인복지는 장애의 발생을 예방하고, 장애인의 의료, 훈련, 보호,

교육, 고용의 증진 등 장애인의 자립 및 보호, 생활안정에 기여하기 위한 공사(公私) 차원의 조직적 활동을 의미한다.

〈표 12-1〉 법정 장애의 분류

대분류	중분류	소분류	세분류
신체적 장애	외부 신체 기능 장애	지체장애	절단장애, 관절장애, 지체기능장애, 변형 등의 장애
		뇌병변장애	중추신경의 손상으로 인한 복합적인 장애
		시각장애	시력장애, 시야결손장애
		청각장애	청력장애, 평형기능장애
		언어장애	음성기능 또는 언어기능에 영속적인 현저한 장애가 있는 사람
		안면변형장애	안면부의 변형으로 인한 장애가 지속되며, 이로 인하여 사회생활 활동이 현저하게 제한
	내부 기관 장애	신장장애	투석치료중이거나 신장을 이식 받은 경우
		심장장애	일상생활에 현저히 제한되는 심장기능 이상
		호흡기장애	폐나 기관지 등 호흡기관의 기능에 장애로 일상생활 및 사회생활 활동이 제한
		간장애	간의 기능에 장애가 지속되며, 이로 인하여 기본적인 일상생활 및 사회생활 활동이 제한
		장루장애	배변 기능 또는 배뇨 기능의 장애로 인하여 장루 또는 요루를 시술하여 일상생활을 하는데 있어 상당한 제약을 받는 사람
		간질장애	간질로 인한 기능 및 능력장애가 지속되며, 이로 인하여 일상생활 및 사회생활 활동이 제한
정신적 장애	지적장애		지능지수가 70이하인 경우
	정신장애		정신분열, 분열형 정동장애, 양극성 정동장애, 반복성 우울장애
	발달장애		소아자폐 등 자폐성 장애

자료: 장애인복지법 시행령 일부개정 2008. 2. 29.

따라서 장애인복지는 장애인이 갖는 핸디캡을 인적·물적·사회적 자원의 활용과 협력을 통해서 가능한 한 경감하거나 해소하고, 다른 모든 사람과 동등한 생활조건과 생활의 안정을 확보케 하며, 더 나아가서는 그 핸디캡 때문에 갖게 되는 사회적·심리적·물리적 장애와 그같은 사회적 상황을 만들어내고 있는 사람들의 장애인에 대한 편견이나 차별을 극복하고 개선하거나 제거하려는 활동이다(김중대, 1989: 37).

장애인복지에서 강조되는 주요 이념은 자립, 정상화, 사회통합화, 참가라는 개념이 있다.

① '자립'(*independence*)은 인간의 기본적 요구인 동시에 권리이며, '인간다운' 생활의 중요한 요소로서 '완전 참가와 평등'이라는 장애인복지의 궁극적 목표의 실천에 있어 전체인 동시에 조건인 것이다. 일반적으로 자립이란 일상생활 동작의 자립, 그리고 그 연장선상에 있는 직업적 자립, 나아가서는 경제적 자립으로 이해되고 있다.

② 정상화(*nomalization*)란 장애인들에게 일상생활의 형태와 조건을 그 사회의 주류를 이루는 여러 가지의 규범과 형태에 가깝도록 만드는 것이라고 말할 수 있다(Wolfensberger, 1972: 27~28). 다시 말해서 정상 사회는 정상적 사람들로만 이루어진 것이 아니라 일정한 비율로 장애인과 더불어 생활하는 것이기 때문에 장애를 가진 사람을 장애인으로 취급하는 것이 아니라 한 사람의 인간으로서 정상적 생활을 누리도록 생활환경을 현실적으로 이루려는 의미를 내포하고 있다(나동석, 2001: 324).

③ 사회통합(*social integration*)은 정상화의 개념에 기반을 두고 있으며, 장애인들이 지역사회 내에서 하나의 인격체로서 일반인과 같은 대우를 받으면서 함께 생활하게 함으로써 그러한 상호작용의 결과로 이루어지는 사회적 효과를 의미한다. 사회복지의 기본적 가치가 사회적 연대(*social solidarity*)와 사회통합에 있음에 비추어 볼 때, 장애인복지의 이러한 이념은 사회복지 가치의 구현이라고 할 수 있다.

④ '참가'(*participation*)란 지역사회의 진정한 한 성원으로서 그 지역의 갖가지 행사는 물론 정상적인 삶을 영위하는데 따르는 각종 관계에 참가하는 것 외에도 '정책단계에까지의 참가'가 보장되어야 한다는 것이다. 참가의 형식은 직접 참가, 간접 참가, 조직적 참가 등이 있을 수 있고, 시설 수준, 지역사회 수준, 지방자치제의 수준, 국가 수준, 나아가서는 국제 수준에 이른다. 참가를 활성화시키기 위한 전제 조건은 '접근성의 확보'이며, 이는 수화통역, 점역 등의 정보적 차원과 물리적 차원에서의 장벽 제거를 의미한다.

진정한 장애인복지의 구현을 위해서는 장애인에게 '차별'이 주어져야 한다. 이제까지의 부정적 차별이 아니라 라울스(J. Rawls)가 제시한 '긍정적 차별'이 있어야 할 것이다(박경일 외, 2001: 318~319).

2. 장애인복지의 원칙

장애인복지는 결국 재활에 초점을 두지 않을 수 없다. 재활을 위한 기본이념으로서 다음과 같은 원리가 요구된다(장인협 · 이혜경 · 오정수, 2001: 285).

첫째, 모든 인간은 기회의 균등을 보장받아야 한다.

둘째, 인간은 전 인격적 존재이다. 인간은 신체적, 정신적, 사회적, 경제적 부분으로 나누어서 인식될 수 없는 총제적 인격으로서 받아들여야 한다.

셋째, 모든 인간은 각자의 개성을 지닌 독특한 존재이다.

이러한 기본이념에 기초하여 장애인에 대하여 가져야 할 사회의 태도는 다음과 같다.

① 인간생명의 존중에서 출발하여야 한다.

장애인복지란 국가와 사회적 수준에서 장애인에 대한 인간으로서의 존엄함 권리를 보장하고 사회적으로 동등한 대우를 받도록 하는 제반 활동이라 할 수 있다. 따라서 장애인복지는 인간생명의 존중이란 인식에서 출발하여야 하고 이러한 가치로부터의 복지대책을 정당하게 인식하여야 한다. 장애인도 하나의 생명을 가지고 생활해야 하는 생존권을 지니기 때문에 모든 사람이 행복하고 인간답게 풍요로운 생활을 할 수 있는 사회로 만드는 것이 기본적 명제이다(나동석, 2001: 325).

② 사회는 장애인도 일반사람들과 동일하다는 점을 인식하여야 한다. 어떠한 중증의 장애인이라 하더라도 그들은 하나의 인격적 존재이다. 장애는 어디까지나 이차적인 것이다. 장애의 특성으로써 인간을 인식하는 사회의 잘못된 편견 때문에 이들에 대한 태도가 동정적이거나 또는 냉소적이어서 진정한 의미에서 존엄성을 가진 인간으로서 이해하지 못하는 경우가 많다. 모든 인간은 태어날 때부터 평등하며 존중되어야 할 권리가 부여되어 있으며, 장애인도 동등하게 처우받아야 하는 것이 오늘날 모든 민주국가의 기본이념인 것이다.

③ 사회는 장애인의 잠재능력(*potentiality*)을 인정하는 태도를 가져야 한다. 우리 사회는 장애인들이 가지고 있는 잠재능력을 경시할 뿐 아니라, 이들을 무가치하고 비생산적 존재로 여기는 경향이 많다. 인간이 가지고 있는 심리적, 지적, 정서적, 사회적, 심미적 영역의 잠재능력을 발휘하게 하는 데는 개인에게만 책임이 있는 것이 아니라 사회에도 책임이 있다. 따라서 사회는 이들로 하여금 사회적 기능을 수행할 수 있도록 원조를 제공할 중요한 책임이 있는 것이다. 즉 장애인 개개인이 잠재능력을 개발할 수 있도록 부모와 사회 및 민간기관이 이들을 적극적으로 수용하여 사회적 인간으로서 자신있게 생활할 수 있도록 도와주는 제반 교육과 적절한 서비스를 제공해야 한다.

④ 사회는 장애인을 개별화하여 처우해야 한다. UN의 '장애인에 관한 세계행동계획' 제 8항에서 "장애인에게는 동질의 그룹이 없다. 예컨대 정신지체, 시각·청각·언어장애 및 아동부자유한 이른바 의학적

장애인은 모두 다른 성질을 가지고 있으며, 각기 다른 방법으로 그것을 극복하지 않으면 안 된다는 것이다"라고 말하듯이 장애인의 처우과정에서도 개인에게 장애가 갖는 개별적 의미를 파악하고, 그 사람에게 적합한 해결방법을 찾아내어, 자원을 조달하고 조정활동을 하는 것이 대단히 중요하다. 따라서 같은 종류의 장애라고 낙인을 찍어 버리거나 충분히 파악도 하지 않고 무책임한 처우(서비스)를 하는 것은 절대적으로 없어져야 한다는 것이다.

⑤ 사회는 장애인 욕구가 일반인과 공통적이라는 점을 인식해야 한다. 일반적으로 사람들은 장애라고 하는 보통 인격의 속성 부분의 차이에 주목하지만, 그것보다는 장애인과 비장애인이 공통적으로 가진 인간 니드의 공통성이 오히려 더 큰 것이라는 사실을 알지 않으면 안 된다. 진학·취업·결혼 등에 대한 모든 사람들의 공통적 니드를 장애인은 공부 등 다른 수단으로 달성하려고 노력한다. 자신의 힘으로 노력하는 것에 한계가 있을 경우 연구된 다른 수법을 개발·원조하는 것이 장애인이 바라는 장애인복지의 원칙이다(김기태 외, 2001: 415~416).

3. 장애인의 재활

1) 재활의 의미

재활(*rehabilitation*)의 어원은 라틴어인 'habitas'에서 유래된 것으로 '할 수 있다'는 의미로서 인간이면 누구나 누려야 할 권리, 자격, 존엄이 어떤 원인에 의하여 손상되었기 때문에 손상된 그의 권리, 자격, 존엄을 회복시켜주는 것을 말한다(NASW, 1977: 342를 남세진 편, 1995: 449 재인용). 재활이란 장애인에게 의료적, 사회적, 교육적, 직업적인 재훈련을 통합적, 협동적으로 실시함으로서 장애인이 가진 잠재적 능력을 개발시켜 독립적 삶을 살아가도록 하는 것이다. 미국재활협회(National Council of rehabilitation)에서는 "재활이란 장애인의 신체적, 정신적, 사회적, 직업적, 경제적 능력을 가능한 한 최대한으로 회복시켜 주는 것"이라 하여 사회심리적, 직업적 재활과정을 강조하고 있다.

재활의 기본원칙은 재활의 목표, 시기와 장소, 장애인의 수용에 초점을 두고 다음과 같이 제시하고 있다(전용호, 1994: 49~50).

첫째, 장애인의 현재 능력을 정확히 파악하며 잠재능력의 가능성을 고려하면서 객관적 평가를 내려야 한다. 재활의 목표는 이러한 평가에 기초하여야 한다.

둘째, 재활의 시기는 장애발생과 동시에 가능한 한 조기에 실시하는 것이 바람직하다. 그리고 재활의 장소는 가능한 한 지역사회 내의 전문적 의료 및 사회서비스 기관에서 실시함으로써 조기에 회복되고 조기에 복귀할 수 있어야 한다.

셋째, 재활과정에서 신체기능의 회복과 일상생활 수행능력의 향상과 더불어 장애인이 자신의 장애를 수용하는 것이 중요하다. 장애의 수용을 통하여 장애인은 보다 적극적 자세로 인생을 설계할 수 있게 된다.

2) 재활유형

재활의 유형으로 의료, 직업, 사회심리 그리고 교육적 재활로 구분되는데 이를 살펴보면 다음과 같다(이영철 외, 2000: 211~215; 장인협·이혜경·오정수, 2001: 288~291).

(1) 의료재활

의료재활이란 질병이나 사고에 의한 후유증, 만성질환, 노인병 등 장기치료를 요하는 환자의 잠재능력을 개발하여 자연치료를 적극적으로 촉진시키는 기술로서, 내과적·외과적 치료의 응용과 함께 모든 물리적·심리적 수단을 보충적으로 활용하는 일련의 의료조치이다. 의학적 재활은 일상생활 동작훈련, 물리요법, 작업요법, 언어요법, 보조구에 의한 처치와 이를 통한 훈련, 의료사회복지사에 의한 원조를 포함한다.

(2) 직업재활

장애인의 여러 가지 욕구(*need*) 중에서 직업적 생활능력의 회복과 장애자의 직업적 신분보장을 위한 일련의 원조를 담당하는 분야를 직업적 재활이라 한다. “직업적 재활은 계속적이며 총체적인 갱생지도 과정의 한 국면으로서 장애자가 적당한 직업을 확보하며 그것을 유지할 수 있도록 직업상의 원조, 즉 직업훈련, 직업지도, 선택적 직업소개를 주는 것이다”라고 국제노동기구(ILO)에서는 말하고 있다. 또한 직업적 재활은 의학적 재활을 기반으로 하여 장애인의 생활을 일반인의 경제사회 생활수준에서 이루어질 수 있도록 하는 것이다.

(3) 사회심리재활

사회심리재활은 장애인이 그 장애를 극복하고 사회에 복귀하여 사회의 일원으로 원만히 적응해 나갈 수 있는 정신적 재활을 의미한다. 의료적 기능개발이나 직업훈련을 통한 기술습득만으로 완전한 의미의 사회통합이 어려우므로, 사회복지사는 장애로 인한 장애인의 심리적 열등감, 소외감, 사회적 장애를 해소시켜 자신감을 심어주고 강화하며, 환경에 대한 적응력을 배양해 주는 역할을 담당한다(박옥희, 1998: 238~243).

사회심리재활의 방법으로는 ① 장애인이 자지 자신을 있는 그대로 받아들일 수 있어야 하고, ② 자신의 문제를 정확히 판단하고 스스로 해결하고자 하는 강한 동기를 조성하며, ③ 자기의 왜곡된 성격 및 행동의 교정에 스스로 참여하도록 도와 주며, ④ 사회로 하여금 장애인에 대한 올바른 인식을 고취시켜 편견을 버리도록 함으로써 재활사업의 사회적 여건도 조성하여야 한다. 이러한 사회심리재활의 내용은 재활상담, 집단지도, 사회적응을 위한 집단활동, 가족치료, 심리요법 등의 방법을 통해 수행된다. 이것을 담당하는 전문가들로는 사회복지사, 임상심리가 등이다(김기태 외, 2001: 426).

(4) 교육적 재활

교육적 재활이란 장애인이 가진 능력을 최대한도로 발휘케 하여 사회에 나가서 활용할 수 있도록 도움을 주는 교육제도나 기술을 총칭하는 말이다. 따라서 교육적 재활의 대상자는 교육적 욕구를 가지는 모든 장애인이며, 이들은 특수교육을 필요로 하는 학령기의 장애아동뿐 아니라 대학교육, 전문교육, 사회교육 및 기능교육을 받음으로써 최대한 유용한 시민이 될 수 있다고 판정된 모든 연령의 장애인을 포함한다.

특수교육진흥법에서 규정하는 특수교육의 대상자는 ① 시각장애인, ② 청각장애인, ③ 정신지체인, ④ 지체장애인, ⑤ 정서장애인, ⑥ 언어장애인, ⑦ 기타의 심신장애인으로서 특수학교와 특수학급에서 교육부령에서 규정하는 교육과정과 학교교육을 장애 종별과 정도에 따라 이수하고 의료적 조치와 직업교육을 병행하여 받도록 함으로써 장애인의 사회적 자립생활을 적극적으로 앙양하고 있음을 알 수 있다. 앞으로 특수교육의 과제라 할 수 있는 통합교육의 방법이 도입되어야 한다고 보며 교육재활의 전문종사자는 특수교사, 방문교사, 보육교사, 상담가, 사회교육지도자, 레크리에이션 워커 등을 들 수 있다.

4. 장애인복지사업의 현황

1970년대 이전까지는 한국전쟁으로 인한 장애인을 단순히 수용보호했을 뿐 재활사업 등의 장애인복지사업은 이루어지지 않았다. 1970년대 이후 1975년 UN의 장애인 권리선언, 1981년 '세계장애인의 해', 1977년 특수교육진흥법 제정, 1981년 심신장애자 복지법 제정, 1988년 세계장애인올림픽대회가 서울에서 개최되는 등 장애인에 대한 관심과 편견불식 계몽운동이 활발하게 전개되면서 장애인복지가 발전할 수 있는 기틀을 맞게 되었다. 그 후 1988년 대통령직속 자문기구인 장애인복지종합대책위원회 설치·운영, 1989년 심신장애자복지법의 '장애인복지법'에로의 개정, 장애인고용촉진법 제정, 1990년대 재가장애인을 위한 가정봉사원 파견사업 실시, 장애인 여가 및 스포츠활동 지원사업, 그리고 1996년 장애인복지대책위원회의 '장애인복지발전 5개년계획'의 수립을 결정하여, 1997년 12월 '제1차 장애인복지발전 5개년(1998~2002) 계획'이 발표되었고, 2003년 2월 '제2차 장애인복지발전 5개년(2003~2007) 계획'이 발표되었다.

이러한 1·2차 장애인복지발전 5개년계획을 바탕으로 장애발생 요인 및 장애인의 다양한 욕구에 대응하고, 장애인복지를 선진국 수준으로 향상시키기 위한 범정부 차원의 '제3차 장애인정책발전 5개년(2008~2012) 계획'을 2008년 8월에 수립·발표하였다.

1) 장애인 등록유형 및 발생원인

우리나라는 2008년 12월말 현재 등록장애인은 224만 6,965명으로 등록장애인의 유형을 보면, 지체장애인이 전체의 53.0%이고 그 다음이 지적장애인이 6.5%이며 시각장애인 10.2%, 청각·언어장애인 10.6%, 뇌병변장애인 10.3%, 정신장애 3.9%, 신장장애 2.2% 등으로 나타났다(보건복지가족부, 2009 a: 198~203).

이러한 장애의 발생원인은 과거에는 선천적 요인으로 간주되었으나 오늘날에는 대개 후천적인 것으로, 산업재해나 교통사고에 의해 장애가 발생되는 경우가 많다. 최근 조사에 의하면 선천적 요인은 약 5.4%에 불과한 것으로 나타났다(보건복지가족부, 2009).

2) 장애인복지사업의 내용

장애인복지사업의 내용은 소득보장, 의료보장, 주택보장, 재가보호사업, 시설보호사업, 재활지원사업, 장애인편의시설 확충사업 등인데 이를 살펴보면 다음과 같다.

(1) 소득보장사업

장애인의 소득보장은 사회보험, 사회수당, 공적 부조 그리고 경제적 부담경감에 의해서 보장된다. 사회보험에 의한 것으로는 산업재해보상보험법에 의한 급여와 장애보상급여가 실시되고, 그 외 공무원연금법, 군인연금법, 사립학교교직원연금법, 국민연금에 의한 장애연금제가 실시되고 있다. 또한, 공적부조 성격에 가까운 장애수당 및 장애아동수당제도가 있다.

공적 부조부분에서 국민기초생활보장법에 의해서 실시되고, 국민기초생활보장 대상자 중 저소득 중증·중복 장애인에게 생계보조수당(월 3만원~13만원), 자녀교육비(2004년부터 중고생의 입학금, 수업료, 교과서대금 등)지원 그리고 자활자립이 가능한 저소득 장애인이 자영업을 할 수 있도록 장기저리의 장애인 자립자금 대여(1,200만원~5,000만원 이하 한도로 5년 거치 5년 상환)를 실시하고 있다. 아울러 장애아동의 양육에 소요되는 추가비용으로 월 10만 원~20만 원을 지급하고 있다.

경제적 부담경감을 통한 소득보장은 장애인 의료비 공제, 장애인 자동차분 의료보험료 감면, 자동차 관련 지방세 면제, 승용차에 대한 개별소비세 면제, 승용차 LPG 연료 사용 허용, 차량구입 시 도시철도채권 구입의무 면제, 차량구입 시 지역개발공채 구입면제, 소득세 공제, 상속세 공제, 증여세 과세가액 불산입, 장애인보장구 부가가치세 영세율 적용, 장애인용 수입물품 관세 등 감면, 유선전화요금 할인, 장애인 전기요금 지원, 장애인 도시가스 요금할인, TV수신료 면제, 이동통신 요금 감면, 장애인차량에 대한 고속도로 통행료 감면, 초고속인터넷 요금감면, 장애인차량에 대한 고속도로 통행료 감면, 교통요금, 공공시설 이용요금 등 할인, 법률구조제도 및 무료법률구조제도, 특허출원료 또는 기술평가 청구료 등의 감면, 장애인에 대한 공동주택 특별공급 알선, 장애인 해피콜봉사센터 운영, 장애인특별운송 사업 등이 있다(보건복지가족부, 2010). 이러한 지원은 등록장애인의 신청에 의하여 지급된다.

(2) 국민건강보험

장애인 의료보장제도로는 사회보험제도인 국민건강보험과 공적 부조제도인 의료보장제도, 저소득장애인에 대한 의료비지원과 보장구 무료교부사업 등이 있다. 의료보장제도는 국민기초생활보장대상자로 책정된 장애인에 한하여 의료보장혜택을 받을 수 있게 하는 것이다(박옥희, 1998: 175~176).

국민건강보험의 경우 요양급여기간은 365일이고 보장구도 적용된다. 그리고 장애인 의료비 지원 대상자로는 국민기초생활보장법에 의한 수급자 중 근로능력세대의 등록장애인으로서 의료급여법에 의한 의료급여 2종 수급권자인 등록장애인이다. 이러한 장애인 의료비는 장애인에게만 지원되므로 당해 장애인과 세대를 같이하는 비장애인인 가족은 지원대상이 될 수 없다.

또한 2009년 4월부터 건강보험의 차상위 본인부담 경감대상자로 전환된 차상위 의료급여 2종 수급권자였던 만성질환자, 18세 미만 아동은 계속해서 장애인 의료비지원 대상이 된다.

장애인 보장구 중에서 의료급여 대상으로 지체장애인 및 뇌병변 장애인은 상하지의지, 보조기, 지팡이, 목발, 휠체어, 전동휠체어, 전동스쿠터, 정형외과용구두, 시각장애인은 돋보기, 저시력보조안경, 망원경, 의안, 콘택트렌즈, 흰지팡이, 청각장애인은 보청기, 언어장애인은 체외용 인공후두를 구입 시 보장구의 유형별 기준 범위 내에서 의료급여와 의료급여기금을 포함하여 기준액의 전부를 지원받게 된다(보건복지가족부, 2010: 133~134).

(3) 주택보장

현재 실시되는 장애인을 위한 주거보장시책으로는 생활보장대상 장애인에게 영구임대주택 입주대상자 선정시 가산점을 부여하는 제도와 정신지체인을 위한 공동생활가정(*group home*) 운영(1997년부터), 무주택세대주 장애인에게 국민주택과 공공기관에서 분양하는 85㎡ 이하의 공동주택 공급시 전체 물량의 일부를 특별분양 해 주는 제도 등이 실시되고 있다. 그러나 장애인을 위한 주거보장정책은 미흡한 실정이다.

(4) 재가보호사업

정부에서는 장애인이 집에서 생활하면서 치료와 교육, 직업훈련서비스 등을 받을 수 있도록 통원 가능한 이용시설을 설치·운영하는 것을 지원하고 있다. 2008년 12월말 현재 운영되는 장애인 이용시설로는 장애인종합복지관 171개소, 의료재활시설 17개소, 체육관 26개소, 그 밖에 장애인종합복지관에 부설된 재가복지봉사센터와 주간 및 단기보호시설 등이 있다(보건복지가족부, 2009: 317). 또한 일반 사회복지관에서도 장애인복지사업을 실시하고 있으며 재가복지봉사센터의 재가복지사업 중에서 장애인이 자주 이용하는 서비스로는 장애인을 위한 가

사서비스, 간병서비스, 정서서비스, 결연서비스, 의료서비스, 자립지원서비스 등으로 나타나고 있다(한국사회복지관협회, 1994).

지역사회중심 재활사업은 장애 예방, 조기 발견, 재활 치료, 장애인의 건강증진, 가족지지 및 지속적 관리체계를 개발함으로써 장애를 최소화하고 일상생활에의 자립능력 증진을 목적으로 선천적 장애와 질병, 각종 사고 후유증 등 후천적 요인에 의해 발생한 재가 장애인에게 지역사회의 인적·물적 자원을 최대한 활용하여 재활서비스를 체계적으로 제공하는 것이다.

1981년 이래 WHO의 주요 재활정책이며 세계 60여개 국가에서 도입·실시하고 있다. 우리나라는 2000년부터 16개 거점보건소 중심의 CBR 사업을 추진하기 시작하여 2008년 현재 45개 보건소에서 사업을 추진하고 있으며 전국보건소에서 확대 실시할 수 있도록 점진적으로 지원을 확충해 나갈 계획이다.

(5) 시설보호사업

장애인복지시설은 장애인이 시설에 입소하거나 통원하여 재활에 필요한 상담, 치료, 교육, 훈련 및 요양 등의 장애인복지서비스를 제공받을 수 있는 사회복지시설을 말한다. 2008년 12월말 현재 535개 시설에 21,290명이 보호받고 있는데 이를 유형별로 보면 장애인 생활시설(지체, 시각, 청각·언어, 지적) 347개소에 2만 2,250명, 직업재활시설(근로, 보호작업, 작업활동, 직업훈련) 364개소에 1만 422명이며, 지역사회재활시설(복지관, 재활의료시설, 체육관, 기타) 1,448개소가 설치·운영되고 있다(보건복지가족부, 2009: 317).

여기서 우리나라 장애인복지법 제 48조의 시설규정을 살펴보면 다음과 같다.

① 장애인 생활시설

장애인이 필요한 기간 생활하면서 재활에 필요한 상담·치료·훈련 등의 서비스를 받아 사회복귀를 준비하거나 장애로 인하여 장기간 요양하는 시설.

② 장애인 지역사회재활시설

장애인복지관, 의료재활시설, 체육시설, 수련시설, 공동생활가정 등 장애인에게 전문적인 상담·치료·훈련 등을 제공하거나 여가활동 및 사회참여활동 등에 필요한 편의를 제공하는 시설.

③ 장애인 직업재활시설

일반 고용이 어려운 장애인이 특별히 준비된 작업환경에서 직업훈련을 받거나 직업생활을 영위할 수 있도록 하는 시설.

④ 장애인 유료복지시설

장애인이 필요한 치료, 상담, 훈련 등 편의를 제공받고 이에 소요되는 일체의 비용을 시설운영자에게 납부하여 운영하는 시설.

⑤ 기타 대통령령이 정하는 시설

위의 각 호의 규정에 의한 장애인복지시설의 구체적 종류와 사업 등에 관하여 필요한 사항은 보건복지부령으로 정한다(시행일 2000. 1. 1).

⑥ 점자도서관

무료 또는 저렴한 요금으로 시각장애인에게 점자간행물 또는 녹음서를 열람하게 하는 시설.

⑦ 점서 및 녹음서 출판시설

무료 또는 저렴한 요금으로 시각장애인에게 점자간행물 및 녹음서를 제공하기 위하여 이를 출판하는 시설.

(6) 재활지원사업

① 장애인복지 전문인력 양성 및 재활프로그램이 개발·보급

현재 장애인복지 전문인력의 양성은 재활전문의, 사회복지사, 물리

치료사, 작업치료사 등은 국가자격으로 수화통역사, 점역사, 언어치료사, 보행훈련사 등은 장애인단체 및 관련학회 등에서 민간자격으로 자격검정을 실시하고 있다.

그리고 민간자격에 대하여는 교육 및 양성과정의 내실화와 엄격한 자격심사 등 자격관리방안을 마련한 후 국가공인을 추진하고, 단계적으로 동일 업무를 수행하는 국·공립시설 종사자와 같은 임금수준으로 처우를 개선시켜 장애인복지 전문인력의 전문성 제고 및 사기진작을 기할 계획이다.

한편, 장애인의 재활을 위한 프로그램을 널리 보급하는 차원에서 전국의 장애인복지관에서 운영중인 사업들을 표준화한 '장애인복지 프로그램 운영방법'을 1999년 초에 보급하였으며, 2000년과 2003년 장애범주 확대를 통해 장애유형으로 편입된 내부장애인(신장, 심장, 장루, 간, 호흡기 장애)을 위한 '내부기관 장애인에 대한 재활프로그램 방안'을 2007년에 보급하여 내부장애인 재활의 활성화를 도모하였다.

② 직업훈련 및 취업기회 제공

장애인 종합복지관 등 이용시설과 장애인 직업훈련시설에 장비를 보강하여 장애인 직업훈련을 대폭 강화하는 한편, 일반기업에 취업이 어려운 장애인들이 적성에 알맞은 직종의 기능을 습득하여 자립할 수 있는 일터를 마련해 주기 위해 2000년 12월 현재 15개소의 장애인 근로작업시설을 운영·지원하고 장애인재활시설, 장애인종합복지관 등에 장애인 보호작업시설(160개소) 등을 부설 운영하도록 지원하여 시설입소 장애인은 물론 지역내 재가장애인 등 6,041명의 근로장애인이 종사하고 있다(보건복지부, 2001 a: 144).

③ 장애인 의무고용제 시행

장애인 고용촉진 등에 관한 법률(1990년 1월 제정)에 따라 300인 이상 상시근로자를 고용하는 사업체는 장애인 고용의무 대상사업체로 의무 고용률을 적용하고 있다. 민간기업은 2010년부터 2011년까지는 2.3%, 2012년부터 2013년까지는 2.5%, 2014년부터는 2.7%로 변경되었다.

공기업, 준정부기관은 의무고용률을 2%에서 3%로 변경되었다. 다만, 의무고용률 조정에 따라 증가된 장애인고용 부담금은 2012년까지는 1/2을 감면한다. 의무고용률에 미달하는 장애인을 고용한 경우 납부하여야 할 부담기초액이 기존 51만원에서 53만원으로 상향조정되었다. 또한 중증장애인의 경우 최대 2배까지 우대지원 받도록 되어 있다.

④ 장애인 직업재활시설 확충 및 직업훈련기능 강화

장애정도가 심하여 일반기업에 취업이 어려운 장애인들의 기능훈련과 자립을 위하여 장애인 직업재활시설을 확충하는 한편 2000년부터 기존의 장애인 재활시설에 부설 운영 중인 장애인 보호작업장을 규모와 시설기준에 따라 장애인 근로시설과 장애인 보호작업시설 등 별개의 시설로 분류·정비하여 그 운영의 활성화를 추진하고 있다. 또한 장애인재활시설에 직업훈련장비와 시설을 보강하여 장애인들의 직업훈련 기능을 강화할 계획이다. 2008년 12월말 현재 364개소의 직업재활시설에서 1만여 명의 등록 장애인을 보호 고용하고 있다.

⑤ 장애인 재활정보 제공

정보화사회에서는 비장애인들은 언론매체, 컴퓨터 등 다양한 경로를 통하여 정보에 접근하고 있으나 장애인들은 지체, 시각, 청각장애 등으로 정보접근에 소외되어 왔다. 이러한 장애인의 정보접근 기회를 보장하고자 1991년부터 한국장애인재활협회를 통하여 장애인 재활통신인 '곰두리 통신망'을 운영하고 있다. 이 통신망은 일반공중망을 통하여 장애인 및 장애인가족, 재활종사자들에 각종 정보를 주고받고 검색

하며, 장애인재활을 지원하기 위한 전문상담과 장애인의 고등교육, 종사자교육, 재활기관 종사자들의 상호협력을 위한 동호회서비스 등을 컴퓨터통신과 전화자동응답 서비스로 24시간 무료로 제공되고 있다.

(7) 장애인 편의시설 확충

편의시설은 장애인, 노인, 임산부, 아동 등 시설이용 및 이동에 불편을 겪는 사람들이 편리하게 공공시설을 이용하고 정보에 접할 수 있도록 하기 위한 것으로 1998년 4월부터 시행되는 '장애인, 노인, 임산부등의편의증진보장에관한법률'에 의하여 편의시설이 확충되고 있다.

한편 2001년 1월 '편의시설 확충 국가종합 5개년 계획(2000~2004)'을 수립 · 시행하였으며 장애물 없는(Barrier-Free) 사회실현을 통한 장애인 등의 사회활동참여와 복지증진을 위해 제2차 편의증진 국가종합 5개년계획(2005~2009)을 수립 · 시행하고 있다.

특히 2007년부터는 건설교통부(현 국토해양부)와 함께 장애인 등의 이동권 강화를 위하여 "장애물 없는 생활환경 조성(Barrier-Free)"을 위한 인증제를 추진하고 있으며 현재 한국토지공사와 한국장애인개발원을 통하여 대전광역시청 등 5곳에 대하여 인증서를 수여하였으며 2009년에는 동 제도가 정착될 수 있도록 하고 있다.

편의시설을 설치해야 하는 대상시설은 도로, 공원, 일정 규모 이상의 공공건물 및 공중이용시설, 10세대 이상의 공동주택, 버스 · 도시철도차량 · 철도차량 등의 교통수단, 공중전화 · 우체통 등의 통신시설 등 크게 여섯 가지로 구분되는데, 공공건물 및 공중이용시설의 경우 기본적으로 현행 건축법시행령상 건축물 용도분류의 틀에 따라 세분화되어 있다. 공공성이 강한 정부청사, 읍 · 면 · 동사무소, 종합병원, 장애인복지시설, 철도역사 등은 2000년 4월 또는 2005년 4월까지 편의시설을 정비토록 강제되어 있다.

5. 장애인복지의 과제

첫째, 소득보장이 이루어져야 한다. 장애인의 빈곤상태는 모든 생활과 근로에 밀접한 유기적 관계를 지니고 있어서 모든 문제의 원인이 된다. 현재 생계보조수당을 지급하고 있으나 장애인들에게 실질적 도움에 약하기 때문에 점진적으로 증액하고 대상 역시 확대해야 할 것이다. 소득의 확대를 위해서 현재 시행하는 할당고용제를 실시하는 나라의 고용율은 영국 3%, 서독 6%, 프랑스 10%, 일본 1.6~2% 등이다. 우리나라의 경우 현재 2%이지만 아직도 목표달성에 큰 차이가 있다.

둘째, 지역사회 인적 자원을 활용해야 한다. 장애인 자신을 포함하여 가족 구성원들, 그리고 이웃 주민들을 활용해야 한다. 우선 장애인 당사자에게 재활에서의 중요성과 자조정신을 일깨워 주며, 장애인을 둔 가족과 지역주민들에게 재활에 관한 간단한 방법과 기술을 훈련시켜 그들로 하여금 가정에서 장애인의 재활을 지속적으로 돕도록 하는 지역사회 기초재활(*community-based rehabilitation*)을 실시한다(한국장애자재활협회, 1991; 조흥식, 1994: 46). 한편 지역사회 인적 자원의 활용은 장애인에 대한 국민적 의식의 변화와 그에 따른 수용을 전제로 한다.

셋째, 재가서비스를 강화해야 한다. 지역사회 내에 장애인들의 거주를 가능하게 해주는 다면적이며 포괄적인 서비스 및 프로그램들이 존재해야 한다. 저소득 장애인들을 위한 생계지원 및 장애인용 주택의 제공은 물론 가사일을 돕는 가사보조 서비스와 물리치료사, 심리치료사, 언어치료사 등 재활을 돕는 전문인들의 서비스가 지역사회의 장애인들에게 직접 제공될 수 있어야 한다. 식사배달 서비스, 교통수단 제공 등 기본적 재가 서비스뿐만 아니라 장애가족을 돌보는 가족원들의 육체적, 심리적 부담을 경감시킬 수 있는 주간탁아(*day care*) 프로그램과 단기보호 프로그램(*respite care*)도 필요하다(Katz & Martin, 1982;

남세진 편, 1995: 456 재인용).

넷째, 모든 장애인이 적절한 의료서비스를 받을 수 있도록 일정 규모 이상의 종합병원에 재활의학과를 설치하고 재활 관련 전문인(물리치료사, 작업치료사, 언어치료사)을 양성하여 의료재활 서비스 수혜기회를 확대해야 한다. 아울러 장애로 인한 기능장애를 최소화하도록 도울 수 있는 보장구 개발을 과학화하기 위한 재활공학분야에도 국가의 충분한 노력이 필요하다고 할 수 있다.

다섯째, 장애인고용촉진제도의 올바른 이해가 요구된다. 장애인 중 80%가 후천적 원인에 의해 장애를 받고 있으므로 사회성은 우리 모두의 문제로 남아 있다. 따라서 기업의 이윤추구 목표와 장애인의 자아실현 욕구간의 조화를 통한 사회통합이 이루어 질 수 있도록 올바른 이해가 요구된다. 미국의 IBM회사는 장애학생을 신입직원으로 채용하기 위하여 모든 대학을 찾아다니는 것은 좋은 예이며, 영국은 고용인 250명 이상의 모든 기업이 매년 기업보고서에 장애자 고용에 대한 상황을 기재하도록 법으로 요구하고 있다(표갑수, 1992: 38).

여섯째, 직무확대(*Job enlargement*)에 관심을 두어야 한다. 장애인은 특수하고 간단한 직업라인에만 배치하려는 경향이 있는데 이러한 사고는 본래의 뜻에도 맞지 않을 뿐 아니라 단순기능에 편중함으로써 훈련된 무능(*trained incapacity*)이라는 심각한 인간적 장애를 유발시킬 가능성이 있다. 따라서 가능한 한 순환보직의 체계가 필요하다(표갑수, 1992: 39).

제13장

여성복지

1. 여성복지의 개념

'여성복지'라는 용어가 사용되기 시작한 것은 1990년대 이후로 이전까지는 요보호여성(윤락여성의 상담사업, 부녀보호사업, 모자보호사업, 직업보도사업 등)을 대상으로 한 '부녀복지'로 사용되었다. 특히 6·25 동란, 남북분단 등 혼란한 사회적 상황에서 전쟁미망인, 윤락여성 등에 대한 사후 치료적 복지서비스가 최소한의 수준에서 이루어졌다. 이 시기는 1962년의 생활보호법에 의한 저소득층의 생활보호와 더불어 윤락행위 등 방지법의 제정에 의한 보호가 중심이었다.

최근 들어 남녀고용평등법의 제정(1987), 여성문제전담부서의 정무제2장관실의 발족(1988), 모자복지법 제정(1988), 여성발전기본법(1995), 윤락행위 등 방지법 개정(1995), 모자복지법 개정(1998) 등으로 정부의 관심이 고조되면서 여성주의에 입각한 여성복지가 사용되기 시작하였다. 이에 여성복지의 정의는 그 초점을 여권주의에 두느냐 아니면 사회복지에 두느냐에 따라 다르게 정의되기도 한다.

먼저 여권주의 관점의 여성복지의 정의를 보면, "여성복지란 여성이 국가와 사회로부터 인간의 존엄성과 인간다운 생활을 할 권리를 동등하게 보장받음으로써 여성의 건강, 재산, 행복의 조건들이 만족스러워지는 상태를 의미하며 동시에 가부장적 가치관과 이에 기초를 둔 법, 기타 사회제도를 개선하는 것 등으로 여성의 인간다운 삶을 실현하기 위한 모든 실천적 노력을 포함하는 개념"으로 정의하였다(한국여성개발원, 1990: 7).

한편 복지권 관점에서의 여성복지의 정의를 보면, "모든 여성이 한 사회의 구성원으로서 삶의 질을 영위할 수 있도록 여성의 욕구나 문제를 해결하기 위하여 사회구성원들이 공·사 차원에서 행하는 공동체적 노력을 의미한다고 할 수 있다"고 정의하고 있다(조홍식 외, 2000: 8).

한국의 사회복지사업법에서 사회복지사업으로 명명되는 여성복지서비스는 그 대상을 사회적으로 불우하고 열악한 위치에 있는 아동, 노인, 여성 및 심신장애인들로 국한하는 선별주의를 표방하고 있는데 이러한 규정이 협의 개념에 부합된다.

2. 여성문제

사회경제 구조와 가족의 변화와 관련된 여성문제는 취업여성의 증가와 열악한 대우문제, 학대받는 여성문제, 모자가정문제, 학대받는 여성문제, 미혼모문제 그리고 윤락여성문제로 이는 사회문제로 대두되고 있는데 이를 살펴보면 다음과 같다.

1) 취업여성의 증가와 열악한 대우

1960년대 산업화로 인한 고용기회의 확대는 여성인력의 노동시장 유입이 가능하게 되어 여성의 경제활동 참가율이 지속적으로 증대되었다. 이로 인한 여성의 취업은 다양한 복지욕구를 증대시키고 있는데

① 여성의 출산과 관련된 욕구로서 산전산후 휴가, 유급유산 휴가, 육아휴직 등 모성보호를 필요로 한다. ② 여성취업은 보육욕구를 증대시키고 있다. ③ 자녀교육과 관련된 욕구가 증가하고 있다. 가정교육에서 어머니에 대한 의존도가 높은 상황에서 여성취업은 자녀숙제, 준비물 챙기기, 도시락 싸주기 등에 시간과 노력이 많이 소요되는 어려움을 가져오게 된다. ④ 가정 내에 노부모와 동거하는 경우나 장애인이 있는 경우 여성은 상당한 부담과 갈등을 갖게 된다. ⑤ 취업여성들은 집안일과 직장생활이라는 이중부담에서 다양한 가사노동에 시달리게 된다(장인협 외, 2001: 296).

또한 여성은 동일조건(학력, 경력) 남자에 비해 적은 임금을 지급받고 있다. 아울러 성별에 따라 호봉기준에서 차별(남녀분리 호봉, 기본급 승급액의 차별)이 존재하며, 생활보조적 기업복지(가족수당, 교육수당, 통근수당, 주택대부금 등) 차원에서도 차별이 엄연히 존재하고 있다.

이렇게 볼 때, 여성취업자는 점차 늘어나고 있으나, 여성들이 여전히 저임금, 미숙련, 단순반복직, 하위직에 머물고 있고, 일용근로자, 시간제 근무직, 임시직 근로자 등 불안정한 취업이 많으며, 전반적으로 열악한 노동조건에서 일하기 때문에 여성 노동조건의 개선, 여성을 위한 생활보장, 기혼여성의 모성보호와 육아, 그리고 직장생활을 병행할 수 있는 사회복지제도의 마련이 필요하다고 하겠다.

2) 모자가정문제

남편과의 사별, 이혼으로 인하여 가족기능을 상실함으로서 많은 문제를 야기하는데 이는 다음과 같다.

첫째, 경제적 빈곤문제이다. 경제적 주 수입원인 남편의 사망이나 이혼으로 발생하는 여성세대주는 경제적 어려움을 경험하게 된다. '빈곤의 여성화'(*feminization of poverty*)로 표현되는 여성세대주 가정의 경제적 열악함은 우리나라 생활보호대상 가구의 57%가 여성세대주라는 데서 증명되고 있다(통계청, 2007). 이러한 경제적 빈곤은 물질적 자원의 부족만을 의미하는 개념이라기 보다는 교육의 기회, 의료혜택의 기회, 지위의 상승이동의 기회 등 각종 사회적 가치에서의 빈곤을 동시에 의미하는 것이며 또한 개인의 성취동기, 열망수준 및 자아실현 등의 심리학적 차원에서의 박탈과 문화적 가치로부터의 소외 등을 의미하기도 한다. 즉, 빈곤은 언제나 단순한 경제적 박탈만을 의미하는 것이 아니라 사회적 박탈, 심리적 박탈 및 문화적 박탈을 동시에 포함하고 있는 개념이기 때문에 더욱 중요하다. 따라서 자녀양육, 정서적 안정 상실의 문제 등을 야기시킨다.

둘째, 자녀의 양육 및 교육문제이다. 모자가정에서 아동·청소년들의 비행현상이 높게 나타나고 있다. 여성가구주는 부모 양자의 역할을 다 가지게 되고 가구에 대한 경제적 책임을 수행하기 때문에 자녀양육이나 교육에 소홀히 될 수밖에 없다.

셋째, 자녀들의 성역할 모델의 상실문제이다. 여기서 성장하는 소년은 남성역할의 모델을 제공받을 수 없기 때문에 성역할의 일체화에 불만이 생기고 때문에 성인적 지위를 획득하는데 요구되는 남성역할의 일체와 모델을 가족 외적 집단인 가두의 비행집단에서 찾는다. 이로 인해 비행에 가담할 가능성이 높아지는 문제를 가지게 된다(Shoemaker, 1984: 121을 표갑수, 1986: 28 재인용).

3) 학대받는 여성문제

가정에서의 아내폭력은 불안, 남편에 대한 두려움, 자녀를 버리고 집을 나온 것에 대한 죄의식, 자녀양육과 관련된 불안과 부담, 이혼에 대한 불안, 남편을 만나는 것에 대한 두려움 등이라 할 수 있다

(MacLeods, 남세진, 1997: 475에서 재인용). 무엇보다 학대받는 아내들의 문제는 자녀들에 대한 걱정과 미래에 대한 장기적 대책이 없기 때문에 가출에 대해 후회하고 다시 귀가하게 될 가능성이 높다.

아내학대의 문제는 우선 학대받는 여성을 개인적인 결함이나 병리적인 특성을 가진 개인이 아니라, 신체적·정서적으로 상처를 입은 개인으로 보아, 여성의 개인적 희생에도 불구하고, 결혼유지를 개입목표로 하는 접근방법보다는 현재의 상황에서 여성이 이혼을 결심했을 때 발생하는 수입의 감소, 이혼녀로서의 낙인, 편모로서의 생활, 탁아서비스 등의 사회서비스의 부족이나 결여로 인한 불이익 등을 최소화시키는 방향으로의 사회복지정책적 접근이 필요하다(김기태 외, 2001: 539).

4) 미혼모 문제

현대사회가 급속히 변화함에 따라 성에 대한 규범과 태도가 변화하며 미혼모의 수도 증가하는데 이러한 미혼모가 발생함으로써 가정, 사회와 국가 그리고 미혼모와 그 아동에게 부정적 영향을 주고 있다.

미혼모가 가정에 바람직하지 못한 영향을 미치는 것은 미혼모의 발생으로 미혼모가 속한 가정의 기능을 약화시켜 이것이 사회문제로 나타날 가능성이 크기 때문이다. 미혼모의 탈선행위는 사회통제의 가장 중요한 추진제도인 가족에 영향을 주어 가족의 결속감과 통제력을 약화시키고 사회관계에서 불균형 상태로 만들어 가족해체 현상을 유발시켜 사회문제가 된다. 전통적인 우리나라의 도덕적·윤리적 가치관은 미혼모가 가정에 발생하면 사회적 비난을 의식하여 수치심과 열등감을 느껴 장기간 가정불화와 가정파괴의 주요인이 되었다. 중요한 것은 미혼모로 인하여 가족구성원의 결속력 또는 연대감의 상실이 역할패턴의 약화 및 붕괴를 가져오며(Elliot & Merril, 1961, 김근조), 구드가 말한 바와 같이 가족구성원이 자신의 역할의무를 수행할 의사가 없거나 수행할 능력이 없어지므로 가족해체에 이르게 되어 사회문제로 되는 것이다(Goode in Merton & Nisbet, 1976: 514).

사회적으로는 미혼모의 비합법적 성행위의 결과로 태어난 아동은 미혼모의 경제적 지위악화, 가정불화, 무책임한 행동 등의 사유로 아동을 학대 유기하는 사례가 발생하므로 사회문제를 일으킨다. 특히 경제적 지위와 지적 수준이 낮고, 사회화가 미숙한 상태의 미혼모는 아동을 유기함으로서 아동 경시현상을 초래할 위험성도 내포하고 있다. 국가적으로 미혼모와 사생아로 태어난 아동은 가정에서 양육하지 않는 한 시설보호를 받게 됨으로써 국가의 자원손실을 초래한다.

그리고 미혼모 자신은 혼외임신으로 인하여 심한 긴장과 불안을 경험하여 자포자기하는 경향이 많으며, 학생일 경우 계속 교육받을 기회를 잃게 되어 장래에 제약을 받게 된다. 또한 외부의 부정적 태도로 결혼이나 사회활동에서도 불이익을 경험한다. 출산하였을 경우 미혼모는 대부분 산전산후 의료혜택을 제대로 못 받기 때문에 후유증이 생길 가능성도 높다(복지연구회 편, 1984: 208). 미혼모가 낳은 아기는 법적 지위확보도 어려울 뿐만 아니라 조산아, 미숙아, 신체적 결함, 심신장애 등이 될 가능성이 높고, 유아사망률도 높으며 건강상태도 좋지 않을 가능성이 많다. 또한 혼외 자녀로서의 낙인을 받거나 부모로부터 거부되고 기아가 될 수도 있다. 사회복지적 서비스가 필요하다.

5) 성매매여성 문제

성가치관의 타락으로 성폭력 피해를 입은 여성들과 퇴폐·향락업소의 증가로 인한 성매매여성의 문제가 여성문제로 제기되고 있다. 이러한 문제는 사회적으로 잘 노출되지 않고 은밀하게 진행되고 있어 실태파악이 매우 어렵다. 그러나 이들을 보호하고 이들의 사회적·심리적 고통과 문제를 해결하기 위하여 보다 적극적인 법적·제도적 대책이 요청되고 있다.

3. 여성복지사업의 현황

여성복지사업은 요보호여성을 위한 사회복지사업과 일반여성의 사회복지사업으로 크게 대별할 수 있는데 이를 살펴보면 다음과 같다.

1) 요보호여성을 위한 사회복지사업

(1) 저소득 한부모가정 지원

저소득 한부모가정은 2008년 말 현재 15만 209세대, 39만 9,014명으로 파악되고 있으며, 이들 중 한부모가족복지법에 의해 8만 1,792세대, 국민기초생활보장법에 의해 6만 8,395세대, 국가보훈법에 의해 22세대가 보호를 받고 있다. 한부모가정에 경제적 부담이 되는 자녀교육비 및 아동양육비를 지원하여 자활·자립을 도모하고 있다. 저소득 한부모가족의 자녀가 고등학교에 입학 또는 재학하는 경우 입학금과 분기별 수업료를 지급하고 만 8세 미만의 아동을 양육하는 가정에는 1인당 아동양육비 월 5만원을 지원함으로써 아동의 건전한 육성과 가정의 생활안정을 도모하고 있다.

아울러 저소득 한부모가족의 안정적인 경제지원을 위해서는 복지자금융자사업이 매우 중요하다는 점에서 근로능력 및 자립자활 의지가 뚜렷하고 현실성 있는 사업계획을 제시하는 저소득 한부모가족에 대하여 연리 3%, 5년 3거치 5년 분할 상환조건으로 1인당 최대 2,000만원까지 장기저리의 복지자금을 대여함으로써 저소득가정의 생업기반을 조성하여 조기자립 및 생활안정을 도모하고 있다(보건복지가족부, 2009: 242~243).

(2) 요보호여성 상담사업

① 여성복지상담

'성매매예방특별법'에 근거해 설립된 여성복지상담소는 주로 저소득 모자가정, 미혼모, 가출여성, 성매매여성, 학대받는 여성 등의 발생을 예방하고 사후선도를 위한 상담사업을 전개하고 있다. 2000년 12월 현재 전국의 88개소의 여성복지상담소와 성매매여성 집결지, 주요역, 기지촌 등에 42개소의 간이상담소를 설치하여 운영하고 있다. 여성복지상담원의 역할은 요보호자에 대한 조사, 취업알선, 시설입소, 보호알선(생계보조), 선도귀가, 교육 및 조언, 치료의뢰 등이다. 1999년에는 여성응급전화 "여성 1366"은 여성복지상담소, 여성회관, 민간단체 등에 144개소가 설치되고 있고 이를 중심으로 상담기관, 쉼터, 경찰, 병원의 서비스 네트워크가 구축되고 있다(신은주, 2000; 김인숙 외 2000: 1).

② 성폭력 피해상담

성폭력 피해상담은 1994년에 제정된 성폭력범죄의 처벌 및 피해자보호 등에 관한 법률에 근거하여 설치된 성폭력 상담소에서 성폭력 상담과 일시보호를 실시하고 있는데 2008년 12월 현재 196개의 성폭력상담소가 개설 운영되고 있다. 이들 상담요원은 성폭력 피해로 인하여 정상적으로 가정 및 사회생활이 어렵거나 기타 사정으로 긴급히 보호를 필요로 하는 사람을 병원 또는 성폭력 피해자 보호시설에 인계하고, 가해자에 대한 고소와 피해보상청구 등 사법처리 절차에 관하여 관계기관에 필요한 협조와 지원을 요청하는 일을 하고 있다.

③ 가정폭력상담

개인, 사회복지법인, 기타법인 등 다양한 주체에 의해 운영되는 가정폭력상담소에서는 가족에 의해 이루어지는 폭력의 문제를 상담하며 구체적으로 다음과 같은 활동을 벌이고 있다(보건복지부, 2001). ㉠ 가정폭력을 신고받거나 이에 관한 상담, ㉡ 가정폭력으로 인해 정상적 가정생활이나 사회생활이 어렵거나 기타 긴급보호를 필요로 하는 피해자를 임시보호 하거나 의료기관 또는 가정폭력 피해자보호시설로 인도, ㉢ 행위자에 대한 고발 등 법률적 사항에 관한 자문을 얻기 위해 대한변호사협회나 지방변호사 또는 대한법률구조공단 등에 필요한 협조와 지원 요청, ㉣ 경찰관서 등으로부터 인도받은 피해자의 임시보호, ㉤ 가정폭력 예방 및 방지에 관한 홍보, ㉥ 기타 가정폭력 및 피해에 관한 조사연구이다. 가정폭력상담소는 2008년 12월 현재 전국적으로 303개소가 운영되고 있다.

가정폭력을 근절하기 위해서는 법의 제정뿐 아니라 사회 전반적인 변화가 필요하다. 젤리스(Gelles, 1997)는 가족폭력을 근절하기 위해 다음과 같이 주장하였다. ㉠ 사회와 가정에서 폭력을 합법화하거나 미화하는 규범을 제거하고, 특히 대중매체에서 폭력을 제거한다. ㉡ 교육체계에서 성폭력의 사회적 원인에 대해 교육하고, 평화를 존중하는 갈등 해결과 의사소통기술을 가르친다. ㉢ 가정과 사회에서 성차별적 요인, 성에 따른 분업화를 제거한다. ㉣ 사회에서 폭력을 유발하는 스트레스(빈곤, 불평등, 실업 등)를 줄인다. ㉤ 가족을 친족망 혹은 지역사회와 연결함으로써 사회적 고립에서 벗어나도록 지원한다. ㉥ 아동에 대한 체벌은 폭력이 학습되는 가장 효과적 방법이므로, 가정에서 자녀를 체벌하지 않는다(김상준 외, 2001: 304~305).

여성복지상담서비스는 정부에서 직접 운영하는 상담소에 의해 제공되는 반면, 성폭력피해상담은 한국성폭력상담소, 한국여성의 전화, 대한가족보건복지협회 등 성폭력상담을 하는 민간단체를 재정 지원하는 방식으로 실시되었다.

이러한 상담사업은 상담소의 부족 및 지역적 편재 현상, 상담시설과 여건의 열악성, 상담원의 부족과 자질문제, 부족한 재정문제, 상담원에 대한 처우미흡, 전문적 상담서비스의 내용과 질적 문제, 상담원에 대한 보수교육의 부족, 가정폭력의 가해자에 대한 접근의 어려움 등의 문제를 지니고 있다(서명선, 1996: 232). 또한 가정폭력상담도 가정폭력상담소 등 민간단체에서 운영되고 있다.

2) 시설보호사업

요보호여성을 위한 여성복지 시설에는 모자보호시설, 부자보호시설, 모자자립시설, 모자일시보호시설, 선도보호시설, 미혼모자시설, 일시보호소, 미혼모자공동생활가정, 미혼모공동생활가정, 성폭력피해자 보호시설 등이 있는데 이를 살펴보면 다음과 같다.

① 모자보호시설

한부모가족지원법 제4조의 규정에 의해 어머니로서 만 18세 미만(취학시 만 22세 미만)의 아동을 양육하는 무주택 저소득 모자가족과 미혼모자시설 퇴소자 중 스스로 아동을 양육하는 미혼모는 모자가족으로 시설입소 대상자에 포함시키고 있다. 이들에게 기본적 생계비 보조와 자립기반조성을 위해 지원하고 있으며, 상담원으로 하여금 정신적·심리적 갈등과 자녀양육문제 및 모의 직업훈련 등에 관하여 상담지도를 하고 있다. 2007년 현재 41개소가 운영되고 있다.

② 부자보호시설

아버지로서 만 18세 미만(취학시 만 22세 미만)의 아동을 양육하는 무주택 저소득 부자가족을 입소시켜 보호하는 시설이다. 2007년 현재 1개소가 운영되고 있다.

③ 모자자립시설

모자보호시설에 일정기간 있다 퇴소하였으나 자립준비가 안된 모자가정은 모자자립시설(2008년 12월 현재 3개소)에 입소할 수 있다. 이러한 시설에의 입소는 시·군·구 상담원의 상담을 거쳐 결정되며, 입소 후 생계비(자립시설 제외), 중학교 및 실업계 고등학교자녀학비, 방과 후 지도·아동급식비(자립시설 제외), 직업훈련수당 및 훈련기간 중의 생계비, 생업자금융자, 보육시설 이용시 보육비용 등이 지원된다.

④ 일시보호시설

1992년에 설치되어 14개소(2008년 12월 현재)가 운영되고 있다. 배우자의 물리적·정신적 학대로 아동의 건전양육과 모의 건강에 지장을 초래할 우려가 있을 경우 여성복지상담소의 상담을 거쳐 입소하여 신변보호, 숙식제공, 법률상담 및 심리상담을 제공하고 있다. 보호기간은 60일 이내(필요시 60일 연장가능)이다.

⑤ 선도보호시설

윤락행위의 상습이 있거나 환경(가출, 유흥, 접대부) 또는 성행으로 보아 윤락행위를 하게 될 현저한 우려가 있는 자이다. 입소는 본인의 자발적 희망, 경찰서 등 관계기관의 의뢰, 소년부판사의 선도보호 위탁처분 등을 통해 이루어진다. 모자보호시설과 마찬가지로 무료숙식과 1종 의료보호 서비스가 제공되며, 진학·복학을 위한 학습, 직업교육, 인성교육 및 생활지도 등을 받게 된다.

⑥ 미혼모자 시설

미혼의 임산부 및 출산 후(6개월 미만) 일정기간 아동의 양육지원이 요구되는 여성으로서 분만혜택과 숙식보호가 필요하고, 본인이 희망하면 입소할 수 있다. 분만의료혜택 및 숙식보호, 직업교육, 인성교육 등이 제공되며 전국 27개소(2008년 12월 현재)의 미혼모자시설에서 연간 2,153명의 미혼모가 이용하고 있다.

⑦ 미혼모자공동생활가정

2세 미만의 영유아를 양육하는 미혼모로서 일정기간 숙식보호와 자립지원을 필요로 하는 자를 입소시켜 보호하는 시설이다. 전국 19개소(2008년 12월 현재)의 미혼모자시설에서 연간 192명이 이용하고 있다.

⑧ 미혼모공동생활가정

출산 후 아동을 양육하지 아니하는 미혼모로서 일정기간 숙식보호와 자립지원을 필요로 하는 자를 위한 시설이며, 자립지원프로그램(직업교육 및 상담지도 등) 등을 제공하고, 보호기간은 2년 이내로 하되 보호기간 연장기간에 부합될 경우 6월의 범위 안에서 연장이 가능하다. 2008년도 말 현재 2개의 시설에서 13명의 입소자들이 보호를 받으며 생활하고 있다.

⑨ 성폭력피해자 보호시설

성폭력피해자를 보호함으로써 신체적 정신적 안정회복과 사회복귀를 도모하기 위한 시설이다. 성폭력 상담 및 일시보호를 제공하고 18개소(2008년 말)가 있다. 보호기간은 6개월 이내(1개월 연장가능)이다.

⑩ 가정폭력피해자 보호시설

가정폭력범죄의 처벌 등에 관한 특례법과 가정폭력방지 및 피해자보호 등에 관한 법률에 의하여 가정폭력의 피해자들을 임시(3일~7일)로 혹은 일시적(2개월~3개월)으로 보호하고 필요한 서비스를 제공하거나 서비스를 제공할 수 있는 의료기관 등에 의뢰함으로써 신체적·정신적 안정과 가정복귀를 돕기 위한 시설이다. 가정폭력 가해자 처벌 및 교화는 법무부에서, 피해자 상담 및 보호는 보건복지부 여성보건복지과에서 담당하고 있다. 현재 전국적으로 71개소의 시설이 운영되고 있다(여성부, 2009).

3) 재가보호사업

모자복지법에 의한 보호, 아버지가 없는 저소득 모자가정 중 보호를 요하는 가정에 대해서는 국민기초생활보장법에 의한 보호, 국가유공자 예우 등에 관한 법률에 의한 가정으로 구분하여 보호되고 있는데 이를 살펴보면 다음과 같다. ① 복지급여: 생계비, 직업훈련비 및 훈련기간

중 생계비, 아동교육지원비, 아동양육비, 기타 대통령이 정하는 비용, ② 고용촉진: 직업훈련 실시, 취업알선을 통한 각종 사업장에 모자가정의 어머니와 아동이 우선 고용권 부여, ③ 공공시설 내 매점 및 시설 설치의 우선권 부여, ④ 국민주택의 분양 및 임대 우선권 부여 등이다(장인협 외, 2001: 310).

4) 일본군 위안부 생활안정지원 사업

일본군 위안부 할머니들에게 '일제하 일본군 위안부에 대한 생활안정지원법'에 의거하여 생활안정실시금을 지원하고 생계급여, 의료보호 등을 제공하고 있다.

5) 일반여성복지증진 사업

(1) 근로여성보호 사업

근로여성을 위한 법적 보호제도는 남녀고용평등법, 근로기준법에 의하여 보호를 받는다. 남녀고용평등법은 고용에 남녀간의 평등한 기회를 보장하고 근로여성의 모성보호를 강화하기 위한 것으로, 그 주요 내용은 고용기회의 평등한 보장과 동일 노동에 대한 동일 임금 지급, 교육·배치·승진, 정년, 해고에서의 차별대우 금지, 근로여성을 위한 직업훈련실시, 1세 미만 영아를 가진 근로여성에 대한 육아휴직 허용 등을 규정하고 있다. 그러나 이와 같은 남녀고용평등을 위한 규정들은 현실적으로 제대로 지켜지지 못하는 실정이다. 근로기준법은 근로여성의 신체적 특수성을 고려하여 유해위험업무에의 종사제한, 야간 및 휴일근무 금지, 시간외 근로제한, 갱내작업금지, 유급생리 휴가부여, 임신 중 경미한 업무로의 전환, 18세 미만 근로여성에게 교육시설 제공 등의 규정을 두고 있다. 그러나 현실적으로는 남성근로자에 비하여 근로시간이 다소 긴 편이고 초과근로, 야간근로, 휴일근로 등 법정근로시간이 제대로 지켜지지 않는 경우가 많고 근로여성이 집중되어 있는 제조업 계통의 사업장이 작업환경이 비교적 열악한 형편이다(민경석, 1998: 292).

(2) 여성회관 운영

여성회관은 시·도 및 시·군·구의 조례에 근거하여 1970년부터 설립·운영되고 있다. 지역에 따라 지방자치단체가 직접 운영하기도 하고 민간에 위탁하여 운영하기도 한다. 여성회관의 주요기능은 다음과 같다. ① 저소득층 여성의 자립기반 조성을 위한 직업보도 및 숙박시설 제공, ② 여성문제에 관한 상담과 지도 및 회관이용 여성의 자녀수탁보호, ③ 여성의 자질향상을 위한 교양강좌 및 취미교실 운영지도, ④ 여성단체 육성을 위한 지도와 협력, ⑤ 예식장운영, 각종 시설물 대여 및 건전소비생활 안내 및 지도, ⑥ 여성자원봉사자의 활동 및 기타 후생사업 등이다.

(3) 여성단체 지원

정부에서는 저소득 여성의 기능교육 및 일반여성의 교양교육 등 여성의 잠재능력을 개발하고 여성의 경제적·사회적 지위향상을 도모한다는 목적하에 여성단체를 지원하고 있다. 현재 우리나라에는 2,200여개의 여성단체가 활동하고 있다.

4. 여성복지의 과제

실제적으로 여성복지의 문제는 경제적 곤란뿐만 아니라, 비경제적인 자녀양육, 교육, 정서적·문화적 문제 등의 심각성이 기인하고 있다. 그러므로 여성복지는 그 대상을 저소득에 대한 물질적 지원은 물론, 기타 다양한 욕구에 대한 정책적 고려가 있어야 한다. 그리고 일반여성의 문제도 여성복지의 장기적인 대책으로서 함께 고려되어야 할 것으로 본다. 이에 여성복지의 과제를 몇 가지 제시하고자 한다.

첫째, 여성의 빈곤을 해소하기 위한 소득지원이 요구된다. 여성노인의 빈곤을 해결하기 위한 적극적 대책으로서 연금수급권의 확대가 필요하다. 즉, 생활보장제도의 한계로 인하여 빈곤여성의 경우 생활급여만으로 최저생활을 유지할 수 없는 경우가 많으므로, 국민기초생활보장제도의 실시와 더불어 최저생계비 수준의 향상 및 수급대상의 확대가 바람직하다.

둘째, 오랫동안 사용되던 부녀복지라는 명칭이 여성복지로 바뀜에 따라 여성복지서비스는 보다 보편적 접근으로 확대될 것이 기대되었으나 실질적 변화는 시도되지 않았다. 저소득 모자가정, 미혼모, 가출여성, 성매매여성, 일본군 위안부 등 요보호여성이 여전히 여성복지사업의 주 대상이었으며, 그 외의 여성들은 국민연금, 생활보장, 모자복지법 등 사회복지제도 내에서 연령과 개인이 처한 상황에 관계없이 남성가구주의 피부양자로 규정되어 왔다. 일반여성을 위한 사업으로는 여성회관의 운영과 일부 여성단체에 대한 재정지원이 있었을 뿐이다. 따라서 앞으로 주부의 연금 독립수급권, 비공식 부문 등 취업여성 고용보험 적용확대, 모성보호비용의 사회화, 가정폭력방지법의 보완 등도 해결되어야 한다.

셋째, 여성이 가정과 직장을 양립할 수 있도록 공동직장보육시설을 확대해야 한다. 또한 보육예산을 지속적으로 확충하여야 한다. 전 보육시설의 교사인건비 지원, 합리적 보육비용 개선에 따른 국가부담의 확대와 차등보육료제 실시 등을 위한 예산이 확보되어야 할 것이다. 또 다양한 보육 프로그램(장애아, 영아, 부모교육, 방과후보육, 단기 영아전담 보육 등)이 필요하다. 아울러 영아·장애아 전담보육시설이 확충되어야 할 것이다. 그리고 방과후 아동지도사업의 확대도 필요할 것이다.

넷째, 여성복지정책의 대상을 요보호여성을 위한 보완적이고 사후치료적 시책에 국한하지 말고 전체 여성을 대상으로 하는 보편적 시책을 적극 추진하여야 한다. 다만 보편적 시책의 추진은 정부와 민간의 재정능력과 실시여건 등을 고려하여 단계적으로 접근하여야 할 것이다.

다섯째, 현재 여성복지상담소는 일부 시·군·구와 취약지역에만 설치되어 있으나 이를 전국적으로 확대 설치하고 전문적 교육을 받은 상담원을 배치하여 요보호여성 발생 예방에 기여할 수 있는 전문적 서비스가 제공되도록 하여야 한다.

여섯째, 한부모가족복지시설은 숙식보호 이외에 한부모가족의 생활향상과 자립강화를 위해 다양한 서비스가 필요한 바, 향후 복지시설 입소자 등이 지역사회 자원을 활용할 수 있도록 지역네트워크 활성화가 요구된다.

일곱째, 일반여성의 복지증진을 위해서는 무엇보다도 노동시장에의 여성참여 증대와 동등한 대우가 보장되어야 한다. 이를 위해서는 남녀고용평등법이 실질적으로 적용될 수 있도록 고용분야에서 남녀평등에 관한 법적 규제를 강화하여야 한다. 채용, 승진, 배치 등에서 동일한 기회를 부여하고 남녀의 차별적 급여제도를 개선하고 직업훈련 기회도 평등하게 부여하여야 한다. 그리고 근로기준법에 의한 여성근로자 보호에 관한 규정이 엄격하게 적용될 수 있도록 근로감독과 행정지도를 강화하여야 한다.

제14장

가족복지

1. 가족복지의 개념

가족복지의 개념은 시대와 문화적 배경에 따라 다르기 때문에 한 마디로 규정하기는 쉽지 않다. 여기서는 대표적인 정의 몇 가지를 살펴보고자 한다.

가족복지의 정의를 광의로 보면 '가족복지는 사회복지의 한 분야로서 인간다운 생활을 할 권리를 가진다는 헌법(34조)의 기본이념에 입각하여 가족생활을 보장하기 위해 제도적, 정책적, 치료적 면에서 국가 및 사회가 수행하는 총체적 노력을 말한다'. 그리고 가족복지의 정의를 협의로 볼 때는 보통 가족복지사업이라고 말하며 '가족이 빈곤, 질병, 사업, 가족관계의 붕괴 등으로 가족원 개개인의 존엄성이 상실되고 가족이 해체위기에 처했을 때 가족생활을 보호·강화하고 사회적 기능과 역할을 수행할 수 있도록 돕는 사회적 서비스 활동을 의미한다'라고 정의를 내릴 수 있겠다.

가족복지란 가족의 생활을 강화하고, 가족 내의 관계를 강화시키며, 가족 성원의 사회적응 기능을 강화시키기 위하여 정부와 민간이 개입을 행하는 사회적 대책이며(김영모, 1990: 61), 일본 《현대복지학총람》에서는 가족복지란 개인생활상의 모든 욕구충족이 그 사람의 가족생활의 양태에 의하여 규정됨에 착안하여 가족원으로서의 개인이 가족집단에의 적응이나 가족생활 그 자체의 유지 및 질적 향상을 도모함을 목적으로 하는 사회복지의 한 분야라고 하였다(신섭중 외 역, 1995: 306).

《한국사회복지연감》에서는 가족복지사업이란 가족의 항상성(*homeostasis*) 유지에 위기, 불안 등을 조성하는 역기능을 미연에 방지함으로써 가족원 각자가 건전한 퍼스낼리티를 발달시키고 건전한 사회인으로 성장하여 사회적 역할을 만족스럽게 수행할 수 있도록 원조하는데 그 목적을 두고 있다.

가족복지는 가족 전체를 대상으로 가족의 다양한 욕구에 따른 통합적, 예방적 복지정책과 프로그램, 서비스를 제공하기 위한 공적, 사적 차원에서의 조직적 활동을 의미한다. 가족복지는 아동, 노인, 장애인 등 대상별 서비스가 아닌 한 단위로서의 가족 전체를 통합적으로 지원하며, 가족이 위기에 처하거나 해체된 후 사후치료가 아닌 예방적 프로그램과 서비스를 제공하는 데에 초점을 둔다(김상균 외, 2001: 306).

이상의 정의를 종합하면 가족복지는 가족문제의 해결, 예방, 가족구성원의 사회적 기능수행의 활성화, 생활의 질적 향상 등을 위한 사회복지서비스와 과정을 의미하는 것으로, 가족이 전생애에 걸쳐서 행복하고, 안정된 바람직한 삶을 영위하기 위하여 가족 성원의 욕구와 문제를 해결하는 '가족 전체'(*family as whole*)를 대상으로 한 정책적·전문적 대책을 말한다고 할 수 있겠다.

2. 가족복지의 대상

가족복지의 대상은 그 나라의 경제적 여건이나 사회환경에 따라 달라질 수 있는데 학자들의 견해도 다양하게 나타나고 있다.

펠트만과 쉐즈는 가족복지의 대상으로 경제적 곤란, 가족구조상의 결손, 가족성원의 일탈행동과 사회적응문제, 가족성원의 장애나 사회적 불이익 처분을 들고 있다(Feldman & Scherz, 1967: 41~45).

김성천은 ① 가족 전체성에 영향을 주는 빈곤, 불평등, 실업, 무주택, 교육기회의 박탈, 의료기회의 박탈, 이사와 같은 환경적 문제, ② 가족 전체성에 영향을 주는 가족성원의 역할 불이행, 갈등, 가족성원의 증가나 감소, 별거 등의 가족 결손요인과 같은 가족성원간의 문제, ③ 가족의 전체성에 영향을 주는 가족성원의 적응능력, 인격, 행동상의 장애나 같은 가족성원의 내적 문제 등을 가족복지의 대상으로 보고 있다(김성천, 1989: 113~114).

그리고 장인협은 가족복지의 개념에 따라 가족복지의 대상을 다음의 세 가지로 제시하고 있다.

① 개인과 가족의 기능과 가족관계에 관한 문제: 부부갈등, 별거, 이혼, 부모자녀관계, 청소년 문제, 직장 부적응, 일탈행동, 미혼모 문제, 아동학대, 아동유기, 가족유기, 부랑아, 고아 등을 들 수 있다.

② 빈곤이나 사회자원의 결핍에 관한 문제: 경제문제, 직업문제, 주택문제, 건강문제로서 저소득, 실업, 만성질환, 신체장애, 정신장애, 세대주의 사망, 편부모가족, 청소년 가장가족, 노인문제 등을 들 수 있다.

③ 일시적 긴장에 의한 문제: 가족성원들이 정상적 생활능력을 가지고 있으나 일시적으로 긴급하거나 긴장상황 때문에 역할수행이 어려운 것으로 실직, 질병, 사업실패, 이민, 이주, 불의의 사고, 가족원의 자살, 수감 등을 들 수 있다(장인협, 1985: 93).

3. 가족복지의 접근방법

이 방법에는 가족복지정책적(거시적) 접근방법, 가족복지사업적(미시적) 접근방법, 그리고 가족치료로 나눌 수 있다.

1) 가족복지정책적 접근방법

가족복지정책은 자녀를 위한 경제적 지원·양육·보호 및 사회화와 노인의 보호와 부부간의 애정 및 협동을 위한 이상적 제도인 가족이 제 기능을 발휘하지 못할 때 가족성원들이 욕구와 문제를 해결하기 위한 국가의 개입이라고 보았다(김영모, 1990: 206). 또 다른 정의는 가족복지정책은 가족의 기능·구조 및 역할을 바람직한 방향으로 유도하고 가족 전체 및 가족원으로서의 개인의 복지를 증진시키기 위해 국가가 의도적으로 행하는 행동에 대한 일련의 상관된 원칙들로 정의하고 있다(최성재, 1994: 197).

이러한 가족복지정책은 사회복지정책의 하위개념으로서 사회정책의 한 분야이고 수단으로서의 가족정책이며 정책의 관점이나 기준의 3가지로 간주할 수 있는데 이를 살펴보면 다음과 같다.

(1) 사회정책의 한 분야로서의 가족정책

이는 가족을 위한 소득재분배정책(예; 가족수당), 인구정책, 고아, 장애인, 노인, 빈곤자, 무주택자와 같은 보호가 필요한 가족성원과 피부양자의 지원적·대리적 보호를 포함한다(Karmerman & Kahn, 1978: 4~6). 이 정책은 산업사회에서 피부양자의 보호와 사회문제의 예방, 생활의 곤란에 처한 가족을 돕기 위한 개념이다. 여기에는 아동보호사업과 취업모를 위한 지원 서비스, 보육정책을 들 수 있다.

(2) 수단으로서의 가족정책

이는 가족과 직접적인 관련이 없는 목적을 세우고 이를 달성하기 위해 가족에게 어떤 행위를 요구하는 것이다. 예를 들어, 동유럽에서 실시하는 아동보호시설, 출산수당, 아동보호휴가 등은 여성을 노동에 참여시키려는 의도를 갖고 있다. 많은 나라들이 가족정책을 광범위한 정치·사회적 목적을 성취하기 위한 중요한 도구로 간주하며, 최근 가족은 노인·장애인·병약자를 보호하는 주요 제도가 되고 있다. 우리나라의 여성고용정책이 여기에 포함된다.

(3) 관점 및 기준으로서의 가족정책

이는 가족정책이란 최광의로 보면 정부가 가족에게 그리고 가족을 위한 모든 활동을 의미한다(Karmerman & Kahn, 1978: 3). 가족정책을 사회정책의 선택을 위한 범주나 관점으로 보는 가장 최근의 개념이다. 이 경우 모든 정책 영역, 조세, 교통, 군사정책, 토지이용 등도 가족정책의 영역에 포함될 수 있고, 정책결과의 평가뿐만 아니라 정책결정 기준의 하나로서 가족복지를 이용하는 것이다(박민자, 1996: 372~373).

최근 들어 가족정책이 절실히 요구되는 이유는 가족정책이 다음과 같은 장점을 갖고 있기 때문이다. ① 전통적으로 유지되어 온 대가족의 붕괴에 즈음하여 가족정책이 그것을 방지하는 하나의 잠재적 전략이 될 수 있다. ② 가족정책은 사회복지의 전개와 분석에 유용한 틀을 제공할 수 있으며 변화하는 가족의 복지 요구에 즉각적으로 대응할 수 있다. ③ 모든 영역에서 종래의 제반 사회정책과 공공정책을 평가하는 데에 하나의 기준이 될 수 있다(Kamerman & Kahn, 1978).

이러한 가족정책은 역사적으로 가족수당, 보편적 가족급여와 같은 소득재분배의 의미와 인구정책 등으로 시작하여, 결손가족, 장애가족, 노인가족, 빈곤가족, 무주택가족과 같은 부적응 가족을 대상으로 확대되었다. 최근 들어서는 아동의 인권보호와 주부, 특히 취업모를 위한 시책으로서 가족정책이 강조되게 되었다.

여기서 가족복지정책이 잘 발달되어 있는 유럽 가족정책의 특징을 살펴보면 가족정책의 방향을 시사받을 수 있을 것이다(Kamerman and Kahn, 1978: 4). ① 대가족을 위한 소득재분배 정책의 일환으로서 가족 수당·소득세 정책 등이 실시되었고, ② 인구정책과 장기적 인구 증가계획에 대한 관심에서 실시되었으며, ③ 고아, 장애인, 노인, 빈곤자, 무주택자와 같은 피부양자와 부적절한 가족성원의 지원·대리적 보호를 위한 공공정책으로 나타났다.

이러한 정책은 산업사회에서 의존성과 다른 사회문제를 예방하기 위한 개념인데 특히 영·미 캐나다에서 볼 수 있는 보완적 정책이다. 그러나, 최근 가족정책의 관심이 아동·부녀 및 노인에게 확대되고 있다(김영모, 1982: 193).

2) 가족복지사업

가족복지사업은 주로 인간관계에 관한 과학적 지식과 기술에 기반을 둔 전문적 서비스이며, 그것은 가족의 기능회복과 사회적응 능력의 향상을 위해 원조하는 것을 의미한다. 가족에 대한 사회복지실천의 목표는 가족 내의 개인이나 구성원이 가족생활을 원만하게 수행하도록 도와주는 데 있으며, 그 내용은 다음과 같은 서비스를 포함한다(NASW, 1995; 조흥식 외, 1997: 62~64 재인용).

① 가족에 대한 직접적 개입

직접적 개입의 대표적인 것으로 가족사회사업은 가족복지기관이 부부관계, 부모-자녀관계, 세대간의 갈등과 문제와 관련하여 가족상담과 같은 기법을 통하여 전문 사회복지사가 개입하는 방법이다.

② 가족에 대한 수발(*caregiving*)

발달상의 장애나 기타 장애인 가족, 치매노인 가족, 환자 가족 등 가정 내에서 발생하는 장애와 이들의 보호에 관한 어려움을 덜어주기 위하여 적절한 사회적 보호(*social care*)를 제공함으로써 가족의 역할수행과 능력을 향상시키는 것이다.

③ 가족보존과 가정기반 서비스

가족보존 서비스는 단기간 동안 클라이언트의 가정에서 제공되는 집중적 서비스로서, 아동학대, 약물남용, 성적 학대 등과 같은 복합적 문제를 지닌 가족이 가정 외부의 시설에 배치되는 것을 예방하고 가족의 유대를 강화하기 위한 것이다. 가족보존 서비스의 목표는 가정 내에서 안전하게 보호를 받게 하며, 가족의 유대를 유지·강화하고, 위기적 상황을 안정화시키며, 문제에 대한 가족의 대처기술과 능력을 향상시키며, 공식적·비공식적 자원의 활용을 촉진시키는 것이다.

④ 가족치료

가족치료는 문제를 지닌 가족을 하나의 체계단위로 보고 가족 내 역동적인 상호작용 관계를 분석하고 가족의 문제를 치료하는 방법이다.

⑤ 가정생활 교육

이것은 집단역학의 학습을 통하여 가족 및 개인들의 사회적 기능을 향상시키기 위한 서비스로서, 그 목적은 가족구성원으로 하여금 집단 및 지역사회 생활의 정상적 형태 및 긴장요소를 이해하도록 하여 대인관계를 향상시키고 상황적 위기를 예방·완화시키는 것이다. 가정생활 교육의 대표적인 것으로서 부모역할 훈련 프로그램이 있다.

⑥ 가족옹호

가족옹호(*family advocacy*)는 지역사회에 필요한 변화를 가져오기 위하여 사람들로 하여금 기술의 적용 및 사회행동의 사명을 가지고 가족 욕구에 대한 직접적이고 전문적인 지식을 이용케 함으로써 가족의 생활조건을 향상시키도록 계획된 전문적 서비스이다. 가족옹호의 목표는 현존의 공적·사적 서비스와 전달체계의 향상뿐만 아니라 새롭고 변화된 형태의 서비스를 개발하는 것이다.

위트머는 가족복지사업가가 제공하는 원조의 종류로서 ① 금전적 원조, ② 기간·단체 및 시설의 조언, ③ 가족문제를 클라이언트 스스로 해결할 수 있는 방법에 대한 지지와 조언, ④ 이러한 해결책을 용이하게 실천하도록 원조하는 것을 말하고 있다(Witmer, 1942: 258).

이러한 가족복지를 위해서는 가족복지사업가는 개별지도사업의 전문지식을 활용하여 클라이언트(가족)의 기능수행에 원조를 제공하여야 되고, 가족생활 경험의 공동화에 노력해야 효율적이고 일체화된 복지활동을 수행할 수 있을 것이다. 물론 곰베그가 지적했듯이 가족성원 전체를 대상으로 하나, 가족원의 문제를 개별화하여 개개의 가족원에 중점을 두고서 행해야 한다(Gomberg, 1948: 116).

3) 가족치료

가족치료는 가족복지사업의 기술로 가족이 좀더 기능을 잘 하도록 개입하는 방법이다. 스킨너(Skinner)는 가족치료는 가족이 함께 참여하는 면접을 통해 가족을 심리치료적으로 조치하는 과정이라고 정의하였다(Noel & Rita-Timms, 1982: 74~75을 김영모, 2000: 391 재인용).

가족치료는 1950년대 미국에서 시작되어 정신과 의사들과 학문적 공통관심들을 가져 왔으나 오늘날에는 일반체계이론과 심리분석이론이 보다 더 공유되고 있다. 이 가족치료의 유형은 다양한데 여기서는 구조적 가족체계 모델, 심리역동적 가족치료모델, 보웬(Bowen)의 가족치료모델, 경험적 가족치료모델, 의사소통 가족치료모델, 전략적 가족치료모델, 행동주의적 가족치료모델에 대해서 살펴보기로 한다.

(1) 구조적 가족치료모델 (*structual family therapy model*)

이 모델은 가족구조의 중요성을 강조하는 이론으로 미누친(Minuchin)을 중심으로 발달하였다. 미누친은 가족을 하나의 체계로 보고 개인의 문제를 심리적·내적인 요인보다는 사회체계와의 관련성에 두고 가족의 구조를 변화시킴으로써 체계 내의 개인의 위치가 변경되며 그의 경험이 변화되어 결국 개인에게 변화를 초래하게 된다고 보았다(이명홍, 1980: 43). 미누친의 치료전략의 특징은 상황을 설정하고, 시나리오를 만들고, 가족에게 과제를 할당하고, 그가 부과한 새로운 상황들에 따라 가능할 것을 구성원에게 요구하는 것이다(김영모, 2000: 392). 이 모델은 소년비행, 거식증 가족원이 있는 가족, 약물남용하는 가족원이 있는 가족, 사회경제 수준이 낮은 가족, 알코올중독자가 있는 가족 등에게 성공적으로 사용되어 왔다(송성자, 1995: 247~288).

(2) 심리역동적 가족치료모델 (*psychodynamic family therapy model*)

이 모델은 애커만(Ackerman)을 중심으로 한 이론으로 정신분석적 치료방법을 사용하여 치료의 대상은 개인이 되기도 하고, 전체 가족성원들이 되기도 하여 개별치료와 집단치료가 필요에 따라 병행된다. 따라서 가족 성원의 내적·심리적 갈등의 해결, 가족 성원간의 관계개선, 합리적 역할 배분, 가족의 투사과정에 대한 이해, 통찰, 그리고 전이현상을 인정하는 것 등을 골자로 한다(이명홍, 1980: 41). 또 가족 내의 여러 역동적 관계가 환자에게 깊은 작용을 하고 있음을 강조한다(강기호, 1984: 55). 애커만 가족치료모델의 특징은 ① 역할 개념이 치료의 근간이 되며, ② 치료에서 가치체계를 강조하며, ③ 의사전달과정도 중요하지만 긍정적 생활목표를 향한 자유목적에 치료의 기반을 두어야 하며, ④ 가족균형과 가족향상성을 강조한다는 점이다(김기태 외, 1999: 371).

(3) 보웬의 가족치료모델(*Bowen's family therapy model*)

이 모델은 보웬(Bowen)을 중심으로 한 이론으로 정신역동적 관점과 체계적 관점을 연결시킨 가족체계의 이론이다. 보웬은 가족이란 일련의 상호관계 체계와 하위체계로 이루어진 복합적 총체이며 생물학적 본성에 근원을 두는 정서적 관계체계라고 개념화하였다. 보웬의 핵심 개념을 자기분화, 삼각관계, 핵가족의 정서적 체계, 가족의 투사과정, 다세대간의 전달과정, 형제·자매의 위치, 정서적 차단, 사회적 퇴행 8가지를 강조하였다. 따라서 보웬의 가족치료 목적은 불안을 감소시키고 자기분화 수준을 높이는 것이다. 가족체계에서 진정한 변화는 가족 성원들의 자율성을 조장하며 개인들의 성장을 촉진하기 위해서 폐쇄적 가족관계를 개방하고 삼각관계에서 벗어나도록 하는 것을 의미한다(Bowen, 1978: 305~308, 362~387; 박경일 외, 2001: 327 재인용).

(4) 경험적 가족치료모델(*experimental family therapy model*)

이 모델은 세티어와 위테크(Satir & Whitaker)을 중심으로 한 이론으로 이 치료의 목적은 의사소통 증진을 통한 문제의 제거에 중점을 두는 것이 아니라 개인 및 가족의 성장에 있다. 개인에게 중요한 의미가 있는 대상과 의사소통하는 방법으로만 목적달성이 가능하므로, 대인관계의 상호작용에서 상호존중과 신뢰를 할 수 있는 경험을 내담자가 직접 하도록 하는 것이다. 경험에 의해 잠재력이 개발되며, 발전하고 강화될 때 개인이 성장할 수 있다. 개인의 성장을 가족체계 목표 및 가족성장과 연결시키고 가족의 상호작용을 활성화시키기 위하여 노력한다(송성자, 1995: 316~325).

가족 성원들이 각자 자신의 감정과 욕구에 민감하고 이를 가족과 나누며, 더욱이 기쁨뿐 아니라 실망, 두려움, 분노에 대해서도 대화하고 수용할 수 있도록 돕는 데에 초점을 둔다.

(5) 의사소통 가족치료모델(*communication family therapy model*)

이 모델은 배테손(Bateson), 잭슨(Jackson), 스테어(Stair), 헤일리(Haley)를 중심으로 한 이론으로 가족은 의사소통의 가치를 가진 모든 행동을 통해서 메시지를 주고받으며 환류과정을 겪는, 즉 의사소통을 통해 환경과의 관계를 유지하는 생활체계이다. 따라서 가족관계는 의사소통의 산물로 볼 수 있다(김성천, 1990: 30). 의사소통에서 전달자는 원만한 의사소통을 통해 자신의 내적 긴장이 완화하게 되며, 경험적 공유에 의해서 안정감이 확립되고, 상대방과의 관계확립, 또는 관계확인에 의해서 안정감을 획득할 수 있다. 수신자는 상대방과의 접촉에 의해서 정서적 안정과 만족을 얻으며, 필요로 하는 정보수집이 가능하여 기분전환을 할 수 있다(가족치료연구회, 1996: 178~179). 의사소통 가족치료는 가족문제는 잘못된 의사소통에서 비롯된다고 보고, 가족이 보다 바람직한 의사소통의 기술들을 습득하도록 돕는데 목표를 두고 있다.

(6) 전략적 가족치료모델(*strategic family therapy model*)

이 모델은 헤일리(Haley) 등을 중심으로 한 이론으로 가족의 문제해결에 초점을 두고 있다. 전략적 가족치료에서 주로 사용하는 기법들로는 가족들이 치료자의 지시에 저항케하여 변화를 일으키려는 역설적 지시기법(*paradoxical tasks*), 클라이언트에게 증상을 지닌 고통과 동일하거나 더 힘든 시련을 체험하도록 과제를 주어 그 증상을 포기하도록 하는 시련기법(*ordeal technique*), 문제의 증상이 있는 것처럼 가장하도록 지시하여 그 증상을 포기하도록 하는 가장기법(*pretend technique*), 그리고 치료자의 일방적 지시보다는 정도, 시간상의 차이에 대해 가족의 의견을 이끌어 내는 순환적 질문하기(*circular questioning*) 기법 등이 있다(조홍식, 1998: 123~129, 가족치료연구회, 1996: 216~232). 전략적 가족치료는 대개 주 1회 간격으로 총 10~15회의 치료를 실시하는 단기치료적 성향이 강하다.

(7) 행동주의적 가족치료모델

행동주의적 가족치료란 가족이 직면하는 문제에 행동치료의 이론과 실제적 기법을 적용한 것이다. 행동치료는 학습이론에 기초를 두고 고전적 조건화와 조작적 조건화로 치료하는 것이다. 그러나 행동주의적 가족치료에서는 고전적 조건화보다는 조작적 조건화가 더 많이 적용된다. 행동주의는 성원들간의 보상교환의 비율을 높이고 혐오교환을 줄이며, 의사소통과 문제해결 기술을 교육하는데 초점을 둔다. 따라서 바람직하지 않은 행동을 유발하는 가족 내의 특별한 행동 유형을 파악하여 이를 수정하고자 하는 것이다. 이 치료는 주로 부모 훈련, 부부치료, 성기능 장애치료에 적용되었다(조흥식, 1998: 128~130).

4. 가족복지정책과 가족복지사업의 현황

1) 가족복지정책

일반가족에 대한 대표적 소득보장 프로그램으로는 국민연금과 국민기초생활보장사업을 들 수 있고, 건강보장으로 국민건강보험과 의료보호사업 그리고 주택보장으로 저소득층을 위한 영구임대주택사업 등이 있다. 그러나 국민연금의 경우 1994년 4월부터 이루어진 전 국민의 연금화제도에도 불구하고 실질적 소득보장이 필요한 저소득층(대다수가 일용직 또는 임시직)이 누락되는 것으로 나타나고 있다. 또 저소득층을 위한 공공부조로 생계급여, 주거급여, 교육급여, 장제급여, 의료급여, 해산급여, 자활급여가 실시되고 있으나 지원액이 매우 미흡한 실정이다.

가족복지정책의 구체적 내용에서는 인구 전체의 가족의 유지와 기능을 강화하는 사회보장과 예방적 서비스 대책으로서 종합적 가족복지정책이 결여되어 있으며, 결손 또는 해체된 일부 가족에 대한 서비스로서 사후 치료적 대책에 초점을 두고 있다.

2) 가족복지사업

사회 환경이 빠르게 변화함에 따라 전통적 의미의 가족에도 큰 변화가 일어났다. 가장 대표적인 변화로는 가족규모 및 형태의 변화를 들 수 있다. 핵가족화 및 저출산 현상의 지속으로 가족의 규모는 점점 축소되고 있으며 세대구성도 단순화되었다. 전체 가족 중 핵가족 비율은 1975년 70.5%에서 2005년 82.7%로 증가하였고, 특히 부부가족은 1975년 5.0%에 불과했지만 2005년에는 18.1%로 급증하였다.

가족규모의 축소 및 구성의 단순화와 더불어 가족형태의 다양화 현상도 나타나고 있다. 일례로, 고학력화와 노동시장의 유연성제고에 따른 여성의 경제활동(2008년 12월 말 현재 50.0%) 참여가 꾸준히 증가하고 있어 맞벌이가족의 증가를 초래하고 있다.

또한, 이혼증가로 인해 한부모가족이 크게 증가하였으며〔848천 가구(1985)→1,370천 가구(2005)〕, 이와 함께 전체 혼인 중 재혼의 비율도 1998년 16.0%에서 2008년 23.9%로 증가하여 재혼가족이 크게 늘어났다.

전반적으로 현재의 가족은 그 규모가 축소되고 맞벌이가족·한부모가족·다문화가족 등 다양한 형태가 나타나고 있으며, 출산·양육·복지 등 전통적 가족의 기능이 약화되는 모습을 보이고 있다고 할 수 있다(보건복지가족부 2009: 230~234).

이러한 가족변화에 따른 가족문제를 해결하기 위한 사업은 다음과 같다.

(1) 건강가정지원센터 설치 · 운영

건강한 가정생활의 영위와 가족의 유지 및 발전을 위한 '건강가정기본법'을 2004년 2월 9일에 제정하고(2005. 1. 1 시행), 동법 제5조에서 국가 및 지방자치단체는 가정문제의 예방, 상담 및 치료, 건강가정의 유지를 위한 프로그램의 개발, 가족문화운동의 전개, 가정 관련 정보 제공 및 자료제공 등을 위하여 중앙 시 · 도 및 시 · 군 · 구에 건강가정지원센터를 설치 · 운영토록 하였다.

건강가정지원센터는 2004년 3개소에 대한 시범운영(2004년 6~12월)을 거쳐, 2008년도 현재에는 83개소로 확대되어 서비스 기반을 확장하고 있다.

〈표 14-1〉 지방 건강가정지원센터의 공통 필수사업 영역

구분	공통필수사업내용
1영역 가족돌봄지원서비스	· 아이돌보미사업, 아이돌보미 이용자 가정지원을 위한 맞춤형서비스 제공 · 장애아가족 휴식지원사업, 육아휴게소, 맞벌이가족 자녀 방과후 교실, 조손가족 학습도우미 파견 등에서 택일하여 대체가능
2영역 가족친화문화조성사업	· 가족봉사단운영 · 찾아가는 아버지교육
3영역 가족문제 예방 및 역량강화사업	· 예비부부 및 신혼기부부 · 아버지교육 · 청소년기 자녀를 둔 가족생활프로그램 · 중년기 가족생활 교육 중 택일
4영역 가족문제해결사업	· 이혼전후가족상담
5영역 다양한 가족을 위한 통합서비스	· 일반가정, 한부모가정, 장애아가족, 조손가족, 새 터민가족, 맞벌이가족, 재혼가족 등 특별한 가족 기능과 관련하여 요구가 있는 가족을 대상으로 맞춤형 서비스 제공

자료: 보건복지가족부, 2009.

2008년 지방건강가정지원센터의 사업은 사업의 주제와 목적을 중심으로 5영역으로 분류한다. 1영역은 가족돌봄지원서비스, 2영역은 가족친화문화조성사업, 3영역은 가족문제예방 및 역량강화사업, 4영역은 가족문제해결사업, 5영역은 다양한 가족을 위한 통합서비스이다. 기본적으로 5영역으로 분류된 센터의 사업은 크게 공통필수사업과 선택사업으로 나뉘는데, 공통필수사업은 모든 센터에서 반드시 실시하여야 하는 사업이며 영역별 공통필수사업은 〈표 14-1〉과 같다.

(2) 아이돌보미서비스 지원

아이돌보미 지원사업은 아동을 양육하는 가정에 양육자가 야근·출장, 병원치료, 관혼상제 등 긴급한 상황으로 아이를 돌볼 수 없을 경우 아이돌보미서비스를 제공함으로써 일과 가정의 양립을 지원하는 사업이다.

지원대상은 0세(3개월 이상)~만 12세(초등학생 이하) 아동이 있는 서비스 이용 희망가정으로 사업시행기관에 회원으로 등록하여 이용신청을 할 경우 서비스를 이용할 수 있다.

지원내용은 도시근로자 평균소득 200% 이하 가정에 대해 소득 수준에 따라 아이돌보미 서비스 이용요금을 차등지원하며 부모가 올 때까지 임시 보육, 보육시설 등·하원, 놀이활동 등의 서비스를 제공한다. 한 달 120시간(연 960시간) 내에서 지원 가능하다.

사업결과를 살펴보면 2,518명의 아이돌보미 양성을 통해 378,169명 아동을 대상으로 돌봄서비스를 280,141건 제공하였으며 이용자 만족도조사결과 평균 93점으로 높은 만족도를 보여줬다.

(3) 다문화가족 사회통합 지원

세계화로 인한 전세계적 인구이동의 증가, 출생성비의 격차, 농촌-도시 인구이동, 양성평등 관념의 확산에 따른 여성독신자 비율 증가,

가치관의 변화 등 사회·경제적 요인으로 인한 국제결혼의 지속적인 증가에 따라 다문화가족 및 그 자녀수가 급격히 증가하고 있다.

2008년 5월 현재 결혼이민자는 144,385명(여성이 12만 8천 명, 88.4%)으로 2007년에 비해 13.7% 증가하였다.

많은 다문화가족은 언어·문화차이, 경제적 어려움, 사회적 편견 등으로 가족 간 갈등과 사회적 소외를 경험하고 있으며, 특히, 다문화가족 자녀의 경우 심리적 소외감과 부모의 양육능력 부족 등으로 어려운 가정환경 속에서 성장하고 있다.

보건복지가족부에서는 이러한 문제점을 해결하기 위하여 2008년 10월 다문화가족 생애주기별 맞춤형 지원 대책을 수립·시행하였으며, 이를 통해 결혼이민자들의 입국에서부터 정착, 자녀양육, 사회·경제활동까지 인권보호와 조기적응을 위한 다각적인 지원책을 마련하여 추진 중이다.

다문화가족지원법의 시행(2008.9.22)에 따라, 기존 결혼이민자가족지원센터는 다문화가족지원센터로 명칭이 변경되었고, 지정절차 등도 법령에 명시하였다. 지정권한은 시도지사 혹은 시군구청장에게 위임되었으며, 지정기간은 3년이다. 동법에 다문화가족지원센터 지정, 업무 및 종사자 관련 조항을 마련함으로써, 보다 체계적인 관리가 가능해졌다.

다문화가족지원센터는 지역사회의 다문화가족을 대상으로 한국어교육, 다문화사회이해교육, 가족교육, 자조집단육성 및 다문화가족역량강화 등 종합서비스를 제공하여 다문화가족의 조기 적응 및 사회·경제적 자립지원을 도모하는 것을 목적으로 하고 있다.

2008년도에는 80개의 다문화가족지원센터를 설치하여 다문화가족의 사회문화적 적응지원을 위한 종합적 가족지원전달체계를 구축하였다(보건복지가족부, 2009: 263).

5. 가족복지의 과제

사회변화, 가족변화에 따른 가족복지는 가족의 전체성을 고려한 가족정책 및 프로그램과 서비스가 확대되어야 한다. 이에 몇 가지 과제를 제시한다.

첫째, 가족복지법의 제정이 요청된다. 가족욕구와 가족문제를 해결할 수 있는 현재의 각종 가족 관련법을 보완·통합하여 체계화하고 재조직할 필요가 있다.

둘째, 소득보장 차원에서 가족의 가족기능을 정상화하고 경제문제로 인한 가족위기 및 가족해체를 막기 위하여 선진국에서 이미 도입·실시하고 있는 가족수당제를 검토·연구하여 한국적 상황에 부합되는 가족수당제를 도입·실시해야 한다.

셋째, 국민기초생활보장제도에 의해 실질적으로 저소득층 가족이 인간다운 기본적 생활을 영위할 수 있도록 경제적 소득이 보장되어야만 할 것이다. 또 저소득층의 건강보험부담률의 인하나 건강보험 급여부문의 확대와 가족의 건강보호 기능의 강화를 통한 의료보장, 그리고 주택정책에서 1가구 1주택 소유의 개념에서 1가구 1주택 거주의 개념으로 정책을 전환하고 임대주택의 대량보급, 현실적 수준의 주택 급여의 실시 등을 통한 주택보장이 필요하다(박경일 외, 2001: 335).

넷째, 다양한 가족문제에 대응하기 위한 가족복지사, 가족상담원, 재가복지 전문요원 등의 전문인력을 확보하고 양성해야 한다.

다섯째, 가족의 정서적 지지기능을 강화해야 한다. 가정 내 친밀감과 소속감, 그리고 협동심을 강화하는 다양한 프로그램을 실시하여 가족문제를 치료·예방해야 한다. 이를 위해 예비부부교육, 가족상담, 가족치료, 부모교육, 부부상담 등의 전문적인 가족강화 프로그램이 확대되어야 한다.

여섯째, 가족복지의 대상이 확대되어야 한다. 지금까지 우리나라의 가족복지는 주로 빈곤가정, 미혼모, 모자가정 및 부자가정 등 요보호 계층만을 대상으로 이루어져 왔다고 할 수 있다. 현대 가족의 문제는 생활이 어려운 특정 계층의 문제만이 아니라 모든 가족에 해당하는 문제이다. 따라서 정기적인 차원에서 모든 가정을 대상으로 한 정책 제시 및 다양한 사업이 전개되어야 한다. 또한 가족 내 특정 대상만이 아니라 가족을 하나의 단위로 보고 통합적 접근을 추진하는 가족복지 정책과 가족복지사업으로 발전해 가야 한다.

일곱째, 아이돌보미서비스는 전국(16개 시·도) 65개 지역에서 시행되고 있으나, 일부 미시행 지역(일부 시·군·구)의 주민은 이용할 수 없는 접근성의 한계를 지니고 있다. 또한, 이용 희망자의 수요가 급증하고 있어 장기대기자, 서비스 중단 가정이 발생하여 민원이 빈번히 제기되는 실정으로 예산 확대가 시급한 과제이다.

이와 더불어, 이용자가정이 안심하고 아이를 맡길 수 있도록 아이돌보미 질 관리 체계 구축 등을 통해 전국적으로 높은 수준의 균질한 서비스가 제공되어야 하며, 사업기관의 경우 회계·정산·연계 업무가 집중되면서 담당자의 업무 부담이 과중해지고 있어 아이돌보미 지원 사업관리 체계의 효율화를 위한 개선안이 마련되어야 한다.

제 15 장

의료사회사업

1. 의료사회사업의 개념

의료사회사업(*medical social work*)는 금세기 발달한 학문으로 종래의 병원에서의 치료가 물리치료만으로 행하는데 대한 비판에서 출발하였다. 인간은 육체적·정신적 메커니즘이기 때문에 환자가 가지는 질병에도 신체적(생리적) 결함 이외에 정서적 요소가 잠재하여 있다. 그러므로 환자가 가지고 있는 심리적 욕구를 탐구하여 발견해야 하고, 그러한 질환이 나타날 수 있는 사회적 환경과의 상관성도 밝혀내야 한다. 이와 같이 환자들의 재활을 위하여서는 물리적 치료뿐만 아니라 심리적 사회적 치료방법까지 필요하다(김영모, 2000: 464~465).

일본 후생성 발행의 의료사회사업지침은 “의료사회사업이란 의료 및 보건기관 등의 의료팀의 한 부문으로서 사회과학의 입장에서 의사의 진단을 도와주며, 한편으로는 질병의 치료, 예방, 재활의 장애요소인 환자 자신이나 그 가족의 경제적·정신적 혹은 사회적 문제를 만족하게 해결 또는 조정해 나갈 수 있도록 개인과 집단을 원조하는 과정이다.”라고 정의하여 보다 넓은 개념을 제시한다(장인협 외, 2001: 355).

프리드렌더와 압테(Friedlander & Apte)는 의료사회사업을 의사·

간호사 · 다른 치료자들과의 협력하에 사회복지사가 조사 · 진단 · 치료-계획과정에서 환자의 사회적 기능회복을 돕는 역할을 하는 것으로 보았다. 그러나 이러한 개념은 의료사회사업을 환자의 심리사회적 문제 해결을 돕는 미시적 개념으로 정의한 것이다. 거시적 개념에서의 의료사회사업은 포괄적 의료개념에 맞춰 질병의 예방과 건강의 증진 및 개발 지향적 지역사회의료사업을 달성하기 위해 보건 · 의료시설은 물론 보건의료와 관련된 제반정책과 제도 및 행정분야에서 환자와 가족은 물론 의료욕구를 가진 지역주민과 보건의료 분야의 타 전문직을 대상으로 사회복지사가 수행하는 전문적 활동으로 정의할 수 있다(유수현, 1989: 69). 오늘날 의료사회사업의 개념은 위의 미시적 · 거시적 개념을 모두 포함한다고 볼 수 있다.

2. 의료사회사업의 발달

의료사회사업의 발달은 영국 런던 왕립자유병원(*Royal Free Hospital*)에서 처음으로 의료사회사업가를 채용하면서 시작되었다.

미국에서는 존스 홉킨스(Johns Hopkins) 대학의 의과대학생들의 현장학습의 목적으로 시작하여 1905년경 매사추세츠, 뉴욕, 볼티모어 및 보스톤에 있는 병원에서 사회복지전문직을 활용하게 되었다. 의료전문가들은 가정의(*family doctor*) 처럼 환자의 성격, 관습, 생활조건 등에 익숙할 수가 없다. 따라서 의료사회사업가는 환자나 그 가족과 개별적인 접촉을 가지며, 환자에 대해 사회적 · 개별적 조사를 하고, 의사의 진단과 치료에 도움이 되는 사실적 환경에 관한 정보를 제공하는 일을 했다.

매사추세츠 종합병원의 리차드 캐봇(Richard Cabot) 박사는 의료사회사업사의 필요성을 가장 먼저 인식하여 사회복지사를 병원 직원으로 채용하여 환자의 생활여건을 조사케 하고, 의료직원에 의해 권장된 요법을 수행하도록 환자를 돕게 하였다(Ross, 1965: 365을 장인협 외, 2001: 356에서 재인용).

1918년~1932년 사이에 미국 병원사회사업가협회가 조직되었고, 1988년 미국병원협회에 보고한 5,111개의 병원 중 82%인 4,191개의 병원이 사회복지 서비스 체계를 갖추었으며 사회사업가의 수는 약 5만여 명이 넘는 것으로 보고 했다(Skidmore, Trackeray and Farley, 1991: 149을 김기태 외, 2001: 435에서 재인용).

우리나라에서는 1950년대 초 최초로 병원에서 사회사업가를 채용하였고, 1973년 의료법 시행령에 의해 종합병원에 의무적으로 사회사업가를 채용하여 2008년 현재 전국 344여 개의 병원에 의료사회사업가가 채용되어 있다. 1993년 개정된 의료법과 시행령에서 "종합병원에는 사회복지사업법의 규정에 의한 사회복지사 자격을 가진 자 중에서 환자의 갱생, 재활, 사회복귀를 위한 상담 및 지도업무를 담당하는 요원을 1인 이상 둔다"는 규정이 있다.

3. 의료사회사업의 기능

의료사회사업의 목적은 환자 및 그의 가족을 도와줌으로써 건전한 사회적 적응을 할 수 있도록 하는데 있다. 이러한 것을 실현하기 위해서 의료사회사업가는 주로 의료시설에서 의사와 함께 협동적으로 개별지도사업의 일반 원리를 클라이언트에게 적용실시 한다. 의료사회사업가는 환자의 욕구에 기초하여 클라이언트를 다루고 있다. 이러한 목적달성을 위한 병원 내에서의 의료사회사업의 기능을 살펴보면 다음과 같다(장인협 외, 2001: 359).

① 의료진과의 협력

환자의 가족적·사회적 관계나 기능에 관하여 전문적 지식에 의한 해석과 평가로 의료진에 기여한다.

② 직접적 서비스

환자에게 직접적 서비스를 제공한다. 그 내용으로서는 환자의 정서적 불안을 해소시킬 수 있는 면접, 가족에 대한 경제적 지도, 장애인의 재활문제 해결에의 원조 등이다.

③ 법률서비스와 민간서비스와의 연계

환자와 관계가 있는 사람들과의 연락 및 경제적 원조 등을 통해 환자의 자립심을 손상치 않으면서 건설적이고 진취적인 생활을 할 수 있도록 원조한다.

④ 교육적 기능

의대생, 간호학생, 의료사회사업가, 기타 사회사업에 관련된 학생들의 훈련의 장으로서의 기능을 수행한다.

⑤ 지역사회와의 협력

의료에 관련된 사회조사에의 참가나 지역사회서비스에의 관여, 지역사회 복지계획이나 대책의 수립을 위하여 전문적 지식과 경험을 활용한다.

⑥ 의료에 관련된 조사연구 참여

보건 및 의료영역에서 사회복지개입에 필요한 욕구를 측정하고 프로그램개발을 위한 자료를 수집한다. 의료전달체계의 운영상 문제점을 사정하거나 평가하여 병원기능이나 전달체계의 활동에 보다 과학적이고 합리적인 방안을 모색할 수 있도록 기초자료를 제공한다. 한편 영국의 의료사회사업가협회 전국협의회는 의료사회사업의 기능을 다음과 같이 규정하고 있다(김영모, 2000: 466~467). ① 환자 개인에 대한 사회적 보호의 제공, ② 지역사회사업, ③ 교육활동은 의학·간호학·사회복지학의 학생에 대한 교육, ④ 조사연구는 의학의 사회적 측면에 대한 연구 및 개인과 환경과의 상호관계 등을 규정하고 있다.

4. 의료사회사업의 대상과 역할

1) 의료사회사업의 대상

의료사회사업가는 환자가 보이는 일반적 반응과 환자의 성격과 환경에 따라 나타나는 특수한 욕구를 파악하고 이해하여 그러한 반응들이 질병의 회복과 사회복귀에 부정적 영향을 미치지 않도록 도와야 할 것이다. 따라서 의료사회사업가의 대상을 몇 가지 제시하면 다음과 같다.

① 심리적 대응 문제

사람이 질병에 걸리게 되면 다양한 심리적·정서적 반응을 나타내게 된다. 환자가 나타내는 불합리한 반응에는 건강에 대한 지나친 걱정, 자기 중심성, 의존성 및 애정욕구, 불안과 공포, 열등의식과 공격성 등이 있는데 이는 환자의 질병치료에 부정적 영향을 줄 수 있다. 따라서 환자의 부정적 반응을 다루어 주는 의료서비스가 요구된다.

② 가족의 반응 문제

가족의 건전성과 가족관계, 의사소통, 정서체계 그리고 환자의 질병 특성에 따라 환자질환에 대한 가족의 반응이 나타나는데 그 반응에는 초기의 충격과 부적응의 반응, 불안과 공포, 죄책감과 책임감, 화냄과 분노, 우울반응 등으로 이는 질병 진료에 중대한 영향을 줄 수 있다. 따라서 환자가족의 부정적 반응을 다루어야 할 것이다(서울대학교 의과

대학 편, 1988: 63~65을 전재일 외, 2002: 406~407 재인용).

③ 사회적 문제

첫째, 질병으로 환자와 가족이 경험하는 사회적 문제는 직업문제를 들 수 있다. 환자가 입원하면 실업에 대한 불안과 장기요양으로 인한 직업전환, 노동조건과 과중한 업무에 대한 걱정을 하게 된다. 퇴원 후에도 복직에 대한 걱정과 함께 직업적응 및 인간관계상의 적응문제로 어려움을 겪기도 한다. 따라서 질병으로 인한 사회적 문제의 악순환을 해결하는 다양한 프로그램이 요구된다.

둘째, 경제적 문제이다. 환자의 질병에 따른 경제적 문제는 치료비와 요양비, 생활비와 자녀교육비 등이다. 경제적 문제가 있는 환자에게는 그 조달을 위한 자원활용이 필요하다. 따라서 환자들의 경제적 부담을 덜어 주는 방안으로서 지역의 후원체계와 자원체계를 동원하고 이를 적극 활용하는 노력이 요구된다.

셋째, 정신·신체질환의 문제이다. 환자의 신체상태를 악화시키는 조건에는 질환에 의한 것 이외에도 스트레스와 갈등과 같은 심인적인 것도 있다. 즉, 정서와 밀접한 관계가 있는 자율신경계의 불균형적 상황이 오래 지속되면 신체질병으로 나타나는데, 정신신체질환(*psychosomatic disease*)을 상담하고 치료하기 위한 의료서비스가 요구된다(유수현, 1980을 이영철 외, 2001: 223 재인용).

2) 의료사회사업가의 역할

의료사회사업가의 역할을 충실히 수행하기 위해서는 의료사회사업가로써 훌륭한 자질을 겸비하는 것이 우선일 것이다. 따라서 의료사회사업가의 역할을 지적하기에 앞서 의료사회사업가가 겸비해야 할 자질 요건을 살펴보고자 한다.

첫째, 의료사회사업가는 주어진 환자의 질환실체의 함축적 의미나 신체적, 정신적인 면에 대한 정확한 지식과 유기체의 질환에 대한 전망 등의 질병실체에 대한 정확한 지식을 가져야 한다.

둘째, 의료사회사업가는 해당 환자의 질병에 대한 그리고 앓고 있는 환자의 반응 즉, 병원에 대한 의료적 추천과 치료에 대한 환자의 경험을 알게 하고 질환에 있어서 정서적, 신체적 내용이 모든 개인들과는 다른 점을 이해할 수 있어야 한다.

셋째, 의료사회사업가는 환자의 질환에 대한 심리사회적 면을 깨닫도록 훈련되어야 한다. 이러한 환자의 심리사회적 요인이 환자의 병을 치료함에 있어서 질병에 대해서나 의사나 병원에 대하여 직접적, 간접적으로 영향을 준다. 바꾸어 말하면 환자의 정신신체적 조건은 직접, 간접으로 그의 사회적 상황에서 반응하게 된다(White, 1951: 35~36, 전재일 외, 2002: 415 재인용).

이어서 의료사회사업가의 역할을 살펴보면 다음과 같다(전재일 외, 2002: 416~417).

① 심리사회적 치료사의 역할

환자의 심리적 문제는 질병치료에 부정적 영향을 미칠 수 있으므로, 의료사회사업가는 개별적이고 집단적인 활동을 통하여 환자에게 안정감과 자신감 그리고 용기를 갖도록 지지해 주고, 환자가 처한 다양한 문제를 해결하도록 돕는 치료적 역할을 한다. 또한 가족을 대상으로 환자의 질병 이해와 대처방안을 상담해 줌으로써 환자에게 도움이 되도록 한다.

② 서비스 조정자의 역할

치료팀의 일원으로서 의료사회사업가는 환자에 대한 심리·사회적 정보를 의료팀에게 제공하여 환자의 전인적 이해를 증진시키고 의료팀의 종합적이고도 통합적인 서비스를 위한 협력과 조정역할을 담당한다. 또한 의료보장이 미비한 경우에는 치료비 문제를 위한 병원 내의 조정절차 및 외부자원의 활용을 위한 조정역할도 수행한다.

③ 자원동원자의 역할

의료적 치료나 재활과정은 많은 인적·물적·제도적 자원을 요구한다. 의료사회사업가는 병원 내의 의료자원을 활용하기 위해 노력하는 것은 물론 환자의 회복과 재활, 사회복귀를 위해 필요한 지역의 공·사적인 자원을 조직하고 동원하는 역할을 수행한다.

④ 재활의료와 교정자의 역할

재활의료팀에서 심리·사회적 측면의 조사연구와 평가, 치료, 훈련, 지도 및 서비스의 계획에 협력하여 생활지도, 심리·사회적이고 직업적인 재활과정에 참여한다. 특히 장애로 인한 심리·사회적 문제나 행동반응, 즉, 자기 중심성, 비사회성, 퇴행, 불안 등을 치료하고 교정하는 역할을 수행한다.

이러한 의료사회사업가의 역할은 의료기관(*medical setting*)에 따라 상이하다. 그러나 의료사회사업가들은 현재 심리·사회·정신적 문제해결 업무, 교육 및 연구업무, 행정사무, 사회복귀 및 재활 문제해결 업무, 경제적 문제해결 업무, 지역사회 자원연결 업무 등을 공통적으로 수행하고 있다(대한의료사회사업가협회·연세대학교 사회복지연구소, 1997).

5. 의료사회사업의 방법과 기술

의료사회사업은 개별지도사업의 방법을 활용하여 소기의 목적을 달성해야 한다. 이에 의료사회사업의 방법과 기술을 살펴보면 다음과 같다(Ross, 1365을 장인협 외, 2001: 301 재인용; Poole, 1965을 김상균 외, 2001: 308 재인용).

① 스크린과 사례발견

의료사회사업가는 의사의 진단에만 의존하지는 않았다. 사회복지서비스에 대한 접근은 급여와 서비스에 대한 욕구와 가능성에 기초한 스크린과 사례발견에 의하여 이루어진다. 이 과정은 사전에 준비된 기준을 사용하는 행정적이고 임상적인 기능이다. 모든 환자가 사회복지사를 만날 필요는 없으며, 환자의 차트나 컴퓨터에 의한 보고를 검토하거나 기타 자동적 의뢰 메커니즘을 활용한다. 사회복지사와 다른 진료팀과의 만남이나 팀회의에서 사례가 할당되기도 한다.

스크린의 기준에는 사회심리적 요인, 질병요인, 환자의 연령, 경제 및 생활환경, 지원체계, 정신건강, 개인과 가족의 기능, 장애의 정도, 죽음의 가능성 등이 포함되며, 가끔 간단한 인터뷰가 필요할 경우도 있다. 사회사업 부서는 독자적 스크린의 기준을 개발해야 하지만, 각각의 사회사업가도 자신의 서비스를 필요로 하는 환자를 발견하는 효율적 체계를 갖고 있어야 한다.

② 위기개입

병원에서의 환자는 종종 긴급한 위기상황에서 발생하기 때문에 사회복지사는 그 가족과의 초기 만남에서 위기개입의 기술을 활용한다. 위기개입은 암 등 치명적 진단에 대한 반응으로 나타나는 두려움이나 염려를 완화시키고, 환자와 가족으로 하여금 감정적 균형과 긍정적 자아상을 갖게 하며, 불확실한 미래에 대비하게 하고 의료적 과정에 대한 신뢰를 갖게 한다.

③ 심리사회적 사정과 개입

대부분의 의료사회사업서비스는 단기 입원기간에 이루어진다. 의료사회사업가는 환자와 가족의 심리적, 사회적, 환경적 요인, 환자의 욕구나 강점을 단기간에 파악하고 집중적 서비스를 계획, 실행, 평가한다.

④ 퇴원계획

퇴원계획이란 환자를 집이나 다른 시설로 이전하기 위한 활동으로 퇴원과 관련된 기술은 환자 및 가족과의 정서적·교육적 상담, 가정에서의 서비스를 위한 조정, 환자의 필요에 대한 급여를 조정하기 위한 보험회사와의 협상 등이다. 퇴원 후 환자를 위한 서비스 의뢰로서 상담, 가정배달 식사, 낮 치료, 수발자 휴가서비스, 교통편의 제공 등을 조정할 수 있다. 이러한 퇴원계획은 치료와 보호의 지속성을 보장한다.

⑤ 퇴원 후 사후관리

병원에서 환자가 퇴원한 후 자신을 위한 보호를 스스로 관리할 수 없을 때 의료사회사업가는 퇴원 후 관리와 서비스 제공의 필요성을 갖게된다. 여기에는 전화상담, 가정방문이 포함될 수 있으며, 환자로 하여금 의료체계의 보호를 받고 있다는 안도감을 갖게 한다. 사회사업가는 또한 지역사회 기관과 연계하여 서비스를 개발할 수 있다. 여름캠프, 휴양, 레크리에이션, 미술활동 등은 병원 밖에서 사회사업가가 환자집단과 할 수 있는 활동이다.

⑥ 집단지도

환자와 가족을 위한 동료집단의 지지를 촉진하는 개입방법으로서 집단지도는 스트레스를 완화하고 위기를 해소하도록 도움을 준다. 또한 문제의 해결과 현실에 대처하는 장을 제공한다. 집단지도는 1940년대까지 중요한 개입방법으로 사용되지 않았으나, 1961년 이후 미국병원협회와 미국사회사업가협회(NASW)에 의하여 병원사회사업의 실천기술로 인정되었다.

⑦ 문서와 기록

진료팀의 일원으로서 사회복지사의 활동은 환자의 의무기록에 기록된다. 차트의 기록은 전문직의 지식과 기술을 반영하며, 사회사업을 다른 전문직과 구별하게 한다. 기록에는 환자에 관한 사항, 문제, 제공된 서비스, 자원 등이 포함되며, 부서의 서비스 계획과 개발, 병원 행정에 도움을 주는 정보를 제공한다.

그 외 재정적 지원방법 연구, 평가, 프로그램 자문, 기관계획, 자원개발, 정책개발 등이 있다.

제16장

정신보건사회복지

1. 정신보건사회복지의 개념

의료사회사업으로부터 분화하여 전문화된 영역으로 정신보건사회복지(*mental health social work*) 혹은 정신의료사회복지(*Psychiatric social work*)이라 하는데 우리나라에서는 정신보건사회복지로 더욱 알려져 있다. 영국에서 정신보건사회복지라고 할 때 그 용어 가운데 "정신보건"의 뜻은 두 가지 면에서 해석되고 있다. 하나는 정신보건사회복지는 심리학적 혹은 정신분석학적 이해에 기초한다는 견해이고 다른 하나는 지식이나 이해를 말하는 것이 아니고 사회사업실천의 장(場)을 말한다는 것이다(Timms, 1964: 169~182, 김기태 외, 2001: 453 재인용).

핑크(Fink) 등은 "정신보건사회복지란 정신적, 정서적인 질병에 대해 전적인 책임이 정신의학자에 의해 수행되는 병원이나 진료소에서 실시되는 개별지도사업"이다(Fink et al., 1949: 252) 라고 정의한다.

《미국 사회사업연감》(*Social Work Year Book*)에서 커츠는 "정신보건사회사업이란 정신의학과 함께 직접적이고 책임있는 관계에서 이루어지는 사회사업이다. 여기서는 정신의학적 치료에 관련한 전문적 사람들, 즉 정신과의사, 정신과간호사, 심리학자, 작업 요법사(*therapist*)

등을 포함한 팀워크의 일부분으로서 병원이나 진료소, 그 외 정신보건기관 등에서 실시하는 활동이다. 그 목적은 정신적 또는 정서적 장애로 고통을 받는 정신질환자 등의 건강을 회복시키며, 지역사회에서 정신건강을 촉진하는 활동을 하는데 있다"고(Kurtz, 1954: 387) 정의하고 있다.

김규수는 ① 정신보건사회복지의 대상은 정신적 및 정서적 장애를 가진 클라이언트와 그 가족이며, ② 주체는 정신과의사, 사회복지사, 심리학자, 정신과간호사, 그리고 작업요법사 등이 치료팀으로 구성되고, ③ 활동 장소는 병·의원을 포함하는 정신보건의료기관, 사회복귀시설, 정신요양시설, 지역사회 장애인재활시설, 지역사회정신보건센터 등으로 확대 설명하고 있으며, ④ 그 목적은 정신적·정서적 장애로 고통을 받는 사람들의 건강을 회복시키고 정신건강을 촉진하는 활동 등 2차 예방뿐만 아니라 국민의 정신건강 증진을 위한 1차 예방활동으로 확대된 서비스를 내포하며, ⑤ 사회사업적 접근방법을 개별지도사업으로 국한시키지 않고 제반 사회사업 방법론을 적용함을 의미하고 있다고 하였다(한국정신보건사회사업학회 편, 2000: 17).

2. 정신보건사회복지의 역사

1) 구미의 정신보건사회복지의 역사

1904년 메이어(Meyer)가 맨해튼 주립병원에서 환자의 생활에 영향을 미치는 사회적 힘에 대한 이해를 넓히고, 정신질환의 환경적 원인을 이해하기 위하여 그의 부인에게 환자의 가족을 방문하게 하였다. 특히 회복기의 환자에게 작업요법과 오락요법을 시도하였고 사후지도계획을 통하여 정신의료사회복지의 원리를 최초로 실시하였다

(Perlman, 1975: 674). 1905년에는 동 병원의 신경진료소에서 사회복지사를 최초로 채용하였다(Fink et al., 1949: 247). 1906년에는 새로 입원한 환자의 사회력을 조사하기 위하여 정신의료사회복지사가 채용되었고, 1913년에는 '정신의료사회복지사'라는 용어가 최초로 사용하였다. 1918년에 스미스대학(Smith College)에 최초로 정신보건사회복지사 양성 교과과정을 제정하였고, 1926년에는 미국 정신보건사회복지사협회가 발족되었다. 1940년~1950년에는 전쟁으로 정신질환자가 급증하여 사회복지사들이 군병원에 채용되어 사병, 장교의 직위가 인정되었고 1946년 정신건강법(The National Mental Health Act)의 통과로 정신병의 예방이나 정서적인 안정의 증진에 지역사회의 직접적인 노력이 주목되었다.

1960년대 지역사회정신건강센타법의 제정으로 지역사회치료나 재활시설이 많이 설립되어 정신보건사회복지사는 정통적 활동 외에 예방적이고 교육적인 프로그램이나 재활프로그램 등 지역사회자원활용으로 사회복귀를 위한 다양한 서비스에 열중하게 되었다.

영국은 아동상담소, 정신병원, 지역사회정신건강센터 순으로 발전되었는데, 1929년에 런던경제대학에 정신보건사회사업 훈련센터가 설치되었으며, 1930년에 17명의 회원으로 국립 정신보건사회복지사협회가 창립되어 1961년에 회원이 850명으로 늘어났다. 1959년에 정신보건법이 제정되었으며 1960년대부터 정신보건정책에서 지역사회정신건강보호가 상당히 강조되어, 1963년에는 지역사회보호서비스(*community care service*)의 개발에 대한 정부보고서가 발표되었으며, 블랙커(Blacker)는 정신과 응급처치와 정신질환자에 대한 지역사회정신건강서비스를 위하여 필요로 하는 정신보건사회복지사를 약 100명으로 추정하였다(전재일 외, 2002: 432).

2) 한국의 정신보건사회복지의 발달

우리나라는 1945년 정신의학회가 조직되면서 체계적 연구가 시작되어 심리학자와 사회복지가와 함께 청소년문제를 연구하였다. 정신보건사회복지의 발달 계기는 6·25 당시 미 8군 병원에서 정신보건사회복지사 모간(Morgan)의 역할이 한국 정신과 의사에게 많은 영향을 미쳤다.

1958년 서울시립아동상담소가 개설되면서 정신의학자, 정신보건사회복지사, 심리학자, 법률학자와 함께 팀 접근을 시도하였다. 1962년에는 국립정신병원, 카톨릭의대부속 성모병원의 신경정신과에서 환자의 진단과 치료 및 사후지도를 위한 목적으로 사회복지사가 팀워커로 참여하게 되었다. 그 후 1965년 연세대 세브란스병원, 1968년 중앙대 부속 필동 성심병원, 1969년 대구 동산기독병원, 1971년 한강성심병원, 용인정신병원, 혜동의원에 정신보건사회복지사가 채용되었다. 1973년 의료법시행령이 개정되어 종합병원에 환자의 갱생, 재활과 사회복귀를 위한 상담과 지도를 위하여 사회복지사업법에 정한 사회복지사 1인을 두도록 명시하였다. 1974년 안양 신경정신병원, 1976년 서울 백제병원, 1979년 이화여대 부속병원, 전주 예수병원, 1982년 부산 백병원, 1983년 서울 적십자병원, 1984년 군산개정병원 등에서 정신보건사회복지사가 활동하고 있다.

1980년대를 거치면서 1990년에 이르러서는 전국적으로 약 100여 개에 이르는 기관에서 정신보건사회복지사들이 활동하고 있다. 1993년에 한국정신보건사회사업학회가 창립되었고 1994년에는 전문 학술지 〈정신보건과 사회사업〉이 창간되었다. 1995년에는 '정신보건법'이 제정됨으로서 정신보건사회복지가 지금의 병원 중심에서 지역사회까지 영역을 확대하는 계기가 되었다. 1996년에는 정신보건사회복지사 자격을 위한 훈련을 실시하여 188명이 자격증을 취득하였다(한국정신보건사회사업학회 편, 2000: 21~23). 1998년에는 정신보건센터 4개소를 설치하였으며, 2008년 12월 현재 전국에 153개소로 확대·설치되었다.

또한 2001년과 2006년에는 전국 규모의 정신질환실태 역학조사를 실시하여 정신보건정책의 기초 자료를 수집하였고, 2008년도에는 정신보건법을 개정하여 정신질환자 인권보호제도를 강화하고, 퇴원 및 처우개선 심사청구제도를 개선하는 등 정신보건서비스 향상을 위한 제도적 기반을 마련하였다. 2008년 12월말 현재 정신보건전문요원 8,753명이 배출되어 지역사회 정신보건센터, 정신의료기관, 정신요양시설, 사회복귀시설 등에서 정신보건업무를 수행하고 있다(보건복지가족부, 2008: 742).

3. 정신보건사회복지의 이념

1995년 정신보건법이 제정·시행되고 있는데 이 법은 정신질환의 예방과 정신질환자의 의료 및 사회복귀에 관하여 필요한 사항을 규정함으로써 국민의 정신건강 증진에 이바지함을 목적으로 한다.

법의 기본이념으로는 다음의 사항을 규정하였다. ① 모든 정신질환자는 인간으로서의 존엄과 가치를 보장받는다. ② 모든 정신질환자는 최적의 치료를 받을 권리는 보장받는다. ③ 모든 정신질환자는 정신질환이 있다는 이유로 부당한 차별대우를 받지 아니한다. ④ 미성년자인 정신질환자에 대하여는 특별히 치료, 보호 및 필요한 교육을 받을 권리가 보장되어야 한다. ⑤ 입원치료가 필요한 정신질환자에 대하여는 항상 자발적 입원이 권장되어야 한다. ⑥ 입원중인 정신질환자는 가능한 한 자유로운 환경이 보장되어야 하며, 다른 사람들과 자유로이 의견교환을 할 수 있도록 환경이 보장되어야 한다(제 2조).

국가와 지방자치단체는 국민의 정신건강을 증진시키고, 정신질환을 예방하며, 정신질환자의 의료 및 장애극복과 사회복귀 촉진을 위한 연구·조사와 지도·상담 등 필요한 조치를 하여야 한다.

4. 정신보건사회복지의 기능

일반적으로 정신보건사회복지는 ① 클라이언트에 대한 인테이크 및 진단조사와 치료활동, ② 클라이언트의 가족원조, ③ 조사, 연구, 교육을 담당하는 세 가지 기능을 하는데 이를 살펴보면 다음과 같다(Watkins, 1983: 45~46; Grinker et al., 1961: 285~291; Pelman, 1975: 669~675을 한국정신보건사회사업학회 편, 2000: 24~27; 김기태 외, 2001: 463~466에서 재인용).

(1) 입원환자에 대한 서비스 기능

우리나라에서 정신질환자를 전문적으로 치료하는 병원으로는 국립정신병원, 사립정신병원이 있으며 이들을 다시 종합병원 내의 정신과, 정신과 전문병원, 정신과 의원 등 세 가지로 분류할 수 있다.

병원에 입원하는 클라이언트를 위해서 다음과 같은 기능을 한다.

① 환자와 가족에게 병원시설과 프로그램을 설명한다.

② 클라이언트가 병원에 입원하면서 발생하게 되는 가족문제를 해결하는데 도움을 준다.

③ 정신병과 관련하여 가족이 갖는 불안을 경감시켜 준다.

④ 경제적 어려움이 있을 경우 경제문제해결을 위해 가족들과 논의를 한다.

⑤ 치료절차를 가족에게 설명하고 협력을 하도록 돕는다.

⑥ 클라이언트의 개인력을 조사한다. 조사내용은 출생에 관한 사항, 병력, 대인관계, 기술, 학력, 성의 발달, 직업, 기타 클라이언트

의 건전한 면과 장점, 가족생활사 등이다.

⑦ 입원하는 클라이언트에 대한 개별사회사업 치료, 정신요법, 집단 치료등을 실시한다.

⑧ 클라이언트 가족의 병리를 치료한다.

⑨ 클라이언트의 퇴원계획을 준비하고 돕는다.

(2) 외래환자 서비스 기능

외래환자를 위하여 정신보건사회복지사는 정신요법, 집단치료 등을 하기도 하며, 환자를 지역사회 내의 다른 자원과 연결시키는 일, 환자를 위하여 가족구성원, 고용주 혹은 환자와 중요한 관계를 맺는 다른 사람들의 태도를 수정하도록 원조하는 역할을 한다. 그리고 사회복지사는 면접실에서 치료를 위한 면접뿐만 아니라 필요한 경우 가정, 학교 혹은 직장방문 등을 한다.

외래환자에 속하는 사람들은 지지적 치료를 통하여 지역사회에서 기능할 수 있는 정신질환자, 약물 혹은 알코올중독자, 신경증적 성격비행자, 학교적응상의 문제를 가진 아동 및 청소년, 행동문제, 가족갈등, 생활위기에 직면한 사람 등이다. 외래환자의 특성은 다양하므로 환자의 특성에 따라 적절한 치료방법을 사용하여야 할 것이다.

(3) 시간제 입원서비스 기능

이 기능은 병원과 외래환자서비스 중간에 속하는 것으로 하루에 몇 시간 정도의 치료를 받고 가정이나 직장에서 일정한 활동을 하는 것을 말한다. 이 범주에 속하는 것으로 낮병원은 낮 동안에는 몇 시간 동안 오락요법, 작업요법, 집단치료 혹은 개설치료를 받지만 저녁에는 가족과 함께 집에서 생활을 하는 것이며, 밤병원이란 낮 동안에 환자는 학교 혹은 직장에서 활동을 하다가 밤에는 병원에 와서 치료프로그램에 참여하는 것을 말한다.

이 시간제 입원서비스는 외래환자진료소보다는 더욱 조직적 서비스를 제공하지만 병원에 완전히 입원하여 치료받는 것에 비하면 제약을 덜 받고 외래환자진료소와 입원시설의 장점을 모두 가지고 있다. 특히 시간제 입원서비스는 환자가 완전히 입원을 하는데서 받는 스트레스를 완화해 주는 이점이 있다.

시간제 입원서비스에서 정신보건사회복지사의 역할은 클라이언트의 개인력 조사, 환자에게 프로그램에 대한 오리엔테이션, 치료목표의 설정 등을 포함한 인테이크 업무, 개별치료, 집단치료 및 가족치료, 퇴원계획을 겸한 사후서비스 등을 하는 것이다.

(4) 비전통적 서비스 기능

이상에서 설명한 병원에서의 서비스 이외에 사회복지사가 직접적 정신건강서비스를 제공하는 곳으로는 산업체, 교정기관, 재활 서비스, 학교 등이 있다. 이러한 곳에서는 정신건강 서비스에 주요 목표를 두는 것이 아니고 일차적 목적은 각기 다른 것에 있다. 정신건강을 위한 사회사업가는 그 기관의 일차적 목표를 달성하기 위하여 고용된다. 예컨대, 진보적 사업체나 산업체에서는 종업원의 일시적 생활위기를 포함한 정서적 문제가 생산성을 저하시키는 원인이 된다는 것을 인식하여 직장 내의 정신건강 서비스는 개인에게 자연환경 내에서 치료하는 이점을 가진다. 일반적으로 여기서 제공되는 서비스는 미국의 경우 외래환자 진료소나 가족 서비스기관의 모델을 따른다.

(5) 지역사회자원조직과 연결기능

현 병실운영 프로그램에 유익한 지역사회자원활용(자원봉사자, 치료레크레이션 동원, 대학의 목공예, 도자기공예 활동 등)과 낮병원 연결 업무 등 그리고 퇴원 후 지역사회 자조집단 연결, 사회복지관 내 재활훈련, 사회복귀시설 연결, 직업재활을 위한 보호작업장 연결, 임시취업보도 그리고 집단주거시설 연결 등 주거지 내 자원활용업무 등이다(전재일 외, 2002: 442).

5. 정신보건사회복지사의 역할

정신보건사회복지사는 환자의 질병보다 질병으로 인한 문제해결능력의 향상, 사회적 기능의 회복과 재활에 일차적 목적이 있다. 치료의 영역에서는 환자 개인과 환자집단 및 가족집단을 위한 전문적 서비스 프로그램과 그 기술훈련이 요구되고, 재활영역에서는 지역사회와의 거리를 가깝게 하는 재활치료를 실현하기 위한 일상생활 훈련과 지역사회주민들의 정신질환자에 대한 편견을 없애기 위한 계몽교육, 지역사회자원을 활용하여 사회적응을 돕는 일은 물론 재가복지서비스 개발이 필요하다. 특히 예방영역에서는 정신보건교육과 자문, 위기개입, 정신질환의 조기발견과 조기치료를 돕는 일, 정신건강에 대한 올바른 인식 등을 돕는 일이다. 정신보건사회복지사의 역할을 시설의 기능에 따라서 요약하면 다음과 같다(박종삼, 1993: 24~26을 한국정신보건사회사업학회 편, 2000: 29~31 재인용).

1) 치료시설 : 종합병원 정신과, 정신과 전문병·의원

(1) 입원시의 사정·평가

① 입원 사정과 계획, ② 심리사회적 사정(개인력, 가족력, 사회력), ③ 가정환경 조사 평가

(2) 치료과정

① 환자와의 개별상담, ② 가족치료 상담, ③ 가족의 정신보건교육,

④ 집단치료와 상담, ⑤ 환경요법 및 치료공동체 운영, ⑥ 정신과적 재활서비스, ⑦ 사회적응을 위한 사회기술훈련, ⑧ 진료팀과의 협의 진단과 협조, ⑨ 병실 내 사회치료를 위한 프로그램 기획과 실행, ⑩ 지역사회자원 동원과 프로그램 참여를 위한 자원 조직과 활용, ⑪ 지역사회 유관기관과의 유대와 자문, ⑫ 지역사회의 자원정보 교환과 제공, ⑬ 자원봉사자 교육과 자원 동원

(3) 퇴원과정

① 퇴원계획 및 재활계획 상담지도, ② 퇴원시 환자의 욕구와 사회적응상태 평가, ③ 사회복귀 및 재활치료를 위한 지역사회기관과의 의뢰와 연결 업무, ④ 재활병동 및 낮병원 서비스의 개발, ⑤ 퇴원 환자의 사후지도를 위한 가정방문 등

2) 낮병원

(1) 환자에 대한 서비스

① 약물관리, ② 심리사회적 지도, ③ 재활계획 상담, 집단치료, ④ 사회기술훈련과 인간관계훈련, ⑤ 직업적응과 기능훈련, ⑥ 추수 모임, ⑦ 자치적 평가, ⑧ 집단치료 또는 알코올중독 관리사업 등

(2) 환자가족에 대한 서비스

① 가족 정신건강교육, ② 가족지지모임, ③ 가족과 함께 한 모임 등

3) 사회복귀시설 및 재활시설

(1) 사회복귀시설

① 개별적 재활상담, ② 음성반응환자의 집단지도, ③ 사회복귀를

위한 집단치료, ④ 사회기술과 적응훈련, ⑤ 생활기술과 대인관계 훈련, ⑥ 가족 정신교육과 상담, ⑦ 정신장애인의 가족회 조직과 육성, ⑧ 재가 정신장애인에 대한 가정방문, ⑨ 지역사회자원 동원과 후원회 조직·육성, ⑩ 지역사회주민을 위한 정신건강교육, 지역사회주민의 정신건강 증진을 위한 계몽사업, 의료기관과 지역사회기관의 연결 업무 등

(2) 정신보건센터

① 지속적 치료서비스, ② 상습적 반복입원의 예방, ③ 사회적 소외현상을 극복하기 위한 지역사회재활 서비스, ④ 사회복귀 촉진, ⑤ 환자가족들의 심리적 안정 및 참여 유도, ⑥ 응급상황시 인도적 개입, ⑦ 사회적 편견극복을 위한 교육·홍보, ⑧ 프로그램 개발 및 연구 등

4) 정신요양원

① 심리사회적 상담지도, ② 집단 프로그램의 개발과 활용, ③ 대인관계기술훈련, ④ 일상생활교육과 훈련, ⑤ 가족상담과 가정방문지도, ⑥ 무연고자에 대한 후원자 개발과 연결, ⑦ 지역사회 자원동원과 후원자 결성, ⑧ 보호작업장을 통한 직업훈련과 취업보도, ⑨ 정신요양원의 시설 개방화 추진, ⑩ 지역주민의 참여기회 확충 등

5) 보건소

① 정신질환의 예방, ② 정신질환의 발견, ③ 정신질환자 및 그 가족에 대한 상담, ④ 정신질환에 대한 사회복귀훈련, ⑤ 알코올 약물중독자 및 치매환자의 관리

6) 정신보건전문요원의 업무 범위

(1) 공 통

① 사회복귀시설 운영

② 정신질환자의 사회복귀 촉진을 위한 생활훈련 및 작업훈련

③ 정신질환자와 그 가족에 대한 교육, 지도 및 상담

④ 법 제 25조 제 1항의 규정에 의한 진단 및 보호의 신청

⑤ 정신질환 예방활동 및 정신보건에 관한 조사 연구

⑥ 기타 정신질환자의 사회 적응 및 직업재활을 위하여 보건복지가족부 장관이 정하는 활동

(2) 정신보건사회복지사

① 정신질환자에 대한 개인력 조사 및 사회조사

② 정신질환자와 그 가족에 대한 사회사업지도 및 방문지도

6. 정신보건사회복지의 접근방법

정신보건사회복지의 접근방법은 개별적 접근, 집단적 접근, 그리고 지역사회 접근방법의 3가지로 구분되는데 이를 살펴보면 다음과 같다 (박경일 외, 2001: 374~377).

1) 개별적 접근방법

① 약물치료

환자의 정신장애 치료를 위해 항정신적 약물(*anti-psychotic drugs*)을 이용한 치료방법을 실시한다. 이러한 약물치료는 정신장애인의 뇌에

작용하여 정신기능과 행동에 영향을 미치는데, 특히 망상, 환각, 공격성, 긴장, 흥분 등 양성증상에 긍정적 효과를 준다. 그리고 약물치료를 직접 시행하면서 약물복용의 필요성과 약물의 부작용에 대해 정신장애인과 가족을 교육하고 상담도 병행해야 한다.

② 심리사회적 사정

사회복지사가 클라이언트를 이해하고 돕는 계획을 세우는 과정을 사정이라 한다. 즉, 정신장애인에 관련된 자료를 수집, 분석, 해석하여 개입계획을 세우는 것이다. 여기서는 정신장애인의 일상생활 및 문제해결 기술, 그가 가지고 있는 장점과 자원, 가족이나 지역사회의 자원들을 평가한다.

③ 기술훈련

만성정신장애인은 장기적 질병 경과와 계속되는 입원, 재입원 등으로 기본적 일상생활 기술과 자기유지관리 기술(예; 머리 빗기, 씻기, 의복관리, 위생관리 등) 등이 현저히 떨어져 있어 질병이 회복되었다 하더라도 일반인들에게 거부감을 주어 사회적 통합이 어려워질 수 있다. 따라서 일상생활 기술훈련은 행동주의 혹은 사회학습론에 입각하여 일상생활에 필요한 기술을 습득할 수 있도록 가르치고 모범을 보이고 긍정적 행동에 강화를 주는 접근방법이다.

2) 집단적 접근방법

① 집단활동

정신장애인에게 집단활동은 치료적 활동(미술, 음악, 오락, 공예, 작문 등)을 통해 그들의 창조성, 적극성, 자발성을 키워 주고 사회적으로 고립된 그들을 타인과 어울릴 수 있도록 도와주는 치료 프로그램이다. 예컨대 알코올 중독자들이 익명 금주동맹을 형성하여 스스로 금주의지를 도와주는 방법이 있을 수 있다.

② 사회기술훈련

정신장애가 만성화될수록 정신장애인은 사회적 기능(예; 대화기술, 구직기술, 자기표현 및 자기주장 기술 등)을 상실하게 된다. 이러한 기술의 부족은 점점 정신장애인을 사회적으로 불리한 상태(예; 실직, 노숙, 타인으로부터 무시 등)에 놓이게 하여 사회적 재활을 더 어렵게 만든다. 이러한 문제의식에서 출발한 사회기술훈련(*social skills training*)은 우선, 정신장애인 각자의 사회적 기술 수준을 사정하여 비슷한 사람들끼리 소집단을 구성한다. 그리고 한두 명의 치료자는 집단성원들에게 사회기술훈련을 소개하고 상황을 설정하여 역할극, 모델제시, 성원들간의 피드백을 통해 필요한 사회기술을 훈련시키는 것이다(박경일, 2001: 375).

③ 가족교육 및 치료

지역사회중심의 재활이 강조되면서 가족들은 이들을 돌보는 과정에서 발생하는 많은 문제들에 어떻게 대처해야 할지 당황하게 된다. 그러므로 가족적 치료개입은 가족들에게 정신장애를 이해시키고 문제상황에 대처하며 환자와 대화할 수 있도록 한다. 궁극적으로는 정신장애인의 사회적 재활을 돕고자 하는 목적에서 모든 가족들이 상호역동적인 협력과 이해를 통해 접근하는 노력이 필요하다.

3) 지역사회 접근방법

① 부분입원과 주간보호

정신장애인이 장기간의 입원생활에서 벗어나 지역사회로 돌아가고자 할 때 그들의 사회적 기능을 향상시켜 지역사회 적응을 준비시켜주는 중간 단계로서 낮병원, 밤병원과 같은 병원 중심의 부분 입원과 지역사회정신건강센터나 기타 사회복귀시설에서의 주간 보호 프로그램을 이용할 수 있을 것이다.

② 직업재활

정신장애인에게 일을 통한 자아존중감과 자아개념을 높여주고 광범위한 사회적 기술을 활용할 수 있도록 도움을 준다. 특히 직업재활은 이들에게 정신과적 증상을 경감시켜 주므로 매우 중요한 프로그램이다. 따라서 정신장애인이 직업을 가질 수 있도록 도와주는 직업재활과정을 살펴보면, 첫째는 정신장애인의 직업기술을 평가하고 직업상담을 통해 능력과 상황을 고려한 개별적인 목표를 세운다. 둘째는 직업에 필요한 적응훈련과 구체적 직업기술을 훈련한다. 셋째는 경쟁적 고용에 앞서 정신장애인들이 보호작업장에서 적응토록 하고 그 다음 과도적 취업을 한다. 즉, 과도적 취업이란 정신건강전문가가 지도·감독하는 사업장에서 일을 시도하는 것이다. 넷째는 이와 같은 과정을 거친 후 경쟁적 직업에 배치되어 지속적 직업을 유지토록 한다.

7. 정신보건사회복지의 현황

1) 정신보건전문요원

정신보건시설에서 근무하는 자를 정신보건전문요원이라 칭한다. 이들 전문요원은 정신보건 분야에 관한 전문지식과 기술을 가진 자를 말한다. 전국에 정신보건전문요원은 2008년 12월 말 현재 8,753명(1, 2급 포함)이 근무하고 있다. 정신보건전문요원은 정신보건임상심리사(1,383명), 정신보건간호사(5,464명), 정신보건사회복지사(1,906명)로 분류된다(보건복지가족부, 2008b).

2) 정신보건시설 및 보건소

(1) 정신보건시설의 종류

정신보건법 제3조 시설의 종류는 다음과 같다.

① 정신의료기관: 의료법에 의한 정신병원·정신과 의원 및 병원급 이상의 의료기관에 설치된 정신과

② 정신요양시설: 정신의료기관에서 의뢰된 정신질환자와 만성 정신질환자를 입소시켜 요양과 사회복귀 촉진을 위한 훈련을 행하는 시설

③ 정신질환자 사회복귀시설: 정신질환자를 정신의료기관에 입원시키거나 정신요양시설에 입소시키지 아니하고 사회복귀 촉진 훈련을 행하는 시설

④ 정신보건센터: 지역사회중심의 통합적인 정신질환자 관리 체계를 구축함으로써 정신질환의 예방, 정신질환자의 조기발견·상담·치료·재활 및 사회복귀도모를 위한 시설

(2) 정신보건시설

정신보건시설은 2008년 12월 말 현재 전국에 1,640개소로 정신의료기관 1,200개소, 정신요양시설 59개소, 사회복귀시설 196개소, 지역사회정신보건센터 151개소, 알콜상담센터 34개소가 운영되고 있다(보건복지가족부 2009d: 5).

(3) 보건소

① 국가 및 지방자치단체는 보건소를 통하여 정신질환의 예방, 정신질환자의 발견, 상담, 진료 및 사회복귀를 위한 훈련 등 지역사회정신보건사업을 수행할 수 있다. 이를 위해 보건소는 정신보건전문요원을 둘 수 있도록 되어 있다.

② 국가 및 지방자치단체는 보건소의 지역정신보건사업을 수행하게 하기 위하여 단체 또는 개인에게 위탁할 수 있다. 현재 서울 및 경기도를 비롯한 전국에서 보건소를 중심으로 하는 지역사회정신보건사업을 시행하고 있다.

8. 정신보건사회복지의 과제

첫째, 국가의 개입을 통한 체계적 방향설정이 요구된다. 국가 차원의 적극적 개입을 통해 정신장애에 대한 보다 전문적이고 체계적 실태조사 및 욕구조사, 장단기 입원수요, 가족의 태도 및 욕구조사, 지역사회에서의 적응가능성 등을 고려하여 우리 실정에 맞는 정책방향을 설정하고 단계적 사업을 추진해야 할 것이다. 이 영역에서 사회복지전문직의 체계적 개입이 이루어져야 할 것이다.

둘째, 지역사회 내 재활 및 사회복귀를 위한 시설 및 서비스의 확충이 요청된다. 우리나라에서 가장 시급한 것은 정신보건 전달체계의 확립과 시설의 개선임에도 불구하고 현행 정신보건법에는 그러한 내용이 포함되지 않고 있다. 앞으로 지역사회 내에서의 단기간 요양을 위한 다기보호시설이나 소규모 주거시설을 갖춘 생활훈련시설이 마련되어야 할 것이다. 이를 위한 시설기준과 감독체계를 시급히 마련하는 것이 중요하며, 감옥은 국가적 차원에서 중립적·전문적으로 이루어져야 할 것이다. 그러기 위해서는 사회복지전문직의 정신장애에 대한 인식과 전문적 지식이 선결과제이다. 또한 당장 전문병원의 입원이 어려운 환자와 장기입원에 따르는 재정적 부담이 큰 가정의 문제를 고려하여 병원과 가정을 연결하는 중간의 집이 필요하다. 격리 및 수용으로 인한 사회적 스티그마의 대상이 되는 정신병원보다 자유롭고 편리하게 정신장애 문제를 해결하고 혹은 예방할 수 있는 시설과 서비스가 필요하다

(김만두 · 한혜경, 2001: 401).

셋째, 정신보건시설의 기능 및 역할의 재정립이 요청된다. 장기입원 위주의 기능을 수행하는 정신병원은 점차 급성치료 병상으로 전환하여 입원환자를 사회에 복귀시킬 수 있는 단기집중치료를 제공하여 장기재원환자를 탈원화하고 개방병동 및 낮 병동을 확대하여야 한다. 동시에 장기수용 중심의 정신요양시설은 만성 질환자를 중심으로 점차 재원일수를 줄이면서 개방적 · 생산적 주거시설로 개편하여 재활 프로그램 등의 활성화를 통하여 환자들의 삶의 질을 확보하여야 한다. 또한 사회복귀시설의 설치를 확대하여 회복중인 정신질환자에 대하여 각종 재활훈련을 실시하고 지역사회에 조속히 복귀할 수 있도록 하여야 한다. 이들 시설에서는 지역사회 내의 보건소나 타 정신보건의료기관 및 사회복귀시설과의 연계협조를 강화하여야 한다.

넷째, 정신보건 전달체계를 병원, 시설위주에서 지역사회중심으로 전환해야 한다. 정신질환은 치유 안된 상태에서 사회적 기능을 상실하기 쉬운 질병으로 입원치료를 받은 후 퇴원하더라도 장기적이고 지속적인 치료와 재활 서비스를 필요로 한다. 따라서 지역사회를 중심으로 지역특성에 적합한 포괄적 정신보건체계를 구축하며 지역사회를 보다 지지적이고 치료적 환경으로 변화시켜 정신질환자의 치료, 재활 및 사회복귀를 도모하여야 한다(한국정신보건사회사업학회 편, 2000: 477).

다섯째, 정신과 병원의 프로그램 개발이 요구된다. 정신과 병원 및 시설은 치료공동체운영, 집단치료 프로그램운영, 자원봉사자활용, 정신과 환자 진료계획 등 프로그램의 운영방침을 현실성 있게 세울 필요가 있다. 특히 정신보건사회복지사는 다양한 프로그램을 통하여 환자들에게 동기, 능력, 기회 등을 부여함으로써, 이들의 잠재능력개발과 재사회화의 기능향상으로 사회복지를 잘 할 수 있도록 원조해야 한다.

여섯째, 정신장애인에 대한 편견극복사업을 전개해야 한다. 지역사회정신보건사업을 활성화하고 정신질환자를 조기에 발견하고 적기에

치료할 수 있도록 하기 위해서는 정신질환에 대한 부정적 인식이 개선되어야 한다. 국민의 정신보건에 대한 인식부족으로 인해 정신질환자의 사회복귀가 지연되는 현실을 감안하여 정신질환자와 일반인이 함께 사는 생활환경을 조성하여 뿌리깊은 정신질환자에 대한 편견 극복을 위해 장기적이고 전략적인 홍보사업을 강화하여야 할 것이다.

일곱째, 사회복귀시설의 확장이 요구된다. 지역사회 차원에서도 탈원화의 혼란과 부작용을 최소화하려면 환자들의 사회복귀를 위한 준비작업이 필요하다. 이를 위해서는 지역사회 내에 다양한 사회재활 프로그램이 개발과 — 예를 들면, 정신사회재활센터의 설립과 운영, 보호작업장을 비롯하여 각종 사회복귀시설의 설립·운영 — 이를 담당할 전문인력의 양성 등이 요구되며, 특히 그룹 홈, 임시주거시설, 직업훈련시설 등 주거와 직업재활을 위한 다양한 프로그램이 개발되어야 할 것이다(황성동, 1999: 368).

여덟째, 환자들이 지역 내 치료를 통한 사회복귀와 충분한 재활이 이루어지려면, 지역주민들을 대상으로 정신질환 및 환자들에 대한 정확한 정보제공과 교육이 제공되어야 한다. 그리고 무엇보다 지역 정신보건제도의 발전을 위해서는 정부에서 장기적 계획하에 합리적인 정책의 개발과 이에 상응한 예산의 지원이 선행되어야 하며(김용익, 1994: 95~126), 지역주민과 자치단체의 광범위한 이해와 협조·지원이 요구된다.

아홉째, 정신질환자 가족, 정신보건관련단체, 자조모임 등을 통해 정신질환에 대한 국민적 관심을 높이고 정신보건센터, 학교, 사회복지기관 등을 중심으로 대국민 교육을 강화하는 한편 대중매체를 활용한 다각적인 홍보활동을 지속적으로 전개해 나가야 한다.

제17장

학교사회사업

1. 학교사회사업의 개념

학교사회사업이 시작된 1900년대 초기에는 가정과 학교의 협조를 연계해 주는 방문교사의 역할에 초점을 두어 학교사회사업을 정의하였으나, 1900년대 중반부터는 학교부적응 학생의 심리치료와 사회기능의 향상에 초점을 둔 정의가 보편화되기 시작하였다. 학교사회사업은 학교의 활동계획의 일부로써 학교적응이 곤란한 원인이 되는 사회적, 정서적 문제를 가진 학생을 도와주는 것이다(NASW, 1996: 521) 라고 정의하고 있다. 존슨(Johnson)은 교육적 제도에서의 학교사회사업을 '학생 개인이나 학생집단이 학교 내에서 자신의 기능 및 성취에 방해가 되는 사회적 혹은 정서적 문제를 극복하도록 돕기 위하여 수행되는 활동'이라고(*Ibid*: 521) 정의한다.

코스틴은 학교사회사업은 학교가 학생 개개인의 지적·사회적·정서적 욕구와 문제해결에 관심을 갖도록 도와주며, 이를 통하여 모든 학생들이 학교에서 공평한 교육기회와 성취감을 제공받을 수 있도록 학교현장에서 활동하는 전문적 사회사업분야라고 정의하였다(Costin, 1997, 1981). 다시 말해 학교사회사업은 사회사업의 다양한 실천방법을 활용하여 학교의 교육기능과 목적을 달성하도록 도와주는 사회사업의 전문분야라고 할 수 있다.

알렌-미어스는 '학교사회사업은 학생들이 건전한 사회기능을 이룰 수 있도록 준비시켜 주며, 학생 개인의 문제뿐만 아니라 사회환경이나 교육환경의 변화에 즉시적으로 개입하여 학교가 자신의 역할과 기능을 극대화할 수 있도록 도와주는 연계활동'이라고 정의하였다. 이를 위해서 학교사회사업가는 일반 교사나 교육행정가와는 다르게 학생 - 학교 - 가정 - 지역사회를 연계시켜 주는 고유한 역할을 수행하여야 한다고 보았다(Allen-Meares, 1994: 560~565).

이상의 정의를 보면 학교사회사업은 아동과 가정에 대한 서비스, 적절한 사회적, 정서적 적응의 조성과 각 개인으로 하여금 자아지향적 및 생산적으로 만듦으로서 학생을 장애로부터 해방시켜 최대의 효과로 학습하게 하는데 있다(Johnson & et al., 1961: 161). 여기서의 사회적·정서적 문제유형이란 공격적 행동, 반사회적 행동, 이상행동, 무단결석, 질병, 태만, 자폐증, 학습부진, 영양실조, 범법행위 등을 의미하는 것이다(표갑수, 1994: 37 재인용).

2. 학교교육의 문제

건전한 인격을 갖춘 민주시민을 길러내야 하는 우리나라의 현대 민주주의 교육은 '학생들의 내면보다 외면을 중요시하는 비인도적 교육'으로 되는 것이 현실이다. 더욱이 주목되는 사실은 입시위주의 지적 교육과 대량교육 그리고 왜곡된 교육풍토(획일주의, 형식주의, 교사와 학생간의 강력한 위계질서 등)로 인하여 학생 개개인의 특이성(*uniqueness*)과 가치를 도외시하고 전체집단만을 위하여 소수의 피조자는 희생시키지 않을 수 없는 것이 교육실정이다. 즉 '학교는 있되 교육은 없다'라는 교육의 부재론은 심각한 민주교육의 역기능이자 정신건강면을 무시한 처사라 아니할 수 없다. 아울러 학교카운셀링의 문제도 간과할 수 없다. 문제학생을 예방하고 상담해주는 학교카운슬러인 진로상담교사가 전문지식과 기술부족으로 상담목적 및 역할을 수행할 수 없다는 것이다. 그러한 이유로 현재의 진로상담교사 외에 상담전문가의 필요성을 75% 이상이 인정하고 있다(표갑수, 1994: 45~51).

이러한 결과로 오늘의 학생들은 치열한 경쟁의식 속에서 방향감각을 잃고 능력 이상의 자아성장에서의 욕구와 사회의 요구와 가치 때문에 발전적 자세로 향하려는 노력은 현실적인 많은 문제에 왜곡되어 이상성격, 자학, 비정상적 이성교제, 문란한 성관계, 폭력, 무절제한 생활, 학교탈선자 그리고 학생비행이 증가하고 있다. 특히 중퇴자(제적, 자퇴) 등 중·고등학교의 학교탈선자가 2008학년도에는 5만 4,125명(중학생 1만 9,675명, 고등학생 3만 4,450명)에 이르고 있다. 이를 학교별 구성비로 보면 전체 중학생의 1.0%, 고등학생의 1.8%에 해당되는 수치이다. 이는 우리나라 학교교육의 문제라 할 수 있을 것이다.

이에 교육제도에 사회복지적 기능을 받아들여 문제학생을 예방하고 치료하는 교육기능의 효율성을 극대화하는 방안이 도입되어야 한다. 즉, 초·중·고등학교에 학교사회사업의 실시가 요구된다.

3. 학교사회사업의 역사

1) 미국 학교사회사업의 역사

20세기 초반에는 지역사회 내의 인보관에서 활동하던 사회사업가들이 그 지역의 학교를 방문하여 이민자 아동들이나 빈곤아동들과 같은 요보호 학생들에게 사회사업서비스를 제공하는 방문교사(*visiting teacher*)의 역할을 시작하게 되었고, 이러한 역할이 곧 학교사회사업의 태동을 이루었다.

방문교사 자격의 초기 학교사회사업가들은 문제가 있는 아동의 가정을 방문하여 학생의 출석의무를 도울 뿐만 아니라, 이들 학생이 학업목표를 성취할 수 있도록 도와주는 학교-가정의 연계자 역할을 수행하였다. 또한 초기의 방문교사들은 지역사회 내의 학교가 변화하는 사회현상과 환경을 이해하고, 이러한 변화에 따라 교육정책을 수립하고 실행할 수 있도록 도와주는 역할도 수행하였다.

이러한 방문교사제도는 1906학년도에서 1907학년도 사이에 뉴욕, 보스턴, 하트퍼드의 세 도시에서 각각 독립적으로 처음으로 실시되었으며, 이것이 학교사회사업의 모체가 되었다(한인영 외, 1997: 62~63). 세 도시에서 활동하던 초기의 학교사회사업은 방문교사사업(*visiting teacher's work*)의 기능을 수행하였는데 이의 주요 목적은 학업불량, 가정과 환경간의 적응문제 그리고 학교에서 교사와의 관계에서 성격상 문제를 지닌 학생들에 대하여 가정을 비롯한 다른 여러 환경에 관한 정보수집 및 조정에 역점을 두었다(NASW, 1929: 446). 학교사회사업가가 학교직원의 일부가 된 동기는 뉴욕주의 록스터(Rochester)에서 1921년 연방재단의 재정 지원을 받아 소년비행 예방사업을 시작한 이래 학교사회사업이 최초로 구체화되었기 때문이다(Lurie, 1967: 256).

1945년대는 '방문교사'라는 명칭이 '학교사회사업가'로 개칭되는 시기로써 기존의 '방문교사협회'가 '학교사회사업협회'로 개칭되었다.

1970년대의 학교사회사업가들은 심리치료적 상담서비스 외에 체계학적 관점에 기초한 지역사회-가정-학교의 자원개발과 상호연계, 부모교육 등의 서비스와 학교행정체계 개혁, 교과과정 개선, 지역사회 환경개선, 정책입안 등을 위한 자문자와 대변자의 역할도 제공하기 시작하였다(Allen-Meares, 1977). 즉, 학교사회사업가의 역할이 임상적이고 미시적인 심리치료사에서 지역사회-가정-학교를 연계하는 연계자의 역할과 사회정책의 변화를 주도하는 지도자의 역할로 점차 확대되었다.

학교교육과 학교환경에 대한 1980년대의 개혁운동은 곧 학교의 사회적 기능은 물론 기존의 개별적이고 임상적인 학교사회사업가의 역할을 변화시키는 계기가 되었다. 즉, 다양하고 복잡한 학생문제를 해결하고 사회문제를 예방하기 위해서는 학교가 교육서비스 외에 포괄적이고 통합적인 사회복지서비스가 필요하며, 학교는 이러한 서비스를 제공하는 장으로서 가장 바람직하다고 여겨졌다(한인영 외, 1997: 71).

1994년에는 학교사회사업협회(School Social Work Association of America)가 결성되어 사회사업가협회(National Association of Social Workers)와 상호협조하면서 학교사회사업가의 권익과 전문성 향상에 노력하고 있다. 시카고 대학 존슨(A. Johnson) 교수는 1,000명~1,200명의 학생마다 1명의 학교사회사업가가 필요하다고 한다. 1971년 사회사업가협회에서는 학생 1,500명에 1명씩 학교사회사업가를 배치하는 것이 좋다고 하며(Lurie, 1965: 107), 일리노이주 교육국은 1천 명~2천 명에 1명의 학교사회사업가가 필요하다고 하고 있다(Nebo, 1965: 673). 또한 켄터키주의 루이지빌 시에서는 1,100명, 애리조나주의 패네닉 시는 2천 명 그 외 뉴욕시, 피츠버그시, 뉴올리언즈 등지에서도 거의 비슷한 비율로 학교사회사업가를 채용하고 있는 실정이다.

현재 미국에는 학교사회사업가가 1만 2천 명에서 1만 5천 명 정도이며, 학교사회사업가의 자격은 사회복지학 석사를 요구하며, 학교 내 부서를 보면 12개 지역은 일반교사와 같은 부서에 소속되어 있고, 22개 지역은 특수교육부서, 14개 지역은 학교 내의 독립적 부서에 그리고 2개 지역만이 학교사회사업가의 독자적 부서를 갖고 있다. 학교사회사업가의 급여액은 월평균 2만 8,955 달러(일반 사회사업가는 2만 5천 달러)이다(김기환, 1996: 176).

2) 한국의 학교사회사업 역사

우리나라는 학교사회사업이라는 용어가 생소할 정도로 아직 제도화가 되지 못한 상태이다. 1990년 중반부터 학교사회사업에 관한 실증적 실험연구가 발표되었고 1994년에는 사회복지학과 학생들이 자원봉사 자격으로 초·중·고등학교에 학교사회사업 서비스를 제공하였다.

1995년에 국민복지기획단에서 학교사회사업의 제도적 도입을 주장하여 1998년부터 학교사회사업의 순차적 도입을 건의하였다. 이러한 건의를 바탕으로 교육부는 1999년부터 학교사회사업을 교육제도 내에 공식적으로 도입하기로 발표하고(중앙일보, 1996. 6. 27), 1995년부터 서울·대구·대전·광주에서 1개교씩 선정하여 학교사회사업의 도입을 위한 시범사업과 연구사업을 시행하였다.

교육부가 추진중인 학교사회사업의 시범사업과는 별도로 서울시 교육청은 1996년부터 서울의 언북중학교, 광신고등학교, 영등포 여자상업고등학교에서 학교사회사업을 위한 시범사업을 진행하였다. 1997년에는 학교사회사업학회가 창립되어 학교사회사업의 제도화에 많은 노력을 경주하고 있다.

4. 학교사회사업의 기능

학교사회사업의 기능은 사회적·정서적 문제를 가진 특수한 아동을 이해하여 전 교육과정을 계속하는 동안에 각자가 지니고 있는 최대한의 능력을 발휘시켜 알맞은 조정을 가할 수 있도록 기회를 발견하고 각 개인이 그들의 학교생활에 가장 많은 이익을 가져올 수 있도록 필요한 제반 서비스를 베푸는데 있다. 존슨(Johnson)은 교육기관에서 학교사회사업의 특수한 기능은 '학생을 사회에 공헌할 수 있는 일원으로 발달시키고 교육의 기회를 최대로 이용하지 못하여 기대한 교육목표를 성취하지 못하는 아동을 돕기 위하여 교사, 행정가 및 다른 전문가들과 협조를 이루면서 전문적 능력을 발휘하는 것'이라 한다. 이는 학교사회사업의 수행은 타분야와의 협력필요성과 팀워크의 중요성을 강조한 것이라 할 수 있다(Lurie, 1967: 672).

이상의 기능을 종합해 보면 학교사회사업은 ① 사회적·정서적 부적응의 징후를 나타내는 문제학생을 조기발견하고 예방하는 기능, ② 학생이 학교에서 만족스러운 자기실현의 기회를 갖도록 그의 잠재력을 최대한 개발시키는 기능, ③ 개별지도사업 및 집단지도사업을 통한 직접적 치료활동을 비롯하여 지역사회의 이용 가능한 자원을 조직하고 동원하는 기능, ④ 교사와 학생간의 관계 개선의 노력과 학교내의 문제해결을 위한 특별 조정팀(심리학자, 정신의학자, 교육책임자)을 구성하여 효과적 원조관계를 조성하는 기능, ⑤ 학교-학부모-지역사회 인사와의 상호협력체계를 조성하는 기능, ⑥ 정신건강의 입장에서 학생들에게 장애를 주는 환경적 요소를 개선하고 교육적 분위기를 조성하는 기능, ⑦ 청소년문제에 대한 새로운 중재방법을 제공하고 활용하는 기능을 말한다. 즉, 학교사회사업가는 아동의 만족스런 학교경험을 위하여 학생, 부모, 교사, 학교, 지역사회로부터 모든 자원을 동원하여 아동의 정서적, 신체적, 지적 능력을 개발하고 문제를 해결하여 학교생활에 잘 적응하도록 돕는 기능을 하는 것을 말한다.

5. 학교사회사업의 대상

학교에 적을 둔 학생은 모두 학교사회사업의 대상이 되지만 그 중에서도 일반학생보다는 다음과 같은 문제학생에게 우선적으로 도움을 준다(Gibelman, 1993: 45~53; Freeman, 1994: 2087~2099; 전재일 외 2002: 468~469 재인용).

① 대인관계에 문제를 보이는 학생: 폭력행동, 비사교적 행동, 교사나 성인의 권위에 대항하는 행동 등을 함.
② 심리·정신적인 문제를 지닌 학생: 갑작스러운 위기상황을 보이는 학생들로 우울, 소외, 공포, 불안, 자살기도, 심리적·행동적 변화 등을 보임.
③ 학교규칙을 위반하는 학생: 장기결석, 등교거부, 잦은 지각, 무단조퇴, 수업불참 등의 행동을 하여 근신, 정학을 받음.
④ 가정환경적 문제를 갖고 있는 학생: 결손가정, 이혼, 재혼, 빈곤, 입양, 소년소녀가장 세대 등
⑤ 부모가 아동양육에 문제를 보이는 학생: 학대, 방임 등
⑥ 학습부진이 나타나는 학생: 학습의욕저하, 학습무능력, 학습부진, 학업불량 등으로 학업목표를 달성하지 못함.
⑦ 반사회적 행동을 하는 학생: 비행이나 범죄 행위를 하는 학생들로서 폭력, 절도, 가출, 약물남용, 불량서클 가입, 십대임신 등
⑧ 장애인 학생: 정서, 발달, 신체 장애 등

6. 학교사회사업가의 역할과 업무사례

1) 학교사회사업가의 역할

존슨(Johnson)은 학교사회사업가는 특정아동과 일반아동에 대한 역할을 들고 있는데, 특정아동을 위해서는, ① 문제를 지닌 아동 및 그들의 부모에 대한 개별사회사업, ② 문제아동들과의 정기적 혹은 수시회합, ③ 교사 및 지역사회기관과의 협력, ④ 교사, 교장, 직원과 협의하여 아동을 간접적으로 돕는 일을 한다. 한편 일반아동을 위해서는, ① 학교행정 기타 위원회의 참여, ② 부모 또는 교사들과의 교육활동, ③ 지역사회계획 단체에 의하여 학교사회사업가가 학교를 대표함으로써 학교와 지역사회를 연결하는 역할을 한다고 하였다.

그리고 코스틴은 개개 학생들의 정서적 문제와 대인적인 적응에 초점을 둔 전통적 활동보다는 학교사회사업이 필요로 하는 더 많은 활동을 제시하였는데 오늘날 교사회사업가의 책임 의무를 다음과 같이 말하고 있다(Costin, 1972: 351).

① 학교사회사업가는 학생들에게 직접적 교육과 사회복지서비스의 설비를 용이하게 하고 특별한 학생에 대해서는 직접적 사회사업 서비스를 제공해야 한다.
② 학교사회사업가는 특별한 집단의 절박한 욕구에 초점을 두고 이들 학생의 옹호자로서 활동해야 한다.
③ 학교사회사업가는 청소년의 복지에 직접적 영향을 주는 학교정책 형성과 지역사회의 협력적 관계를 개발하는 것을 돕고, 계획된 서비스에 접근법을 시행하기 위한 문제상황과 문제의 복잡성을 학교행정가와 의논해야 한다.
④ 학교사회사업가는 학생들이 자유롭게 배우고 학습할 수 있도록

동기화하는 분위기를 만드는 데 필요한 기술에 대하여 교사들과 상의해야 한다.

⑤ 학교사회사업가는 학교 학생과 그의 가족들에게 보다 효과적인 지역사회 서비스를 촉진시키고, 사회복지 프로그램과 자원의 지역사회조직화에 변화를 갖는 것을 돕기 위하여 학교와 사회사업의 결정적 분야와 법적 서비스 실제간에 건설적 연락관계를 조성하고 개발해야 한다.

⑥ 학교사회사업가는 학생과 학교에 대한 효과적 관심을 전하기 위하여 학부모와 지역사회집단을 조직화하고 학교와 지역사회와의 관계에서 건설적인 힘으로 활동해야 한다.

⑦ 끝으로 학교사회사업가는 학생지도를 위한 전문적 팀(카운셀러, 심리학자, 간호원 등) 가운데 학생 측면에서 여러 전문직들의 다양한 기술을 협력케 하는 지도력을 발휘해야 한다.

2) 학교사회사업가의 업무사례

학교사회사업가의 업무는 다양하게 제시되고 있는데 다음은 미국 일리노이주의 한 학교구역에서 시행되는 학교사회사업가의 업무내용이다(한인영 외, 1998: 161).

① 학생, 부모, 학교 직원들, 지역사회 직원들에게 개별지도사업, 집단지도 사업, 지역사회조직, 자문을 제공.

② 학생들과 그 가족들에게 위기개입 제공.

③ 가정과 학교의 연결을 확립하고 유지.

④ 학교 내의 프로그램들을 개발하거나 보조.

⑤ 적응행동연구와 사회적 발달연구들을 포함하여 특수교육에 대한 평가실시에 참여.

⑥ 학교와 지역사회 직원들과 다분야 팀의 일원으로 협력.
⑦ 무단결석, 비행, 행동문제들을 치료하기 위한 기록.
⑧ 전문적 사회사업서비스의 책무성을 위해 기록.
⑨ 프로그램들, 학교들, 서비스들, 지역사회들 내에서의 이동을 조정해 줌.
⑩ 지역사회의 특별한 문제들에 대한 해결책을 찾기 위해 도움.
⑪ 직원, 학생, 가족들의 문제를 확인하여 자원과 서비스에 대한 정보를 제공하고 의뢰.
⑫ 학생들을 위한 예방서비스의 요구를 확인하기 위하여 지역사회기관들과 협력.
⑬ 집단사회사업 모임들을 통해 직원조직, 훈련, 성장에 관여.
⑭ 워크숍, 세미나, 조사연구에 참여함으로써 전문가적 발전과 성장에 기여.
⑮ 지방, 주, 지역, 국가적 차원의 사회사업조직에 참여.
⑯ 학교사회사업 실습생들에게 슈퍼비전 제공.

7. 학교사회사업의 실천모델

학교사회사업은 그 시대의 사회적·문화적 환경에 적응하기 위하여 다양한 실천모델이 연구개발되었는데, 여기서는 앨더슨(Alderson)의 효과적 실천모델로 전통적 임상모델, 학교환경 변화모델, 지역사회학교 모델 그리고 학교상호작용모델의 4가지를 살펴본다(Allen-Meares et al., 1986, 김기환, 1996: 174, 성민선 외, 1998: 188~190에서 재인용).

(1) 전통적 임상모델(*traditional-clinical model*)

이 모델은 정신분석학, 자아심리학, 개별지도사업에 이론적 근거를 두고 있다. 이 모델의 초점은 학교에서의 적응과 학업성취에 장애가 되는 사회·심리적 문제에 초점을 두고 이러한 부적응과 학습장애의 원인이 되는 학생과 가족의 사회·정서적 특성에 두고 있다. 따라서 이 모델에서의 개입은 학생의 행동을 수정하거나 부모의 특성을 변화시킴으로써 학교에 적응하고 학습기회를 효과적으로 활용할 수 있도록 원조하는 것이다. 여기에서의 학교사회사업가의 전략, 전술, 기술은 개별접근방법을 사용하여 학교에서 어려움을 가진 학생과의 개별적 접근, 교사와 다른 학교관련 직원과의 전문적 관계 수립, 부모와의 개별적 접근, 지역사회기관과 함께 하는 사업, 지역사회에 학교 프로그램을 설명해 주는 것으로 구성한다. 이 모델은 많은 비판을 받고 있음에도 오늘날 미국에서 가장 널리 채택되고 있다.

(2) 학교변화 모델(*school-change model*)

이 모델은 사회과학이론 중 일탈이론과 조직이론에 그 이론적 근거를 두고 있다. 이 이론은 사회적·교육적 배경에서 학생의 능력에 장애가 되는 학교의 역기능적 규범과 조건을 찾아내는데 있다. 즉 학교환경에 초점을 두며, 학교제도가 학생들의 부적응과 학업 미성취의 원인이 된다고 보고 있다. 학교전체 즉, 학생, 교사, 행정가가 학교사회사업가의 개입을 위한 잠재적 표적이 된다. 다시 말해 학교사회사업가는 학교행정가와 교사가 학습과 적응을 저해하는 학교의 조건들을 변화시키도록 돕고 학생들과 가족들에게 역기능을 제거할 수 있도록 학생과 가족들에게 집단지도를 실시한다. 이 모델에서 학교사회사업가는 주로 대변자, 집단 촉진자, 자문가, 중재자의 역할을 수행한다.

(3) 지역사회학교 모델 (*community-school model*)

이 모델은 지역사회 조직이론, 의사소통이론에 그 이론적 근거를 두고 있다. 이 이론은 학생들의 문제의 원인이 빈곤을 포함한 지역사회의 사회적 조건과 문화적 차이에 대한 학교의 이해부족에 있다고 본다. 따라서 지역사회가 학교의 역할을 이해하고 지지하며, 학교가 박탈되고 차별 대우받는 취약지역의 학생을 지원하는 학교 프로그램을 개발할 수 있도록 돕는 것을 목적으로 하고 있다. 또한 학교가 학생들이 교육적·사회적 기능과 역량을 발휘하는데 장애가 되는 조건들을 시정하여 그들을 전인적으로 교육시킬 수 있도록 돕는다. 이 모델에서의 학교사회사업가는 학교의 역할과 필요성을 지역사회에 알리고 교육하여, 학생들을 위한 학교 프로그램을 개발하고 그들의 어려움을 야기시키는 결핍환경을 개선하는 등 지역사회와 학교의 관계를 친밀하게 지속시키는 역할을 한다.

(4) **사회적 상호작용 모델** (*school interaction model*)

이 모델은 체계이론, 의사소통론에 이론적 근거를 두고 있다. 이 이론은 학교, 학생, 지역사회간의 상호작용 특히 역기능 관계성과 이들 사이에서 일어나는 상호교류의 종류와 질에 관심을 갖고, 대상체계에 대한 옹호보다는 조정에 더 초점을 두고 있다. 문제의 원인을 개인들과 다양한 체계들이 서로 의사소통하고 상호보조하기 위하여 행하는 사회적 상호작용의 어려움으로 보고 학교, 학생, 지역사회간의 기능적 상호작용을 방해하는 장애를 확인하고 이 체계들간의 역기능적 상호작용 유형에 변화를 주고 서로의 의사소통을 향상시키고, 상호 협조체계를 형성할 수 있도록 한다.

위의 네 가지 모델은 가장 전형적인 학교사회사업 실천방법의 분류방식이다. 이는 또한 학교사회사업 실천모델의 발전과정을 설명해주기도 한다. 전통적 임상모델은 기존의 사회사업기관이나 복지관에서 제공하는 다양한 사회사업서비스들을 학교 현장에서 실시하게 되었다는 점에서 의의가 있으나, 문제를 병리적으로 진단하고 문제의 초점을 학

〈표 17-1〉 앤더슨의 학교사회사업의 모델

구분	전통적 임상모델	학교제도 변화모델	지역사회 학교모델	사회적 상호작용모델
대상	사회적 또는 정서적 문제를 가진 학생들	학교제도(학교규범과 규칙)	학교를 오해하고 불신하는 빈곤 지역사회	학생과 학교간의 상호작용에 의한 문제
목표	학교와 관련된 사회적·정서적 어려움을 가진 학생들이 보다 효과적으로 기능하도록 한다.	역기능적 학교규범과 규칙을 개선한다.	지역사회에 대한 자원을 개발하여, 학교가 빈곤학생들을 원조하고, 이들의 박탈상태를 경감시킨다.	상호원조체계의 발전을 촉진하고 상호작용의 장애물을 제거한다.
표적체계	학생과 그 부모	학교 전체	지역사회	상호관계적 분야
문제에 대한 관점	가족, 특히 부모-자녀문제로부터 기인한 아동의 정서적 또는 정신적 어려움	역기능적 학교규범과 규칙	빈곤과 기타 사회적 조건	학생-클라이언트의 어려움과 사회환경 상호간에 발생하는 역기능
사회사업가의 과업	개별지도, 집단지도, 가족치료를 중심으로 학생, 부모, 선생님을 포함하는 교육직원간의 기능을 연계한다.	역기능적 학교규범과 규칙을 확인하고 선생님, 행정가와 개별적이고 집단적인 협의를 한다.	지역사회조직 활동을 통하여 지역사회와 학교가 상호이해하고 서로 돕고 관련되도록 조장한다.	학생과 환경간의 문제를 확인하고 상호간의 목표를 설정하여 의사소통을 향상하고 상호간의 원조체계를 설립한다.
사회사업가의 역할	지지적 협동과 협의	옹호, 협상, 협의, 약물치료	중재, 옹호, 그리고 out-reach	중재, 협의, 기능자
이론적 기초	심리분석, 심리사회적, 자아심리학, 개별지도 방법론	사회과학이론, 특히 일탈이론, 조직적 이론	지역사회-학교 개념, 의사소통 이론	체계이론, 사회과학이론, 의사소통이론

자료: Allen et al., 1986을 김기환, 1996: 174 재인용.

생 개인에게 맞추고 있다는 문제점이 있다. 또한 학교변화모델은 학생문제의 주요인을 지나치게 학교 자체에만 초점을 두고 있다는 것이다. 반면에 지역사회학교모델은 학생문제 해결을 위한 자원으로서 지역사회에 대한 지나친 기대를 반영하고 있다. 이러한 문제점들을 보완하여 통합적으로 접근하고자 하는 것이 학교상호작용모델이다.

최근의 학교사회사업모델은 학생, 학교, 지역사회 사이의 상호작용이 복합적임을 강조하고 있다. 그리하여 학생들이 생활주기상의 다양한 스트레스 시점에 있을 때 학생집단의 특성과 상호작용하는 특정 체계의 특성에 초점을 두어 개입한다. 즉, 학교-지역사회-학생 관계체계에 변화를 가져와 학생집단이 학습기회를 더 효과적으로 활용할 수 있도록 원조하는 것을 목표로 한다(성민선 외, 1998: 189~190).

8. 학교사회사업의 과제

1960년대부터 시작한 학교카운셀링제도에 따른 진로상담교사(교도교사)를 학교에 두었으나 진로상담교사의 비전문성과 효과성 부족을 극복하지 못하여 그 대안 또는 보완책으로 학교사회사업가의 도입을 1960년대 후반부터 주장하였다. 다만 학교사회사업제도의 필요성을 교육부에서 인정하지만 아직 제도도입은 되지 않는 실정이다. 이에 제도도입을 위한 과제와 도입 후의 사회복지계의 대응과제를 제시하고자 한다.

첫째, 학교 내에 학교사회사업을 도입하도록 하는 가칭 '학교사회사업법' 제정이 필요하다. 학교사회사업 제도도입을 위해 교육부와 보건복지부에서 범 정부차원의 교육개혁 및 사회개혁 차원의 협력이 요청된다. 한 부처에서 어떤 새로운 형태의 정책을 수립하고자 할 때 주도권의 문제가 야기되고, 전문집단의 이해갈등이 심해 그 필요성을 인정하면서도 법 제정의 어려움이 많이 있다. 정부차원에서 이미 학교사회사업을 시범운영하여 그 필요성을 인정하였다. 따라서 아동·청소년문제를 고려할 때 하루속히 "학교사회사업법"이 제정되어야 한다.

둘째, 학교사회사업가 채용에 따른 예산문제를 최소화하기 위하여 가칭 '학교사회사업 사무소'를 설치 운영해야 한다. 이 방법은 광역시와 시 이상의 지역에는 한 구나 학군에 그리고 군마다 1개소의 '학교사회사업 사무소'라는 학교사회사업전담기구를 마련하여 그 사무소에서 관할 모든 학교를 대상으로 종합적 사회사업서비스를 제공한다. 즉, 사무소의 업무는 학교사회사업의 대상학생을 위한 집단지도사업, 지역사회조직사업, 상담사업, 가족치료사업, 감별사업, 심리측정 및 검사 등이며 인적 구성은 전문학교 사회사업가 외에 개별지도사업가, 집단지도사업가, 지역사회조직가, 가족치료가, 심리학자, 정신과의사, 교사, 간호사 및 변호사 등으로 구성할 수 있다(표갑수, 1994: 55).

셋째, 학교사회사업가의 인력확보가 요구된다. 학교사회사업가는 문제학생들의 정신분석, 심리검사, 전문상담지식과 기술 등이 필요하므로 대학 교과과정에 이들 교과목을 포함하여 이수케 해야 한다.

제18장

자원봉사

1. 자원봉사의 개념

자원봉사(*Voluntarism*)라는 용어의 어원은 인간의 자발적 의지(*will*)와 욕망(*desire*)을 나타내는 라틴어 자유의지(*voluntas*)에서 유래한다. 이러한 사전적 의미는 자원봉사란 기본적으로 자발적 활동에 근거하고 있고, 국가권력이나 외부압력에 의해 지배되지 않는 자유로운 활동이란 사실이다.

미국의 맨서와 카스는 그들의 공저(*Voluntarism at the Crossroads*)에서 자원봉사란 개인이 자신이 선택한 자원봉사기관을 통하여 활동하고, 창조하고, 실험하고 또 새로운 목표를 달성하려고 노력하는 과정에서 최대의 자유와 민주적 과정 속에서 독특한 역할을 하고 또 공익의 어떤 요소를 증진 혹은 촉진시키기 위하여 자발적, 사적 노력에 의하여 나타나는 활동과 그 기관이라고 정의하고 있다(Manser & Cass, 1976: 11~12). 미국의 사회사업 사전에는 자원봉사를 "개인, 집단, 지역사회에서 발생하는 여러 가지 사회문제의 영향을 예방하고 혹은 개선하는 일에 종사하는 공사의 여러 조직에 대하여 주어진 여러 가지 서비스를 하는 개인"이라고 정의하고 있다(Dunn, 1995: 2483).

영국의 자원봉사센터는 자원봉사활동을 자신이나 직접 가족이 아닌 다른 사람을 위해 직접적 보상 없이, 그리고 국가나 기관에 의해 요구되는 것이 아닌, 자유스런 선택에 의해 수행되는 활동이라고 정의하고 있어 무보수성과 자발성을 강조하고 있다(Sheard, 1995: 115).

한국사회복지협의회에서는 자원봉사활동이란 사회문제의 예방 및 해결 또는 국가의 공익사업을 수행하는 공사(公私)조직에 자발적으로 참여하여 반대급부를 받지 않고 인간존중의 정신과 민주주의 원칙에 입각하여 필요한 서비스를 제공하여 이타심의 실현과 자기실현을 성취하고자 하는 활동이라고 하고 있다(한국사회복지협의회, 1978).

이상의 개념을 종합하면 자원봉사란 개인, 집단, 지역사회의 문제를 치료하고 예방하며 공동 복지목표를 위한 개인적·사회적인 노력에 반대급부 없이 자발적으로 협력 또는 직접 참여하는 활동이며 자원봉사활동은 기존의 사회기관, 사회복지가관을 중심으로 지역사회의 국가편익을 위하여 일하는 모든 사회기관 및 조직에서의 활동을 말한다.

2. 자원봉사의 특징

자원봉사의 본질과 개념을 명확하게 하기 위해 자원봉사의 특성을 도출함으로서 가능하다. 이에 그 특성을 살펴보면 다음과 같다(Ilseley, 1970: 7~12; 김범수 외, 2001: 26~31).

첫째, 자원봉사는 자발성이라는 특성을 가지고 있다. 자발성이란 자원봉사가 자신의 의지로 활동하는 것이지 다른 집단, 개인, 조직 등 타의에 의해 행동하지 않는다는 것이다.

둘째, 자원봉사는 이타성이라는 특성을 가지고 있다. 타인의 생명을 존중하며 이웃과 더불어 사는 가치관에 바탕을 두고 있는 것이다.

셋째, 자원봉사는 자아실현성이라는 특성을 가지고 있다. 자원봉사를 통해 새로운 경험, 성취감, 만족감, 폭넓은 인간관계를 통해 인격적 성장과 자신을 자각하는 경험을 갖는 동시에 잠재능력을 실현하는 자아실현성의 특징을 가진다.

넷째, 자원봉사는 무보수성이라는 특징을 가지고 있다. 자원봉사는 금전적 보수나 대가를 바라고 행하는 것이 아니며 순수한 의미에서 봉사를 한다는 것이다.

다섯째, 자원봉사는 지속성이라는 특징을 가지고 있다. 자원봉사는 일회성이나 일시적인 충동적 행동이 아니라 의도되고 계획된 활동이기 때문에 임의로 끝나서는 안 된다는 것이다.

여섯째, 자원봉사는 복지성이라는 특징을 가지고 있다. 자원봉사는 특정 개인이나 직장, 단체이익, 종교와 정당의 입장을 초월하여 어려운 이웃과 지역사회 내에 산재하고 있는 사회문제를 해결하는 등 공공성에 바탕을 두고 있어야 한다.

일곱째, 자원봉사는 협동성이라는 특징을 가지고 있다. 자원봉사는 혼자하는 것이 아니라 자원봉사자와 봉사대상 그리고 조정자 등이 함께 수행하는 체계적인 것이다. 그러므로 봉사자 상호간에 협동성이 필요하다.

여덟째, 자원봉사는 교육성이라는 특징을 가지고 있다. 자원봉사자는 일정한 기간을 교육에 참여함으로써 학습되기도 하고 또 경험, 지식, 기술, 태도, 신념 등을 학습할 수도 있다.

아홉째, 자원봉사는 민주성이라는 특징을 가지고 있다. 인간존중 정신과 민주주의 원칙에 입각하여 필요한 서비스를 제공함으로써 사회의 공동선을 지향할 수 있도록 한다.

열번째, 자원봉사는 개척성이라는 특징을 가지고 있다.

3. 자원봉사의 동기

1) 동기의 개념

현대의 심리학자들은 동기를 말할 때 행동을 시작하고, 방향짓고, 행동의 강도와 지속성을 결정짓는 요인으로 보고 있다(한덕웅, 1987: 26~27).

베렐슨과 스태이너(Berelson & Steiner)는 동기란 활성화시키거나 작동시키고, 움직이게 하는 내적 상태를 말하는데, 이는 행동을 목표 지향적으로 되게 하거나 목표를 위한 통로를 마련하게 하는 것이라고 했다(정혜숙, 1984: 7). 비낙케(W. E. Vinacke)는 동기란 개인이 수행하는 행동의 강도, 질 및 방향의 변화를 결정하는 여러 조건으로 보았다(Mccormick & Frgen, 1980).

업무수행에서 동기(*motive*)는 능력(*ability*) 보다 중요한 것이다. 능력은 있으나 일할 동기가 결여된 사람들은 조직이나 기관에 대항해서 싸움을 벌이거나 조직을 떠나거나 업무 이외 엉뚱한 관심을 키우거나 자신이 가진 능력과 기술을 황폐화시킬 수 있다(이희수, 1984: 145).

자원봉사는 화폐로 지급되는 물질적 보상보다는 주로 정신적 요소를 대상으로 하고 있다. 심리적 감정적 차원인 인정(*recognition*), 시인(*approval*), 수용(*acceptance*), 사랑(*love*) 등의 심리적 요인을 다루며 이들은 업무만족에 중요한 영향을 미친다. 최근 한국에서도 자원봉사의 요구가 증가되고 자원봉사 프로그램의 운영상의 실제적 문제들이 부각되면서 자원봉사의 동기에 대한 관심이 증가되고 있다. 특히 2002년 6월 한일 월드컵 경기에서 자원봉사자의 활동은 우리에게 시사하는 점이 매우 크다. 자원봉사자와 자원봉사대상자 또는 기관의 필요와 요구를 이해하게 되면 자원봉사활동을 훨씬 더 효과적으로 운용할 수 있기 때문에 인간행동의 배후에 자리잡은 동기를 이해한다는 것은 매우 중요하다(김옥라 · 김현자 역, 1989: 50~52)는 견해가 나오고 있다.

2) 자원봉사 동기의 역학

성공적 자원봉사는 자원봉사자가 봉사에 대한 분명한 동기를 자각할 때에 가능하다. 많은 개인들이 자원봉사를 실천하고 자원봉사에 역할을 수행하기 위하여 시간과 에너지를 바치겠다는 동기부여가 필요하다. 개개인 봉사자의 동기를 이해하고 그것을 지지하는 일은 매우 중요하다. 개인이 시간과 에너지를 자발적으로 제공하려는 결심을 할만한 영향을 받고 스스로 결단을 내리는 힘은 결정자의 내부에도 있고 외부에서 오기도 한다. 개인들이 자기의 에너지와 시간을 바쳐 어떤 자원봉사활동에 헌신할 것인가, 안 할 것인가를 결정하려고 할 때 무슨 생각들이 오고가는지에 대하여 레인맨(Schindler-Rainmand)은 레빈(Kunt Lewin)의 모델을 이용하여 설명하였다(조휘일, 1991: 1). 그는 ① 자기자신의 내부에서 오는 힘(*own forces*), ② 그가 속한 집단에서 다른 회원들과의 관계에서 생기는 자신밖에서 오는 힘(*interpersonal and group member forces*), ③ 당사자가 처한 전체 환경의 특성에서 오는 힘(*situational forces*), 즉, 지리적 조건, 시간, 공간, 교통, 결제적 조건에서 기인됨으로서 세분화된다.

3) 자원봉사 참여동기(욕구)

(1) 참여동기

효과적으로 자원봉사활동을 관리하기 위해서는 자원봉사자들이 행동하게 되는 동기에 대해 이해하는 것은 조직의 유지와 발전에 중대한 영향을 미친다. 자원봉사 행동의 동기는 이타적 동기와 이기적 동기의 혼합으로 볼 수 있으나 절대적인 이타주의적 동기란 드물며, 동기이론이나 자원봉사 실태조사에서 보면, 복지증진이나 동정심, 죄의식을 감소하려는 욕구에 의해 동기화된 것이라고 강조하기도 한다. 이타적 동기는 사회심리학에서 친사회적 행동의 일부로 포함시켜 다루고 있으며, 이기적 동기에 대해서는 조직행동론이나 조직심리학에서 밀도있게 다루고 있는데 이를 상술하면 다음과 같다.

① 이타적 동기(타인지향적)

이타주의는 타인의 복지에 대한 비이기적 배려 또는 헌신으로서 자기중심성(*self-centeredness*)에 상반되는 즉, 자기자신의 복지를 위한 이기적 관심을 배제하는 것을 의미한다(조휘일, 1991: 17~28). 이러한 이타주의의 결정요인으로 전통적 견해에 의하면, 개인의 성격 내지 성품을 보았는데 개인적 차이보다는 상황적 측면이 보다 더 유용하다는 증명에 의해 다양한 접근이 등장했는데, 이들은 생물사회학적 접근과 사회적 진화론으로 대비될 수 있다.

이타주의는 오랫동안 사람들이 자원봉사에 참여하는 주된 원인으로 간주되었으나 스미스(Smith)는 이타주의는 사람들이 자원봉사에 참여하는 복합적 이유 중의 하나에 지나지 않으며 이타주의는 오히려 자원봉사를 하는데 주된 역할을 하지 못한다고 주장한 바가 있다. 나아가서 이타적 이유 때문에 자원봉사에 참여하고 있다고 말하는 사람들조차도 자신들이 오직 자기 희생적 이유 때문에 자원봉사에 참여한다고 인정치는 않는다. 따라서 자원봉사자의 동기에 대해 전통적으로 수용하던 이타주의적 동기에의 의존은 자원봉사자 개인의 욕구와 동기에 대해 지극히 단순화해 취급해버릴 우려가 있어 한계가 있다고 본다.

② 이기적 동기(자기중심적)

자아실현이나 성취욕구 등 자아지향적 동기를 말하는 것으로 자원봉사자들의 경우 일정한 조직이나 기관에 소속되어 특정한 업무를 수행하는 자원봉사의 상황에서 개인의 지속성 내지 참여강도라는 성과에 초점을 맞춘다면 조직행동론적 접근이 의미가 있을 것으로 본다.

조직행동론에서 다루는 동기는 작업동기(*job motivation*)를 말한다. 즉, 일정한 조직에 소속되어 비교적 장기간 지속적으로 수행하는 업무 및 작업을 효과적으로 처리하는데 요구되는 동기로도 볼 수 있는데, 작업동기란 자신의 직무를 수행하고자 하는 동기로 작업환경에서 작업과 관련이 있는 행동을 목표로 지향하도록 하고, 유지시키는데 영향을 미치는 조건들을 말하다(이명구, 1987: 5).

한편 프란시스(Francies)가 위스콘신 대학의 도움을 받아 개발한 자원봉사자 욕구·동기 척도는 ① 경험추구의 욕구, ② 사회적 책임감 표현 욕구, ③ 타인기대 부응 욕구, ④ 사회적 인정 욕구, ⑤ 사회적 접촉 욕구, ⑥ 사회적 교환 욕구, ⑦ 성취 욕구의 7가지 욕구 구성요소들로 되어 있다.

(2) 동기유지

조직관리는 조직 내의 인적 자원에 대한 효율적 이용의 문제와 관련된다. 즉, 조직에서 나타나는 개인의 성과를 과거에는 개인의 능력이나 특성에 기인한다고 보았으나, 최근에 개인의 행동에 대한 이해가 증진되어 감에 따라 능력의 차이 뿐 아니라 능력을 발휘하고자 하는 개인의 자발적 의욕 즉, 동기라는 것이 성과를 결정짓는 중요한 요소라는 것을 깨닫게 되었다. 따라서 조직관리자의 중요한 임무는 유능한 인적 자원을 조직에 유입하고, 그 조직 체제 속에 결속시키며, 신뢰할 수 있는 업무수행을 보장하고, 나아가서는 조직의 목표달성을 위해서 도움이 될 수 있는 행동을 하도록 하기 위해 동기를 부여하고 유지하는 것이다(표갑수, 1994 a: 139~141 재인용).

4. 자원봉사의 역사

1) 미국의 자원봉사

미국에서 인간애와 생활공동체의식에 입각한 자원봉사활동이 태동하기 시작한 것은 보건·의료를 포함하여 광범위한 사회복지가 출범을 보인 1600년에서부터 1700년대이다(김영호 외 5인, 1996: 151). 윈스롭(Winthrop)은 1630년 뉴잉글랜드로 항해하는 동안에 지역공동체 지원의 필요성에 대해 청교도들에게 훈계하기도 하였다. 또한 1657년에 병자를 돕고 빈민을 구제해 주는 최초의 우호방문협회인 스콧자선협회(Scot's Charitable)가 보스톤에 설립된 이 후 각각의 자선협회가 설립되기 시작했으며 그 외에도 고아원, 병원 등이 생겨나기 시작했다(한국복지연구회, 1988: 89).

1·2차 세계대전 후 사회적 혼란기에 사회적 공백을 메우기 위한 다양한 민간단체의 활발한 활동 및 이들 단체를 조직화하는 민간기관들이 1820년을 시작으로 설립되었다. 그리하여 1840년대에 뉴욕에만 30개 이상의 민간단체가 설립되고 이들 단체간의 연락 조정을 위해 1843년에 뉴욕에 빈민생활상태 개선협회(AICP)를 조직했다(한국복지연구회, 1988: 93). 또한 1851년 YWCA가 설립되었고 1853년에는 브레이스(Brace)가 아동구호협회(Children's Aid Society)를 설립하고 시민전쟁의 발발 이후에는 자원봉사활동이 폭발적으로 증가했다. 1877년에는 버팔로에 최초의 자선조직협회가 설립되고 이후 미 전역에 퍼지기 시작했는데 1890년대에는 100여 도시에 자선조직협회가 생겼다. 자선조직협회는 열등처우의 원칙을 근간으로 하는 영국의 개정 빈민법의 영향을 받아 무차별적 자선은 노동자의 나태, 사치, 낭비를 조장한다고 생각하고 자선의 조정 및 조직화를 도모하고자 한 것으로 보스턴, 뉴욕, 볼티모어 등 대도시에 4천 명의 우애방문원을 두며 성황을 이루

었다(박병현, 1994: 113~114).

특히 전쟁 후 인구의 도시집중, 슬럼지역의 형성, 실업문제 등 새로운 사회문제가 등장하여 도시 슬럼지역을 중심으로 하는 인보사업이 발전하였다. 20세기 초에 인보관운동과 더불어 보이스카우트, 걸스카우트, YMCA, 미국적십자사 같은 국가 및 국제 봉사기관들이 활약이 활발했다.

1926년에는 최초로 자원봉사사무국이 설립된 이후 미국 전지역으로 확산되었다. 더욱이 경제 공황기에 접어들면서 복지, 교육, 보건, 시민단체 등에서 자원봉사자의 수요가 점차 늘어나 지역사회 내의 주니어 리그(*Junior League*) 같은 자원봉사센터가 운영되는 등 1932년에는 전국자원봉사위원회가 설립되었다(김영호 외, 1996: 152).

1945년 전쟁 종결로 민방위국이 해체되면서 미국 공동모금 및 지역봉사협의회가 구성되어 이 기구 내에 시민참여자문위원회를 두어 자원봉사활동을 주관하였다. 그 후 공동모금회의 재정지원으로 미국 자원봉사센터협의회가 구성되었다.

1969년에는 '전국 자원봉사활동프로그램법'이 제정되어 1970년도부터 정부지원을 받는 자원봉사센터가 설립되었고 닉슨 행정부는 그 동안 3개 부처로 나누어 운영하든 연방 프로그램 7개(VISTA, Peace Corps, Foster Grandparent Program, Retired Senior Volunteer Program, Service Corps of Retired Executive, Active Corps of Executive, National Student Volunteer Program)를 하나의 독립기구가 맡아서 관장토록 하고 민간 자원봉사프로그램을 지원하기 위해서 '정부 내의 독립기관'인 ACTION을 창설했다(ACTION, 1978: 13).

처음으로 자원봉사를 지원하는 법이 제정된 시기는 닉슨 정부 때로, ACTION 창설과 더불어 자원봉사활동을 더욱 법적으로 보장할 '국내자원봉사활동법'(Domestic Volunteer Service Act)이 만들어졌다. 이 특별법은 자원봉사자에 대한 연방정부의 각종 지원활동을 규정하고 정부의 직접적 공공자원봉사단 운영에 관한 내용을 담고 있었다. 1979년에는 전국자원봉사활동정보센터(The National Information Center on Volunteerism)와 NCVA가 통합되어 전국시민참여센터(The National Center for Citizen Involvement)인 VOLUNTEER가 만들어졌다.

VOLUNTEER는 현대적 의미의 자원봉사센터의 개념을 확립하는 데 특히 촛불재단과 통합하기 이전까지 50여 개의 자원봉사센터와 자원봉사자활동센터(Volunteer Action Center)를 기초로 하여 400개나 되는 자원봉사센터를 네트워크화 하였다(류기형 외, 2001: 69).

공공기관 관리자들이 효율성, 효과성을 향상시키고자 할 때 레이건 대통령이 민간부문의 주도권을 강조하여 자원봉사 활동이 더욱 부각되었다. 이에 지방차원에서는 지역자원봉사센터를 조직·설치하고 중앙에 이들 센터를 지원하고 추진하는 중심조직인 촛불재단(Point of Light Foundation)을 설치하였다. 미국에는 지역단위로 450여 개의 자원봉사센터와 4천 개의 지부가 있다(Point of Light Foundation, 1991: 3).

1990년대에 들어서는 '전국지역사회봉사법'(National and Community Service Act)이 제정되어 자원봉사활성화를 위한 법적 지위가 강화되었고(이번송 외 5인, 1996: 181), 1993년에는 클린턴 행정부가 '전국 자원봉사 트러스트법'(National Service Trust Act)을 새로이 제정하여 자원봉사활동을 위한 별도의 전담기구 및 예산지원이 행해졌다.

이와 같이 자원봉사사업에 대한 미국 정부의 지원은 정권의 정치적인 배경과는 관계없이 일관되게 계속되고 있다. 또한 자원봉사활동은 민간분야뿐 아니라 공공분야에까지도 정부의 지원을 받아 중요한 부분을 담당하면서 이들의 협력관계가 더욱 강조·강화되고 있다. 이러한 협력관계가 점차적으로 보편화될수록 자원봉사 분야에 대한 체계적이고 과학적인 관리의 중요성이 더욱 커지고 있다(류기형 외, 2001: 70).

2) 한국의 자원봉사

현대적 의미의 자원봉사활동은 1903년 YMCA 창립을 기점으로 1921년 태화기독교사회관에서 여성계몽과 어린이 건강을 위한 봉사활동이시작되었다. 일제시대에는 문명퇴치를 위한 야학, 농촌봉사활동, 질병구제 등의 사회봉사활동으로 전개되었다. 1960년대에 인도주의와 자원봉사를 기본정신으로 하는 적십자운동을 중심으로 보다 조직적으로 활성화되었고, 1971년부터 전개된 새마을운동은 자원봉사정신의 확산 및 고취에 영향을 미쳤다. 1978년부터 한국사회복지협의회가 자원봉사자 교육훈련을 실시하고 사회복지분야에 배치하기 시작하였으며 각종 사회복지단체를 중심으로 자원봉사활동이 전개되었다.

1984년 한국여성개발원에 자원봉사 인력은행이 설치되고, 1986아시안게임과 1988올림픽에서 거국적 자원봉사자 활용으로 전국적으로 자원봉사를 인식시키고 확산시키는데 기여하였다. 1991년 한국자원봉사연합회가 창립되었다. 1992년에 보건복지부는 한국사회복지관협회에 전국사회복지관 부설 재가복지봉사센터의 관리업무를 위탁하였다. 1994년에는 자원봉사관련 전산정보체계 구축, 자원봉사자활동 지도자 교육, 자원봉사활동조사연구와 교재발간, 홍보, 정책건의를 목적으로 하는 사회복지협의회 부설 사회복지 자원봉사 정보안내센터를 설립하였다(이번송 외 5인, 1996: 159).

1994년 중앙일보사의 자원봉사캠페인, 1995년 5월 31일 초·중·고 청소년자원봉사활동이 등장했고, 각 대학에 자원봉사 교양과목을 개설하는 등 언론사, 학교 등에서도 관심을 갖게 되었다.

1996년 297개의 사회복지관에 지역단위 자원봉사센터를 신설하여 민간복지의 구심점이 되도록 하였다. 특히 자원봉사활동을 통합관리하는 행정체계 구축을 위해 1995년부터 행정자치부 사회진흥과에 자원봉사활동 관련업무를 총괄 관리하도록 하였으며 1996년부터 전국 12개

시 · 도에 20개소 자원봉사센터를 설립하여 2004년부터 208개소로 확장 운영하고 있다. 아울러 1996년 7월에는 총장들의 모임인 '한국대학사회봉사협의회'가 창립되어 그동안 각 대학별로 산발적으로 운영되어 오던 자원봉사 프로그램을 상호연계하며 정보교환할 수 있도록 조직화하였다.

5. 자원봉사의 기능

자원봉사활동은 국가적 차원에서부터 개인에 이르기까지 다양한 기능을 가지고 있으므로 여기서는 사회복지기관, 가정복지서비스, 지역사회형성 그리고 개인적 측면에서 그 기능을 살펴보기로 한다(조휘일, 1975: 56~58).

(1) 사회복지기관의 서비스 기능

인간의 사회생활과 사회복지를 위한 기관 설립부터 기관을 운영하고 직원을 돕는 일, 기관의 사업을 보완하는 것 등의 사회복지기관의 서비스 기능은 기관과 지역간의 보이지 않는 심리적 장벽 혹은 거리감을 없애주며, 기관 직원의 심리적, 육체적 과로를 덜어 준다. 이와 같이 자원봉사활동원의 참여는 사회복지시설 입소자의 고독감을 덜어주고 시설아동의 올바른 인격형성과 사회적 재활, 그리고 시설의 사회화를 위하여 중요한 의미를 갖는다.

(2) 가정복지서비스의 기능

자기가정과 이웃가정을 대상으로 하는 가정복지서비스의 기능은 인간성 회복과 사회복지의 인간관을 기초로 약화되는 가정의 기능을 회복하고, 장애인을 둔 가정이나 노인의 고독감을 덜어주고 또 그들의 생활을 지원하는 것이다. 그리고 주민의 차별과 편견을 없애고 함께 산다고 하는 연대적 인간관계를 형성하고 가정복지적 측면에서 전인적 인간양육에 매우 중요한 의미를 갖는 것이다.

(3) 지역사회 형성의 기능

시설보호나 가정보호도 이른바 요보호자의 주체적 생활의 회복을 위해서는 지역사회의 자원봉사활동의 지원이 필요한데, 그 기능은 산산히 붕괴되는 지역사회를 재형성하는 일이다. 지역사회는 아동이 건전하게 성장하는 장소이며 노인과 장애인이 함께 전 가족이 안심하고 사는 보람을 느끼며 살 수 있는 장소가 되어야 한다. 결국 자원봉사활동은 지역사회의 주인의식과 연대의식을 향상시키고 지역사회 감정을 형성하게 하여 지역사회의 문제를 주민의 상호협동으로 참여하여 해결하고 예방하는 기능을 가지고 있다.

(4) 개인의 자기개발 기능과 여가선용 기능

자원봉사활동은 각 개인이 한 인간으로서 자신을 사회적 존재로서 자각하여 스스로 타인에게 또는 타인과 더불어 봉사하는 경험을 통하여 자신의 인격적 성장과 발달 그리고 자신의 잠재능력을 실현하는 기회를 갖게 하는 것이다. 특히 자기발전과 성숙에 기반이 되는 사회성을 키울 수 있는 유일한 도구로서의 기능을 수행하며 이러한 사회성은 자아실현이라는 인간이 추구해야 할 인생의 의미 내지 목표를 확보하고 달성하는데 꼭 필요한 요인으로 작용하는 것이다(NASW, 1977: 1582~1583).

아울러 자원봉사활동은 보람 있는 여가선용의 한 방안이 된다. 봉사활동을 통해 다른 사람의 생활을 보고 다른 환경에 접해 봄으로써, 자신을 돌아보고 생의 보람과 희망을 갖게 되는 것은 의미 있는 일이다(표갑수, 2010).

(5) 사회문제 해결과 예방 기능

일반 시민들의 사회문제에 대한 새로운 인식과 문제의 발견은 그 해결을 위해 필요한 첫 단계가 된다. 또 기존의 사회문제 해결을 위한 제도적·정책적 노력이 가진 여러 가지 결함을 발견하여 사회문제 해결에 효과적으로 기능하도록 하는 작업도 자원봉사활동을 통해 가능하다. 기존의 거대한 관료조직은 때로는 경직되어 신선한 자각과 인식을 결여하기가 쉽기 때문이다.

이러한 여건에서 시민들의 자원봉사활동은 기존의 조직을 새롭게 하고, 문제발견과 해결은 물론 다양한 활동에 동참하여 효과적으로 문제를 해결할 수 있는 토대를 만든다. 특히 청소년들로 하여금 현대사회의 문제와 해결방안 혹은 제도와 정책을 체험하게 하여, 새로운 인식을 갖게 하고 때로는 문제해결에 참여자로 활용할 수 있다. 예컨대, 미국이나 일본의 '세대 간 교량' 프로그램은 전형적인 예가 된다. 무의무탁한 노인들과 청소년들이 함께 만나고 이야기하고 관심을 가지게 하여 노인문제를 해결하고 청소년문제를 예방하고 해결하는 데 자원봉사활동을 연결시킬 수 있는 것이다. 이러한 자원봉사활동 프로그램은 지역사회단위로 얼마든지 개발할 수 있는 중·고등학교 청소년 및 대학생 자원봉사활동 프로그램이다.

6. 자원봉사자의 역할과 자세

1) 자원봉사자의 역할

자원봉사활동은 한 인간으로서 타인에게 또는 타인과 더불어 서비스하는 것이며 자신의 잠재능력을 실현하기 위한 하나의 기회이다. 또한 인간의 가치와 존엄성에 대한 신념과 민주주의 철학과 지역사회의 유대감 형성을 통한 복지사회 실현에의 공동노력인 것이다. 이러한 활동을 하는 자원봉사자의 역할을 보면 다음과 같다(김범수, 1982: 146).

미국 《사회사업백과사전》에 의하면, ① 치료적 또는 재활적 서비스를 요청하는 상황 또는 조건을 확인하는 역할, ② 이와 같은 사회상황의 예방, 통제, 치료를 위하여 만들어진 기관의 방침을 창시하고 결정하는 역할, ③ 지식, 기능, 관심을 기반으로 서비스를 제공하는 역할, ④ 모금활동, ⑤ 기관 및 조직을 위해 대변자로서 일하는 것. 즉, 기관이 지향하는 문제 내지 이를 위한 프로그램을 해석해서 홍보하는 역할, ⑥ 이들 프로그램에 대한 지역사회의 반응을 기관에 보고하고 평가하는 역할, ⑦ 지역사회의 발전을 위한 계획활동에 협동하는 역할, ⑧ 새로운 전달체계를 개발하는 역할, ⑨ 빈민들 내지 시민권을 박탈당한 약자를 대변하는 역할, ⑩ 현존의 사회복지체계를 변화시키려고 주장하거나 혹은 그 때문에 정치적으로 활동하는 역할을 말한다.

2) 자원봉사자의 기본자세 및 태도

자원봉사자는 보다 효과적인 자원봉사활동을 위해서 다음과 같은 기본 자세 및 태도를 갖추고 유지해야 한다(김영호, 1989: 171~ 172).

① 자신이 관심 있는 일에서부터 시작한다.

② 자기 주위에 있는 일(가정, 이웃, 지역사회)부터 시작한다(예: 집안의 일, 고운말 쓰기, 가정에서 자기의 역할을 올바로 하기, 집 앞 쓸기, 불우이웃돕기 등).

③ 상대방의 필요에 따라서, 상대방의 입장에서 활동하되 상대방이 의타심을 갖지 않도록 한다. 그러기 위해서는 먼저 신뢰관계를 형성함이 필요하다.

④ 활동은 세밀한 계획하에 서비스를 마칠 때까지 계속해서 하되 무리하지 않아야 한다.

⑤ 매사에 약속을 지키며, 책임 있는 언동과 신뢰받는 활동이 되어야 한다.
⑥ 활동에 한계를 정한다. 즉, 일의 양, 시간, 목적, 사람의 수 등의 한계를 정하여 시작할 것이며, 서로간에 이해가 되어야 한다.
⑦ 활동을 점검하고, 일의 경과를 기록하여 평가와 지도, 발전의 자료로 비치한다.
⑧ 자원봉사자는 계속하여 학습하고 자신을 성장시킨다.
⑨ 자원봉사활동은 겸손한 태도와 감사한 마음으로 기쁘게 시작하고, 상호간에 감사함과 보람으로 마칠 수 있도록 노력한다.
⑩ 활동을 시작하기 전에 가족과 직장의 이해를 얻는다.
⑪ 자신의 올바른 활동은 모든 자원봉사자를 대표하는 것이라는 마음으로 한다.
⑫ 가족과 이웃, 그리고 전 국민을 자원봉사화하는 것을 목표로 적극적 자세를 갖는다.
⑬ 활동 중에 알게 되는 비밀을 보장한다.

7. 자원봉사의 현황

1) 자원봉사지원기구

자원봉사관련 단일법이 없는 상태이지만 자원봉사 지원조직으로 중앙정부 및 지방정부, 사회복지 관련기관, 기업, 언론, 학교 등에서 지원하는 실정인데 이를 살펴보면 다음과 같다(김상균 외, 2001: 384~386).

첫째, 중앙정부의 경우 자원봉사활동을 담당하는 부서로서는 보건복지부, 여성부, 행정자치부, 문화관광부 등이 있다. 보건복지부는 행자부가 주무부서가 되기 이전까지 자원봉사활동을 담당했던 곳으로,

현재 복지부는 한국사회복지협의회 부설 '사회복지 정보센터'와 한국사회복지관협회의 '자원봉사 알선센터', '재가복지 봉사센터' 등에 예산지원 및 행정지원을 하고 있다. 여성의 자원봉사활동활성화를 지원하는 부서는 여성부(과거 정무 제2장관실)로서, 1992년부터 시·군·구 가정복지과를 중심으로 '여성자원활동센터'를 설립, 지도감독하며, 한국여성개발원은 자원봉사자의 재교육에 힘쓰고 있다. 행정자치부는 현재 자원봉사활동의 주무부처로서 사회진흥과에서 자원봉사활동을 담당하며, 시·도 및 시·군·구의 사회진흥과(자치행정과)에 자원봉사지원 전담부서를 설치했다. 문화관광부는 청소년 자원봉사 활성화를 위해 1995년 7월부터 시·도 또는 한국청소년단체협의회에 '청소년 자원봉사센터'를 설립하였다.

자원봉사는 시·도 및 기초 지방자치단체에서도 큰 관심사항으로 등장하고 있다. 이는 자원봉사가 지역사회의 작업이기도 하지만 특히 민선시대·지방자치시대를 맞아 정치적 의도와 부족한 행정력을 민간의 힘으로 메우려는 숨은 의도도 깔려 있는 것으로 평가되고 있다. 현재 자원봉사활동 관련법안이 미확정된 상태이므로 구 차원에서 일률적으로 실시하는 자원봉사 업무는 없으며, 자치구의 자원봉사활동 지원사업과 내용은 자치구의 관심여부에 따라 그 수준이 다르다.

둘째, 사회복지관련기관 중 지원조직으로는 한국사회복지협의회, 한국여성개발원, 한국자원봉사단체 연합회, 한국자원봉사 능력개발원, 한국대학사회봉사협의회, 한국자원봉사포럼 등이 있다.

한국사회복지협의회는 사회복지사업법에 의한 법정단체로서 사회복지에 관한 조사연구, 교육훈련, 정책건의, 국제교류, 회원단체간의 조정 및 협의 등 다양한 업무를 수행하는데, 1978년 '한국봉사안내소'를 설치한 이래 지속적으로 자원봉사업도 펼쳤으며, 2001년부터는 전국 15개 시도에 사회복지협의회 부설 사회복지정보센터를 두어 운영중이다. 한국여성개발원은 1984년부터 1992년까지 여성자원활동 인력은행을 운영해 왔다. 1993년부터는 자원봉사활동에 관한 조사연구, 자원봉사활동 관련자료 및 교육 프로그램을 개발하여 관련기관과 일선활동자들을 지원하고 있다. 한국사회복지관협회는 사회복지사업법에 의거, 전국 사회복지관의 육성과 발전을 위한 제반사업과 함께, 1992년부터는 사회복지관부설 재가복지봉사센터 관리업무를 보건복지부로부터 위탁받음으로써 자원봉사알선센터를 운영하고 있다. 한국자원봉사포럼은 1995년 10월에 창설되어 자원봉사 활성화를 위한 대중교육과 인식제고 및 정책제안 등에 관한 포럼을 전개하는 등 독특한 역할을 수행하고 있다.

셋째, 기업의 자원봉사활동 지원은 몇몇 대기업을 중심으로 이루어지고 있다. 특히 삼성그룹은 30개의 독립된 법인체로 구성되어 있고 각각의 법인체는 주된 봉사활동 한 가지씩을 가지고 있으며, 전체활동을 관리하고 조정하기 위해 삼성사회봉사단을 운영하고 있다. 또 다른 자원봉사활동의 지원조직으로 언론의 자원봉사 캠페인을 들 수 있다. 중앙일보사는 자원봉사사무국을 상시체계로 운영하며, 자원봉사를 지금까지의 단기적이고 일시적 자선이 아닌 사회운동으로 정착시키기 위해 자원봉사 캠페인을 실시하고 있다.

그러나 이런 노력에도 불구하고 자원봉사자들의 낮은 참여율과 수요처 발견의 어려움 그리고 높은 중도탈락으로 자원봉사활동을 지속적이고 체계성 있게 수행하지 못하고 있어 자원봉사활동이 활성화되지 못하는 실정이다. 특히 선행연구에서 자원봉사활동이 활성화되지 못하는 근본 이유로 자원봉사 관리과정의 비체계성과 비전문성을 지적하고 있다(이청자 외, 1993, 조휘일, 1996, 표갑수, 1998). 이는 정부부처간의 기능적으로 산만하게 운영되는 자원봉사활동을 조정·연계·협력하는 도(道) 단위의 지역자원봉사센터나 자원봉사활동을 총괄하는 통합기구(예: 협의체, 연합체 등)가 없기 때문으로 생각된다. 오히려 중앙정부의 자원봉사부서의 다양화에 따라 시·도 단위에서는 예를 들면 충청북도 도청 자원봉사관련행정라인이 자치행정과, 여성정책관실, 체육청소년과, 사회복지과로 다양하게 구성되어 있어 업무의 연계성이 없이 경쟁적 관계를 띠고 있는 실정이다(표갑수, 2000 a: 492~500).

2005년 자원봉사활동기본법, 2006년 동법 시행령이 제정되어 자원봉사활동에 대한 독립법안을 갖게 되었다.

보건복지가족부 소속의 한국사회복지협의회와 각 16개 시·도 사회복지협의회에 사회복지정보센터를 운영하면서 사회복지분야 자원봉사활동의 활성화를 위하여 사회복지봉사활동 인증관리사업을 진행하고 있다.

인증관리사업은 보건복지가족부로부터 위탁받아 한국사회복지협의회와 16개 시·도 사회복지협의회에서 총괄관리하고 있으며 사회복지봉사활동인증센터는 2008년 12월말 현재 5,120개소에 12,551명의 사회복지인증요원이 있다.

현재, 자원봉사활동 지원체계는 행정안전부 관할의 자원봉사센터(시·도 16개소와 기초자치단체 232개소), 보건복지가족부 관할의 사회복지정보센터 17개소와 중앙, 지방 청소년활동진흥센터 17개소, 교육과학기술부 관할의 학생봉사활동정보안내센터 181개소, 대학사회봉사협의회 188개 대학으로 구성되어 각 부처에서 자원봉사 지원정책을 수립하고 있다.

2) 자원봉사 실태

자원봉사에 대한 정부의 관리체계가 보건복지부, 여성부, 행정자치부, 문화관광부 등 다양하여 자원봉사 모집, 교육관리 등에서 자원봉사관련기관에 상호협조적이지 못할 뿐만 아니라 상호비방 내지 경쟁관계에 있어 이의 자원봉사체계 통합관리기구가 요구되고 있다.

우리나라는 1990년대 이후 자원봉사활동이 급격히 증가하였다.

1991년 통계청의 표본조사에서 15세 이상 인구의 5.4%만이 자원봉사활동에 참여하고 있다고 응답했다. 필자의 조사[1] (2000년 4월) 결과에 의하면 자원봉사자모집, 교육·훈련 프로그램 개발, 사후관리, 정보교환, 자원봉사담당자 육성, 자원봉사 수급관리 및 조정, 자원봉사 보상체계 개발, 그리고 자원봉사활동 수요처 개발을 위한 도 단위의 통합관리기구가 필요하다고 응답한 비율은 전체의 83.1%로 나타났다. 그러나 최근 15세 이상을 대상으로 한 통계청의 자료에 의하면, 2006년 현재 14.3%가 자원봉사활동에 참여하여 2003년에 비해 0.3% 정도 참여율이 낮았다.

행정안전부가 볼런티어 21에 의뢰하여 조사한 결과는 우리나라 성인 20세 이상 자원봉사자 참여율은 2008년 현재 20.0%로 나타나 약 7,286천 명이 자원봉사활동에 참여한 것으로 나타나 2005년도에 비해 0.5% 낮아졌다.

한편 자원봉사활동 영역 중 가장 대표적인 영역이라 할 수 있는 사회복지영역에서의 자원봉사활동 현황을 보면 보건복지가족부와 한국사회복지협의회에서 발간한 〈사회복지자원봉사 통계연보〉를 통해 살펴볼 수 있다. 이를 보면 2008년 12월 말 현재 사회복지시설·기관 중 5,120개소가 사회복지봉사활동인증센터로 지정되어 활동 중에 있으며 총 2,521,168명의 자원봉사자가 등록되어 이 중 36.3%인 연간 총 915,122명의 자원봉사자가 활동한 것으로 나타났다(〈표 18-1〉 참조).

---

1) 필자가 2000년 4월 자원봉사관련기관(사회복지기관·시설, 정부관련기관, 시민운동단체)에 자원봉사자를 대상으로 우송법으로 조사하였음(150기관 우송, 74기관 회송). 표갑수, "충청북도 자원봉사체계 통합관리방안", 《사회과학논총》, 제22집, 청주대 사회과학연구소, 2001: 499

〈표 18-1〉 자원봉사참여율 및 참가자 수

구분	행정안전부			통계청			보건복지가족부 · 한국사회복지협의회		
연도	2002	2005	2008	1997	2003	2006	2002	2005	2008
자원봉사자	16.3%	20.5%	20.0%	13.0%	14.6%	14.3%	71,521명	345,064명	915,122명

자료: 행정안전부, 2008; 통계청, 2007; 보건복지가족부 · 한국사회복지협의회, 2009.

※ 조사대상: 통계청의 자료는 15세 이상, 행정안전부, 보건복지가족부 · 한국사회복지협의회 자료는 20세 이상임.

8. 자원봉사의 과제

1) 법적 근거 제정 측면

자원봉사서비스의 활용에 관한 법령을 제정하여 모든 시민은 경제조건, 민족, 피부색, 정당, 종교, 성별, 연령, 신체 또는 정신적 장애에 관계없이 자원봉사를 할 권리가 있다는 것을 강조해야 한다. 또한 법령에서는 자원봉사자의 지위 및 관리 그리고 책임에 대한 규정을 분명히 해야 한다. 현재 미국에서는 상기 법령과 같은 자원봉사자의 권리 · 의무규정이 법적으로 보장되어 있다.

2) 자원봉사자의 개발측면

(1) 자원봉사의 의식화 교육

① 학교교육과정의 활용

자원봉사자에 대한 의식화 교육은 생활의 근거지인 가정과 지역사회를 중심으로 일상생활 가운데서 시작되는 것이 바람직하며 또 어릴 적부터 생활방식으로 몸에 익혀 자발적 활동이 되도록 함이 중요하므로 유치원·초중고·대학의 교육과정과 사회교육과정에 자원봉사활동에 대한 이론과 실습을 교과목으로 편성하여 교육하여야 한다.

② 대중매체의 활용

대중매체를 통한 의식교육은 TV, 라디오, 신문 등 각종 매체를 통해 자원봉사활동에 관한 특집이나 기록물 등을 방영, 방송 및 기사화하여 전파시키는 것이다. 이렇게 함으로서 일반국민과 직장상사 및 동료의 의식은 점차 변화하게 될 것이며 또한 국정에까지 영향을 미치게 될 것이다. 특히 매스컴 관련 종사자에 대한 자원봉사의 의식교육도 고려되어야 한다.

③ 각종 기관 및 단체모임의 활용

우리나라 여성들의 대부분이 몇 개 이상의 모임에 들어있고 남녀간에 친목회나 클럽 등 모임을 가지고 있으므로 이런 자생적 조직들이 집회할 때를 이용하여 집단이나 회원자신의 자기이익 추구에만 그치지 않고 다양한 방법을 통하여 자원봉사활동에 참여하게 함으로서 명예로운 집단이 되도록 유도해야 하겠다. 또한 사회교육기관에서 실시되는 교육은 주로 취미교육·기술·전문직 교육 및 가족건강 등의 기초교양교육의 중심으로 이러한 기관에서 자원봉사 의식교육내용을 포함하는 것도 바람직하다. 그리고 반상회를 통한 의식교육으로 자원봉사활동에 관한 내용을 체계적으로 담은 교육·홍보용 책자를 제작하여 배부하는 것과, 직접적 활동을 위해서는 시, 군별로 기관이나 시설 등 자원봉사자 활용기관에서 필요로 하는 자원봉사활동분야, 대상, 연락처 등이 소개되도록 해야 할 것이다. 그러나 정부 주도하에서 이루어지는 인상을 주어서는 안 된다.

(2) 자원봉사활동의 제도화

① 자원봉사자의 날 제정과 포상

지역사회의 발전을 위해 헌신적으로 기여한 자원봉사자의 선행에 대해 공식적 행사로서 상을 주거나 자원봉사자의 날 또는 주간을 설정하는 것도 자원봉사활동을 확산시켜야 한다. 이는 잠재 봉사자(우리나라의 경우 28.5%임; 김영모, 1982: 101)를 개발하는 한 방법이 될 것이다.

② 자원봉사활동의 사회경력화 도입

군 복무를 사회경력으로 인정하는 것과 같이 자원봉사활동이 일정기간, 일정 수준에 도달하면 이를 사회경력화하는 제도가 도입되어야 한다. 이것은 자원봉사활동을 통해 얻는 지식과 경험을 인간자본축적이라 볼 수 있으며, 자원봉사활동 참여동기에서도 지식과 기술획득이 높게 나타나기 때문이다. 이를 위해서는 자원봉사활동 전문기관이 설치되고 자원봉사활동이 체계적으로 조직화되면 전문분야별로 활동기간을 경력으로 인정해서 취업시 반영될 수 있도록 하는 제도적 도입이 필요하다.

③ 자원봉사활동을 위한 보험제도의 실시

자원봉사활동 분야 중 위험이 수반될 우려가 있는 분야에 대해서는 정부와 자원봉사자 그리고 활용기관이 공동으로 그 부담을 분담하여 사고 발생시 자원봉사자가 피해를 입지 않고 마음놓고 활동할 수 있도록 하는 것이다(김용자, 1984: 236). 일본에서는 볼런티어보험이 상해보험과 배상책임보험으로 구성되어 있으며 자원봉사자가 연간 일정액을 각 지방사회복지협의회에 내고 가입하면 자원봉사활동시 발생한 제반사고에 대해서는 적절한 서비스를 받는다(박태영, 1985: 58).

(3) 자원봉사지원체계 재정비

① 정부부처별 전문영역의 분담체계 확립 요구

자원봉사지원체계 및 추진체계가 공공체계의 경우 정부의 소관 부처별(보건복지가족부, 행정안전부, 교육과학기술부)로 자원봉사 관련 센터나 지원체계들이 혼란스럽게 중복과 누락의 문제를 안고 있어 자원봉사 활성화의 걸림돌이 되고 있다. 또 이는 자원봉사자의 욕구에 적절히 활용되기보다는 부처별 자원봉사 관련 센터 간 자원봉사자를 더 확보하기 위한 경쟁적 쟁탈전마저 야기되고 있다.

따라서 각 정부 부처별 자원봉사 전문영역을 분담하여 활성화하는 것이 오히려 현실적일 것이다.

② 재정지원체계 확립

자원봉사조직의 수입은 현재 주로 회비나 후원금으로 충당하고 있는 실정이지만 정부나 기업의 공공기금 조성 등을 통해 재정지원이 이루어져야 한다. 이를 위해 정부와 민간이 공동으로 설립한 독립적인 비영리민간단체 지원기금을 모으는 기구를 만들어 비영리민간단체에 대한 지원과 관련된 활동에서 정부의 직접적인 개입을 축소하는 것이 하나의 방안이 될 수 있을 것이다.

제19장

교정복지

1. 교정복지의 개념

교정이란 실정법 위반 등 반사회적 요소를 요보호성 또는 범인성으로 보고 정상에서 일탈하거나 규범에서 벗어난 행위를 시정하기 위하여 행하는 보호 또는 행형작용을 의미한다. 다시 말해 교정은 비행 또는 범죄인 및 청소년의 건전한 육성 또는 인격도야와 개과천선을 촉진하는 교육형에 목적을 두고 있다.

교정복지는 사회복지를 바탕으로 범죄인의 교정, 교화를 위한 활동을 펼치는 전문분야들 중의 하나라고 할 수 있다. 즉, 교정복지는 사회복지실천가와 교정분야 종사자 또는 자원봉사자나 일반 시민, 국가가 주체가 되어 범죄자와 우범자 및 그들의 문제 그리고 유해환경 등을 대상으로 미시적으로는 사회복지실천방법(개별지도사업, 집단지도사업, 지역사회조직)의 지식과 기술, 거시적으로는 사회복지정책의 법과 제도적 장치 등을 활용하여 대상자들의 재범방지와 사회복귀는 물론 관련 환경의 개선을 도모하는 사회적 노력과 활동이라고 할 수 있다(이영희, 1999). 광의로는 범죄의 증거확보에서부터 벌의 부과 및 처리에 이르기까지의 전과정을 통해서 범죄자의 사회복귀(*rehabilitation*)

를 위해 수행되는 모든 활동과 내용을 의미하며, 협의로는 범죄자의 사법처리 절차상 마지막 단계에 이루어지는 교정처우(*correctional treatment*)를 의미한다(최윤진, 1994 ; 235).

결국 교정복지란 범죄인 및 비행청소년들이 교정과 교화활동을 통한 재활을 도모하고, 나아가 범죄예방을 목적으로 하는 사회복지의 한 전문분야로써 사회복지의 전문지식과 기술을 활용하는 교정사업의 한 분야라고 할 수 있다.

2. 교정복지의 역사

범죄자와 비행청소년의 문제는 인간관계와 사회구조의 복잡한 맥락 속에서 발생하기 때문에 그들을 대상으로 한 교화와 재활은 단순한 처벌이나 통제로써 이루어질 수 없으며, 심리학·사회학·사회복지학 등 다양한 전문분야의 적극적 개입이 요청된다. 특히 사회사업실천은 인간과 환경에 대한 이해를 기초로 개인과 가족, 집단, 지역사회에 대한 접근을 통하여 인간의 성품을 변화시킬 뿐만 아니라, 가족, 지역사회의 변화를 도모하는 전문적 기술과 방법을 갖고 있기 때문에 범죄와 비행의 문제를 해결하는데 필요한 전문영역으로 인정되고 있다.

범죄인을 위한 사회복지사의 대표적 활동은 보호관찰이라 할 수 있다. 보호관찰의 역사는 영국이 1907년에, 미국이 1925년에 법제화되었다. 그러나 이 분야에서 사회복지가 자리를 잡게 된 것은 1920년 이후의 일이다. 한편 교정시설과 지역사회에서 범죄자나 비행청소년을 위한 사회복지의 개입은 영국에서 1960년대에 교도소에 사회복지학 전공자를 복지요원으로 채용하여 재소자에게 서비스를 주도록 하였다. 1970년대에는 복지요원의 업무에 사회복지적인 접근의 필요성에 대한 연구가 활발하였다. 즉, 영국의 교정시설에서 교정사회복지사들이 범죄인의 교정·교화를 위하여 활동하였다(교정사회사업연구회, 1996: 42).

우리나라에서는 1980년대 이후 재소자에 대한 처우개선과 재활을 위하여 교정복지사업에 대한 관심과 연구가 이루어지면서 활기를 띤 것으로 보고 있다. 예컨대 1980년 이후 교정직 공무원으로 사회복지전공자를 채용함으로써 교정복지사업이 교정현장을 중심으로 실천될 수 있는 기반이 마련되었고, 재소자에게 개방처우 서비스를 실현하고자 1988년 천안개방교도소를 운영하기 시작하였고, 범죄인의 비구금 처우를 위하여 보호관철제도를 소년범에 한정하여 1987년에 실시하였다.

그러나 교정복지사업의 역사에서도 알 수 있듯이 아직은 교정현장에서의 충분한 기반을 갖추지 못하고 있어, 관계 당국과 전문가들의 많은 노력이 요구되고 있다.

3. 교정복지의 기능

교정사회복지사가 개입하여 활동할 수 있는 현장으로는 교정시설(구치소, 교도소, 소년교도소, 보호감호소 등)과 보호시설(보호관찰소, 소년원, 소년분류소년원, 치료감호소 등), 민간시설(한국갱생보호공단, 아동복지시설 중 교호시설, 법원의 수탁시설)로 볼 수 있다.

이러한 교정복지의 주요 기능을 살펴보면 다음과 같다.

첫째, 범죄인의 특정한 질병이나 장애의 치료에 대한 협력을 제공하는 기능을 갖는다. 오늘날 비행청소년 및 범죄인의 특성이 더욱 다양해지면서 알코올중독, 약물중독, AIDS, 기타 정신질환 등으로 어려움을 겪고 있는 이들이 늘어나고 있는데, 이들이 재활에 교정복지 전문가가 개입하여 이들의 치료를 직접 혹은 간접적으로 돕는 기능을 하게 된다. 특히 알코올중독이나 약물중독은 정신질환의 일종으로 간주하여 치료하는 실정이므로 이들을 범죄인으로서 교정할 것이 아니라 정신질환자로서 접근해야 한다는 사실이 중요하게 대두되고, 이에 따라 교정복지사업의 역할이 더욱 부각되는 것이다.

둘째, 범죄인 및 비행청소년의 적응을 돕는 기능이다. 이는 범죄인과 비행청소년의 재활을 위해서는 먼저 수용시설 내에서 이들이 안정된 생활을 할 수 있어야 한다는데 중점을 두는 것이다. 교정사회복지사는 시설 내에서 재소자에게 적합한 작업과 활동을 선별, 선택할 수 있도록 개입하고, 동료재소자들, 교정현장의 실무자와 생산적·상호협력적인 인간관계를 유지할 수 있도록 전문 프로그램을 개발하고 개입한다(교정사회사업연구회, 1996: 50~54).

셋째, 범죄인 및 비행청소년 가족에 대한 원조기능이다. 대다수의 범죄인 및 비행청소년들과 그들이 가족간의 관계는 갈등적이며, 가정의 경제적 수준이 낮은 것으로 보고되고 있다. 또한 이들 가정의 가족은 친·인척을 포함한 지역사회로부터 범죄인 가족이라는 낙인을 받고 있는 경우도 허다하다. 이러한 범죄인 가정과 주변인의 실상을 고려해 볼 때 이들이 범죄인을 보다 올바르게 이해하고 포용할 수 있는 환경조성이 절실하다고 하겠다. 바로 이러한 점들 때문에 교정복지의 개입이 필요해지고, 이를 통해 범죄인과 가족 혹은 주변인간의 유대관계와 이해의 폭을 넓혀 주게 되는 것이다(최옥채, 1998: 43~45).

넷째, 교정복지를 위한 전문자원봉사자조직 및 교육기능이다. 지방자치제의 실시로 인한 '재정 축소'현상에서 교정당국의 효율적 재정운영을 위해 자원봉사인력을 현장에 대거 투입해야하므로 이들 자원봉사자들을 전문적으로 교육하고 성실히 과업을 수행할 수 있도록 인력을 조직하고 교육하는 일을 교정사회복지사는 담당하여야 한다. 재소자의 교정·교화를 위해 자원봉사자를 참여시키는 것은 부족한 자원을 지역사회로부터 제공받을 수 있고, 지역사회의 인력이 교정현장에 참여함으로써 지역사회가 범죄인과 비행청소년을 이해할 수 있는 기회가 주어진다는 이점이 있다.

4. 비행청소년의 유형과 법적 처리과정

1) 개 황

우리나라는 소년법 제4조에 의하면 청소년비행이란 12세 이상 20세 미만의 청소년에 의한 범죄행위, 촉법(觸法) 행위 및 우범(虞犯) 상태를 말하며 이러한 행위를 하거나 상태에 놓인 청소년을 각각 범죄소년, 촉법소년, 우범소년이라고 한다.

① 범죄소년: 14세 이상 19세 미만의 소년으로서 형벌법령에 위배되는 행위를 한 자(형사책임이 있음)
② 촉법소년: 10세 이상 14세 미만의 소년으로서 형벌법령에 위배되는 행위를 한 자(형사책임이 없음)
③ 우범소년: 10세 이상 19세 미만의 소년으로서 ㉠ 보호자의 정당한 감독에 복종치 않는 성벽이 있거나, ㉡ 정당한 이유없이 가정에서 이탈하거나, ㉢ 범죄성이 있는 부도덕한 자와 교제하거나 금전낭비, 부녀자 유혹, 불건전한 오락 등을 하는 자로서 본인의 성격 또는 환경에 비추어서 장래에 형벌법령을 범할 우려가 있는 자를 말한다.

청소년범죄자의 처리는 크게 형사사건과 보호사건으로 구분하여 처리한다. 이것은 성인범죄자의 처리과정과는 약간 차이가 있는데, 청소년이 아직 성장단계에 있는 인격적 미완성의 상태이며 성인범죄자보다 개선의 가능성도 높기 때문에 성인범죄자에 대한 사법적, 형벌적 처리보다는 교육복지적 보호측면에서 처리되기 때문이다.

성인범죄자와는 달리 소년범죄자는 검찰 단계에서 청소년의 행위가 벌금 이하의 형에 해당되는 범죄이거나 보호처분에 해당되는 사유가 있다고 인정되는 경우에는 소년법원에 송치하고 있다. 또한 기소된 범죄청소년에 대해서도 위와 같은 사유가 있다고 인정되는 때에는 법원은 그 사건을 소년법원으로 이송하도록 하고 있다.

한편, 촉법청소년이나 우범청소년이 발견되면 경찰서장은 이를 직접 소년법원에 송치해야 하고, 보호, 촉법 또는 우범청소년을 송치 또는 통고받은 소년법원은, 소년법원의 조사관에게 조사를 명하거나 소년분류심사를 한다. 이렇게 조사하고 심리한 다음에 검찰송치, 형사법원이송, 심리불개시, 불처분 등의 결정을 하거나, 1호부터 10호까지의 소년보호처분을 하게 된다.

2) 비행청소년 교정교화사업 실태

비행청소년의 교정교화사업은 경찰 단계에서의 선도교화, 검찰 단계에서의 선도보호, 재판 단계에서의 처리 및 교정단계에서의 교정교화가 있다.

(1) 경찰 단계에서의 선도교화

경찰은 청소년과 공적 법집행 당국과의 최초의 접촉점으로 경찰은 소년을 취급함에 있어 광범위한 재량권을 가진다. 10세 이상 14세 미만 형사미성년자(촉법소년)가 발견되면 경찰에서는 범죄내용과 신상관계, 환경 등을 조사하여 가정법원 소년부에 송치한다. 종래 범죄소년은 성인범죄와 같이 수사경찰이 다루고 촉법소년과 우범소년만 소년경찰이 다루어 왔으나, 1986년 7월부터 소년범죄를 소년경찰이 전담토록 소년수사전담반을 설치하고 처리절차도 일원화하였다.

(2) 검찰 단계에서의 선도보호

소년범죄는 성년범죄와 달라 신중히 처리해야 하므로 범법청소년 개

개인에 대하여 주변환경, 개성, 심성, 범행 유발 원인 등을 상세히 조사하여 개전의 정이 없고, 죄질이 극히 불량한 흉악범, 상습범, 조직폭력배 등에 대하여는 중벌을 과하고, 선도가 가능하다고 판단되는 소년범에 대해서는 선도·보호에 중점을 거두어 기소유예(또는 선도조건부 기소유예) 제도를 적극 활용하고 있다.

2008년 소년범죄에 대하여 검찰이 처리한 내역을 보면 소년범죄자 133,320명 중 구공판 3.3%, 구약식 5.1%, 기소유예 45.8%, 소년부송치 22.2% 등인데, 이를 전체범죄의 기소유예율 13.5%와 비교하면 소년범죄의 기소유예율이 32%나 높다. 이는 청소년범죄에 대해서는 일반범죄와 달리 선도위주로 처리하고 있음을 보여주고 있는 것이다(보건복지가족부, 2009: 357).

검찰은 1981년부터 선도조건부 기소유예제도를 전국적으로 확대 실시하여 1996년 11,062명, 2000년 7,045명, 2008년 5,886명에 대하여 선도유예하여 범죄예방위원으로 하여금 선도케 하였다. 선도유예율이 최근에 올수록 낮게 나타나고 있다.

(3) 재판 단계에서의 처리

재판 단계에서의 처리는 소년형벌, 소년보호처분, 소년감별소가 있다.

① 소년형벌

범죄소년에 대해서는 형법상의 제재수단인 형벌이 부과될 수 있다. 그러나 소년형벌은 소년의 건전육성을 위하여 재사회화를 지향하는 특별조치를 소년법상 규정하고 있다(박재윤, 1991 : 23). 현행 소년법은 18세 미만의 청소년에 대한 사형과 무기형의 부과를 금하고(제 59조), 재사회화 효과 고양을 위하여 상대적 부정기형 제도를 두며(제 60조 1항), 단기자유형의 폐해를 없애기 위해서 벌금미납자에 대한 환형처분(대체자유형)을 금하고 있다(제 62조). 또한 자유형 집행시 효율적 교정처우를 위하여 성인과의 분리를 규정하고(제 63조), 개선의욕의 고취를 위하여 가석방조건을 완화하고(제 65조, 66조), 낙인의 부정적 효과를 없애기 위해서 특별 한 규정(제 67조)을 두고 있다.

② 소년보호처분

소년보호처분은 범죄청소년, 촉법청소년 그리고 우범청소년의 보호사건을 가정법원 및 지방법원 소년부 판사가 심리하여 소년의 교화개선과 보호를 위하여 소년의 환경을 조성하거나 성행을 교정할 것이 요구되어 소년에 대한 처분이 필요하다고 인정될 때 결정하는 처분이다. 즉, 소년법원은 형사재판에서 연상되는 범죄인에 대한 낙인(*stigma*)을 줄이고 처벌보다는 도와준다는 관점에서 그리고 청소년의 비행은 가족이나 사회환경요소에 그 원인이 있다는 믿음에서 고려된 제도이다. 소년법원은 재판절차에 있어 사법적 성격보다는 사회공공서비스기관의 방향으로 나가고 있다. 그리하여 소년의 성격, 가족배경, 인격 등에 관심을 가진다. 법원의 소년부는 개별적 정의에 입각하여 구체적 진단을 제공해야 하므로 개인적·가족적 케이스 워크, 보호관찰, 병원치료, 시설내 처우 등을 조치해야 한다. 현재 우리나라는 8개소의 소년법원이 있다.

소년보호처분의 종류는 다음과 같다. 2008년에 총 보호처분자는 3만 222명으로, 1호 처분이 6,412명(20.6%)으로 가장 많고 그 다음이 10호 처분으로 2.8%, 9호 처분 2.5%, 6호 처분 1.4% 등으로 나타났다.

제1호 처분: 보호자 또는 보호자를 대신하여 소년을 보호할 수 있는 자에게 감호 위탁(6월, 6월 범위에서 1회 연장가능)
제2호 처분: 수강명령(12세 이상의 소년, 100시간을 초과할 수 없다)
제3호 처분: 사회봉사명령(14세 이상의 소년, 200시간을 초과할 수 없다)

제4호 처분: 보호관찰관의 단기(단기) 보호관찰(1년)
제5호 처분: 보호관찰관의 장기(장기) 보호관찰(2년, 1년 범위 1회 연장가능)
제6호 처분: '아동복지법'에 따른 아동복지시설이나 그 밖의 소년보호시설에 감호 위탁(6월, 6월 범위에서 1회 연장가능)
제7호 처분: 병원, 요양소 또는 '보호소년 등의 처우에 관한 법률'에 따른 소년의료보호시설에 위탁(6월, 6월 범위에서 1회 연장가능)
제8호 처분: 1개월 이내의 소년원 송치
제9호 처분: 단기 소년원 송치(6개월 미만)
제10호 처분: 장기 소년원 송치(12세 이상의 소년으로 2년 미만)

다음과 같이 처분 상호 간에는 전부 또는 일부를 병합할 수 있다.

㉠ 제1호, 제2호, 제3호, 제4호 처분
㉡ 제1호, 제2호, 제3호, 제5호 처분
㉢ 제4호, 제6호 처분
㉣ 제5호, 제6호 처분
㉤ 제5호, 제8호 처분

③ 소년감별소

소년법원의 임시조치에 의해서 가위탁된 소년을 일정기간 수용하여 소년법원의 조사관에 의한 사회조사와 함께 소년심판 및 보호처분의 집행에 사용하기 위해서 소년의 자질을 감별하는 곳이다. 보호소년과 가 위탁소년의 동일 시설수용으로 인한 폐단의 방지와 법원의 적당한 조사심리를 도모하기 위해서 감별소를 설치하고 미설치지역에서는 소년원에서 대행하고 있다.

감별은 감별내용에 따라 수용감별과 외래감별이 있으며 방법에 따라 일반감별과 특수감별이 있다. 그리고 전문지식과 기술을 바탕으로 신체·심리·환경적 측면을 조사하여 감별판정위원회에서 요보호성 또는 재비행 위험성 정도를 판정한다. 그 결과를 종합하여 문제점을 분석, 처우지침과 판정 종류의 제시 등에 의해서 보호처분의 참고자료로 삼거나, 소년원의 교정처우지침으로 하며, 사회복귀 소년에 대해서는 가정지도의 자료로 활용토록 하고 있다(이윤호, 1992 : 198).

(4) 교정 단계에서의 교정교화

교정단계에서의 교정교화는 〈표 19-1〉에서 보듯이 사회내 처우와 시설내 처우로 구분된다. 최근에는 비행청소년이 성장기에 있다는 점과 시설수용에 의한 사회적 판단과 전과사실이 장래 생활에 미칠 부정적 영향을 고려하여 사회내 처우에 초점을 두고 있다.

① 사회내 처우

사회내 처우란 비행의 정도가 가벼울 때 소년을 소년원 등 시설에 수용하지 않고 사회내에서 선도받도록 하는 활동을 말한다.

사회내 처우는 범죄청소년의 다수가 사회에서 활동하므로 교정시설의 수용밀도를 줄여 잔여 대상자의 처우(교정사업)를 효과적으로 실시할 수 있으며, 효과면에서도 시설내 처우보다 재범률을 감소시키고 있다. 뿐만 아니라 교정시설 유지를 위한 국가예산을 절감하고 범죄자의 노동력을 유효하게 활용함으로써 국가경제에 이바지할 수 있는 이점도 있다. 우리나라의 경우 소년법 제 30조에 의한 제 1, 2, 3, 4, 5호 처분과 유예선고 및 가석방의 허가를 받은 자가 그 대상이 된다.

㉠ 보호관찰제도

보호관찰제도는 범죄자를 교도소 또는 소년원에 구금하여 처벌하는 대신 개선이 가능한 사람에게는 빠른 시일 안에 사회에 내보내어 일반인과 마찬가지로 정상 사회생활을 하면서 주어진 규칙을 성실히 지키도록 선도하고, 사회생활을 하는데 어려운 사정이 있으면 복학주선,

〈표 19-1〉 범죄자 및 비행청소년의 교정처우 종류와 주요 프로그램

	교정처우종류(예)		주요 프로그램
시설내 처우	교정시설	교 도 소 구 치 소	· 재소자의 욕구에 중점을 둔 사회적응성 향상 교육프로그램(생활지도 · 정신 · 학과 · 정서교육) · 교화프로그램 · 직업훈련프로그램 · 사회적 처우프로그램(귀휴 · 사회견학 · 외부통근제 · 합동접견 · 교화 및 종교위원제도 · 제소자 복지담당관제도)
	보호시설	소 년 원	· 신입입원자의 생활안내, 정신교육, 체육훈련, 분류조사, 체험교육 등 입소자 교육 · 예절 · 교과교육 · 직업훈련 · 특별활동 · 생활지도 · 사회복귀교육 · 사후지도
		소년분류 심사원	· 분류심사프로그램 (위탁소년이 환경조사, 심리검사, 정신의학적 진단, 보호자 면담 등을 통해 수용 및 처우에 관한 사항을 결정, 해당기관에 통보) · 감호프로그램(심성순화를 위한 교육, 행동관찰, 생활지도)
	민간시설	수탁시설 한국법무보호복지공단의 생활관	· 교육프로그램(학습능력에 따른 프로그램) · 기능훈련프로그램 · 외부인사참여프로그램 (지역사회자원봉사자의 참여)
사회내 처우	예방 프로그램	(학교부적응아동의 집단지도)	· 범죄나 비행이 예견되는 자를 직접 지도 또는 범죄가능성이 높은 지역의 환경을 개선-이를 위해 교정사회사업가는 인적 · 물적 자원의 효율적 활용기술이 있어야 함
	치료 프로그램	(보호관찰제도, 한국갱생보호공단의 프로그램)	· 이미 범죄나 비행에 가담하여 법원, 검찰, 경찰, 학교 등으로부터 처벌을 받은 자들의 재활을 위한 사회사업적 접근
	시민운동 프로그램	(종교단체활동, 복지관 및 각 기관의 주부대학, 노인대학 등의 소단위 프로그램들)	· 지역사회주민에게 교정사업을 보다 정확하게 이해시키는 틀. · 범죄예방과 범죄인의 재활활동을 지역사회 주민에게 알리고 이 활동에 참여시키자는 것

응급구호, 직업훈련, 환경개선·조정 등의 원호를 받게 함으로써 건전한 사회복귀를 도와주어 재범을 방지하고자 하는 선진 형사정책 수단이다.

우리나라의 보호관찰제도는 1988년 12월 보호관찰법이 제정되고 2008년 말 전국 16개 보호관찰소 및 38개의 보호관찰지소를 개청하여 소년범죄자에 대한 전면적이고 체계적인 보호관찰이 시행되고 있다. 2008년 말 10,087명에 대하여 보호관찰을 실시하여, 숙소알선, 취업알선, 직업훈련알선, 학습기회 제공, 의료구호, 경제원조를 실시하였다. 보호관찰은 형사정책학, 행형학, 범죄학, 사회사업학, 심리학, 교육학 등 필요한 전문지식을 갖춘 법무부 소속의 국가공무원이 그 기능을 담당한다.

사회봉사명령 및 수강명령 제도는 부모의 과잉보호로 인하여 자기중심적이고 배타적이 된 비행청소년, 생활이 나태하고 근로정신이 희박한 비행청소년, 퇴폐향락의 생활습성이 있는 비행청소년들에게 올바른 시민의식과 근로정신을 함양하고 봉사활동의 참뜻을 일깨워 줌으로써 건전한 사회적응을 도모하고자 하는 것이다.

2007년 12월 소년법의 대폭적인 개정으로 현행 보호관찰에 병합하도록 되어 있는 수강명령 사회봉사명령을 독립된 보호처분(2, 3호)으로 하여 활용을 확대하고, 1개월 이내의 소년원송치(쇼크구금, 8호)를 신설하였으며 단기 보호관찰기간을 연장(6개월→1년, 4호)하였다. 그리고 보호관찰처분에 따른 부가처분 등으로 소년원 대안교육, 청소년단체 상담·교육, 보호자교육, 외출제한명령을 도입하여 보호처분의 다양화 및 내실화를 도모하고 있다(법무연수원, 2009).

사회봉사 내용은 자연보호활동, 공원 등의 수목 가꾸기, 교통질서 계도 및 장애인 시설이나 양로원, 지역사회복지관에 대한 봉사활동, 문화재 보호활동, 농촌일손돕기를 하고 있다. 수강명령은 가벼운 비행청소년에게 집단지도의 기법을 사용한 다양한 심성개발훈련, 인간관계 및 성교육, 약물남용 폐해 교육 등을 받도록 하여 비행성을 교정하고자 하는 제도이다. 이러한 보호관찰대상자 및 기간은 〈표 19-2〉와 같다.

㉡ 갱생보호제도

갱생보호는 갱생보호법에 의하여 실시되는 것으로 범죄자의 재범을 방지하고 그들이 자립갱생하여 건전한 사회인으로 복귀할 수 있도록 지도하여 성행을 교정하고 물질적 지원을 제공하여 자립기반을 마련하여 주는 것을 말한다.

갱생보호법상의 갱생보호대상자는 다음과 같이 규정하고 있다. ⓐ 징역 또는 금고의 형의 집행이 종료되거나 그 형의 집행이 면제된 자, ⓑ 가석방된 자, ⓒ 형의 집행유예 또는 선고유예의 선고를 받은 자,

〈표 19-2〉 보호관찰대상자 및 기간

처분기관	대상자	기간
가정법원 또는 지방법원	단기보호관찰처분을 받은 소년 (소년법 제33조 제2항)	1년
	장기보호관찰처분을 받은 소년 (소년법 제33조 제3항)	2년
	위탁 소년	6월 (6월 연장가능)
형사법원	보호관찰부 선고유예 (형법 제59조의 2)	1년
	보호관찰부 집행유예 (형법 제62조의 2)	유예기간내 일정기간
	성폭력범 (성폭력범죄의처벌및피해자보호등에관한법률제16조)	유예기간내 일정기간
보호관찰 심사위원회	가퇴원 소년 (보호관찰등에관한법률 제30조)	6월~2년
	가석방 소년 (형법 제73조의 2)	잔형기간 (10년 이내)

ⓓ 공소제기의 유예처분을 받은 자, ⓔ 소년법에 의한 보호처분을 받은 자, ⓕ 소년원법 또는 보호관찰법에 의하여 퇴원 또는 가퇴원된 자, ⓖ 사회보호법에 의한 보호감호 또는 치료감호의 집행이 종료되거나 가출소 또는 치료위탁된 자 등으로서, 본인의 신청이나 동의가 있는 경우에 한하며, 보호대상자로 일반적으로 무의탁한 자, 귀가여비가 없는 자, 생활수단이 없어 경제적으로 자립할 수 없는 자, 기타 정신적 결함과 환경불량으로 사회적응이 곤란한 자 등 보호의 필요가 있는 자 등을 보호대상으로 하고 있다.

비행청소년의 갱생보호는 법무부 산하의 한국갱생보호공단이 담당하고 있고 시·도에 14개 지부가 설치되어 있다. 이들의 보호내용은 숙식제공, 여비지급, 직업훈련, 취업알선, 생업조성금 지급, 관찰보호 그리고 기타 자립지원을 하고 있다.

㉢ 가석방제도

가석방제도는 유죄판결을 받고 일정기간동안 소년원이나 소년교도소에서 생활한 소년으로서 사회에서 생활해도 더 이상 범법행위를 할 가능성이 적을 때 형기만료 전에 일정 조건부로 수형소년을 일단 석방시키고 그 형기만료시까지 또는 법이 정하는 일정기간 동안 조건의 위반 등 사고 없이 지나면 그 형을 만료한 것처럼 간주하는 행형상(行刑上)의 이익처분을 가르킨다.

㉣ 집행유예제도

집행유예(執行猶豫)는 형(刑)의 선고에서 그 정상이 경미하고 형의 현실적 집행이 필요 없다고 인정되는 경우에 일정기간 동안 집행을 유예하고 집행기간을 무사히 경과하면 형벌의 소멸을 인정하는 것을 말한다. 즉, 집행유예란 소년교도소나 소년원에 보내지 아니하고 감화의 효과를 거두고자 함에 의의가 있으며 자발적 교도효과를 유도하는 것을 말한다.

ⓜ 선고유예제도

선고유예(宣告猶豫)란 비행청소년에게 형(刑)을 선고하여야 할 경우에 정상을 참작할 여지가 있는 경우 일정기간 형의 선고를 유예하여 그 기간을 무사히 경과하면 면소(免訴)된 것과 같은 효과를 갖는 것으로 비행청소년의 연령, 성행(性行), 지능과 제반환경, 피해자와의 관계, 비행동기와 수단, 비행후의 태도 등이 참작된다. 즉, 형의 선고를 유예한다는 것은 비행청소년의 인격을 존중하고 그의 자발적인 사회적응의 기회를 관대히 부여하는 것이다.

② 시설내 처우

시설내 처우는 교정시설(소년교도소, 소년원)에서 이루어지는 것으로 비행의 정도가 무겁거나 일정기간 동안 사회와 격리되어 특별한 선도를 받을 필요가 있을 때 시설에 수용 조치하는 교정교화사업을 말한다. 우리나라의 경우 소년법 제30조에 의한 제 4, 5호 보호처분을 받은 소년이 그 대상이 된다.

㉠ 소년원

소년원(*Juvenile training school*)은 소년법에 따라 법원소년부의 보호처분에 송치된 14세 이상 19세 미만의 범죄소년, 형벌법령에 저촉되는 행위를 한 10세 이상 14세 미만의 촉법소년, 성격 또는 환경에 비추어 장래 형벌법령에 저촉되는 행위를 할 우려가 있는 10세 이상 19세 미만의 우범소년 등을 수용하여 교정교육을 하는 법무부 소속 특수교육기관으로 전국에 9개 지역에 설치되어 있다. 소년원에 단기로 송치된 소년의 보호기간은 6개월을 초과하지 못하며, 장기로 송치된 소년의 보호기간은 2년을 초과하지 못한다.

소년원은 보호소년의 분류수용과 교정효과를 극대화하기 위하여 교과교육소년원, 직업훈련소년원, 여자소년원 및 특별소년원 등으로 분류・운영하고 있다.

이와 같이 적극적 재범방지라는 보호행정 목표달성을 위해 추진할 중점 과제로는 첫째, 지식정보사회에 경쟁력 있는 직업 능력개발, 둘째 다양한 사회봉사활동과 현장체험 학습 위주의 개방형 인성교육으로 건전한 가치관의 정립 및 시민의식 함양, 셋째 잃어버린 자아와 자신감 회복 및 손상된 가정복구, 끝으로 안정된 직장취업 및 완전한 사회복귀를 위한 다각적 지도와 지원 등이라고 할 수 있다.

㉡ 소년교도소

형사처벌을 받은 소년범죄자를 성인범죄자와 분리하여 수용하고 소년에 맞는 교정교화를 실시하기 위한 시설로 천안에 1개소가 있다. 소년교도소의 교정교육은 정신교육, 학과교육, 생활지도 교육, 기능경기대회 참가, 직업훈련, 사회견학(예, 문화유적지, 영농단지, 산업시설 등), 귀휴를 실시하고 있다.

5. 교정복지의 과제

(1) 전문인력의 양성과 자질향상이 요청된다. 미국의 교정 종사자 자격은 적어도 대학에서 사회복지를 전공하여 인간행위에 관한 지식을 습득하고 있으며 사회복지실천의 훈련을 받고, 지역사회의 자원을 사용할 수 있으면서 정신과 의사나 심리학자 등과 협력하여 일할 수 있는 자라고 일반적으로 규정되어 있다. 일본에서도 의학, 사회학, 심리학, 교육학, 기타 범죄인 처우에 관한 학문에 관하여 일정 수준 이상의 전문지식을 갖출 것이 요구되고 있다. 따라서 우리나라에서도 교정관계인의 전문화가 필수적으로 요구되며, 전문적 프로그램을 수행할 수 있는 사회복지 인력의 선발과 기존 인력의 계속적인 재교육이 이루어져야 할 것이다.

(2) 교정 분야의 전문적 자원봉사활동이 더욱 활성화되어야 할 것이다. 앞으로 전문적 자원봉사자가 더욱 필요해지는 상황에서, 교정분야의 자원봉사자들은 보다 통합화된 체계와 조직 및 운영을 통해 관련 활동을 전개해야 할 것이며, 공적 교정기관에 단순히 예속되어 수동적 활동을 펼치는 것이 아니라 교정분야의 전문자원봉사자로서 적합한 교육 및 훈련을 이수하도록 해야 할 것이다.

(3) 경찰 단계에서의 선도교화 개선: 소년경찰은 청소년비행의 심각성과 중요성에 비추어 보강되고 더욱 전문화되어야 하며, 청소년선도위원 등의 민간인 참여를 활성화하고 소년경찰의 업무방식이 건수 위주에서 벗어나 실질적 선도와 예방업무에 전념할 수 있어야 한다.

(4) 검찰 단계에서의 선도보호 개선: 검찰 단계에서의 비행청소년에 대한 선도교화 제도를 활성화하기 위해서는 소년사건에 대한 보호사건의 비율을 높여야 한다. 그리고 선도조건부 기소유예제도는 과거 보호관찰이 실시되기 이전에 보호관찰의 유사한 형태로 시행되었기 때문에 소년피의자에 대한 무죄추정의 원리와 적법절차의 적용이라는 견지에서 보호관찰의 필요성 여부는 법원에 맡기고, 선도가 필요한 기소유예 청소년에 대해서는 갱생보호기관에 맡겨서 임의적 관찰보호를 받게 하는 것이 타당할 것이다.

(5) 재판 단계에서의 처우 개선: 우선 제도적으로 청소년비행사건의 보호사건화율을 높이고, 검사의 선의가 아닌 법원 선의주의를 도입하여, 요보호성과 처우를 위한 심리전 조사제도를 강화하며, 기존의 보호처분을 더욱 다양화하여 개별처우가 가능하게 해야 한다. 그리고 수용의 폐해를 고려하여 가급적 소년원 송치율은 낮추되 보호관찰의 운영을 개선하여 보호관찰처분을 확대하고, 수용이 필요한 경우에는 소년원보다는 위탁시설의 지원육성과 활용이 더 바람직하다. 또한 약물의 오·남용자나 정신질환자의 증가에 비추어 병원 등 요양처분이 활성화되어야 한다.

⑹ 교정교화 단계에서의 개선: 교정교화기관에서의 처우가 개선되어야 한다. 소년범의 교정기관은 ㉠ 전통적 교정시설 내의 수용을 가능한한 피해야 한다. 그러한 시설은 사회복귀를 위한 기구 내지 구조로서는 그 가치가 의문시 된다. 타범죄인과의 접촉 등으로 사회생활복귀에 장벽이 되기도 한다. ㉡ 광범위한 처우의 내용과 절차가 범죄인의 상이한 유형에 따라 행해져야 한다. 즉 전통적 소년교정교화 프로그램을 대체하여 교정교화 프로그램과 사회화의 강력한 연계점을 마련해야 한다는 것이다. 여기에는 시설내 처우를 넘어서 다양한(예: 지역사회 프로그램) 처우방안이 있을 것이다.

이에 교정교화기관별 개선방안을 보면 다음과 같다.

① 보호관찰제도의 개선: 조사제도의 미비, 전문성의 결여, 인력과 기관의 부족 등의 이유로 보호관찰 결정과 집행에서의 공정성 결여, 적정대상자 선정과 전문적 보호관찰의 어려움, 지도원호업무의 부실 등을 초래할 수 있다는 지적을 받고 있다. 따라서 재판, 가석방, 가퇴원 심사시 필요한 조사제도의 강화와 이를 토대로 한 합리적 선정기준이 마련되어 성공가능성과 사회안정성이 동시에 만족될 수 있는 대상자를 전문인으로 구성하여 그 전문성이 담보될 수 있는 법원이나 심사위원회의 결정이나 판결을 선정할 필요가 있다. 이렇게 선정된 대상자들에게 가급적 많은 지역에 증설된 보호관찰소나 지소에 전문지식을 갖춘 충분한 보호관찰관을 확보하고 전문성을 봉사정신이 투철한 보호위원 및 기타 사회자원을 적극 활용하여 전문적이고 체계적인 보호관찰이 실시되어야 한다.

② 갱생보호제도의 개선: 사회적응 및 재범을 막기 위해서 이 제도를 확대해야 한다. 소년원과 소년교도소에서 퇴원하여 지역사회나 가정으로 복귀하려는 소년들을 위한 가칭 '석방전 상담소'를 설치하여 퇴원 후 사회적응에 필요한 카운셀링을 받게 하여야 한다. 현재 미국에서는 1913년 실시한 '텍사스 제도'(*texas system*) 라든지 1896년부터 시

작된 '하프웨이 하우스'(*halfway house*) 제도 등이 있어 갱생보호사업이 효과적으로 시행되고 있다.

③ 가석방제도의 개선: 교정시설에서 소정의 처우와 교육을 받은 아동으로서 개선의 징후가 보이며 사회내에서 활동해도 타인에게 유해한 결과를 초래하지 않을 가능성이 있는 자에게 자유형의 집행을 제한하여 수형아동의 개선을 촉진하고 사회적 복귀를 조장하도록 가석방제도의 폭을 확대해야 한다.

④ 소년원과 소년감별소 및 소년교도소와 같은 시설내의 소년들을 개과천선(改過遷善) 시키도록 가정이나 사회 및 학교에서 행하던 보호 이상의 것 즉, 교육, 직업훈련, 오락 등의 충분한 프로그램으로 비행에서 완전히 이탈할 수 있는 기회를 마련해 주어야 한다. 또한 구속이나 수용위주의 전문인력에 의한 치료활동으로 과감히 전환해야 한다.

⑤ 아울러 효과적인 교정교화사업을 위해서는 ㉠ 보호관찰의 기능이 모든 비행자에게 적용 가능하도록 해야 하며, ㉡ 석방된 비행자들에 대한 의무적인 감독이 필요하며, ㉢ 지역사회의 자원을 최대로 이용하여 퇴원자들의 재사회화의 기능을 촉진시키고, ㉣ 사회사업가 등 전문가를 채용해야 한다.

⑥ 시설내 처우의 사회화와 사회내 처우의 확대는 민간참여의 필요성이 증대되므로 독자적 자원봉사자의 선발을 합리화하고 연수를 강화하여 협의기관의 조직운영을 조장하여야 한다. 특히 사법기관과 교정교화기관의 긴밀한 협력관계를 통하여 처우의 연속성과 일관성이 보장되도록 하여야 한다.

제20장

산업복지

1. 산업복지의 개념

산업복지는 산업사회의 문제를 해결하기 위하여 산업현장을 중심으로 이루어지는 사회복지의 한 분야이다. 산업복지를 넓게 이해하는 경우에는 "국가 또는 지방공공단체, 기업, 노동조합, 협동조합 등이 주체가 되어 근로자와 그 가족의 생활안정, 생활 수준의 향상 등 생활복지의 증진을 목적으로 실시하는 제 시설서비스 활동의 종합적이고 통일적인 체계"(우재현, 1900: 29) 라고 정의할 수 있고, 좁은 의미로는 "임금 및 근로시간과 같은 기본적 근로조건 이외에 부가적으로 근로자와 그 가족의 생활안정 및 향상을 목적으로 실시하는 시책 및 활동"으로 정의할 수 있다(유길상, 1991: 10).

그런데 산업복지의 개념에 접근하기 위해서는 〈표 20-1〉에서와 같이 광의의 산업복지와 협의의 산업복지개념을 이해해야 한다.

〈표 20-1〉 산업복지 개념의 비교

	광의의 산업복지	협의의 산업복지
주체	국가, 지방자치단체, 기업, 노동조합, 민간단체	노동조합, 기업, 민간단체
대상	전체 근로자와 그 가족	취약한 개별 근로자와 그 가족
성격	제도적, 사회적, 보편적, 고정적	심리적, 물질적, 구체적, 역동적
기능	물질적, 심리적 원조	심리적, 물질적 원조
원리	강제성, 법정주의	자의적, 온정주의
전달도구	정책과 제도	사회복지실천방법론
내용	거시적(*macro*) 고용, 임금, 근로조건, 근로환경, 재산형성, 수입보장 등 사회정책	미시적(*micro*) 개별근로자의 직업적, 사회적, 가정적 욕구 충족 등 산업사회사업

자료: 우재현, 1998: 30, 김기태·박병현·최송식, 2001: 475

2. 산업복지의 기능

산업복지는 근로자의 문제해결과 욕구의 충족 그리고 삶의 질의 향상을 통한 복지의 증진이라는 복지적 기능과 산업에는 생산성의 향상을 통한 양질의 노동력으로 이윤의 증대라는 산업적 복지기능을 실천해 왔다. 여기서 전통적으로 수행해온 산업복지의 기능은 다음과 같이 제시할 수 있다(Carter, 1977: 15~16; 김기태 외, 2001: 476~479)

(1) 노동력 보호기능

산업재해와 직업병의 예방과 재활 그리고 건강의 보호와 증진, 레크리에이션과 휴식시간의 관리, 주택과 식사의 제공 등을 통하여 노동력의 손실을 예방하고 노동력 재생산을 촉진하여 양질의 노동력을 확보에 기여하게 된다. 이러한 기능을 수행하는데 드는 비용은 단순한 소비가 아니라 오히려 생산의 효율적 증대를 가져오는 투자가 되는 것이다.

(2) 노동력 인정의 기능

부가급부(附加給付)를 통한 산업복지는 임금차이가 없는 동종업계에서 기업의 매력도를 상승시키고 근로자의 전직의사를 약화시켜 노동력의 이동을 감소시킴으로서 노동력의 안정을 도모한다. 뿐만 아니라 근로자의 욕구충족을 통해 불필요한 노사갈등을 사전에 방지해 주기도 한다.

(3) 노동력 표준화 기능

산업복지는 근로자의 독특한 욕구들을 수렴하여 노동력의 장애요소를 경감시켜 자신의 노동력을 효율적으로 활용하게 한다. 즉, 직장 내 보육시설의 설치를 통해 근로자의 아동에 대한 보육욕구를 해결함으로써 다른 근로자와 마찬가지로 노동력을 잘 활용할 수 있도록 해준다.

(4) 고용책임의 기능

고용주가 진정한 의미에서 느끼는 근로자에 대한 강한 책임감을 산업사회사업을 통하여 구체적으로 전달할 수 있다. 또한 산업사회사업은 비인간화되기 쉬운 작업장에서 직무와 조직을 인간화하려는 노력이며 노동에 대한 비화폐적 보상(非貨幣的 補償)으로서 근로자를 고용하여 사용하는 데에 따르는 책임을 보다 충분히 완수하도록 실제적 방법론을 제공하고 있다.

(5) 사회적 책임의 기능

기업체는 이윤추구의 조직이기는 하지만 궁극적으로는 사회적 욕구

충족과 깊이 관련되어 있으며 기업이 존재하는 장소는 지역사회의 내부에 위치하게 된다. 따라서 기업은 지역사회와의 상호작용에 불가피할 뿐만 아니라 지역사회로부터의 기대와 관심을 받게 되고 이에 부응하는 노력을 외면할 수 없게 되는 것이다.

3. 산업복지의 구성체계

산업복지의 구성은 공공산업복지, 기업복지, 노동자자주복지, 민간산업복지, 산업사회사업으로 구성된다. 이를 살펴보면 다음과 같다(우재현, 1998; 김기태 외, 2001: 486~490; 박경일 외, 2001: 382~385).

(1) 공공산업복지

공공산업복지는 중앙정부, 지방자치단체가 주체가 되며, 산업복지에 필요한 자원은 국가예산에서 충당된다. 그리고 국가가 실시의 최종책임을 진다. 공공산업복지는 사회보험, 근로자 재산형성 및 생활안정지원시책, 그리고 공공산업복지서비스로 크게 나뉜다. 먼저 사회보험은 오늘날 근로자뿐만 아니라 자영업자 등에게도 그 범위를 넓혀 가는 것이 세계적 추세이며, 여기에는 의료보험, 국민연금, 산업재해보상보험, 고용보험이 포함된다. 근로자 재산형성 및 생활안정지원에는 최저임금제도, 근로자 주택제도, 근로자주택 자금 대출, 근로자 장학사업, 중소기업 근로자 의료비 대출 등이 있다. 또한 공공산업복지서비스로는 노동복지회관 혹은 근로자종합복지관, 근로자체육문화센터 및 영유아보육시설, 중소기업근로자 복지시설자금 융자, 종업원 체육시설 등이 있다.

(2) 기업복지

기업복지는 근로자의 복지를 위하여 임금, 근로조건 이외에 기업이 제공하는 각종 편익과 시책을 말한다. 즉, 기업이 자발적으로 혹은 단체협약에 의해 종업원에게 제공되는 복지제도 및 서비스로서 주택자금 지원, 체육시설의 제공, 경조비 지급, 사내근로복지기금제도(사원자녀 장학금, 특별휴가, 금융공제, 급식, 생활지도, 상여금) 등이 있다. 이러한 기업복지는 공공산업복지의 부족부분을 보완하는 보완성을 가지며, 기업의 사정에 따라 자주적·임의적으로 실시되는 특성을 지닌다. 그로 인해 기업간 기업복지 수준의 격차가 크게 발생하기도 한다.

(3) 노동자 자주복지

근로자들이 노동조합 또는 근로자 단체를 결성하여 자신들의 근로조건의 유지, 개선을 꾀하면서 사회보장이나 기업복지에 대한 요구를 행하는 것이며, 나아가 자신들 스스로가 그 조직을 통하여 복지를 높여 가는 노력이다. 이러한 노동자 자주복지는 근로자 자신이 기업의 제약을 벗어나 근로자의 조직과 자금으로 복지사업을 관리, 운영하는 자주적 복지운동이라고 볼 수 있다(이덕환, 1993: 33). 현실적으로 개별노동조합은 산업복지활동을 주도하기 위한 전문인력이나 자금, 운영기술 등을 갖추지 못하기 때문에 개별노조를 초월하여 지역별, 업종별로 연대하거나 상급노동단체를 중심으로 복지활동을 전개하고 있다(박경일 외, 2001: 384~385).

여기서 기업복지와 노동자 자주복지를 비교하면 〈표 20-2〉와 같다.

〈표 20-2〉 기업복지와 노동자 자주복지의 구분

	기업복지	노동자자주복지
주체	기업	노동조합과 노동자자신
운영권	경영자	노동자
제도의 존재방식	개별기업적, 기업조건의 격차	근로자적, 기업초월적, 보편적 존재
운영방식	노동관리의 일환	노동조합방식
임금과의 관계	임금격차 극심	생활조건의 격차축소

자료: 우재현 편저, 1998: 382.

(4) 민간산업복지

민간산업복지는 국가, 기업, 노동자 조직이 아닌 민간조직이나 단체가 주체가 된다. 이러한 민간단체로는 사회복지관, 종교단체, 사회단체가 있으며, 이러한 기관들이 운영하는 근로자회관, 직업훈련기관, 직업알선, 미혼부모상담, 실직자 쉼터, 노동상담, 법률상담, 성폭력상담, 신부교실, 근로자교실, 보육사업 등이 복지활동을 전개한다. 이들 민간산업복지는 다른 주체에 의한 산업복지 활동보다는 활발하지가 못한 실정이다(김기태 외, 2001: 498).

(5) 산업사회사업

산업사회사업(미국의 경우에는 직업사회사업 *occupational social work*으로 일반화됨)은 근로자와 구직자를 대상으로 기업과 노동조합의 후원하에 전개되는 제반 프로그램과 서비스를 의미한다(Akabas, 1995: 1779). 또한 산업사회사업은 보다 건전한 개인과 환경을 마련하기 위해 적절한 개입활동을 해나감으로써 노동공동체의 인간적 및 사회적 욕구를 충족시키기 위해 노력하는 사회복지실천 분야이기도 하다(Googins & Godfrey, 1987: 5; 박경일 외, 2001: 386 재인용).

4. 산업복지의 과제

산업복지는 노동이 인간생활에서 가장 의미있는 삶의 영역으로 고용주와 노동조합이라는 강력한 후원조직이 있다는 점에서 성장가능성이 있는 분야라고 할 수 있다. 선진국은 오래 전부터 산업현장에서 사회복지실천이 전문사회복지사에 의해서 이루어지는 실정이다. 그러나 우리나라는 외국과 비교할 때 미개척분야이고 초라한 수준에 머물고 있는 것이 현실이다.

이에 몇 가지 과제를 제시하면 다음과 같다.

첫째, 우리나라의 산업복지는 새로운 사회복지실천영역으로서 전문적이고, 창조적이고, 능동적인 활동이 전개되어야 할 것이다.

둘째, 공공산업복지의 경우 최소한 근로자의 기본적 서비스가 주어져야 한다. 따라서 국가는 공공산업복지 내지 산업복지정책을 통하여 저임금개선, 최저임금제도의 확립, 임금격차의 시정, 임금의 물가연동제 등을 통한 근로자가 최저생활을 유지할 수 있도록 해야 한다. 또한 산업복지를 위한 조사연구활동이 이루어져야 하며 근로자 금융, 세제, 주택, 복지회관 등 복지문화환경 정비에 솔선하고 아울러 산업사회복지사, 산업카운셀러 등 복지전문가의 활용을 위한 여건을 조성하여야 한다(우재현, 1998: 590).

셋째, 기업주는 기업윤리에 바탕을 둔 기업의 사회적 책임감을 실현시키기 위해 근로자에게 다양하고 질 높은 기업복지를 실시하는 것이 바람직하다. 이를 위해서는 기업주가 사회복지투자에 대한 확신이 있어야 한다. 즉, 단순히 기업주의 자발적이고 온정주의적인 태도가 아니라 근로자와의 단체협상 등을 통한 제도화가 필요하다.

넷째, 노동조합의 경우 복지향상을 위해 자주적인 복지운동뿐만 아니라 자주적 복지사업이 필요하다. 이를 위해서는 노동조합은 정부나 기업에 대한 교섭과 참여 등을 통해 자주복지운동을 전개하는 동시에 신용조합, 노동금고, 소비조합, 책임조합, 공제회, 병원 등과 같은 자주복지사업을 적극적으로 전개해야 한다. 우리나라의 노동운동은 주로 근로조건, 임금분쟁 등이 중심이었으나, 앞으로는 법적·권리적 분쟁, 근로생활의 질 분쟁 등의 근로복지운동을 병행해야 할 것이다.

결국 산업복지의 정착은 국가는 사회정의에 입각하여, 기업주는 인도주의와 기업의 사회적 책임에 입각하여 그리고 노동조합은 생산성 향상에 입각하여 노·사·정 삼자가 조화를 이루는 것이다.

제 4 부

사회복지의 과제와 전망

제21장

사회복지의 과제와 전망

1. 사회복지의 과제

최근까지 한국의 사회발전전략은 선성장·후복지의 패러다임을 견지하고 있었다. 이는 국가발전의 최우선 과제로 경제성장을 설정하고, 사회복지는 가족이나 민간부문에 의존하고 사회안전망은 사회경제적 위기의 대응차원에서 추진함을 원칙으로 하였다. 그렇지만 이러한 패러다임은 1990년대 중반 이후 경제구조가 어느 정도 성숙되고 서계화·양극화 등의 새로운 도전요인으로 한계에 부딪히게 되었다. 결과적으로 기존의 패러다임으로는 경제성장을 오히려 저해할 수 있고, 새로운 도전에도 대응할 수 없게 되었다. 그리하여 성장과 복지를 이분법적으로 접근하지 않고, 동반 성장토록 하는 패러다임으로의 과감한 전환이 적극 요청되어진다. 즉, 복지는 미래를 위한 투자이며 성장을 뒷받침하는 기제로 판단하고 사회복지정책을 경제정책과 통합 추진하는 전략이 향후 우리나라의 사회복지추진의 기본방향으로 설정되어야 할 것이다(김승권, 2006).

복지가 소비라는 개념에서 인간중심의 개발전략을 통해 성장 잠재력을 키워 주는 투자적 개념으로 전환시켜야 하며, 단순보호차원의 소득

이전적 복지보다는 자활능력배양 등을 통해 경제발전에도 일조하는 생산적 기능을 강화시키는 방향으로 추진되어야 할 것이다. 이것은 기든스(A. Giddens)가 제시한 제3의 길(*The Third Way*)과 일맥상통한다. 제3의 길에서 내세우는 적극적 복지전략은 사회투자전략이다. 즉, 인적자원개발을 말한다.

이제 우리는 21세기를 맞아 가장 시급히 해결해야 할 것은 무엇보다도 낭비적이고 국민통합에 역행하는 복지제도의 개혁이다. 최근 복지의 신자유주의적 세계화 경향은 복지국가의 길과는 더욱더 멀어질 것이다. 이에 몇 가지 사회복지의 과제를 제시하고자 한다.

첫째는 사회복지는 국가가 책임져야 한다. 인간의 삶에 필요한 최소한의 것을 준비하는 책임은 1차적으로 개인과 가족에게 있다. 그러나 노동력이 유일한 삶의 수단인 산업사회에서 많은 사람들은 질병, 노후, 장애, 실업, 부양자의 사망 등 노동능력을 상실하는 사회적 위험에 직면하게 된다. 사회적 위험에 직면한 개인의 능력이 그러한 사고에 대처할 수 없고, 최소한의 인간적인 삶마저 부정당할 때 그 책임은 사회전체의 책임, 특히 사회 유지의 마지막 보루인 국가의 책임으로 돌아가야 한다. 이런 의미에서 사회복지를 보장하는 책임은 국가에 있다(남세진·조홍식, 1998 : 443).

둘째, 국민기초생활보장법, 아동복지법, 노인복지법, 장애인복지법, 모자복지법, 성매매방지 및 피해자보호 등에 관한 법, 영유아보육법에 나타난 정신을 최대한 살리는 정책 및 서비스가 이루어져야 한다. 그리고 복지 6법이 시설수용보호사업의 중심으로 되어 있는데 이것을 탈시설화시키고 기존의 복지시설을 지역사회복지센터화 하도록 정부는 지원해야 하며 시설장은 지역사회의 욕구에 맞는 프로그램을 개발하여야 될 것이다. 그리고 지역사회내 사회적 욕구와 문제를 상담하고 판별할 수 있는, 지방 기초자치단체별 사회복지상담소(가칭)가 설치되어 사회복지 13법과 10개 프로그램을 효과적으로 실시할 수 있어야 한다.

셋째, 최근 신자유주의 세계화 정책은 복지후퇴를 초래하기 때문에 이것을 극복하기 위한 노력이 가장 중요한 과제가 된다(김영모, 2001: 434).

넷째, 사회복지의 대상을 현행 선택주의에서 보편주의로 모든 국민에게 적용되어야 한다. 이를 위해서는 사회복지의 이념을 자유민주주의에서 사회민주주의에로의 변화가 요구된다.

다섯째, 사회보험제도 중 현행 국민연금과 3종의 특수직 연금이 통합되어야 하고 또 3종의 건강보험프로그램도 통합되어야 한다. 이러한 통합의 기본방향은 사회보험으로서의 기능, 즉 위험분산과 소득재분배 및 상호부조의 효과를 극대화시키는 방향이어야 할 것이다. 다시 말하면 사회보험의 사보험적 성격을 탈피시켜야 한다. 다행히 건강보험은 통합되었으나 아직도 의료보호와 산재보험과도 통합되어 있지 않다.

여섯째, 복지국가의 구현을 위해서는 사회복지예산의 증액이 이루어져야 한다. 현 GDP의 7.5%수준에서 점차 30%수준까지 증액해야 한다.

일곱째, 효과적인 사회복지를 위해서는 전문가들이 주장하고 있는 학교사회사업제도 도입, 군사회복지사업제도 도입 등도 신속하게 이루어져야 한다.

여덟째, 국민연금제도의 안정체계정착과 사각지대해소를 추진하여야 한다. 정부는 지속 가능한 국민연금제도를 구축하기 위하여 시급히 적정부담과 적정급여체계로 전환시키고, 제도의 내실화로 사각지대를 축소시키고, 급여체계 간의 형평성을 기하며, 그리고 기금운용의 전문성과 투명성을 보다 강화해 나가야 할 것이다.

2. 사회복지의 전망

21세기에는 복지국가 또는 복지사회가 도래할 것이다. 물론 이를 위해서 부단한 노력이 전제되어야 한다. 그 동안 우리나라는 경제 제 1주의 정책으로 "선선장 후분배"를 주장하는 정책입안자들에 의해 아직도 복지를 생산개념이 아닌 소비개념으로 인식되고 있다. 다시 말해 복지에 대한 사회민주주의 개념이 아닌 자유주의적 퍼스낼리티를 소유하고 있다.

최근 IMF로 인한 신자유주의적 세계화 정책이 오히려 우리나라 기득권자에게도 유리하고 그로 인하여 나타난 사회문제(국부유출, 대량실업, 빈부격차, 복지축소 등)를 해결하기 위한 생산적 복지정책은 그 한계가 있는 것이다. 자유주의 경제관료와 세계화 기구(IMF, 세계은행 등)가 중심이 된 신자유주의 정책은 기존의 사회보험 프로그램들까지 민영화시키려고 한다.

21세기에 나타날 우리나라의 사회복지의 전망은 다음과 같다.

첫째, 한국사회는 장기적으로 조망할 때 구조적으로 저성장, 세계화, 양극화, 저출산·고령화 등의 새로운 도전에 직면하게 될 것으로 예상된다(김승권, 2006).

대내적으로는 투자·생산성의 부진이 예상되며 노동공급둔화 등에 따라 2020년대에는 경제성장이 2%대로 하락될 전망이다. 대외적으로는 세계화의 진전으로 금융의 국제적 동조현상의 심화와 국가 간의 무한경쟁에 직면할 것으로 예상된다. 이러한 대내·외적 상황변화는 우리나라가 직면한 또 다른 도전인 사회양극화와 저출산의 문제와도 직·간접적으로 관련되어 있다. 양극화는 전 세계적인 추세이나, 우리나라의 경우는 IMF 외환위기 이후 급격히 악화되었고 선진국에 비해 그 정도가 심각한 편이다. 압축적 경제성장으로 우리나라의 절대적 빈곤은 해소되었지만 계층 간 그리고 지역 간 불균형 문제로 상대적 빈곤화는 여전히 지속되고 오히려 심화될 것이다.

둘째, 저출산·고령화로 인한 저축률 감소, 노인부양비용 증가 등의 문제는 경제·사회 전반에 심대한 파급효과를 가져올 것으로 예상되고 있다. 현재 추세대로 가면 2016년 이후 핵심 인구집단인 생산가능인구수의 절대적 감소로 이어져, 2000년대에는 4% 중반에 머물고 있는 잠재 성장률이 2020년대에 2% 중반대로까지 하락할 것으로 전망되고 있다. 이와 함께 소득지원, 육아, 간병 및 노인수발 등 지금까지 일정부분 사회안전망으로 가능하였던 가족공동체도 산업화에 따른 핵가족화의 진전으로 그 기능을 상실함으로써 사회가 책임지는 새로운 복지체제로의 전환이 시급히 요청되고 있다.

셋째, 지방자치제도는 욕구분출을 증대시키고 그 내용도 다양화 및 구체화될 전망이다. 지방자치화의 진전으로 지방주민의 욕구를 중앙에 대변할 수 없었던 상황이 바뀌어 그들의 대의원을 통하여 그간에 분출이 억제된 지방의 다양한 복지욕구를 표출할 수 있게 될 뿐 아니라, 대의원들 자신이 지역인의 잠재욕구에 맞는 새로운 복지욕구를 자극·개발할 것이 기대되어 복지욕구는 매우 다양, 복잡하게 급증될 전망이다.

소득 수준의 선진화와 더불어 복지에 대한 요구수준도 선진화되어 갈 것이 분명한데 소득과 복지수준 사이의 격차가 현재와 같이 크게 지속된다면 복지욕구는 더욱 강렬하게 분출될 것이다.

넷째, 복지욕구가 다양화 될 것이다. 지금까지 국민의 기본욕구(소득·보건·교육)와 관련된 사회복지정책이 발달하여 왔지만 장차는 주택, 환경, 교통, 스포츠, 여가, 예술 등과 관련된 복지정책과 서비스가 발달하게 될 것이다. 특히 주택 및 노인·청소년복지사업이 각광을 받으리라 생각한다. 현재 주택서비스 만큼 국민적 관심을 끌고 있는 것은 없을 것이다. 주택서비스는 가난한 사람을 위한 공영임대주택을 제공하는 것이다. 그리고 노인복지사업은 노인인구의 급속한 고령화와 가족해체와 이들을 보호하기 위한 시설보호와 재가복지사업이 활성화될 것이다. 또한 청소년복지사업은 1991년 청소년기본법이 마련되고 청소년 10개년 기본계획이 마련되어 있기 때문에 청소년수련장 건설이나 청소년 선도를 위한 복지사업이 활성화되리라 생각한다. 예컨대 청소년 기본법에는 청소년행정을 위한 지방비가 국가예산의 0.1%로 책정될 수 있게 보장되어 있으며 청소년 수련시설의 설치를 위하여 국공유재산을 이용할 수 있게 되어 있다.

넷째, 대기업의 기업복지가 확대될 것이다. 정부의 지원에 의하여 발달한 대기업, 즉 재벌 등이 기업의 사회적 책임을 수행하기 위하여 종업원을 위한 기업복지도 활발히 진행시키고 또 많은 복지재단을 설립할 것이다. 이러한 복지재단은 초기에는 구호사업 등 사회복지서비스에 관심이 많겠으나 점차 광범위한 사회복지사업이나 시민운동 등을 지원하리라고 생각한다.

다섯째, 복지재원이 확대될 것이다. 지난 40여년의 고도 경제성장과 그에 따른 취업기회 및 소득의 증대는 빈곤문제 축소에 이바지하였으므로 우리의 경제가 현재보다 더 나은 수준으로 향상되고 적절한 빈곤대책을 선택하면 빈곤문제는 더욱 감소될 것이다. 현재 GDP의 7.5%인 사회보장예산은 OECD 국가 중 가장 낮은 수준이지만 국민의 욕구 충족을 하지 않을 수 없으므로 복지예산이 증가될 것이다.

강기호, “가족치료란,” 《사회사업논집》, 8집, 강남사회복지학교, 1984.
강길봉, “우리나라 복지정책의 전략과 구조에 관한 연구”, 한국정책연구, 9권 1호, 2009.
강철희, “미국 공동모금의 현황과 과제,” 《지역사회복지운동》, 제2집, 한국지역사회복지운동연구회, 1996.
고경환, “OECD기준에 따른 우리나라 사회보장비 산출에 관한 연구,” 2000.
고양곤, “한국사회의 노인문제와 노인복지의 근황,” 《한국교회와 노인복지》, 한국장로회 출판사, 1995.
고용보험 인터넷서비스, http://www.ei.go.kr.
고홍경, “서울시내 일부 청소년의 약물남용 실태에 관한 조사연구,” 이화여대 석사논문, 1990.
교정사회사업연구회, 《교정사회사업》, 아시아미디어리서치, 1996.
김규수, “정신보건사회사업,” 한국정신보건사회사업학회 편, 《정신보건 사회복지사 이론 교육교재》, 한국정신보건사회사업학회, 1998.
김근조, “미혼모와 그 자녀의 복지대책에 관한 연구,” 《사회개발논총》, 제7집, 중앙대 사회개발대학원 석사논문, 1985.
김기두, 《한국청소년범죄연구》, 박영사, 1967.
김기태 · 박병현 · 최송식, 《사회복지의 이해》, 박영사, 2001.
김기환, “학생복지를 위한 학교사회사업의 필요성,” 《한국아동복지학》, 4호, 한국아동복지학회, 1996.
김동국, 《서양사회복지사론》, 유풍출판사, 1994.
김동배 외 3인, “한국자원봉사활동의 관리운영 실태 평가와 지원욕구,” 《한국사회복지학》, 통권 35호, 한국사회복지학회, 1998.
김만두 · 한혜경, 《현대사회복지개론》, 홍익재, 2001.
김범수, “자원봉사의 의식구조에 관한 조사연구,” 《사회복지》, 한국사회복지협의회, 1982.

______, 《지역사회복지론》, 홍익재, 2000.

______ 외, 《자원봉사의 이해》, 학지사, 2001.

김상규·윤욱·전재일, 《사회복지론》, 형설출판사, 1983.

김상균, 《현대사회와 사회정책》, 서울대 출판부, 1987.

김상균·최일섭·최성재·조흥식·김혜란, 《사회복지개론》, 나남출판, 2001.

김성이, "청소년 약물오·남용 실태와 예방교육 프로그램 개발에 관한 연구 보고서," 이화여대 한국문화연구원, 1989.

김성이·김상균, 《사회과학과 사회복지》, 나남출판, 1999.

김성천, "가족복지의 이론체계구성을 위한 연구," 《사회복지》, 통권 101호, 1989.

김승권, "VISION 2030과 사회복지서비스," 《보건복지포럼》, 통권 121호, 한국보건사회연구원, 2006.

김안호·양철호·류종훈, 《사회복지개론》, 청목출판사, 2002.

김영모, 《한국사회학》, 법문사, 1972, 개정판 1978.

______, 《사회복지학》, 한국복지정책연구소 출판부, 1981.

______, 《한국의 복지의식》, 일조각, 1982.

______, 《현대사회계층론》, 한국복지정책연구소 출판부, 1982.

______, 《현대사회정책론》, 한국복지정책연구소 출판부, 1982.

______, "아동복지의 일반이론," 복지연구회, 《현대아동복지론》, 한국복지정책연구소, 1984.

______, 《한국청소년정책의 과제와 새 방향》, 1988.

______, 《빈곤, 가족해체, 시설보호》, 중앙대 출판부, 2000 b.

______, 《사회복지학》, 고헌출판부, 2000.

______, 《한국가족정책연구》, 한국복지정책연구소 출판부, 1990.

______ 외, 《청소년정책연구》, 한국복지정책연구소 출판부, 1991.

______ 편, 《현대사회문제론》, 한국복지정책연구소 출판부, 1981.

______, 《빈곤이론·빈곤정책》, 한국복지정책연구소 출판부, 1992.

______, 《현대사회문제론》, 고헌출판부, 2000. a.

______, 《현대사회보장론》, 한국복지정책연구소 출판부, 1988. 2001.

______·남세진·신섭중, 《현대사회복지론》, 한국복지정책연구소 출판부, 1982.

______ · 표갑수, 《선진국 아동보육제도와 보육프로그램》, 한국복지정책연구소 출판부, 1998.

______ · 표갑수 · 홍금자 · 김진이 · 백선희 · 장영인, 《아동보육개론》, 한국복지정책연구소 출판부, 1999.

김영호, "자원봉사활동의 영역과 수요," 자원봉사활동 활성화를 위한 세미나, 서울: 한국사회복지학회, 1991.

______, 《자원봉사 이론과 실제》, 홍익재, 1992.

______ · 부성래 · 김만두 · 노상학 · 고양곤 · 이원숙, 《자원봉사센터설치 및 운영에 관한 연구》, 경기도, 1996.

김옥라 · 김현자 역, 《자원봉사: 사랑의 공동제》, 화성출판사, 1989.

김용익, "정신보건정책의 방향,"《정신보건정책 및 지역사회 정신보건 사업의 발전방향에 대한 세미나》, 1994.

김용자, "우리나라 주부의 자원봉사 참여 판별에 관한 분석,"《아세아여성연구》, 제23집, 숙명여대 아세아여성문제연구소, 1984.

김유성, 《사회보장법》, 동성사, 1983.

김윤정 · 남미애 외 5인, 《여성복지론》, 대학출판사, 2001.

김융일 · 조흥식 · 김연옥, 《사회복지실천론》, 나남출판, 2000.

김인숙 외 6인, 《여성복지론》, 나남출판, 2001.

김준호, "청소년비행의 사회학적 접근,"《청소년문제론》, 한국청소년연구원, 1992.

김중대, 《장애자복지론》, 홍익출판사, 1989

김창기, "자원봉사자 관리의 실태와 대책에 관한 연구," 청주대 석사논문, 1996.

김태성, 《복지국가론》, 나남출판사, 1993.

김태현, 《노년학》, 고문사, 1994.

김해동 · 정홍익, 《사회정책론》, 한국방송통신대학교 출판부, 1985.

김형식 · 박순우 역, 《사회이론과 사회정책》, 2000.

김현용 외, 《현대사회와 아동》, 소화, 1997.

나동석, '장애인복지서비스,' 김영모 편, 《현대사회보장론》, 고헌출판부, 2001.

남세진, "아동의 권리,"《사회복지》, 통권57호, 한국사회복지협의회, 1978.

남세진 편, 《한국사회복지의 선택》, 나남출판, 1995.
남세진 · 조홍식, 《한국사회복지론》, 나남출판, 1998.
노동부, 《2008 노동백서》, 2008.
대구직할시사회복지협의회, "자원봉사자의 활동실태와 효율적 활용체제에 관한 조사연구," 1993.
대한의료사회사업가협회 · 연세대학교 사회복지연구소, 《의료사회사업가의 직무표준화를 위한 연구》, 1997.
류기형 외 5인, 《자원봉사론》, 양서원, 2001.
문병집, 《지역사회개발론》, 법문사, 1978.
문화관광부, 《청소년백서》, 2001.
민병근 · 김헌수, "청소년의 약물남용," 《신경정신의학》, Vol. 4, 1987.
박민자, "가족정책과 가족," 《가족과 한국사회》, 경문사, 1996.
박병현, "영국과 미국의 사회복지제도 발달비교 1859~1935," 《사회복지의 역사와 과제 - 인창 신섭중 박사 회갑기념논문집》, 부산: 기념논문간행위원회, 1994.
박영일 외, 《사회복지학 강의》, 양서원, 2001.
박옥희, 《장애인복지의 이론과 실제》, 학문사, 1998.
박용순, 《사회복지개론》, 학지사, 2002.
박정호, 《사회복지정책론》, 학지사, 2001.
박종삼, "우리나라 정신의료사회사업의 현실과 과제," 《한국정신의료 사회사업학회 창립총회 및 세미나 자료집》, 1993.
박차상 외, 《한국노인복지론》, 학지사, 2002.
박태영, "우리나라 자원봉사활동의 활성화 방안," 대구대 석사논문, 1985.
박재윤, "비행소년에 대한 효과적인 재범방지대책-현행 소년사법제도를 중심으로," 《청소년범죄연구》 제9집, 1991.
백종만 외, 《사회와 복지》, 나눔의 집, 2001.
보건복지가족부, 《보건복지통계연보》, 2008.
______, 《2008년 노인복지시설현황》, 2008a.
______, 《2008 정신보건전문요원 수련기관 신규 및 증원신청 검토결과》, 2008b.
______, 《보건복지백서》, 2009.

______, 《보건복지통계연보》, 2009a.

______, 《2008년 전국아동학대현황보고서》, 2009b.

______, 《2009년 아동청소년백서》, 2009c.

______, 《2009정신보건사업안내》, 2009d.

______, 《2009년 보육사업안내》, 2009e.

______, 《아이사랑플랜 2009-2012 및 2009년 시행계획》, 2009f.

______, 《2010년 장애인복지사업안내》, 2010.

______, 《2010년 국민기초생활보장사업 안내》, 2010.

복지연구회 편, 《현대아동복지론》, 1984.

서명선, '여성복지', 《한국사회복지연감》, 유풍출판사, 1996. 1

서봉연 외, 《정신위생》, 한국응용심리학회, 1972.

서울소년분류조사원, 《비행청소년의 분류조사》, 1997.

성민선 외, "학교 부적응 청소년들을 위한 학교사회사업 실천모델 연구," 《학교사회사업》, 한국학교사회사업학회, 1998.

송근원 · 김태성, 《사회복지정책》, 나남출판, 1995.

송성자, 《가족과 가족치료》, 법문사, 1997.

송정부, 《사회복지학연구》, 법지사, 1999.

송정부 역, 《사회복지》, 대영문화사, 1992.

신섭중, 《사회보장론》, 대학출판사, 1989.

신섭중 외 역, 《일본 현대복지학총람》, 대학출판사, 1995.

신성자 · 홍금자 · 라동석 · 김진이, 《사회복지실천론》, 고헌출판부, 2000.

안동헌 · 홍강의, "한국에서의 아동구타 현황," 《정신건강연구》, 1987.

양옥경, 《지역사회 정신건강》, 나남출판, 1999.

양옥경 · 김정진 · 서미영 · 김미옥 · 김소희, 《사회복지실천론》, 나남출판, 2000.

엄명용 · 김성천 · 오혜경 · 윤혜미, 《사회복지실천의 이해》, 학지사, 2000.

여성부, 《2009년도 가정폭력 · 성폭력 보호시설 및 상담소 등 운영실적 보고》, 권익증진국 인권보호과, 2009.

여성특별위원회, 《여성백서》, http://www.pcwa.go.kr, 2000.

원석조, "건강보험," 김영모 편, 《현대사회보장론》, 고헌출판부, 2001.

원석조 · 강남기 역, 《이데올로기와 사회복지》, 평화사, 1981.

우재현, 《산업복지론》, 경진사, 1998.

유경희, "자원봉사활동의 중도탈락 요인과 대책에 관한 연구," 청주대석사논문, 1994.

유길상, 《근로복지증진을 위한 정책방향과 과제》, 한국노동연구원, 1991.

유길상 · 이철수, 《고용보험법해설》, 박영사.

유수현, "종합병원내 의료사회복지사의 전문적 지위에 관한 연구," 《의료사회복지논문자료집》, 제1권, 대한의료사회복지사협회, 1989.

유희정, "지방자치단체별 육아지원 실태와 효과분석," 육아정책개발센터, 2008.

윤덕중, 《범죄와 소년비행학》, 박영사, 1991.

이가옥, 재가노인복지와 가정봉사원 파견사업, 《한국노인복지 40년사》, 한국노인복지시설협회, 1994.

이가옥 편, 《노인복지의 현황과 과제》, 나남출판, 1999.

이근홍, 노인복지서비스, 《현대사회보장론》, 한국복지정책연구소 출판부, 1988.

이길홍 외, "접착제 본드 입으로 인해 입원한 청소년 정신장애자," 《한국의 과학》, Vol. 15, 중앙대 부설 한국의과학연구소, 1983.

이덕환, "한국근로자복지를 위한 노 · 사 · 정 역할에 관한 연구," 동아대 박사학위논문, 1993

이명구, "모티베이션 이론에 관한 분석연구," 경희대 석사논문, 1987.

이명홍, "가족치료의 이론개요와 Minuchin의 구조적 가족치료," 《사회사업학회지》, 제2집, 한국사회사업학회, 1980.

______, "탁아사업의 전문화 방안," 《제 1회 전국사회복지대회 보고서》, 한국사회복지협의회, 1980.

이상희, "청소년비행과 커뮤니케이션 연구 시설," 《신문학보》, 서울대 신문연구소, 제15집, 1978.

이윤로, 《정신보건사회복지론》, 학지사, 2000.

이윤호, "비행소년의 교정교화," 《사회문제론》, 한국청소년연구원, 1992.

이영철 외 4인, 《사회복지학》, 양서원, 2000.

이영희, 《교정복지의 이론과 실제》, 홍익출판사, 1999.

이인재 · 류진석 · 권문일 · 김진구, 《사회보장론》, 나남출판, 2001.

이장현, “한국사회에 있어서 청소년 일탈행위에 관한 사회학적 분석,” 《한국문화연구원 논총》, 제31집, 이화여대, 1978.
______, “일탈행위와 사회학적이론,” 《한국사회학》, 제3집, 한국사회학회, 1967.
______ · 김영이 역, 《사회문제의 연구》, 경문사, 1985.
이현송 외, 《여성의 경제활동과 가족복지》, 한국보건사회연구원, 1996.
이혜원, 《노인복지론》, 유풍출판사, 1996
이화수, “자원봉사활동의 좌표”, 《자원봉사활동의 이론과 실제》, 이화여대 한국여성연구소, 1984.
인경석, 《한국사회복지국가의 이상과 현실》, 나남출판, 1998.
장인협, 《한국사회개발연구원, 1981.
———, 《케이스워어크》, 수문사, 1981.
———, 《아동복지론》, 서울대 출판부, 1984, p. 147.
———, “가족복지의 과제와 전망, 제 3회 전국사회복지대회: 2000년대를 향한 사회복지과제”, 한국사회복지협의회, 1985.
———, 《사회복지개론》, 서울대 출판부, 1990. 1996.
장인협 · 문인숙, 《사회복지의 원리와 방법》, 집문당, 1986.
장인협 · 오정수, 《아동청소년복지론》, 서울대 출판부, 1993.
장인협 · 이혜경 · 오정수, 《사회복지학》, 서울대 출판부, 2001.
장인협 · 최성재, 《노인복지학》, 서울대 출판부, 1987.
전남진, 《사회정책학강론》, 서울대 출판부, 1987.
전용호, 《장애인복지론》, 학문사, 1994.
전재일 · 권복순 · 조은희 · 이경은 · 이성국, 《학교사회사업》, 사회복지개발연구원, 1997.
전재일 외, 《사회복지개론》, 형설출판사, 2002.
정경희 외, 《1998년도 전국 노인생활실태 및 복지욕구조사》, 한국보건사회연구원, 1998.
정진모, “지역사회중심의 재활사업의 필요성,” 《성지》, 서울장애인복지관, 1987.
정혜숙, “동기부여이론의 현대적 전개,” 동아대 석사논문, 1984.
조휘일, “볼런티어 활동의 기능과 역할,” 《몽산 하상락 교수 송수논문집》,

농원문화사, 1975.

———, “지방화시대에 있어서 지역사회복지증진을 위한 자원봉사 활성화 방안,” 《한국의 사회복지교육과 지역사회복지》, 전주한일신학교 사회복지학과, 1991.

———, “한국 사회복지분야의 자원봉사행동과 관련된 개인 및 조직 특성에 관한 연구,” 숭실대 박사논문, 1991.

조흥식, “선진국 장애인복지정책 프로그램과 한국장애인복지정책과 과제,” 《장애인 고용》, 특집 합본호 1991~1994, 한국장애인고용촉진공단, 1995.

______ 외, 《사회복지실천분야론》, 학지사, 2000.

______ · 김인숙 · 김혜란 · 김혜련 · 신은주, 《가족복지학》, 학지사, 2001.

______ · 김혜련 · 신혜섭 · 김혜란, 《여성복지학》, 학지사, 2000.

주영희, “가출아동을 통한 아동학대에 대한 조사연구,” 《사회복지》, 한국사회복지협의회, 1984.

주왕기, 《약물남용》, 세계사, 1989.

중앙사회복지연구회, 《사회사업의 기본문제》, 이론과 실천, 1991.

채옥채, 《교정복지론》, 아시아미디어리서치, 1998.

최경석 외 5인, 《한국가족복지의 이해》, 인간과 복지, 2001.

______ · 송정부, 《현대노인복지정책》, 한국복지정책연구소 출판부, 1990.

최선화, “가족문제와 사회복지,” 최선화 외 4인, 《사회문제와 사회복지》, 양서원, 1999.

______ · 이혜경 역, 《비교사회정책론》, 대영문화사, 1989.

______ · 박광준 · 황성철 · 안홍순 · 홍봉전, 《사회문제와 사회복지》, 양서원, 1999.

최성재, “가족과 사회정책”, 《가족학 논집》, 4집, 한국가족학회, 1992.

———, “재가노인복지의 정부시책,” 한국노인복지회 편, 《재가노인복지 사업》, 홍익재, 1997.

최윤진, “교정사회사업”, 《청소년복지론》, 한국청소년개발원, 1994.

최일섭, 《지역사회복지론》, 서울대 출판부, 1985.

______ · 최성재, 《사회문제와 사회복지》, 나남출판, 1995.

최충옥, “청소년 건전육성에 관한 소고”, 《학생생활연구》, 제2집, 경기대 학생생활연구소, 1982.

______, “청소년 유해인쇄매체의 실태 및 개선방안,” 《청소년유해환경의 실태 및 개선방안》, 1992년도 하계학술대회 자료집, 한국청소년학회, 1992.

표갑수, “소년범죄의 이론적 고찰”, 《논문집》, 인문·사회과학편, 제14집, 청주대학교, 1981.

______, “노인의 생활과 욕구에 관한 연구”, 《사회복지연구》, 제16집, 중앙대 사회복지학과, 1982.

______, “지역사회사업”, 김영모 편, 《현대사회복지론》, 한국복지정책연구소 출판부, 1982.

______, “충북지역빈곤의 현상과 원인 및 대책에 관한 연구”, 《논문집》, 제15집, 청주대학교, 1982.

______, “한국의 빈곤문화에 대한 고찰,” 《사회과학논총》, 제1집, 청주대 사회과학연구소, 1983.

______, “탁아사업”, 복지연구회, 《현대아동복지론》, 한국복지정책연구소, 1984.

______, 《청소년비행원인이론》, 한국복지정책연구소 출판부, 1986.

______, “아동복지,” 중앙대 사회복지학과 편, 《한국사회보장제도의 재조명》, 한국복지정책연구소, 1992.

______, “장애인의 직업재활을 통한 사회통합과 지역사회의 역할,” 《사회복지학》, 제4호, 청주대 사회복지학과, 1992.

______, “청소년 약물남용 실태, 요인 및 대처방안”, 《성곡논총》, 제24집, 성곡학술진흥재단, 1993.

______, “자원봉사활동의 실태와 활성화 방안”, 《사회과학논총》, 제13집, 청주대학교 사회과학연구소, 1994.

______, “문제학생지도를 위한 학교사회사업 도입의 방안”, 《한국아동복지학》, 2호, 한국아동복지학회, 1994.

______, “자원봉사활동의 실태와 활성화 방안,” 《사회과학논총》, 제13집, 청주대 사회과학연구소, 1994.

______, “자원봉사관리체계의 문제점과 개선방안”, 《사회과학논총》, 제17집, 청주대학교 사회과학연구소, 1998.
______, 《아동청소년복지론》, 나남출판, 2000.
______, “지역사회조직,” 김영모 편, 《지역사회복지론》, 고헌출판부, 2001.
______, “충청북도 자원봉사체계 통합관리방안”, 《사회과학논총》, 제22집, 청주대 사회과학연구소, 2001 a.
______, 《자원봉사론》, 나남출판, 2010.
______ · 장소영 역, 《사회이론과 사회정책》, 한국복지정책연구소, 1982.
통계청, www.kosis.kr
한국보건사회연구원, 《한국의 보건복지정책》, 2000.
______, 《2009년 빈곤통계연보》, 2009.
한국복지연구회, 《사회복지의 역사》, 홍익재, 1985.
한국사회복지학연구회 역, 《사회복지의 사상과 역사》, 한울아카데미, 1997.
한국사회복지협의회, 《자원봉사프로그램백과》, ① 총론, 1997.
______, 《자원봉사프로그램백과》, ② 자원봉사의 기초, 1997.
한국여성개발원, 《여성복지법제에 관한 연구》, 1990.
한국정신보건사회사업학회 편, 《정신보건 전문요원 수련 교재》, 2000.
한국청소년개발원, 《청소년복지론》, 1993.
한덕웅, 《조직행동의 동기이론》, 법문사, 1987.
한상진 · 박찬욱 역, 《제3의 길》, 생각하는 나무, 1999.
한인영 · 홍순례 · 김혜란 · 김기환, 《학교와 사회복지》, 학문사, 1997.
한혜경, “자원봉사의 활성화를 위한 방향모색,” 《보건복지포럼》, 창간호, 한국보건사회연구원, 1996.
허남순, “아동학대의 실태와 대책,” 《한국아동복지학》, 창간호, 한국아동복지학회, 1993.
현대사회연구소, 《자원봉사활동 실태조사 연구》, 1985.
현외성, 《비교사회정책 연구》, 성은출판사, 1991.
______, 《사회복지정책강론》, 양서원, 2000.
______ · 박용순 · 박용권 · 김영미 · 권현수, 《사회복지학의 이해》, 유풍출판사, 1999.
황성동, “한국정신보건제도의 발전을 위한 정책적 함의,” 《한국사회복지학》,

통권39호, 한국사회복지학회, 1999.

ACTION, ACTION, Catalog, 1978.

Akabas, Sheila H., "Occupational Social Work," *Encyclopedia of Social Work*(19th ed), NASW, 1955.

Alexander, G., "Social Work Practice: A unitary conception," *Social Work*, Sept.

Allen-Meares, P., "Analysis of Tasks in School Social Work," *Social Work*, 1977.

Allen-Meares, P., "Social Work Services in School: A National Study of Entry-Level Tasks," *Social Work*, Vol. 39, 1994.

Anderson, J. D., "Generic and Generalist Practice and BSW Curriculum," *Journal of Education for Social Work*, 18(3), 1982.

Giddens, Anthony, *The Third Way: The Renewal of Social Democracy*, 1998.

Baker, J., "Social Conscience and Social Policy," *Journal of Social Policy*, Vol. 8. No. 2. 1979.

Baldock, C. V., *Volunteers in Welfare*, Sydney: Allen and Unwin Australia Pty.

Biestek, F., *The Casework Relationship*, Chicago: Loyola Univ. Press. 1961.

Bradshaw, J., "The Concept of Need," *New Society 30*, March, 1972.

Breen, L. Z., *Handbook of Social Gerontology*, Chicago, 1960.

Brown, J. A., *Handbook of Social Work Practice*, Springfield, Illinois: C. C. Thomas Publisher, 1992.

Brown, C. & O'Day, M., "Services to the Elderly," in Gilbert, N. & Specht, H. (ed.), *Handbook of the Social Services*, NJ: Prentice-Hall, 1980.

Cavan, R. S. & T. N. Ferdinard, *Juvenile Delinquency*, 4th ed., NY: Harper & Row, 1981.

Carter Irl, "Social Work in Industry: A History and A Viewpoint," *Social*

Thought, Winter, 1977.

Clapham, D., P. Kemp et al., *Housing and Social Policy*, Macmillan, 1990.

Cohen, A. K. C., *Delinquent Boys*, NY: The Free Press, 1955.

Compton, B. & B. Galaway(ed.), *Social Work Processes*, Homewood, Ill: Dorsey., 1984.

Costin, L. B., "Adaptation in the Delivery of School Works Service," *Social Casework*, Vol. 53, 1972.

______, *Child Welfare: Polices and Practice*, NY: McGraw-Hill, 1972

______, "School Social Work Practice: A New Model," *Social Work*, Vol. 20, 1975.

Davis, K. and Moore, W. E., "Some Principles of Stratification," *American Sociological Review*, 10. 1945.

Dunham, A., *Community Welfare Organization*, NY: Principle and Practice, 1967.

______, *The New Community Organization*, NY: Thomas Y. Crowell, 1970.

Dunn, P. C., "Volunteer Management," National Association of Social Workers, *Encyclopedia of Social Work*(19th Ed.), Washington, DC: NASW Press, 1995.

Elliott, M. A. & F. E. Merrill, *Social Disorganization*, NY: Harper and Brothers, 1961.

Ernest B. Harper and Arthur Dunham, *Community Organization in Action*, NY: Association Press, 1959.

Etzioni, A., *Social Problems*, NJ: Prentice-Hall, 1976.

Fink, A. E., E. E. Wilson & M. B. Conover, *The Field of Social Work*, 1953.

Fink, A. E. et al., *The Field of Social Work*, NY: Holt, Rinehart & Winston, Inc., 1946

Fisher, J., "The Social Work Revolution," *Social Work*, 26(3), 1981.

Frances, L. Feldman and Frances H. Scherz, *Family Social Welfare*,

Chicago: Aldine Publishing, 1967.

Freeman, E., "School Social Work Overview," *Encyclopedia of Social Work*, 19th ed. NASW, 1994, pp. 2087~2099.

Friedlander, W. A., *Introduction to Social Work*, NJ: Prentice-Hall, 1955.

———, *Concepts and Methods of Social Work*, NJ: Prentice-Hall, 1977.

Friedlander, W. A. & R. Z. Apte, *Introduction to Social Welfare*, NJ: Prentice-Hall, 1980.

Gans, H. J., *The Positive Function of Poverty*, AJS, 1972.

Gedanken, M. T., "Foster Parent and Social Worker Roles Based on Dynamics of Foster Parenting," *Child Welfare*, Vol. 45, No. 9, 1966.

George Brager and Harry Specht, *Community Organizing*, NY: Columbia University Press, 1973.

George, V. & P. Wilding, *Ideology and Social Welfare*, London: R. K. P., 1976.

———, *The Impact of Social Policy*, R. K. P. 1984.

———, *Welfare and Ideology*, R. K. P. 1994.

Gibelman, M., "School Social Workers, Counsellors, and Psychologists in Collaboration: Ashared Agenda," *Social Work in Education*, Vol. 15(1), 1993.

Gilbert, N. & H. Spect, *Dimensions of Social Welfare Policy*, NJ: Prentice-Hall, 1986.

Gilbert, N. & P. Terrell, *Dimensions of Social Welfare Policy*, Boston Allyn and Bacon, 1988.

Gilbert Neil and Harry Specht, *Dimensions of Social Welfare Policy*, NJ: Prentice-Hall, 1974.

Gillbert Smith, *Social Need, Policy Practice and Research*, London; Routledge & Kegan Paul.

Glennerster, H., *Paging for Welfare*, Oxford: Basil Blackwell, 1985.

Glueck, S. & E. Glueck, *Unravelling Juvenile Delinquency*, Harvard

Univ. Press, 1957.
Gomberg, M. Robert, "The Specific Nature of Family Case Work", *Family Case Work and Counseling*, Jessi Taft(ed), 1948.
Goode, W. J., "Family Disorganization", in R. K. Merton & Nisbet, *Contemporary Social Problems*, NY: Harcourt Brace, 1976.
Googins, B. & J. Godfrey, *Occupational Social Work*, NJ: Prentice-Hall, 1987.
Grinker, R. R. et al., *Psychiatric Social Work: A Transactional Case Book*, NY: Basic Books. 1961.
Grosser, C., "Community Development Programs Serving the Urban Poor," in R. Kramer & H. Specht eds., *Readings in Community Organization Practice*, NJ: Prentice-Hall, 1969.
Hall, M. S. et al., "Childhood Deviance and Sociopathy in Alcoholism," *J. Psychiat Theat, Eval*, Vol. 4, 1982.
Hamilton, G., *Theory and Practice of Social Casework*, NY: Columbia Univ. Press, 1940.
Harvey, D., *Social Justice and the City*, 1978.
Hirschi, T., *Causes of Delinquency*, Univ of Cal. Press, 1969.
Horton, P. & G. Lesilie, *The Sociology of Social Problems*, NY: Appleton Century, 1955.
Houston, J. P., *Motivation*, Macmillan Publishing, 1995.
Ilseley, P. J., *Enhancing the Volunteer Experience*, San Francisco: Jessey-Bass Publishers, 1990.
Jaffe, J. H., "Drug Addiction and Drug Abuse," In the *Pharmacological Basis of Therapeutics*, 1980.
Jansson, B. S., *Social Welfare Policy: From Theory to Practice*, Belmont CA: Wadsworth Publishing, 1990.
Johnson, W. F. et al., *Pupil Personal and Guidance Services*, McGraw-Hill, 1961.
Jones, K., J. Brown, J. Bradshaw, *Issues in Social Policy*, Routlege& Kegan Paul, 1978.

Kadushin, A., *Child Welfare Services*, N.Y: Macmillan, 1980.

Kamerman, Sheila B. and Alfred J. Kahn, (eds), *Family Policy*, NY: Columbia Univ., 1978.

Konopka, G., *Social Group Work*, NJ: Prentice-Hall, 1963.

Kraus, R., *Recreation Leader's Handbook*, McGraw-Hill Book, 1955.

Kurtz, R. H., *Social Work Year Book*, NY: American Association of Social Worker, 1954.

Lewis, O., *The Children of Sanchez*, NY: Vintage Books, 1963.

Lurie, H. L., *Encyclopedia of Social Work*, NY: NASW, 1967.

Mabel, A. Elliott & Franceis E. Merrill, *Social Disorganization*, 4th ed., NY: Happer & Brother, 1961.

Macarov, D., *The Design of Social Welfare*, NY: Rinchart and Winston, 1978.

Maloff, D. and H. Becker, "Informal Social Control and Their Influence on Substance Use," in N, Einberg and W. M. Hardin, *Control over Intoxicant Use*, NY: Human Science Press, 1982.

Manser, G. and Cass R. H., *Voluntarism at the Crossroads*, NY: Family Service Association of America, 1976.

Marshall, T. H., *Social Policy*, London: Hutchinson, 1965.

Marshall, T. H., *Sociology at the Crossroads*, London: Heinemann, 1963.

Mccormick, E. J. & D. R. Frgen, *Industrial Psychology*, NJ: Prentice-Hall, Inc., 1980.

McMillen, W., *Community Organization for Social Welfare*, Chicago: Univ. of Chicago Press, 1965.

M. D. Wiatrowski, D. B. Griswold & M. K. Roberts, "Social Control Theory and Delinquency," *American Sociological Review*, Vol. 46, No. 5, 1981.

Meenghan, T. M. et al., *Macro Practice in the Human Services*, NY: The Free Press, 1982.

Merton, R. K., "Anomie and Social Structure," in E. Rubington & M.

S. Weinberg(eds.), *The Study of Social Problems*, NY: Oxford Univ. Press, 1977.

______, "Social Structure and Anomie," in D. G. Rozek & G. F. Jenson, *Readings in Juvenile Delinquency*, D. C. Health and Co., 1982.

Michael, A. Hitl et al., *Effective Management.*

Midgley, *Social Security, Inequality and the Third World*, NY: John Wiley & Sons, 1984.

Miley, K. K., M. O'Melia & B. L. Dubois, *Generalist Social Work Practice: An Empowering Approach*, Boston: Allyn and Bacon, 1995.

Miller, D., *Social Justice*, Oxford: Oxford Univ. Press, 1979.

Mishra, R., *Society and Social Policy; Theoretical Perspectives on Welfare*, The Macmillan Press, 1977.

Moggins, J., *States of Welfare*, Oxford: Basil Blackwell & Martin Robertson, 1981.

Monahan, T. P., *Family Status and the Delinquent Child: A Reappraisal and Some New Family Social Forces*, 35, No. 1, Jan. 1957.

Murry, G. Ross, *Community Organization: Theory and Principles*, NY: Harper & Brothers, 1955.

NASW, *Social Work Year Book*, 1929

______, "Working Definition of Social Work Practice", reprinted in Donald Brieland, "Historical Overview," *Social Work*, 1958.

______, *Social Work Year Book*, 1960.

______, "Social Casework: Generic and Specific", (A Report of the Milford Conference of 1929), reprinted in *National Association of Social Workers Classics Series*, Washington, DC: NASW, 1974.

______, *Encyclopedia of Social Work*, 1977.

______, *National Association of Social Workers Code of Ethics*, Washington, DC: Author, 1994.

______, *Encyclopedia of Social Work*, 1995.

Nebo, J. C., *School Social Work*, NY: NASW, 1965

Noel & Rita-Timms, *Dictionary of Social Welfare*, 1982.

Nye, F. Z., *Family Relationships and Delinquents, Behavior*, NY: John Wiley, 1958.

O'Keefe, D. E., "Psychiatric Social Work", in Kurtz, R. H. ed., *Social Work Year Book*, NY: NASW, 1954.

OECD, *Social Expenditure Database*, 1980~1996, 1999.

Papell, C. P., B. Rothman, "Social Group Work Model: Possession and Heritage", *Journal of Education for Social Work*, Fall, 1966.

Perlman, M. M., *Social Casework*, Univ. of Chicago Press. 1960.

Perlman, H. H., "Social Work in Psychiatric Settings," in Arieti, S. *American Handbook of Psychiatry*, 2nd ed., NY: Basic Books, Vol. V, 1975.

Pinker, R., *Social Theory & Social Policy*, 1971.

Piven, F. F. & Cloward, *Regrating the Poor, The Functions of Public Welfare*, Vintage Book, 1971.

Plant, R., I. Lesser and P. Taylor-Gooby, *Political Philosophy and Social Welfare*, London: Routledge & Kegan Paul, 1980.

Poole, D. L., "Health Care: Direct Practice," *Encyclopedia of Social Work*, 19th ed., Washington, DC: NASW, 1995.

Queen, S. A., *Social Work in the Light of History*, 1922.

Reid, W. J. & L. Epstein, *Task-centered Casework*, NY: Columbia Univ. Press. 1972.

R. Giallombardo, *Juvenile Delinquency: A Book of Readings*, 4th ed., NY: John Wiley and Sons, 1982.

Richmond, M., *What is Social Casework?*, NY: Russel Sage Foundation, 1922.

Rinlinger, G., *Welfare Policy and Industrialization in Europe, American and Russia*, NY: John wiley & son, 1971.

Robert, R. W. & R. H. Nee(eds), *Theories of Social Casework*, Chicago: The Univ. of Chicago, 1970.

Romanyshin, J. M., *Social Welfare, Charity to Justice*, Random House, 1971.

Ross, M. G., *Community Organization: Theory and Practice*, Free Press. 1955.

Ross, Judith W., "Hospital Social Work," *Encyclopedia of Social Work*, 19th ed., NASW. 1965.

Rothman, Jack., "Models of Community Organization and Macro Practice," Fred M. Cox, John L. Erlich, Jack Rothman, & John E. Tropman (eds.), *Strategies of Community Organization: Macro Practice*, Itasca, Ill: F. E. Peacock Publishers. 1987.

Rubington, E. & Weinberg, M. S., *The Study of Social Problems*, NY: Oxford Univ. Press, 1977.

Schuckit, M. A. et al., *Platelet Monoamine Oxidase Activity in Relatives of Alcoholics*, Arch Gen Psychiatry, Vol. 39, 1982.

Shaw, C. R. & H. D. Mckay, *Juvenile Delinquency and Urban Areas*, Univ. of Chicago Press, 1969.

Sheafer, B. & G. A. Horejsi, *Technique and Guidelines for Social Work Practice*, 2nd ed., Boston: Allyn and Bacon, 1991.

Sheard, J., "From Lady Bountiful to Active Citizen," Justin Davis Smith, Colin Rochester & Rodney Hedley, *An Introduction To the Voluntary Sector*, London: Routledge, 1995.

Shoemaker, D. J., *Theories of Delinquency: An Examination of Explanations of Delinquent Behavior*, Oxford Univ. Press, 1984.

Sicgel, L. J., *Criminology*, NY: West Publishing, 1983.

Solomon, B. B., *Black Empowerment: Social Work in Oppressed Communities*, NY: Columbia Univ. Press, 1976.

Spect, H. & A. Vickery, (eds.), *Integrating Social Work Methods*, London: Allen & Unwin. 1980.

Sullivan, M., *Sociology and Social Welfare*, Allen & Unwin, 1987.

Sullivan, T. J. et al., *Social Problems: Divergent Perspectives*, NY: John Wiley, 1980.

Sutherland, E. H. & D. R. Cressey, "Learning to be Deviant", in E. Rubington & M. S. Weinberg(eds.), *The Study of Social Problems*, NY: Oxford Univ. Press, 1977.

Sweezy, P. M., *The Theory of Capitalist Development*, NY: Monthly Review Press, 1942.

Tayot, I. et al., *The New Criminology: For a Social Theory of Deviant*, London: R. K. P., 1973.

Thomas, D. N., "Community Work, Social Change and Social Planning," in P. Curno(ed.) *Political Issues and Community Work*, London: R. K. P., 1979.

Thomas, E. J., "Behavioral Modification and Casework," in R. W. Roberts & R. H. Nee(eds.)

Titmuss, R. M., *Essays on the Welfare State*, Allen & Unwin, 1964.

______, *Social Policy*, London: Allen & Unwin, 1974.

Tom Burden, *Social Policy and Welfare*, London: Pluto Press, 1998.

Tracy, M. B. and M. N. Ozawa, "Social Security," in NASW, *Encyclopedia of Social Work*, 19th ed., NASW Press. 1995.

Trecker, H. B., *Social Group Work: Principles and Practice*, 1948.

United Nations., *Social Progress through Community Development*, NY: United Nations. 1955.

Watkins, T. R. W., "Services to Individuals", in Callicutt, J. W. & Lecca, P. J. ed. *Social Work and Mental Health*, NY: The Free Press, 1983.

Weiner, B., *Human Motivation*, NY: Holt, 1980.

White Grace, "The Distinguishing Characteristic Medical Social Work", *Medical Social Work*, No. 1, 1951.

WHO, "Twentieth Report on the Expert Committee on Drug Dependence", *Technical Report Series*, No. 155, 1974.

Wholey, J. S. et al., *Federal Education Policy*, Washington: Urban Institute, 1972.

Wilensky, H. L., and C. N. Lebeaux, *Industrial Society and Social*

Welfare, NY: Free Press, 1958.

Winker, J. T., "Corporatism", *Archives Europeannes de Sociology*, Vol. 17, in Anthony Forder et al., *Theories of Welfare*, London: R. K. P., 1984.

Witner, H. L., *Social Work*, 1942.

Wolfensberger, Wolf, *The Principle of Normalization in Human Services*, Ontario: National Institute on Mental Retardation, 1972.

Woodrow, R. D., Casework: A Psychosocial Therapy, In Meyer. C. H. (Ed.), *Clinical Social Work in the Eco-systems Perspective*, NY: Columbia University Press. 1983.

Communist Manifesto, "Economic and Philosophical Manuscripts", in T. B. Bottomore, *Karl Marx: Early Writing*, London: Watts, 1963.

山口建藏 外編, 《社會福祉》, 東京: 中央法規規出版社, 1986.

星野貞一郎, 渡變武男 編著, 《福祉社會學》, 東京: ミネルウ書房, 1986.

井上勝也・長山島紀一, 《老年心理學》, 朝倉書店, 1980.

孝橋正一, 《社會事業の基本問題》, シネルロフ書房, 1962.

• 찾아보기 (용어) •

ㄷ

ㄹ · ㅁ

ㅅ

ㅇ

ㅈ

• 찾아보기 (인명) •

표 갑 수

청주중 · 고등학교 졸업
중앙대 사회복지학과 졸업(사회복지학 학사 · 석사 · 박사)
미국 오하이오주립대 사회사업대학 교환교수
청주대 사회과학대학 학장, 중앙도서관장, 평생교육원장, 교무처장
한국사회복지학회장, 한국지역사회복지학회장 역임
현재 제2건국위원, 행정고등고시 시험위원(행정안전부)
새천년 사회복지발전 자문위원(보건복지가족부)
보육발전위원장(보건복지가족부)
한국영유아보육학회장, 충북복지정책연구원장
한국사회복지교육협의회장, 충청북도사회복지위원장
청주대 부총장, 사회과학대학 사회복지학과 교수
저서: 《아동청소년복지론》, 《청소년비행원인론》, 《유아교육개혁안의 비판》
《지역사회복지론》, 《사회문제와 사회복지》, 《자원봉사론》
공저: 《현대사회문제론》, 《현대사회복지론》, 《한국아동복지연구》
《현대아동복지론》, 《지역사회복지론》, 《현대사회보장론》
《청소년문제론》, 《선진국 아동보육제도와 보육프로그램》, 《아동보육개론》
공역: Mishra, *Society and Social Policy* (《사회이론과 사회정책》)
논문: "자원봉사관리체계의 문제점과 개선방안"
"한국의 빈곤문화에 대한 고찰"
"청소년 건전육성을 위한 지역사회 유해환경의 정화방안"
"민간복지활성화를 위한 한국사회복지협의회의 개편방안"
"공동모금법의 재검토와 공동모금회의 활성화 방안"
"한국영유아보육사업의 불평등에 관한 연구"
"문제학생지도를 위한 학교사회사업도입의 방안"
"소년비행원인에 관한 기존이론의 실증적 고찰"
"중 · 고등학생의 학교중퇴요인과 대처방안"
"청소년 약물남용실태, 요인 및 대처방안" 외 100여 편